国家出版基金项目

我国高校招生考试中的区域公平问题研究

李立峰 / 著

高考改革研究丛书
刘海峰 / 主编

本书为2016年度教育部人文社会科学重点研究基地重大项目"高考制度改革研究"（16JD880029）之成果

华中师范大学出版社

新出图证（鄂）字 10 号

图书在版编目（CIP）数据

我国高校招生考试中的区域公平问题研究/李立峰著. —武汉：华中师范大学出版社，2016.12

（高考改革研究丛书/刘海峰主编）

ISBN 978-7-5622-7600-5

Ⅰ.①我… Ⅱ.①李… Ⅲ.①高考—研究—中国 Ⅳ.①G632.474

中国版本图书馆 CIP 数据核字（2016）第 260429 号

我国高校招生考试中的区域公平问题研究
ⓒ 李立峰 著

责任编辑：曾 艳	责任校对：刘 峥
编辑室：学术出版中心	电话：027－67867792
出版发行：华中师范大学出版社	社址：湖北省武汉市珞喻路 152 号
电话：027－67863426/3280（发行部）	027－67861321（邮购）
传真：027－67863291	邮编：430079
网址：http://press.ccnu.edu.cn	电子信箱：press@mail.ccnu.edu.cn
印刷：湖北新华印务有限公司	督印：王兴平
封面设计：甘 英	封面制作：胡 灿
开本：710mm×1000mm 1/16	印张：19.75
版次：2016 年 12 月第 1 版	印次：2016 年 12 月第 1 次印刷
字数：380 千字	定价：50.00 元

欢迎上网查询、购书

敬告读者：欢迎举报盗版，请打举报电话 027－67861321

总　　序

高考是我国各类考试中最重要、影响最大的考试。高考改革不仅关系到国家创新人才的培养、学生的健康成长，而且关系到社会公平的维护、高等教育资源的分配，还涉及宏大的社会利益再分配问题，关系到维护我国改革发展稳定的大局，是一项"牵一发而动全身"的社会系统工程，具有综合性、系统性。高考改革事关教育全局，不仅已成为重大的民生议题，而且是教育领域中最复杂、最敏感的问题，受到民众和国家教育主管部门的高度关注。

2010年7月正式颁布的《国家教育中长期改革和发展规划纲要(2010—2020年)》列有关于招生考试的专门一章，即第十二章"考试招生制度改革"。在中国历次教育改革文件中，这是第一次将招生考试单独列出一章，足见此问题在现阶段的重要性。2012年7月，国家教育考试指导委员会在北京成立，研究制定考试改革方案，指导考试改革试点。国家专门成立一个国家级决策咨询机构来指导高考改革实践，说明考试招生改革意义非常重大。2013年11月，十八届三中全会通过了《中共中央关于全面深化改革若干重大问题的决定》，其中教育方面最主要的就是考试招生改革的内容。2014年9月公布的《国务院关于深化考试招生制度改革的实施意见》，是恢复高考以来最全面、最系统的改革文件。以往也有各种各样的高考改革政策出台，但多数都是单项的或者某一个侧面的改革，而这次改革涉及考试招生的方方面面，是一个顶层设计的系统改革，标志着高考改革进入一个新阶段。

由于高考是一个至为复杂的大规模选拔性考试，是一项"横看成岭侧成峰，远近高低各不同"的制度，从某一特定的角度去观察，站在某一种特定的立场去评说，可能所见都是事实，所言也都有一定道理，但也可能会出现盲人摸象、各说各话的情况。因此，在评价高考时，重要的是全面和客观。

而要理性地、全面地评价高考，提出切实可行的改进意见，就应该对高考进行全面深入的研究。

中国是考试制度的发源地，不仅是一个考试古国，而且是一个考试大国。有些西方国家的大学入学考试只是一种测量手段，只是在小范围内引起关注，只是一个部分人关心的话题。然而，受传统和现实的制约，中国人却将高考变成了文化，变成了经济，变成了政治，变成了盛大的仪式，变成了一种备受关注的社会活动，变成了一种惯例式的全民动员。在有五千年悠久文化传统和千余年科举考试影响的中国，在一个幅员辽阔、人口众多、地域和城乡文化教育水平差异很大的中国，在民众高度重视甚至是过度重视教育的中国，高考既与世界各国的大学入学考试有相同的规律，也有不少独有的现象和问题。

长期以来，高考作为一项影响重大、关注度甚高的重要制度，总体而言是"三多三少"，即新闻报道多，理论研究相对较少；一般议论多，深入分析相对较少；零星探讨多，系统研究相对较少。近年来，情况有了一些改观，特别是2012年前后讨论异地高考政策问题，2014年《国务院关于深化考试招生制度改革的实施意见》出台以后，出现了研究高考改革的热潮，许多相关论文见诸报刊。但是，对于整个高考制度还缺少系统的研究，尤其缺少真正有分量的高考改革研究著作。

高考改革是一个谁都能说得上两句的话题，但又是一个专业性很强的问题。要谈谈自己关于高考改革的观点，发表一两篇文章不难，而要深入阐述自己的观点，发表不重复的系列论文或出版专著却很难。为了将高考研究推向深入，并为现实高考提供决策参考和理论依据，在深入研究的基础上，特组织一套"高考改革研究丛书"。

作为中国高考研究的重镇，厦门大学考试研究中心一直将高考改革作为重点研究方向之一，推出了一系列研究论文和专著，研究成果为全国性的和部分省市的高考改革提供重要的理论支持。本丛书是中国第一套较全面、深入研究高考改革的丛书，对高考从理论、制度、政策、法治、内容、形式，到招生考试的区域公平、民族政策、效度和评价等各方面进行全面的研究，同时对美国、英国、法国、俄罗斯、加拿大、澳大利亚、日本和我国台湾地区的高校招生考试制度等进行了探讨；既有对高考制度的理论剖析，又有对高考改革的一些热点问题的专题论述；是从理论到实践、从宏观到微观、从国内到域外，对高考制度及其改革进行的全面而深入的研究。

"高考改革研究丛书"是对高考的基础性、系统性研究。2015年，该丛书获得国家出版基金资助，出版社与丛书主编将原来已出版的十多本著作加以修订，并扩充至22本，使之成为一个更全面、成气候的书系。本丛书基本上由我自己的著作和历年指导通过答辩的高考研究博士论文、博士后出站报告为基础构成。在我历年指导的众多博士论文或博士后出站报告中，以高考研究为选题的占大多数。要想真正为高考改革提供参考，我们的研究应力求建立在对招生考试历史与现实充分了解的基础之上。为了使这些论文的写作不至于陷入空谈，我总是要求博士生和博士后多了解高考实际。多年来，以高考为选题的博士生和博士后一般都要到部分省市教育招生考试院等考试机构实习，真正深入招生考试第一线，多与考试管理工作者接触交流，这样他们才不会太书生气，所写论文才能脚踏实地。凡是研究别国高校招生考试制度的博士生和博士后，都通晓所在国的语言文字，并尽可能到研究对象国去搜集资料和实地调研，多位博士生和博士后都在研究对象国留学多年或做访问研究一年以上。

丛书中每本著作各有专攻，希望都能切中肯綮，真正做到既有学术价值，也有现实意义；对高考改革的顶层设计，对高考改革的顺利推行，进而对维护教育公平和社会稳定起到一定的作用。恢复高考40周年即将到来，相信本丛书的出版能够为高考改革提供理论支撑，为完善中国的考试招生制度贡献绵薄之力，作为一名上世纪的77级大学生，我深感欣慰。

刘海峰

2016年10月6日

目 录

绪 论 …………………………………………………………… 1
  一、研究缘起 ………………………………………………… 1
  二、概念的阐释 ……………………………………………… 4
  三、文献综述 ………………………………………………… 6
  四、研究预设及思路架构 …………………………………… 11
  五、研究方法 ………………………………………………… 15

第一章 高等教育入学制度公正的理论分析 …………………… 17
  第一节 复合的教育公正观及其本质 ……………………… 17
    一、自由主义和社群主义的正义论 ……………………… 18
    二、教育公正：一种复合的正义观 ……………………… 25
    三、教育公正的本质及基本原则 ………………………… 27
  第二节 高等教育入学制度公正的原则 …………………… 32
    一、个体意义的公正原则 ………………………………… 33
    二、社群能否拥有权利 …………………………………… 38
    三、地域意义上的公正原则 ……………………………… 41
  第三节 高等教育入学制度公正的标准与基础 …………… 46
    一、高等教育入学制度公正的标准 ……………………… 47
    二、高等教育入学制度公正的基础 ……………………… 51

第二章 高等教育入学机会区域差异的历史考察 ……………… 56
  第一节 科举时代人才分布地区差异的历史考察 ………… 57

一、察举时代均衡举额制之考察 ·············· 57
二、隋唐时期科举解额制的萌芽 ·············· 58
三、两宋之际解额制的确立与科举取士的南北地域之争 ······ 61
四、元代的左右榜制度 ·················· 70
五、明代南北分卷制度及科举人才之流布 ·········· 71
六、清代的分省定额录取制及进士的地理分布 ········ 81
七、科举时代区域配额制度的演进规律及现代反思 ······ 86

第二节 民国时期高等教育入学机会区域差异的历史考察 ······ 90
一、清末新式学堂的建立及招考制度的考察（1862—1910） ··· 91
二、民国初期高等教育的发展与单独招考制度的考察（1911—1937）
··· 94
三、抗战时期高等学校内迁与统一招考制度的实行（1937—1940）
··· 103
四、民国中后期高校的复员与多元招考制度的实行（1941—1949）
··· 109

第三章 高等教育入学机会区域差异的现代考察及国际比较 ······
··· 114

第一节 "文革"前高等教育入学机会区域差异的考察 ······ 114
一、过渡时期的高校招生考试制度及院系调整的序曲（1949—1951）
··· 115
二、统一高考制度的创建与大规模的院系调整（1952—1957）
··· 117
三、高考分省录取制度的改革与地方高等教育的发展（1958—1965）
··· 124

第二节 "文革"后高等教育入学机会区域差异的考察 ······ 128
一、高考制度的恢复和高等教育的发展（1977—1984） ····· 128
二、高考制度的改革和高等教育办学体制的调整（1985—20世纪90

年代中期)……………………………………………………… 131
　　三、高校招生体制改革的深化和倾斜的高考分数线(20世纪90年代
　　　　中期至今)……………………………………………………… 135
　第三节　西方发达国家高等教育入学机会差异的相关考察…………… 143
　　一、美国高等教育入学机会平等的考察………………………………… 144
　　二、英国高等教育入学机会平等的考察………………………………… 152
　第四节　我国台湾地区高等教育入学机会差异的考察………………… 157
　　一、台湾少数民族升学优待政策的历史沿革…………………………… 158
　　二、多元文化教育视野中的台湾少数民族升学优待政策之实施
　　　　…………………………………………………………………… 159
　　三、少数民族升学优待政策之缺失与评价……………………………… 162
　第五节　启示与借鉴……………………………………………………… 164

第四章　高等教育入学机会区域差异的实证研究……………………… 166
　第一节　高等教育入学机会区域差异之考察：以两校学生生源地为依据
　　………………………………………………………………………… 166
　　一、两校历年分省招生的整体情况分析………………………………… 168
　　二、对两校所在地招生情况的趋势分析………………………………… 178
　　三、对两校历年新生省际分布情况的趋势分析………………………… 182
　第二节　恢复高考以来各省录取分数线之变化………………………… 191
　　一、恢复高考以来各省分数线的变化趋势……………………………… 192
　　二、招生数量与高考分数线的变化……………………………………… 195
　　三、高等教育资源与高考分数线的变化………………………………… 200
　　四、基础教育发展水平和高考分数线的变化…………………………… 205
　　五、各省高考录取分数线的类型划分…………………………………… 209

第五章　高等教育入学机会区域失衡的理论分析……………………… 212
　第一节　考试公平和区域公平的论争及其实质………………………… 212

3

一、考试公平及区域公平的论争及其利弊分析……213
二、新的教育公正观建立的宏观社会背景……217
三、论争的实质：多重的利益和价值诉求……220

第二节 高校招生录取制度公正意涵之检视……221
一、制度层面的缺失……222
二、个体发展层面的缺失……226

第三节 高等教育入学机会公正的理论分析……228
一、高等教育入学机会平等的内涵分析……229
二、高等教育入学机会平等：公平与效率的统一……236

第四节 高等教育入学机会公正的理性思考……240
一、高等教育入学机会区域不均的成因及现实合理性……240
二、高等教育入学机会公正：在考试公平和区域公平之间……244

第六章 余 论……248
一、研究结论……248
二、政策建议……254

附 录……262

参考文献……284

后 记……302

再版后记……304

绪　　论

一、研究缘起

随着市场经济体制改革的深入，我国社会进入一个社会阶层加剧分化和地域利益格局重新调整的转型时期。市场力量的介入，使原有社会结构由计划经济共同体逐步分化出经济领域、政治领域和建立在第三部门基础上的社会领域[①]。在这一深刻的社会转型中，不同地域和不同人群之间存在着利益差别进一步缩小与过分扩大同时存在的奇特现象，社会的发展往往以牺牲弱势群体的权利（利益）为代价，这种利益关系的畸形扭曲，在人们心中产生了巨大的社会公正诉求[②]。同时，市场和社会力量的有限介入，使得原先由国家专门管理教育的权力逐步向市场和第三部门转移，出现了重新配置教育资源与权力的局面。伴随着整个社会和教育体制的改革，高等教育领域在急剧扩张的同时，也出现了多元的利益分化和对教育公正的诉求。经过连续多年大幅度的扩招，高等教育入学机会整体得到较大改善的同时，也存在社会多元利益主体之间差距逐渐拉大的趋势，由此产生了越来越强烈的对于教育不公正的抱怨。

对教育不公的抱怨突出反映在不同地域间高等教育入学机会的分配上。20世纪90年代以来，由于历史、地理、政策和体制多种因素的影响，各省区之间经济、文化和教育等方面非均衡的发展以及高考实行分省定额录取制度，"倾斜的高考分数线"问题逐渐开始显露。京津沪等直辖市和西部边远省区的分数线明显低于中部的湖北、河南和东部的山东等省份。以1999年各省区普通高校招生录取分数线为例，北京重点文科线为466分，而湖南则

[①] 劳凯声：《教育法学》，辽宁大学出版社，2000年，第25页。
[②] 高兆明：《存在与自由：伦理学引论》，南京师范大学出版社，2004年，第512页。

为 556 分，湖北为 544 分，最高相差 90 分；北京第一批理科最低分数线为 460 分，而湖南则为 537 分，湖北为 566 分，最高相差 106 分。即使与西部边远省区云南、贵州相比，北京的分数也还略低些，1998 年，北京重点文科线为 456 分，而贵州则为 465 分，云南为 485 分，青海为 484 分。无怪乎有人将这一现象称为中国教育最大的不公①，也有学者认为这是教育领域"最刺眼的不公正"②。

  由于高考制度关涉社会方方面面的利益，各省区之间录取分数悬殊的问题不仅成为民众热议的焦点话题，也引起政府高层和决策部门的广泛关注。早在 1999 年 3 月的"两会"上，武汉大学博士生导师万湘鄂教授就提交了《我国高等教育面临的问题与改革建议》的提案，指出湖南、湖北等地的分数线要高出经济发达省市（包括北京）近 180 分，引起了与会代表的强烈反响③。2000 年的"两会"上，全国政协委员、中科院院士姚守拙教授又提交了题为《高考招生应该全国范围内按分数高低统一录取》的提案④，之后连续几年的"两会"上，高考录取制度的改革一直被广为关注。2001 年青岛市三考生状告教育部侵犯其平等受教育权的案例，更是将对此问题的讨论推向了白热化。

  在高等教育日益由社会边缘走向中心的民主社会，对平等接受高等教育权的普遍关注逐渐凸显，这也顺应了世界高等教育民主化改革的趋势。高等教育不仅是个体在激烈的社会竞争中获取社会地位的有效手段，也是促进社会流动、加强社会整合的重要途径。然而，"倾斜的高考分数线"却使各省区考生在高考竞争中因地域身份的限制而处于不平等竞争的地位，这与民主社会中"公民身份平等"的原则产生了内在的冲突。不仅如此，地区间录取分数的差距还衍生出了众多的社会问题，如教育资源配置的"马太效应"、弱势地区应试教育愈演愈烈、高考移民屡禁不止，等等。表面看来，全国统一录取的方案可以解决"倾斜的高考分数线"的问题，而且从教育机会均等的理论来分析也确有合理之处。但深入分析，并不尽然。从历史上看，科举

---

  ① 志文：《中国教育最大的不公》，《中国青年报》2000 年 2 月 24 日，第 5 版。
  ② 肖雪慧：《最刺眼的不公正》，《社会科学论坛》2001 年第 11 期，第 43～45 页。
  ③ 傅盛宁：《倾斜的高考录取分数线》，《焦点》2000 年第 6 期。
  ④ 郑琳：《全国政协委员建议高考应统一分数线》，《中国青年报》2000 年 3 月 15 日，第 5 版。

考试从"凭才取人"走向"逐路取人",且区域配额越分越细的趋势充分说明了分区取人的现实合理性。从各地区经济、文化和教育非均衡发展的现实国情来看,分省定额录取制度有利于提高少数民族的文化水平、维护边疆地区的社会稳定,因此具有相当的现实合理性。如若无视分省录取制度的现实合理性而采行全国统一分数录取的办法,"很可能出现高考名额被少数几个高考大省瓜分而本地生源寥寥无几的局面,而对落后的边远省份则很可能会重演录取'遗漏'的历史。这不但会导致与发达地区之间更大的不平衡,还可能会留下祖国安定统一的严重隐患"[①]。

如何认识和解决在社会转型过程中由于各地经济、政治、人口、文化及教育等诸多问题引发的"倾斜的高考分数线"问题,是实行全国统一考试、统一录取的制度,追求"考试面前人人平等"的考试公平,还是坚持分省定额录取制度,追求照顾弱势群体的区域公平?这是高考录取必须面对的两难问题。而要廓清这个两难问题,又不得不了解高考分省录取制度是如何形成的。是依凭管理者的有限理性建构设计而成的,还是在大规模统一考试制度中以自生自发的秩序演化而来的?高等教育入学机会在各省区间是如何分配的?未来高考录取制度改革所秉持的价值取向和现实选择为何?这是本研究面临的事实层面的问题。

从理念层面来看,如何认识考试公平与区域公平之间的矛盾,它们各自代表了怎样的公平观?对高等教育入学机会分配的公正性抱怨是如何产生的?是因为社会发展而导致的两极分化更为严重,还是由于人们理性自觉水平的提高而产生的一种更高水平的公正期待?是因为我们依凭理性所建构的社会制度严重滞后于社会改革的实践,还是由社会转型所带来的关于社会正义认知上的困惑与迷茫的增多[②]?在社会转型过程中,由传统伦理思想的裂变而导致价值多元主义的盛行,如何构建一种新型的教育公正价值体系来容纳社会转型所分化出的多元社会及文化思潮?在不同地域之间经济利益和教育权益相互关联而又互相冲突的情况下,如何综合平衡我国传统的伦理价值和西方正义理论来构建适应中国转型时代的新的教育公正观?这些都是急需

---

① 郑若玲:《考试公平与区域公平:高考录取中的两难选择》,《高等教育研究》2001年第6期,第53~57页。

② 苏君阳:《社会变迁中的教育公正——关于制度、功能与活动的观点》,北京师范大学博士学位论文,2003年,第1页。

从理念层面上解决的问题。

本研究从教育公正的视角来研究高等教育入学机会分配的问题,不仅可以对高等教育资源配置和制度设计进行研究,也可以给予教育场域中的"人"以观照,体现出从"经济学关怀"到"伦理学关怀"的转变。教育公正问题,不仅是一个经济学问题,更是一个伦理学问题[①]。因此,从教育公正的视角进行研究,不仅可以完善高等教育学的理论体系,深化公正理论在教育领域的研究,而且有助于在实践中推动高考制度改革,促进基础教育的健康发展和高等教育区域布局的调整,为政府决策部门提供有力的参考和借鉴。

二、概念的阐释

1. 公平

公平,在汉语中,与"私"相对,如"天公平而无私,故美恶莫不覆,地公平而无私,故小大莫不载"[②]。"公平"的英文通常用"fair"来表示,但"fair"一词也有公正的、不带偏见的、诚实的意思。亚里士多德把公平原则从形式上系统表述为:平等的应该平等对待,不平等的应该不平等对待。近代自由主义的思想家们理解的公平就是过程公平,过程公平包括机会均等、按劳分配等方面;平等主义者认为,公平是一种分配状态和结果状态,他们主张在道德、政治和经济领域,人人都应受到平等的对待。实际上,社会公平的实现程度总是同一定的社会制度相联系,是一个历史的过程。从不同的交往范畴来看,在集体、民族、国家的交往中,公平指相互间的给予与获取大致持平的平等互利;在个人与集体之间的关系上,公平指个人的劳动创造的社会效益与社会提供给个人的回报的平等合理;在个人与个人的关系上,公平指他们之间的对等互利和礼尚往来[③]。

2. 正义

中国古人对正义的一般解释为:正义即公正。公正的含义有二:一曰无

[①] 李政涛:《从教育公平到教育正义》,《教育发展研究》2005年第1B期,第27~31页。

[②] 《管子·形势》。

[③] 洋龙:《平等与公平、正义、公正之比较》,《文史哲》2004年第4期,第145~151页。

私；二曰不偏不倚。在汉语中，正义与公正、公道、公平含义相当，只不过在意义强弱、范围大小上存在差异而已。正义的英文为"justice"，与"impartiality"、"fairness"相近，表示公正、正确、公平之意①。柏拉图（Plato）在《理想国》中认为："正义原则就是每个人必须在国家里执行一种最适合他天性的职务。"正义就是只做自己的事情而不去兼做别人的事。亚里士多德（Aristotle）认为，正义可分为两类，一类是分配财富和荣誉，即分配的正义；另一类是在交往中提供是非的标准，即纠正的正义，正义是中道、平衡、均等和相称，正义就是把个人应得给个人。罗尔斯在《正义论》中认为："在某些制度中，当对基本权利和义务的分配没有在个人之间作出任何任意的区分时，当规范使各种对社会生活利益的冲突要求之间有一恰当的平衡时，这些制度就是正义的。"② 实际上，正义是指制度的道德、制度的德行，是指称社会基本结构的属性是否道德的一个概念。

3. 公正

《辞海》对公正的解释是："公正"是社会道德范畴和道德品质之一，指从一定原则和规则出发对人们行为和作用所做的相应的评价，也指一种平等的社会状况，即按同一原则和标准对待相同情况的人或事。其实，"公正"一词包含着非常丰富的思想内涵，它在不同的学科与领域中所指称的对象是不同的，在经济学中，"公正"的含义主要指称的是"贡献与效率的相称"；在政治学中，"公正"的含义主要指称的是"权利与义务之间的相称"；在法学中，"公正"的含义主要指称的是"自由和责任之间的相称"③。在现代社会中，公正作为社会哲学中的一个重要范畴具有两种属性：一种是观念上的属性。不同的人、不同的群体或组织具有不同的公正观；另一种是规范上的属性。它与社会的基本结构有关，是通过国家强制力与群体的价值认同相互整合而型构出来的用以调整人们行为的规范、标准以及规则等④。公正作为价值评价范畴，它有多种标准，不同的社会有不同的公正观，不同的阶层或

---

① E. 博登海墨：《法理学——法哲学及其方法》，邓正来译，华夏出版社，1987年，第253页。

② 罗尔斯：《正义论》，何怀宏，等译，中国社会科学出版社，1988年，第5页。

③ 袁贵仁：《马克思的人学思想》，北京师范大学出版社，1996年，第264～269页。

④ 苏君阳：《变迁社会中的教育公正——关于制度、功能与活动的观点》，北京师范大学博士学位论文，2003年，第6页。

利益群体有不同的公正观。如果从制度的视角审视其是否公正，那么平等只是其中一个标准，也就是说，公正不仅要求平等，还包括诸如均衡、合理等判断标准。

总之，"公平"、"正义"和"公正"这三个概念既有联系又有区别。首先，公平具有"平等地对待平等的，不平等地对待不平等的"之含义，而正义和公正除了上述意义之外还具有更为丰富的内涵，因此，逻辑层次上要高于"公平"；其次，"正义"和"公正"在汉语中的意思稍微不同。"公正"既包括"正义"，也包括"公平"。在这两层含义中，"正义"应该是处于核心的和基础的地位。因为只有符合"正义的"才会是"公平的"，或者说，只要是符合"正义的"就是"公平的"。因此，我们将"正义理论"看成"公正"观念的核心，看成对某一项制度公正或公平与否的理性辩护①。因此，在本书中，将"正义理论"大致看成"公正理论"或看成"公正理论"的核心，对两个概念同等使用，不做严格意义上的区分。

三、文献综述

我国高等教育入学机会的问题因区域发展失衡而呈现出相当的特殊性和复杂性，与此直接相关的研究资料较少见。较早从考试理论角度关注这一问题的是刘海峰教授，他在《高考改革中的两难问题》一文中，首次提出考试公平与区域公平是个两难问题，认为各地录取分数线失衡的问题不能用全国统一分数的办法来解决，从科举考试的历史来看，考试公平与区域公平就是一对永恒的矛盾，解决这一问题不存在绝对的公平和完美的解决之道②。此后，郑若玲从历史和现实的角度对此问题做出了更为详细的分析和阐释，她认为，分数线的调整是受到政治、经济、文化、教育、人口以及高等教育布局等多种因素综合影响的复杂问题，具有很大的难度和相当的复杂性，高考录取制度的改革，只能在兼顾"考试公平"和"区域公平"的同时，求取相对公平的最大值③。另外，陈廷柱从高等教育区域差异的角度来阐释入学

---

① 石中英：《教育公正与正义理论》，《现代教育论丛》2001年第2期，第1～5页。
② 刘海峰：《高考改革中的两难问题》，《高等教育研究》2000年第3期，第36～38页。
③ 郑若玲：《考试公平与区域公平：高考录取中的两难选择》，《高等教育研究》2001年第6期，第53～57页。

机会的公平问题，他认为地区间高考录取分数的巨大差距，是追求高等教育公平的必然结果，高等教育的地区差异存在一定的合理性，只有通过消除地区间的系统差异才能得到根本性的解决①。这种从高等教育的内在价值追求来评价和认识教育公平的视角，使得我们对高等教育地区差异的内涵和困境有了更为深入的认识。此外，周洪宇教授对重点大学招生指标的投放也做了较深入的研究。他指出：在两千多年的考选历史上贯穿着追求公平、公正的主线，在高考制度中，重点大学录取名额投放的不当致使分数线失衡，严重违背了考选制度的公平原则。鉴于此，他提出了重点大学招生名额投放的基本思路②。除此之外还有杨东平、杜育红、王怀章等的研究③。这些研究针对录取分数线的失衡，从考试社会学、教育公平及教育机会均等的理论视角进行了研究和反思，并提出了许多有益的改革措施，对本书有重要的启示和借鉴意义。但从研究内容和深度来看，大多为单篇论文，难以兼顾教育公正理论的体系建构和对区域教育发展的实证考察。所以整体而言，直接相关的成果还较为零散，没有形成系统的深入研究。

高等教育入学机会分配的问题牵涉哲学、经济学、地理学、文化学和教育学等众多的学科领域，为此，许多学者从教育机会均等、教育公正、教育经济学和文化地理学等多种视角对这一问题做了研究。一是教育公平和教育机会均等的研究视角。对教育机会均等的经典研究要属美国的詹姆斯·科尔曼（James Coleman）和瑞典的托尔斯顿·胡森（Torsten Husen）。科尔曼

---

① 陈廷柱：《在公平与不公平之间——论高等教育的地区差异》，《教育发展研究》2004年第9期，第84～86页。

② 周洪宇、申国昌：《我国考选历史的回顾与反思——兼谈我国重点高校招生名额投放问题的政策建议》，《"科举制与科举学国际学术研讨会"论文集》，厦门大学，2005年，第417～426页。

③ 杨东平：《分数线的倾斜和矫正》，《中国改革》2001年第10期，第19～20页；杜育红：《我国地区间高等教育发展差异的实证研究》，《高等教育研究》2000年第3期，第44～48页；王怀章，等：《平等视角下的高考制度改革》，《湖北社会科学》2005年第7期，第141～143页；乔学杰：《教育公平：失衡与重建——以高考录取为例》，《郑州大学学报》（哲学社会科学版）2002年第11期，第68～71页；王明镇、姚伟明：《高考录取"分数线"辨析》，《高等工程教育研究》2002年第4期，第51～52页；王明高：《教育公平：就高考分数线的地区差异而论》，《枣庄师范专科学校学报》2003年第6期，第76～78页；张尚武、封建伟：《对倾斜的高考分数线的反思》，《交通高教研究》2003年第4期，第21～26页，等等。

认为，在美国社会中，教育机会均等的观念包括教育经费、社会背景、课程内容以及入学机会四个要求，其理念经历了四个发展阶段，教育机会的不均等主要是由社区对学校投入的差异、学校的种族构成、学校的无形特点、学校的背景和个人特点五个因素的影响造成的①。胡森在《社会环境与学业成就》中指出，教育机会均等的概念，不仅要阐释"平等"，还要界说"机会"。"'机会'作为可变标准，可以用地区之间和社会职业组之间某些在学率或辍学率的测定来表示。"②属于"机会"范畴的变量主要有：学校内部的各种物质因素、学校的各种物质设施、家庭环境中的某些心理因素、学校环境中的某些心理因素和个体学习机会。实际上，这五个因素不仅是影响教育平等的机会变量，同时也是衡量教育机会均等的重要指标。从实证研究来看，欧美学者的研究多集中于社会阶层对高等教育入学机会的影响。台湾地区的研究也多集中于此，代表性成果主要有马信行的《台湾地区近四十年来教育资源之分配情况》和杨莹的《教育机会均等——教育社会学的探究》等。对大学招生区域问题的研究主要有丘爱玲的博士论文，这篇文章对包括少数民族生、华侨生等"特种身份考生"的升学优待政策做了较为详细的分析③。此外，还有学者对台湾少数民族④教育和多元文化教育理论做了较深入的研究⑤。大陆学者对教育机会均等的研究也较多，但直接以区域间高等教育入学机会为研究对象的并不多见。视野所及之处主要有陈中原的《中国教育平等初探》，他在"分数平等与机会均等"一章中运用大量数据描述分析了学校层次的地缘性歧视、省级层次的分数和机会不平等，并提出要寻求分数和机会平等均衡的问题⑥。此外，较有代表性的成果还有吴宏超、许庆

---

① 詹姆斯·柯尔曼：《教育机会均等的观念》，张人杰编：《国外教育社会学基本文选》，华东师范大学出版社，1989年，第177～191页。
② 托尔斯顿·胡森：《平等：学校合社会政策的目标》，张人杰编：《国外教育社会学基本文选》，华东师范大学出版社，1989年，第194～197页。
③ 参见丘爱玲有关台湾大学联招政策变迁研究的博士学位论文（台湾师范大学教育研究所，1998年）。
④ 台湾地区称原住民。
⑤ 蒋嘉媛：《原住民学生升学优待政策之评估研究》，台湾师范大学硕士学位论文，1988年；李文富：《台湾原住民教育改革的分析——一个批判教育学的观点》，东华大学（花莲）硕士学位论文，1999年；张源泉：《多元文化教育之合理性探讨》，台湾师范大学博士学位论文，2001年。
⑥ 陈中原：《中国教育平等初探》，广东教育出版社，2004年，第65～113页。

豫、张玉林、周志平、刘少雪等的研究①。

二是教育公正和教育伦理学的研究视角。这类研究主要是在吸收西方伦理学和政治哲学的正义理论之基础上，对教育领域的资源分配、制度设计、政治权力以及意识形态等的研究。国外的研究成果主要有日本学者堀尾辉久和澳大利亚学者罗伯特·W. 康奈尔（R W Connell）的研究②。国内较有代表性的成果是苏君阳的博士学位论文《社会变迁中的教育公正》，他认为，教育公正包括教育系统外部公正和教育系统内部公正，外部公正主要是建立在社会观的基础上而体现出来的一种制度上的公正；内部公正主要是建立在教育观的基础上而体现出来的一种师生交往实践的公正；教育系统外部和内部分别适用不同的公正原则。在教育选拔制度方面，除了以能力为本位之外，还应考虑比例平等原则、需要原则以及公民身份平等原则③。该论文是目前笔者视野所及之处与本研究最为相关的研究成果。虽不是专门探讨高等教育入学机会地区差异的问题，但从伦理学的视角研究教育选拔制度的基本原则，对本研究有较大的启发。除此之外，还有石中英、李政涛、金生鈜和刘健儿等的研究④。

---

① 吴宏超：《我国目前的教育机会分配与教育公平》，《教育与经济》2003年第3期，第25~28页；许庆豫：《试论教育平等与教育分流的关系》，《华东师范大学学报》（教育科学版）2000年第3期，第23~31页；张玉林：《分级办学制度下的教育资源分配与城乡教育差距——关于教育机会均等的政治经济学探讨》，《中国农村观察》2003年第1期，第10~22页；叶忠：《试论教育制度公平》，《教育与经济》2003年第2期，第13~16页；周志平：《优先政策与教育公平》，《河北师范大学学报》（教育科学版）2004年第4期，第5~11页；刘少雪：《对高等教育公平与效率问题的几点思考》，《上海交通大学学报》（哲学社会科学版）1999年第3期，第25~54页；覃文松：《教育公平的基石：教育制度改革》，华南师范大学硕士学位论文，2005年，等等。

② 堀尾辉久：《当代日本教育思想》，王智新，等译，山西教育出版社，1994年；罗伯特·W. 康奈尔：《教育、社会公正与知识》，《华东师范大学学报》（教育科学版）1997年第2期，第62~71页。

③ 苏君阳：《变迁社会中的教育公正——关于制度、功能与活动的观点》，北京师范大学博士学位论文，2003年。

④ 石中英：《教育公正与正义理论》，《现代教育论丛》2001年第2期，第1~5页；李政涛：《从教育公平到教育正义》，《教育发展研究》2005年第1B期，第27~31页；金生鈜：《高等教育机会与正义原则》，《高等师范教育研究》2000年第1期，第46~51页；刘健儿：《教育公平刍议》，《北京大学教育评论》2005年第1期，第102~106页。

三是教育地理学或教育均衡发展的研究视角。教育地理学是教育研究中一个新的理论生长点,特别是从教育均衡发展的视角研究高等教育的地区差异具有重要意义,主要的代表成果有罗明东的《教育地理学》,该书对区域教育的结构理论、布局理论以及可持续发展理论做了探讨[①]。朱家存所著的《教育均衡发展政策研究》,对教育均衡发展的理论基础、具体政策以及国外教育均衡发展的政策进行了较详细的研究[②]。其他还有袁振国、马陆亭、张振助和罗明东等的研究[③]。

四是经济学或教育经济学的研究视角。此类研究的代表性成果是李文胜的博士学位论文《中国高等教育入学机会的公平性研究》。论文从经济学理性人的假设出发来分析人们接受高等教育的动机,揭示了我国省与省之间存在着高等教育入学机会的不公平,并运用"代表指数"和"集中曲线"等作为判断地理公平的研究工具,认为国家在分配招生计划时存在一定的城市倾向,同时也与各地的经济发展水平相结合,因此造成一定程度的不公平[④]。另外,杨东平教授在《中国教育公平的理想与现实》中,收集了大量的数据,运用实证研究的方法,对高等教育的城乡差距、阶层差异、性别差异和地域差异进行了较为细致的研究,构建了教育公平的评价指标体系,并对我国2002年省域教育公平的状况进行了研究[⑤]。

五是历史学及文化地理学的视角。从历史学及文化地理学的角度研究古代的科举配额制度演变的趋势、动因以及"凭才取人"与"逐路取人"的争论等,对现代高考制度下的相关问题颇有启示。这方面的成果主要有刘海峰的《科举取才中的南北地域之争》、李弘祺的《宋代官学教育与科举》、贾志扬的《宋代科举》、林丽月的《科场竞争与天下之"公":明代科举区域配额

---

① 罗明东:《教育地理学》,云南大学出版社,2003年。
② 朱家存:《教育均衡发展政策研究》,中国社会科学出版社,2003年。
③ 袁振国:《论中国教育政策的转变——对我国重点中学平等与效益的个案分析》,广东教育出版社,1999年;马陆亭:《论高等教育的均衡发展》,《教育研究》2005年第10期,第71~75页;张振助:《高等教育与区域互动发展论》,广西师范大学出版社,2004年;罗明东:《中国教育发展地域性不平衡的地理学分析》,《云南师范大学学报》(自然科学版)1999年第4期,第47~53页。
④ 李文胜:《中国高等教育入学机会的公平性研究》,北京大学博士学位论文,2002年,第44~72页。
⑤ 杨东平:《中国教育公平的理想与现实》,北京大学出版社,2006年。

问题的一些考察》、钱茂伟的《国家、科举与社会——以明代为中心的考察》、张耀翔的《清代进士之地理分布》、张仲礼的《中国绅士》、何炳棣（Ping-Ti Ho）的《明清社会史论》（The Ladder of Success in Imperial China）和日本学者檀上宽的《明代科举改革的政治背景》等。此外，还有美国学者 Benjamin A Elman、Thomas H C Lee，中国学者刘海峰、何怀宏、郑若玲、沈登苗、吴建华等的研究①。

总之，以上各学科视角的研究在某种意义上为本书提供了理论原型的参照，对古今中外区域间和种族间入学机会平等的理论和实证研究也具有相当的借鉴意义。但同时也存在一些不足，如对大规模教育考试与社会关系的研究尚显薄弱，对区域间高等教育入学机会分配的理论多囿于传统的教育机会均等理论，对各省区入学机会分配的实证研究也缺乏长时段的观照。因此有必要从教育公正的理论视角，结合全国和学校层面对各省区招生差异的实证研究，从整体上对高等教育入学机会区域差异的问题做深入的分析和研究。

四、研究预设及思路架构

本研究从教育公正的视角来探讨高等教育入学机会的问题，在对教育公正特别是教育系统外部公正的理论预设上，选取了一种复合正义论的观点。复合正义论认为，任何一个具体的现实社会，都不可能由单一的社会组织方式构成，而是由共同体与市民社会两种社会组织方式共同组成的，任何一种现实社会形态都不可避免的是这两种社会组织方式的某种比例的混合。在以

---

① Benjamin A Elman, A Cultural History of Civil Examinations in Late Imperial China, 台北南天书局有限公司, 2001 年；Thomas H C Lee, Government Education and Examinations in Sung China, The Chinese University Press（香港中文大学出版社），1985；刘海峰：《科举学导论》，华中师范大学出版社，2005 年；刘海峰：《科举考试的教育视角》，湖北教育出版社，1996 年；刘海峰、樊本富：《论西部地区的"高考移民"问题——兼论科举时代的"冒籍"现象》，《教育研究》2004 年第 10 期，第 76~80 页；何怀宏：《选举社会及其终结：秦汉至晚清历史的一种社会学阐释》，生活·读书·新知三联书店，1998 年；郑若玲：《科举学：考试历史的现实观照》，《厦门大学学报》（哲学社会科学版）2000 年第 4 期，第 90~95 页；沈登苗：《南宋已形成苏—杭人才轴线了吗？也谈苏—杭人才轴线的形成及其影响》，《浙江社会科学》2004 年第 9 期，第 177~182 页；吴建华：《明清苏州、徽州进士数量和分布的比较》，《江海学刊》2004 年第 3 期，第 155~162 页。

共同体组织方式为主的社会中，社群主义的正义观必然会成为正义论的主流，在以市民社会组织方式为主的社会中，自由主义的正义观也就更为引人关注。"既然任何社会的组织方式都是共同体与市民社会方式的结合，那么，在任何一个社会中，正义的实现方式便都必定是混合的。不论混合的比例如何，都是两种正义观实现方式的一种组合或复合。故而，这样一种理解正义的方式，便是一种复合正义论。"① 因此教育公正不仅仅是针对个体利益的个体正义，也是基于集体利益的群体公正。

循此逻辑，必然面对的问题是，超越自由主义和共同体主义的复合正义论是否能够有效解释我国经济和社会转型中所出现的高等教育入学机会的问题？也就是说，源于西方自由主义和法治理念文化语境的正义理论对我国传统儒家道德伦理在转型和变革过程中，其解释的合理性有多大？是否存在抽离特定语境而横向移植的倾向？对此，我们的回答是，尽管自由主义与社群主义均起源于西方深厚的自由主义文化传统，但正义作为社会制度的首要价值具有普适性，无论在何种社会制度和文化背景下探讨社会正义都有普遍意义。正如罗尔斯所言："正义是社会制度的首要价值，正像真理是思想体系的首要价值一样，一种理论，无论它多么精致和简洁，只要它不真实，就必须加以拒绝或修正……使我们忍受一种不正义只能是在需要用它来避免另一种更大的不正义的情况下才有可能。"② 随着我国市场经济体制改革的持续深入，对个体财产、自由和权利的关注已经成为社会伦理中的一个重要问题，这必然对传统宗族观念和共同体主义构成严重的冲击。同时，借鉴西方文明的理论成果对处于急剧转型和失范状态的中国现代伦理也具有相互比照和透析之意义。因此保持一种谨慎的、注重反思的态度，在个体和社群之间保持一种合理张力，对高等教育改革的实践也是必要和必需的。总之，用复合正义论来审视和观照高等教育入学机会分配中的个体正义与群体正义的冲突，区分规范层面和认识论层面的公正所具有的内涵，具有相当的合理性。

在确定了复合正义论之后，接下来就是对正义原则的考察。不同正义理

---

① 王楠湜：《社会哲学——现代实践哲学视野中的社会生活》，云南人民出版社，2001年，第236页。

② 罗尔斯：《正义论》，何怀宏，等译，中国社会科学出版社，1988年，第3～4页。

论流派都提出了各自的正义原则，大体可分为自由主义和社群主义的正义原则，但即使在自由主义流派内部对待正义原则也有相互对峙和冲突之处。英国学者戴维·米勒（David Miller）在《社会正义原则》中综合自由主义、社群主义和社会主义三种现代性思潮，提出了正义的三个原则。三个原则分别适用于不同的社会关系模式：需要原则适用于团结性社群，应得原则适用于工具性联合体，平等原则适用于公民身份。他认为这种复合、多元的但又是批判性的政治思想比其他的正义更加适用于经济全球化和文化多元性的时代[1]。高等教育属于非义务教育阶段，从大的原则来看应执行比例平等的公正原则。但由于高等教育产品具有准公共产品的属性，这必然具有一定的排他性。并且各省高校招生时都不同程度地考虑到以经济利益为主的贡献原则，所以对高等教育入学机会的分配存在着很大的矛盾冲突。鉴于我国高等教育系统的复杂性，不同类型高校在分配入学机会时所遵循的正义原则也不尽相同，平等原则、能力原则、贡献原则和补偿原则等都各有其使用范围且发挥了重要的作用。因此，从高等教育的特殊性质出发，研究高等教育入学机会的分配应执行何种原则，各种公正原则在分配高等教育入学机会中的价值序列，具有相当的意义。

本研究的另一个理论难题是，教育公正何以证明？也就是高等教育入学机会在各省区的分配是否存在公平合理的状态？在研究这一问题时，是否可以找到一个衡量各地高等教育入学机会的公平指标体系？历史已经告诉我们，如何证明公正乃是人类至今也未能解决的千古难题。为此，奥塔·魏因贝格尔（Ota Weiberger）一再指出："没有人能够客观地和确定地知道什么是公正，公正也得不到证明。"[2] "不可能肯定地证明什么是公正的。"[3] 高等教育入学机会的问题因为受到政治、经济、文化、人口、地理、就业以及教育发展水平的影响，具有很大的复杂性。在全国经济和教育水平呈现非均衡发展的状态之下，在城乡教育难以跨越的巨大鸿沟面前，要构建一个衡量

---

[1] 戴维·米勒：《社会正义原则》，应奇译，江苏人民出版社，2001年，第27~33页。

[2] 麦考密克、奥塔·魏因贝格尔：《制度法论》，周叶谦译，中国政法大学出版社，1994年，第250页。

[3] 麦考密克、奥塔·魏因贝格尔：《制度法论》，周叶谦译，中国政法大学出版社，1994年，第266页。

各地区高等教育入学机会公平的科学而精致的指标体系,难度之大,可想而知。公正原则的本质是等利害交换,具体到高等教育受教育权这一非基本人权上,教育公正的基本原则就是比例平等原则,可以说比例平等是公正的极端理想状态,在事实上是绝对不存在的。但是,在实证研究中,将复杂问题简化处理,用比例平等的原则来衡量各地区之间的差异,仍是可行的研究路径。

本研究的基本逻辑思路是:在批判借鉴自由主义和社群主义正义观的基础上阐释复合正义论的本质及原则,分析高等教育系统外部公正的原则;通过历史考察和国际比较深化对高等教育入学机会区域差异的理性认识;然后,用入学机会指数作为衡量和检视各省高等教育入学机会差异的程度,分析造成"倾斜的高考分数线"的深层社会根源;在此基础上,对我国高等教育入学机会区域不公的问题做出公正判别和理性分析;最后,在综合分析的基础上提出改进和调整的政策建议。具体来讲,分为六章:

第一章是理论分析部分。在分析自由主义和社群主义正义理论矛盾对立的基础上,提出复合正义论的观点,并对教育系统外部公正的基本原则进行探讨;对高等教育入学制度公正的分析从个体意义上的公正和地域意义上的公正两个方面展开;最后分析高等教育入学制度公正的标准和基础。

第二章是历史考察部分。从纵向的角度梳理科举时代人才的地理分布和民国时期高校招生的地域差异之演变,重点对科举时代配额制度的演变、进士的地理分布和"凭才取人"与"逐路取人"的争论做了较细致的分析;在民国时期,以单独招考和统一招考作为制度参照来分析不同制度对高等教育入学机会区域差异调整的利弊得失,并对高等学校地理布局的演变做出分析。

第三章是现代考察和国际(地区)比较部分。第一、二节着重对高考录取制度的历史沿革和高等教育入学机会的地区差异进行动态的分析。从时间序列将其分为"文革"前和"文革"后两个时期,以录取制度改革和高校地理分布为内在的逻辑线索,并从区域社会史的角度对东中西部的高考录取分数之演化进行分析,试图寻找分数线倾斜的社会根源和制度根源。第三、四节重点考察美国、英国以及我国台湾地区高等教育入学机会差异的相关问题。

第四章是实证研究部分。首先,选取厦门大学和北京交通大学作为个案,以两校不同年份新生的生源地为研究对象,以入学机会指数、洛伦兹曲线为研究工具,分析两校招生地域分布的演化趋势;其次,从区域经济发展、高校招生指标、高等学校地理分布和基础发展水平几个方面来分析各省区高考分数线演变的趋势及动因,并对各省分数线做了七种类型的划分,以此作为调整分数线的重要依据。

第五章是综合理论分析部分。以教育公正的视角对高考录取中的考试公平和区域公平进行分析,阐述了建立复合公正观的社会宏观背景,并检视了高校招生制度和录取制度公正意涵的缺失;在此基础上,结合教育公正的原则对高等教育入学机会平等的内涵做了具体的分析;在综合权衡理论和现实的基础上,指出了高考录取制度改革的理想方向和现实选择。

第六章是余论。综合上文的分析,提炼主要的研究结论,并从高校地理布局、录取制度改革和宏观社会政策等方面提出政策建议。

五、研究方法

哲学诠释学的方法。任何一项研究都离不开作者的先入之见,而哲学诠释学的方法为"先入之见"提供了合法化的基础,因为任何理解和解释都依赖于理解者和解释者的前理解,因此,"一切诠释学条件中最首要的条件总是前理解……正是这种前理解规定了什么可以作为统一的意义被实现,从而规定了对完全性的把握的应用"①。就本书而言,对高等教育入学机会公正的研究,正是在复合正义论这一前理解的基础之上展开的。实际上,对高等教育入学机会公正原则的探讨也是对未来社会教育公正存在方式的研究,存在方式表明了高等教育入学机会发展的此在性与可能性,对这两者的理解和追寻则需通过"视阈融合"来得以实现。"视阈融合不仅是历时性的,而且也是共时性的,在视阈融合中,历史和现在、客体和主体、自我和他者构成了一个无限的统一整体。"② 对高等教育入学机会区域差异的历时态和共时态的考察,正是将这一问题置于"效果历史"的意识中,从时空发展形态的特点来把握高等教育入学机会公正的本真含义。

文献研究法就是对文献进行查阅、分析、整理并试图探寻事物本质属性的一种研究方法。广义的文献研究法既包括定性研究,又包括定量研究。狭

---

① 汉斯-格奥尔格·伽达默尔:《真理与方法——哲学诠释学的基本特征》,洪汉鼎译,上海译文出版社,2004年,第8页。

② 汉斯-格奥尔格·伽达默尔:《真理与方法——哲学诠释学的基本特征》,洪汉鼎译,上海译文出版社,2004年,第8页。

义的文献研究法仅指定量研究。本研究采用广义文献研究法，通过查阅相关历史文献和典籍，试图勾勒出科举数百年"凭才取人"与"逐路取人"矛盾发展的内在脉络，民国时期单独招考制度下人才分布失衡的状态以及新中国成立以来高校招生制度、录取制度的历次变革和各省区高考录取分数线的动态演化过程。

调查统计法。本研究在研究过程中曾赴北京教育考试院、天津市教育招生考试院和山东省高招办，查阅了三省市自恢复高考以来的分数线，并就相关的问题访谈了三省市的高招办负责人。另外，对厦门大学和北京交通大学不同年份的新生生源地做了统计分析，以代表指数、洛伦兹曲线和基尼系数为研究工具，分析两校招生的地域公平性，以此为事实依据来揭示高考分数线演变的社会根源和影响因素。此外，本书还运用了案例研究法、比较分析法等，在此不一一赘述。

最后，对本研究的研究对象和研究时限做一界定。本研究的研究对象为我国高校招生考试中各省（自治区、直辖市）入学机会不平等的问题，从学校类型来看，主要研究全日制普通高等学校的招生录取，包括本科和专科两个层次，重点研究本科院校的招生行为；研究时限大致从1952年高考建制至2000年。时间下限的划定起因于"3＋X"改革的全面推进致使分数线难以比较。实证研究部分对高考分数线演变的考察，时间上限定为1978年（1977年各省自行命题），因为"文革"前较长时间内招生数一度超过高中毕业生数甚至报考人数，而且还实行过大行政区统一录取的制度。

第一章 高等教育入学制度公正的理论分析

对"倾斜的高考分数线"及高校招生名额分配的争论,其实质是对高等教育平等入学权利的公正诉求,其中充满了地域利益的激烈纷争和价值取向的多元歧见。在原有"公共性"已被打破,新问题又层出不穷的社会转型期,建立一种既包含公民规范,又含摄制度原则的公共伦理尤为必要。对高等教育入学制度公正的理论探讨就是期许从社会哲学或政治哲学的视角对高等教育入学机会的区域差异做出理论分析和回应。本章主要是对高等教育入学制度公正的原则、标准和基础等问题进行理论探讨。在考察当代西方自由主义和社群主义正义观矛盾对立的基础上,提出一种复合的教育正义观,并对教育公正的本质进行分析;进而探讨高等教育入学制度公正的原则,依理论分析的需要将其区分为个体意义的公正原则和地域意义的公正原则;最后对高等教育入学制度公正的标准和基础进行理论分析,从而构建起本书的理论基点和分析框架。

第一节 复合的教育公正观及其本质

博登海墨说过:"正义具有一张普洛透斯似的脸,变幻无常,随时可呈不同形状,并且有极不相同的面貌。当我们仔细查看这张脸并试图解开隐藏其表面之后的秘密时,我们往往会深感迷惑。"[①] 正因为对正义有如此多的困惑,而现实中又有充满对正义的普遍诉求,所以对正义的探讨也就成了人类永无止境的追求。从个人权利和公共利益何者优先的角度大致可分为自由

---

① E. 博登海墨:《法理学——法哲学及其方法》,邓正来,等译,华夏出版社,1987年,第238页。

主义和社群主义两种正义观。教育公正是一种统合自由主义和社群主义的复合正义观，教育系统的外部公正主要体现为教育制度上的公正。

一、自由主义和社群主义的正义论

从西方文化发展的历程来看，自由主义可谓西方伦理价值的主流。以罗尔斯为代表的自由主义正义论是对功利主义的批判性发展，而社群主义正义论又是对自由主义正义论的批判和诘难，两者深刻对立、相互辩驳而又互为补充的理论论争为我们深刻地理解正义的本质颇有助益。

（一）自由主义的正义论——以罗尔斯和诺齐克的正义论为主

罗尔斯的《正义论》产生的巨大影响举世公认，它不仅带来了20世纪70年代以来整个西方世界的社会政治哲学的空前繁荣，在欧美哲学界乃至整个学术界造成了布赖恩·巴瑞所说的"罗尔斯产业"的学术景观[①]，而且还引发了当代西方学界对公共理性与社会行为、个人价值与社会正义、自由与平等等重大理论课题的广泛讨论[②]。因此，罗尔斯对正义问题的研究之于西方伦理学研究范式的转变具有里程碑式的意义。同时，诺齐克强调个人权利的"资格理论"在自由主义正义论中也占有重要的地位。

1. 罗尔斯的正义论

罗尔斯认为在众多的社会美德之间，正义是所有社会美德中最重要的。他指出："正义是社会制度的首要价值，正像真理是思想体系的首要价值一样。一种理论，无论它多么精致和简洁，只要它不真实，就必须加以拒绝或修正；同样，某些法律和制度，不管它们如何有效率和条理，只要它们不正义，就必须加以改造或废除。每个人都拥有一种基于正义的不可侵犯性，这种不可侵犯性即使以社会整体利益之名也不能逾越。"[③] 正义的优先性正是基于事实与价值之间二元对立的事实所作出的必然选择，在诸多的价值中，正义居于最高的地位，是所有社会美德中最重要的。在《正义论》一书中，罗尔斯不遗余力地集中阐述了三个方面的理论问题，即"原初状态"、"正义

---

① 赵敦华：《劳斯的〈正义论〉解说》，三联书店（香港）有限公司，1988年，第2页。

② 万俊人：《比照与透析：中西伦理学的现代视野》，广东人民出版社，1998年，第160～161页。

③ 罗尔斯：《正义论》，何怀宏，等译，中国社会科学出版社，1988年，第3～4页。

原则"和"正当合理性与善价值的一致性",以下具体分析之。

罗尔斯正义原则的提出与社会环境的设置及其合理的假定有密切的关系,这被称为"正义的环境",它包括正义的主观环境和客观环境。正义的主观环境是指社会中的个人所具有的欲望、需要以及理性和正义自觉;正义的客观环境是指人类所面临的自然客观环境和条件,包括人们相似的智力和体能,以及相互合作的依赖性等[1]。罗尔斯重点阐述了主观环境中的"原初状态"(the original position)。他认为,要想使人们接受正义的两个原则,使社会合作体系由理论状态转化为现实状态,就必须把人们置于"原初状态"之中,引入"原初状态"的目的在于用纯粹的程序正义作为理论的基础。在主观环境的知识与信仰方面,罗尔斯提出了"无知之幕"(veil of ignorance)的概念,这层"无知之幕"将立约者对于具体事件的知识剥夺掉了,他们不知道自己的信仰、兴趣、能力、倾向和性别等,所具有的只是政治、心理和经济等理论中的普遍知识及原则。正是在"无知之幕"这一假设状态之下,立约者凭借自己的理性来构建公正的原则。但"无知之幕"的假设遭到了来自自由主义内部和社群主义的诸多批判,原因即是:作为理性的立约者在谈判时需要什么也无从知道,尽管他们的动机纯粹是自利的,但当他们的价值目标模糊不清或无从谈起时,如何为自己争取利益就成为最大的问题,这便是"无知之幕"给罗尔斯的正义理论带来的最大困境。实际上,"无知之幕"并没有屏蔽人们的理性认知能力,"罗尔斯大胆地吸收了康德关于理性人的假设,认为理性是人的本质。正是通过理性,人们才认识到社会合作的必要,才可能选择正义的原则。在原初状况下,人们在选择正义原则的过程中所表现出来的理性具有三个特点:一是处于'无知之幕'的背后;二是对'最低的最大限度原则'(the maximin rule);三是'互不偏涉的理性'(the disinterested rationality)"[2]。

通过以上理论前提的论证,罗尔斯逻辑地引出了其理论中最重要的正义两原则。他对两个原则的最后陈述是:"第一个原则:每个人对与所有人所拥有的最广泛的基本自由体系相容的类似自由体系都应有一种平等的权利。第二个原则:社会的和经济的不平等应这样安排,使它们:①在与正义的储

---

[1] 万俊人:《现代西方伦理学史》(下卷),北京大学出版社,1992年,第686页。
[2] 万俊人:《现代西方伦理学史》(下卷),北京大学出版社,1992年,第687页。

存原则一致的情况下，适合于最少受惠者的最大利益；并且，②依系于在机会公平平等的条件下职务和地位向所有人开放。"① 第一个原则被称为最大均等自由的原则（the greatest equal liberty principle）；第二个原则事实上包括两个原则：②部分称为公平的机会均等原则（the principle of fair equality of opportunity），①部分称为差异原则（the difference principle）。大家习惯上把第二个原则叫作差异原则②。按照罗尔斯的解释，第一个原则主要用于确定与保障公民的平等自由的方面，而第二个原则用于社会及经济不平等的方面，适合于收入或财富的分配。除了这两个原则之外，罗尔斯还提出了两条优先规则。根据这两条优先规则，第一个原则与第二个原则之间具有一种词典式顺序（lexical order）的关系；同样，在第二个原则中，①和②也具有这种关系。所谓词典式顺序的关系是指，第一个原则比第二个原则具有优先性，在第一个原则没有被满足之前，我们就不能去满足第二个原则。根据这一原则，如果只能在提高均等自由与增进经济利益之间选择某一项时，我们必须先提高均等自由，但这个优先原则是在社会经济达到一定的水准之后才能生效的。在第二个原则中，公平的机会均等原则优先于差异原则，对于一种机会而言，它的分配对于所有的人来说，都应该是公平平等的，除非是一种不平等机会的存在有利于增加那些机会较少者的机会。

罗尔斯对"优先性"问题的关注，宣告了他与绝对平均主义乌托邦的对立。"优先性"恰当地说应该属于程序正义领域中的一个范畴，所以罗尔斯所认为的社会基本制度的正义，不仅与"优先性"的程序有关，而且与对优先性的进一步追问，即何为优先性、优先的标准是什么有关。罗尔斯对此的回答是："我们可以这样说，在作为公平的正义中，正当的概念优先于善的概念的。……正义的优先部分体现在这样一个主张中：即，那些需要违反正义才能获得的利益本身毫无价值。由于这些利益一开始就毫无价值，它们就不可能逾越正义的要求。"③ 其实，在罗尔斯的正义两原则的表述中，包含

---

① 罗尔斯：《正义论》，何怀宏，等译，中国社会科学出版社，1988年，第292页。
② 石元康：《罗尔斯》，广西师范大学出版社，2004年，第42页。
③ 罗尔斯：《正义论》，何怀宏，等译，中国社会科学出版社，1988年，第30～31页。

了一种错误的暗示，也就是一个人所享有的不同的基本自由能够被累计相加。在后来出版的《政治自由主义》中，罗尔斯对批评者作出了积极的回应①。在对"公平的增义的初始目的"的阐述中，罗尔斯明确提出了"平等的基本自由"的含义，"平等的基本自由可以具体化为下列表项：思想自由和良心自由；政治自由和结社自由；由个人自由与完整所具体规定的那些自由；最后是法律规则所包括的各种权利"②。总之，对于第一个正义原则而言，它无法在众多的帕累托最高效益中选择一个特定的分配作为公正的分配，因为所有的帕累托效益都是一样好的，但罗尔斯的差异原则从"最少受惠者"的立场出发来看待不平等分配，使得"每个人都是有利的"才可能会实现，超越了简单的效率主义和平等主义，具有深远的意义。

2. 诺齐克的正义论

罗伯特·诺齐克的正义论在自由主义流派中也有相当的影响。他在《无政府、国家和乌托邦》中阐述了他的"绝对的个人权利观"，指出政治和道德的首要问题不是社会权利的正义分配问题，而是个人权利的自由保障问题③。诺齐克用"持有"来代替"分配"一词，并正面提出了他的"持有正义"理论，这一理论的核心是权利原则④。他认为财产占有的正义有三个基本主题：财产的原始获取、财产的转移和对财产占有的不正义的校正。由此相对照的三个正义原则是：（1）一个符合获取的正义原则获得一个持有的人，对那个持有是有权利的；（2）一个符合转让的正义原则，从别的对待有拥有权利的人那里获得一个持有的人，对这个持有是有权利的；（3）除非是通过上述（1）与（2）的（重复）应用，无人对一个持有拥有权利⑤。简言之，就是财产占有的获取原则、转让原则和校正原则。由财产占有的三个论

---

① 批评者认为，一个人所享有的不同的基本自由，并不只是表现为一种简单的相加关系，在这些不同的基本自由之间，也可能是相互冲突的，并且这些自由必须根据各自自由的地位加以解决。

② 罗尔斯：《政治自由主义》，万俊人译，译林出版社，2000年，第309页。

③ 万俊人：《比照与透析：中西伦理学的现代视野》，广东人民出版社，1998年，第65页。

④ 诺齐克：《无政府、国家和乌托邦》，何怀宏，等译，中国社会科学出版社，1991年，第15页。

⑤ 诺齐克：《无政府、国家和乌托邦》，何怀宏，等译，中国社会科学出版社，1991年，第156~157页。

题和三个正义原则以及与之相关的分配正义观所共同构成的理论系统就是诺齐克的"资格理论"。

与罗尔斯的正义论不同，诺齐克的资格理论是历史的，"一种分配是否正义依赖于它如何产生"。因此，诺齐克认为，罗尔斯的正义论是一种本末倒置的主张，分配正义的基本前提不是社会的结构，而是个人权利或资格的正义维护。究其实质，两种正义模式的对抗是社会正义分配与个人权利辩护两种不同社会价值取向的对立①。总之，诺齐克的"资格理论"博大精深，非常复杂②，与其"最低限度国家理论"紧密联系在一起，强调个人权利的不可侵犯性。这种以个人权利为出发点的正义理论对于教育系统内部公正的分析具有相当的启示意义。

（二）社群主义的正义论——以麦金太尔和米勒为主

社群主义又称共同体主义，是在批评以罗尔斯为代表的新自由主义的过程中发展起来的，它与新自由主义形成了当代西方政治哲学两相对峙的局面。至20世纪90年代，正义和社群两者同时成为政治哲学的主题③。无论是方法论还是在规范理论的层面上，社群主义都与自由主义形成了鲜明的对照，社群主义强调普遍的善和共同的利益，认为个人的自由选择能力以及基于此的个人权利都离不开个人所在的社群。下面重点介绍阿拉斯戴尔·麦金太尔（Alasdair MacIntyre）和戴维·米勒的正义观。

1. 麦金太尔的正义观

如果说罗尔斯的正义论是规范伦理的集大成者的话，那么麦金太尔的正义观则是美德伦理的执牛耳者。对于正义这一问题，麦金太尔认为，正义自古以来就是人类所追求的一种美德，无论正义还指别的什么，它都是一种美德；而无论是实践理性还是别的什么，它都要求那些能展示它的人身上有某些确定的美德。按照麦金太尔的解释，正义概念具有双重的含义：作为美德和作为规则。作为美德的正义是用卓越来界定的，它指的是个人的一种道德品格，即根据每个人应当得到的善或功绩给予他相应的回报的品德，这就是

---

① 万俊人：《比照与透析：中西伦理学的现代视野》，广东人民出版社，1998年，第86页。

② 详见诺齐克的《无政府、国家和乌托邦》之第二编"超越最弱意义的国家"。

③ 俞可平：《社群主义》，中国社会科学出版社，2005年，第2~3页。

人的公正、正直的品德。而作为规则的正义是按有效性来界定的，它指的是个人遵守正义规则的品德。如一个遵守正义规则的人未必是一个正义的人，因为他可能只是由于惧怕惩罚而遵守正义规则。所以在古希腊，除正义之外，还有其他一些维护正义的基本美德，如节制、勇敢、友谊、智慧和忠诚等。正义的词源学表明，对正义的理解不只是一种对外部客观秩序或规则的了解，更重要的是对背后所隐含的人之主体内在因素的了解。正义的秩序是由人来制定并由人去践行的，它只是人"借以预设宇宙秩序之本性的一种方式"。没有"我"和"人们"的内在基础，正义的秩序和规则就只能是一纸空文①。麦氏进一步认为，作为社会环境产物的正义美德和正义规则处于不断变化之中，即使同一时代中，由于人所处的社会环境不同，对正义的理解也是各不相同的。

总之，麦金太尔认为，人的道德价值是历史遗留下来的，只有理解个人所处的社群的历史传统和社会文化环境，才能解释个人所具有的价值与目的。他对罗尔斯的正义论提出了深刻的批评，认为罗尔斯等新自由主义者把个人与社群的关系分离开来，把个人从其生活和思考的社会文化环境中抽象出来，这样的个人—社群关系必定是虚假的②。也就是说，两者的根本分歧在于正义与公共利益何者优先的对立。总体而言，麦金太尔的视野比罗尔斯要宽阔得多，他不仅想要在西方现代的伦理学框架内实现一种伦理学的重新构建，而且要对启蒙运动以来的整个现代西方伦理做出批判性反省。在对西方文化源流进行了考察之后，麦金太尔梳理出四大伦理学传统③，并认为有多少伦理学传统便有多少种正义和多少种合理性，从此否认了现代规范伦理自我申言的那种唯一合法性和权威性④。因此，他提出了重返传统美德伦理即亚里士多德伦理的主张。不可否认，尽管麦金太尔看到了现代社会并未脱离传统道德资源的事实并提出了美德伦理的主张，现代社会的道德问题毕竟

---

① 麦金太尔：《谁之正义？何种合理性？》，万俊人，等译，当代中国出版社，1996年，第15～16页。
② 俞可平：《社群主义》，中国社会科学出版社，2005年，第60页。
③ 四大伦理学传统即为：亚里士多德传统、《圣经》及奥古斯丁传统、以苏格兰启蒙运动文化为代表的基督教与亚里士多德主义共生互容的道德传统、自由主义伦理学传统。
④ 万俊人：《比照与透析：中西伦理学的现代视野》，广东人民出版社，1998年，第393～395页。

不同于传统社会的道德问题，"亚里士多德主义的美德传统"能否满足现代人的道德生活需要，的确值得怀疑和深思。

2. 米勒的正义观

英国哲学家戴维·米勒被称为社会主义的社群主义者，他受迈克尔·沃尔泽（Michael Walzer）的深刻影响，在批判综合政治哲学研究的基础上，提出了一种多元正义论。他认为这种复合、多元但又是批判性的政治思想比其他的正义更加适用于经济全球化和文化多元性的时代。可以说，米勒的多元正义论具有自由主义、社群主义和社会主义的综合色彩。

对米勒来说，社群与公民资格是分不开的，所有社群的前提条件是其成员把自己看作按照自己的意志改造世界的积极主体；而公民资格不仅是一种占有权利，而且是一种信仰的作为[①]。米勒认为社会正义往往带有抽象意义的乌托邦色彩，而对解决具体问题难以有所作为，因此他将目光更多地转向了正义原则适用的社会情境。他首先将人类关系模式区分为三种类型：团结性社群（solidaristic community）、工具性联合体（instrumental association）以及公民身份（citizenship）。在三种不同的共同体之内，分别适用不同的正义原则。在团结性社群内部，实质性的正义原则是按需分配，这种团结性关系主要存在于家庭之中；在工具性联合体内，实质的正义原则是依据应得分配，人们在这一联合体内以功利的方式相互联系在一起，经济关系是这种模式的典范；而公民身份联合体的首要分配原则是平等，因为公民作为政治社会的成员，其地位是平等的，被剥夺了这种平等待遇的就会成为二等公民。尽管平等是公民身份的首要原则，但有时公民身份也把正义的要求奠基在需要或应得之上，比如对那些缺乏必要资源的公民提供必要的资助就是完全正当的，福利社会的医疗补助和住房政策等就是典型例子[②]。米勒进而认为，平等成为公民身份的主要原则在于成员身份的形式化原则，一旦公民的某些基本平等要求得不到满足，便会威胁到公平问题。相反，团结性社群之内的形式平等就不能如此评价，而应以需要作为排他性标准，正义在此所要求的是每个人得到资源的数量应取决于他（她）需要这一要求的强度。总之，米勒的多元正义观抛弃了罗尔斯的抽象意义上的正义概念，将正义的三个原

---

① 俞可平：《社群主义》，中国社会科学出版社，2005年，第80页。

② 戴维·米勒：《社会正义原则》，应奇译，江苏人民出版社，2001年，第27～33页。

则——需要、应得和平等——分别与它们适用的团结性社群、工具性联合体和公民身份结合起来探讨,捍卫了社会正义作为一种批判性社会理想的地位,对于我们构建多元文化时代的教育公正观具有较大的借鉴和启示意义。

总之,社群主义的共同理论倾向是反对新自由主义的个人主义伦理学立场,主张从人的历史、文化、传统、社会共同体关系或身份,以及人的社会生活实践等"情景"中解释现代道德和正义问题。

二、教育公正:一种复合的正义观

由以上分析可知,自由主义与社群主义的正义观存在很大的分歧,他们争论的最重要的实质问题就是伦理学的价值本原究竟是个体的我,还是作为社群的我们[1]。自由主义的正义观过于强调个人权利,而社群主义的正义观又过于强调集体利益。然而,在现代社会中,单独强调任何一方的利益都会发生社会整合的失当,自由主义与社群主义的二元分割和对立,使得在利益重新分配和重组的过程中,彼此采取一种不合作的态度。实际上,自由主义和社群主义是紧密联系、不可分割的,虽然他们对人性的假设和道德自身特性的理解方式预制了不同的正义理论,但在很大程度上只是为了理论分析的需要所做的一种逻辑性划分。

据此,本书提出一种对自由主义和社群主义"统合式"的复合正义观。这种复合正义观的合理性依据可从正义理论的自洽性、现代社会的构成等方面进行论证。首先,从正义理论本身的自洽性来看,万俊人对构建新的道德类型学的论证对这一问题颇有启发。他将罗尔斯的正义论视为规范伦理,将麦金太尔的正义观看作美德伦理,在调和沟通两者的基础上试图建立一种复合式的道德类型学。将两者融会贯通的合理性依据有四点:一是人类道德或伦理的一般构成与运作必定包括道德的外化和道德的内化两个方面,道德的充分外化将发展出道德规范,道德的内化使道德原则和价值观念体系具有"可普遍性",外化和内化是对应交会而不可或缺的两个方面;二是现代伦理的种种教训表明,单一的规则伦理并不能真正满足现代社会和现代人的道德生活需要;三是综合完整的道德类型学概念将给现代科学的伦理学探究注入生机和活力;四是综合完整的道德类型学概念是当代世界性多元文化进行交

---

[1] 弗里德利希·冯·哈耶克:《自由秩序原理·序》(上),邓正来译,生活·读书·新知三联书店,1997年,第45页。

流与对话的一个必要条件①。虽然规范伦理与美德伦理的划分并不能完全含摄自由主义和社群主义正义观的要义，但新的道德类型学的构建与我们提出的复合正义观有诸多交融会通之处。实际上，正义不仅是社会制度的首要价值和制度规则，也是内在于主体的一种伦理美德；正义不仅要吸收传统社会道德的合理成分，也要关切现代社会高度理性化和制度化的现实；正义不仅要尊重个体的权利，也要观照集体的利益；正义不仅是对传统道德资源的充分开掘，也是对异域道德文化的多元会通。任何执其一端而不及其余的做法都有失偏颇，因此从正义理论自身的发展来说，复合的正义观更能使正义理论圆融通达，形成一个理论自洽的体系。

其次，从现代社会的构成来看，任何一个具体的现实社会，都不可能由单一的社会组织方式构成，而是由共同体与市民社会两种社会组织方式共同组成的，任何一种现实社会形态都不可避免的是这两种社会组织方式的某种比例的集合。在以共同体组织方式为主的社会中，社群主义的正义观必然会成为正义论的主流，而在以市民社会组织方式为主的社会中，自由主义的正义观也就更值得关注。"既然任何社会的组织方式都是共同体与市民社会方式的结合，那么，在任何一个社会中，正义的实现方式便都必定是混合的。不论混合的比例如何，都是两种正义观实现方式的一种组合或复合。故而，这样一种理解正义的方式，便是一种复合正义论。"②

那么，教育公正是否也是一种复合正义论呢？"教育公正是指社会制度和政策对社会群体和社会成员之间受教育权的获得和有关义务的分担进行分配的合理性、正当性。"③ 教育公正不同于社会公正，社会公正主要关注财产或资源分配上的正当性与合理性，而教育公正不仅关注资源与权利的分配，更为关注个人的发展，即教育公正不仅仅是基于集体利益的群体公正，也是基于个体利益的个体公正。因此教育公正又可分为教育系统内部的公正和教育系统外部的公正。教育系统外部的公正是由社会整体公正水平的高低

---

① 万俊人：《比照与透析：中西伦理学的现代视野》，广东人民出版社，1998年，第404~408页。

② 王楠湜：《社会哲学——现代实践哲学视野中的社会生活》，云南人民出版社，2001年，第236页。

③ 刘健儿：《教育公正刍议》，《北京大学教育评论》2005年第1期，第102~106页。

决定的资源分配上的公正,因此就其实质而言是一种社会公正而不是个人公正。教育系统内部的公正则要受到自然资质的制约,"个体公正是受(各取其所得)这一原则支配的:公平对待,务使每一个人都能得到他应得到的或有权得到的东西"①。由此可见,教育公正不是一种单一形态,而是一种复合形态。它是由教育系统内外部的公正通过一定的制度形式有机复合的一种伦理实在。

总之,自由主义和社群主义的正义观在一定程度上构成了教育公正的理论基础。罗尔斯的正义论从弱势群体的立场出发,强调社会制度的公正性和正义对效率和福利的优先,这对审视教育制度的公正性并重构公正的教育制度提供了理论支持。诺齐克的"资格理论"强调个体权利的不可侵犯性,认为正义的首要主题就是个人权利的保障,这为从个体发展的角度理解教育公正提供了理论基点。麦金太尔对现代社会道德的抨击和对传统美德伦理的追求,强调集体利益优先于个人权利,对过于强调集体伦理价值的中国构建新型的教育公正体系意义重大。而米勒对三种人际关系模式的划分和区分不同正义原则的研究,为我们研究教育公正问题提供了可靠的人性假设的理论基础,为教育公正的具体情境性分析提供了有力参照。

三、教育公正的本质及基本原则

教育公正不仅要关注教育资源和教育权利的分配,更要关注作为个体的人的发展,因此可将教育公正分为教育系统外部的公正和教育系统内部的公正,教育系统内外部的公正应执行不同的公正原则。

(一)教育公正的本质

鉴于教育活动的复杂性和公正概念的不确定性,教育公正并没有一个永恒不变的主题。教育公正作为一种交换和分配的公正,可分为教育系统外部的公正和教育系统内部的公正。教育系统外部的公正主要体现为教育制度上的公正,而教育系统内部的公正主要体现为交往实践上的公正②。因论题所限,本书仅对教育系统的外部公正进行分析,而对内部公正不做太多涉及。

---

① 乔·萨托利:《民主新论》,冯克利译,东方出版社,1998年,第382~383页。
② 苏君阳:《社会变迁中的教育公正——关于制度、功能与活动的观点》,北京师范大学博士学位论文,2003年,第18~20页。

教育系统外部的公正是社会公正的重要组成部分，尤其是在以能力为本位的社会分工机制中，社会公正水平的高低也就决定了教育系统外部公正水平的高低①。教育制度作为国家安排政治秩序和教育秩序的手段，归根到底要牵涉生活秩序的伦理意义。因此，一方面教育制度最终取决于人的道德生活的决断，另一方面教育公正又必须通过国家的教育制度安排得以体现。在罗尔斯看来，"正义的主要问题是社会的基本结构，或更准确地说，是社会主要制度分配的基本权利和义务，决定由社会合作产生的利益之划分的方式。所谓主要制度，我的理解是政治结构和主要的经济和社会安排"②。总之，教育系统外部的公正就是通过与政治、经济及文化等因素型构出来的一种资源分配关系，进而言之，是指由一定社会的政治、经济以及文化制度所决定的受教育权利分配所达成的正当的、合理的状态。在现阶段，教育系统外部公正的水平由于受政治、经济和文化发展水平的影响只能停留在入学机会公正的水平上。

实际上，公正是等利（害）交换的行为，权利与义务的交换是公正的根本问题③。教育公正与制度的关联也主要是通过权利的交换来完成的。"作为交换，个人必须无条件地遵守社会的正义规范，把'正义'理解为无条件的命令和德行。一如社会契约论理论所描述的，随着这一变化，个人之间的相互性关系变成了个人与社会之间的相互性关系，相互性概念的表达也不再是个人之间的交换关系，而是个人与国家的交换关系。"④ 其实，教育系统外部公正所要交换的入学权利与一般公正交换的商品不同，商品交换的公正是在具有平等法律地位的行为主体之间通过价格或价值来完成的，但教育公正所交换的权利具有非确定性和不可衡量性等特点，因此必须寻找一种权威

---

① 印度学者、诺贝尔经济学奖得主阿玛蒂亚·森教授则提出了不同的看法，他认为，贫困是一种可行能力的剥夺，而可行能力是一个人获得实质自由的综合能力，一个人的可行能力指的是此人有可能实现的、各种可能的功能性活动的组合。在现代社会中，教育在可行能力的获得中起着非常重要的作用，因此，社会公正水平的高低在很大程度上主要是由教育系统外部公正水平的高低来决定的。

② 罗尔斯：《正义论》，何怀宏，等译，中国社会科学出版社，1988年，第7页。

③ 王海明：《公正、平等、人道：社会治理的道德原则体系》，北京大学出版社，2000年，第15页。

④ 慈继伟：《正义的两面》，生活·读书·新知三联书店，2001年，第179页。

性的代理机构,这种代理机构主要是国家。从这个意义上说,权利的交换关系实际上就转换成了个人与国家的一种关系。国家对不同的个体行为的调整,主要是通过各种各样的国家机关,如政府、军队、法庭等来实现的。因此,在国家取代了个人维护教育公正并确保个人从中受益之后,个人遵守教育公正的愿望就不再直接取决于人人是否具有同样的愿望,而取决于国家能否有效地履行它所垄断的维护教育公正之相互性的责任[①]。因此,教育权利包括入学权利的交换不可能只在个体之间发生,个体享受权利的公正性主要通过教育制度来体现。总之,教育制度通过对受教育权利与利益分配的关系调整,形成了对学校、家庭以及社会等公共行为的普遍的、共同遵守的正义要求。这种要求所体现的是国家整体意义上的教育公正,在某种程度上是以牺牲个体意义的教育公正为代价的。可见,任何一种教育制度所体现的公正性都是相对的,而不是绝对的。

那么,教育系统的内外部公正是一种怎样的关系呢?从某种意义上讲,教育系统内外部公正的关系也就是理念与制度的关系。毫无疑问,从教育理念的层面来讲,就是要尊重学生的个体身心发展,也就是说教育系统外部公正只有转化到教育系统内部公正的层面,才能赋予教育公正以实质性的内涵与意义。因此,无论是教育系统外部公正还是教育系统内部公正,都应该以对个体的尊重与个体身心发展为基础,只有这样才能有效地协调教育系统内外部公正的关系。这是教育公正区别于社会公正的最主要方面。相反,旨在尊重个体身心发展的教育内部公正,其实现程度也要受制于教育系统外部诸多因素的影响和制约。一方面,教育选拔制度公正与否在很大程度上决定了学生身心发展的潜能能否实现;另一方面,由政治、经济和文化发展水平所决定的教学制度、奖助制度等也对学生入学后的自由发展起到了很大的影响作用。因此,两者是相辅相成的关系。

(二) 教育公正的基本原则

本书只对教育系统外部公正的基本原则进行分析。概言之,教育系统外部公正的基本原则有完全平等原则、比例平等原则和例外平等原则。

教育系统的外部公正主要体现在对受教育权的分配应该执行平等的原则。受教育权的内涵随历史的流变和各国传统理念的迥异呈现出相当的不

---

① 慈继伟:《正义的两面》,生活·读书·新知三联书店,2001年,第181页。

同，有文化权利说、政治权利说等①。不管其内涵多么复杂，受教育权都是一项人权，是一项所有的人都能平等享有的权利。但关键是哪些受教育权是基本人权，哪些是非基本人权，高等教育阶段的受教育权应如何平等地分配。

对于"平等"的内涵，美国学者乔·萨托利（G Sartori）认为："平等表达了相同性的概念……两个或更多的人或客体，只要在某些或所有方面处于同样的、相同的或相似的状态，那么就可以说他们是平等的。"② 实际上，平等作为一种应然的道德原则，只能是社会平等而不是自然平等，而社会平等的实质也就是权利的平等。权利平等的原则又包含了两层含义：一方面，人人所享有的基本权利应该完全平等；另一方面，人人所享有的非基本权利应该比例平等。基本权利是人们生存和发展的基本权利，是满足人们政治、经济、思想等方面起码的、最低的、基本的需要的权利；反之，非基本权利是非人权权利，是人们生存和发展的比较高级的权利，是满足人们政治、经济、思想等方面的比较高级需要的权利③。义务教育的受教育权就是一项基本权利。作为基本权利应该平等地享受，并执行完全平等的原则。平等的受教育权是以平等和普遍的人的价值概念为前提的，人的价值完全不是一个可以分等评定的概念④。因此，就人的价值而言，一切人都必须平等。总之，义务教育阶段应执行完全平等的原则，无论对教育公正的实现还是对促进人权的发展来说这都具有极为重要的意义。

非义务教育阶段的受教育权属于非基本的权利，应该执行比例平等的原则。比例平等的原则最早由亚里士多德提出，他认为："公正就是某种比例，而这种比例并非抽象数目所独具，而是由普遍数目所形成的。比例就是比值相等……""在这里，公正就是比例，不公正就是违反了比例，出现了多和少，这在各种活动中是经常碰到的。"⑤ 虽然亚里士多德认识到了公正的本质，但将比例平等的概念泛化了。实际上，并非所有领域都可实行比例平等的分配原则。在现代社会里，比例平等原则的适用主要解决的是资源相对短

---

① 温辉：《受教育权入宪研究》，北京大学出版社，2003年，第27页。
② 乔·萨托利：《民主新论》，冯克利，等译，东方出版社，1998年，第381页。
③ 王海明：《公正、平等、人道：社会治理的道德原则体系》，北京大学出版社，2000年，第65~67页。
④ L. 范伯格：《自由、权利和社会正义——现代社会哲学》，王守昌，等译，贵州人民出版社，1998年，第129~130页。
⑤ 亚里士多德：《尼各马科伦理学》，苗力田译，中国社会科学出版社，1999年，第101页。

缺和分配合理性的问题。所谓比例平等的原则就是在资源供给相对不足的情况下，通过采取公众能够接受的合理的、客观的分配标准，对非基本权利与资源在符合条件的群体内按一定的比例进行平等分配的一种原则。对于高等教育而言，其受教育权属于典型的非基本权利，从教育产品的类型来看，高等教育属于准公共产品，准公共产品的性质在享用上具有排他性，消费数量要受到限制，服务费用的承担方式由国家与社会共同制定①。因此，高等教育产品的性质与高等教育受教育权的性质之间存在着很大的矛盾冲突。高等教育的资金支持属性是多种多样的，既有国家财政所属的教育部直属大学，也有省级财政直属的地方院校和市财政支持的城市大学，还有新兴的民办高校等；而公民在选择消费方式上也有多种方式，既可以区内消费，也可以跨区消费。毫无疑问，对国家财政所属的大学，其入学机会应在全国范围内按一定比例对各地区实行分配，而省市一级的高校则应在相应区域内按比例进行分配。此外，各类高校还要留出一定的用于公正性调节和补偿的入学机会，而至于谁应拥有这些入学机会，则应在特定高等教育价值观的基础上由社会、政府和学校来共同决定。至于高等教育入学机会如何在各地区间分配，则更为复杂。如果在地区之间执行比例平等的原则，那么标准应该是何者的比例平等？是人口的比例平等还是知识和能力的比例平等？在近年的全国"两会"上，就有代表提出要按照各省区的人口比例来分配高等教育的入学机会②，但从高校招生的本质而言，知识和能力的因素无疑比人口的因素更为优先。因此，高等教育入学机会公正的原则应是基于能力基础上的比例平等。

就完全平等和比例平等原则而言，它们都是作为一般原则而存在的，而在一般原则之外还需要另一种原则对其进行公正性的调节，这就是例外平等的原则。例外平等的原则源于罗尔斯的差别原则，罗尔斯在对正义原则的论述中指出："社会的和经济的不平等应这样安排，使它们：①在与正义的储存原则一致的情况下，适合于最少受惠者的最大利益；并且，②依系于在机会公平平等的条件下职务和地位向所有人开放。"③ 也就是在社会这一合作

---

① 厉以宁：《关于教育产业的几个问题》，《高教探索》2000年第4期，第14~19页。

② 汪丞：《2006年"两会"代表热议高考及其改革》，《湖北招生考试》2006年第4期，第36~40页。

③ 罗尔斯：《正义论》，何怀宏，等译，中国社会科学出版社，1988年，第292页。

体系之内，社会经济的不平等只有在使社会境况最差的人能够得益的情况下才是正义的。罗尔斯认为只有使处境最不利者的地位得到提升才可能使整个社会更为趋近平等与和谐。尽管罗尔斯从社会弱势群体的利益出发对差别原则做了大量的合理性论证，但也明显存在着难以解决的困境。差别原则主要适合什么样的领域？对弱势群体的补偿达到怎样的程度才是合理的？这是需要我们认真思考的问题。对高等教育入学机会的区域差异而言，主要是由不平衡发展的政治、经济和文化制度等型构出来的。其中，政治制度特别是政策因素对地区差异的形成起到了非常关键的作用。从实际来看，国家对西部落后的边远省区实行了许多补偿政策，高考分省定额录取的最初受益者就是这些地区。因此，对基于客观因素所形成的个体发展不应有的差异都应该进行适当的补偿。综上，所谓例外平等就是在既定的分配政策与体制的框架内，对由客观因素的差异所引起的分配不公正现象进行某种形式的补偿与矫正，以使同类的群体或个体享有基本相同权利的一种公正原则[①]。

总之，教育公正是对权利与利益的交换。作为教育系统外部公正主要体现为教育制度上的公正，而教育系统内部公正则主要体现为一种交往实践上的公正。就两者的关系而言，教育系统外部公正只有转化到教育系统内部公正的层面，才能赋予教育公正以实质性的内涵与意义。教育系统外部公正应执行完全平等、比例平等和例外平等的原则，而高等教育阶段的受教育权属于非基本权利，应执行比例平等和例外平等的原则。

第二节　高等教育入学制度公正的原则

既然高等教育的受教育权应执行比例平等和例外平等的总原则，那么其具体原则为何？从本质上说，高等教育入学是一种个体行为，人人都有平等的参与竞争的权利，也就是具有竞争非基本权利的机会。作为政治社群的省级行政区，在高等教育入学中是否也具有参与性的权利？如果承认各省区这一政治社群的权利，那么对高等教育入学制度公正的分析就可以区分为个体与社群两个层面。不可否认，个体与社群层面的公正原则在实践中很可能发生矛盾冲突，一方面是理论与逻辑意义上的原则与现实的政治、经济和文化制度相互冲突，另一方面是个体公正与社群公正也存在不可弥合的鸿沟。对

---

① 苏君阳：《社会变迁中的教育公正——关于制度、功能与活动的观点》，北京师范大学博士学位论文，2003年，第28页。

个体和社群层面的划分是出于理论分析的需要。

一、个体意义的公正原则

在高等教育入学这一问题上，其权利主体必然是作为个体的考生，个体作为公民都有平等的竞争机会。因此，鉴于高等教育系统的复杂性，在此暂不考虑地域因素对入学制度公正的影响，只对个体意义的公正原则进行分析。个体意义的公正原则主要有能力原则、平等原则和补偿原则。

（一）能力原则

能力原则是社会公正的重要原则之一，综合现有公正理论的观点，可将社会公正的原则大致归纳为五条：品德原则、才能原则、需要原则、平等原则和贡献原则。依照王海明的观点，贡献应为公正的基本原则，因为贡献是索取的源泉和依据，也是权利这一特殊索取的源泉和依据。据此，权利的分配应该根据贡献的大小来实行。对高等教育入学机会来说，显然无法按照贡献的原则来分配，因为作为应考者的学生还不是社会财富的创造者。因此，这就必然牵涉能力原则的问题，就能力的实质而言，是一种潜在而非实在的贡献，潜在的贡献又分为才能、品德等内在的贡献因素和运气、出身等外在的贡献因素。所以对高等教育入学权利的分配应该依据能力这一潜在的内在贡献来分配，而不应考虑运气和出身等外在的贡献因素。

高等教育入学机会的分配，首要的标准就是能力的因素。作为高等学校的入学考试，高考最基本的职能就是为高校选拔大量德、智、体全面发展的优秀生源。因为对德育和体育的考核难以精确量化，所以对智育的考核也就成为主要方面，智育的考核主要体现在对学生知识和能力的考查上。因此在高考选拔中，能力因素就通过公平客观的考试而外化为考试分数[①]，高考选拔的首要标准也就主要体现为文化考试的成绩。在国际上，《世界人权宣言》也规定了"高等教育应该依据成绩而对一切人平等地开放"。这便是强调能力原则的最好反映。从历史上看，"文革"中以阶级身份的政治标准取代了文化考试的能力标准，以推荐取代了考试，对中国高等教育事业的发展造成了重大的损失，贻误了整整一代人的发展，教训之深，自不待言。

尽管罗尔斯的《正义论》中没有出现能力原则的名称，但其差别原则与能力原则有相当大的契合之处。在《正义论》对第二原则的阐述中，他认为

---

① 也有高分低能的说法，但属偶然情况，就整体情况而言，高考分数还是具有相当效度的。

第二原则至少有四种不同的解释，而且这四种解释是在满足了第一原则的基础上提出的。在自然的自由体系中，前途是向才能开放的，"满足了效率原则的、其中各种地位是向所有能够和愿意去努力争取它们的人开放的社会基本结构，将导致一种正义的分配"①。这种解释也便暗含了能力和效率的原则。罗尔斯认为，仅仅如此还不能称为正义，在此基础上将社会偶然因素排除在外的"民主的平等"才更符合逻辑。可见，在罗尔斯的差别原则里包含了能力原则的内容，但蕴含着比能力原则更为丰富的内容。具体到高校招生的问题上，也就是在一个开放的社会体系中，前途是向才能开放的。每个人都可以依据平等竞争高等教育的机会对其才能做最大程度的发挥。弗里德利希·冯·哈耶克（Friedrich A von Hayek）对高等教育入学的问题也有精彩的论述。他认为在谁"应当得到"高等教育机会这一问题上，那些通过努力和付出代价而被认为具有最高主观品性的人未必就是合适的人选。虽然天赋的能力和天生的才能作为偶然因素存在，但却是相当重要的，因为文明的发展在很大程度上是个人充分利用了一切偶发因素和知识在新环境中所赋予的不可预测的有利条件。而那种力图消除偶然因素的影响而期望达到社会正义的想法是不现实的②。虽然哈耶克主张能力和才能在高等教育入学中的重要性，但他进一步指出并不是根据一致同意的观点所认定的人才具有接受高等教育的资格，"我们还有更为充分的理由认为，由于一个国家中存在着许多不同的群体，所以应当给予每一群体中的某些成员以接受这种教育的机会，尽管某些群体的最优者可能不如其他群体中并未获得这种机会的成员有资格"③。正因如此，不同地域的群体或不同种族的群体都应当帮助年轻成员获得高等教育的机会，并通过接受高等教育的人来反映各自群体对教育的尊重和看法。因此，哈耶克在高等教育入学问题上对能力原则的强调和对不同地域群体入学权利的认肯，对于我们认识和解决区域之间高等教育入学的问题具有重大意义。

总之，在高等教育入学制度中，能力原则是最基本的原则，尽管能力在某种程度上具有偶然性的成分，但在入学考试中所发挥的无可替代的作用是

---

① 罗尔斯：《正义论》，何怀宏，等译，中国社会科学出版社，1988年，第62页。
② 弗里德利希·冯·哈耶克：《自由秩序原理》（上），邓正来译，生活·读书·新知三联书店，1997年，第171页。
③ 弗里德利希·冯·哈耶克：《自由秩序原理》（上），邓正来译，生活·读书·新知三联书店，1997年，第173～174页。

应该充分肯定的。虽然考试并不能完全区分一个人才能的高下，但在考试这一程序公正的前提下，分数又是不得不依据的入学标准。

(二) 平等原则

平等原则主要是指公民身份平等的原则。对于竞争高等教育入学权利来说，在确定了能力原则之后，便有了权利平等的问题。因为高等教育属于非基本权利，在现代社会里，人人具有竞争非基本权利的平等机会，也就是说，虽然不可能使人人都有接受高等教育的机会，但参与竞争高等教育机会的权利是人人共享的。米勒在《社会正义原则》中指出："公民身份联合体的首要分配原则是平等。公民的地位是一种平等的地位：每个人都享有同等的自由和权利，人身保护的权利、政治参与的权利以及政治社群为其成员提供的各种服务。"[①] 被剥夺了这种平等待遇的人则是二等公民。值得指出的是，米勒所说的公民身份联合体的首要原则是平等，是针对基本权利而言的，对高等教育受教育权这一非基本权利而言，平等原则就不可能是首要的原则，而只能是在能力原则的基础上，享有竞争高等教育入学权利的平等机会，如果被剥夺了这种竞争高等教育的权利，则会侵害其公民权。同样，罗尔斯也认为，公正的社会应该是在对才能开放的前途的基础上，再加上机会的公平平等原则的限定。"具体地说，假定有一种自然禀赋的分配，那些处在才干和能力的同一水平上、有着使用它们的同样愿望的人，应当有同样的成功前景，不管他们在社会体系中的最初地位是什么，亦即不管他们生来是属于什么样的收入阶层。在社会的所有部分，对每个具有相似动机和禀赋的人来说，都应当有大致平等的教育和成就前景。"[②] 也就是说，在具有相同禀赋和能力的前提下，对高等教育入学机会的竞争不应该受经济和政治等制度因素和偶然因素的影响。在民主社会里，高等教育不应该只是少数知识精英或统治精英的特权，而应该对所有公民平等地开放。

与之相反，极端的自由主义者对平等原则却不以为然，他们认为所有人以具有同样的机会为出发点，无论其主张多么值得称道，却是根本不可能实现的。这是与罗尔斯正义论的最大分歧。激进自由主义的旗手哈耶克认为，"尽管人们完全有理由根除现行制度可能对某些人的发展所设置的各种具体

---

① 戴维·米勒：《社会正义原则》，应奇译，江苏人民出版社，2001年，第32页。
② 罗尔斯：《正义论》，何怀宏，等译，中国社会科学出版社，1988年，第68~69页。

障碍，但是欲使所有的人都始于同样的机会，却既不可能也不可欲，因为只有通过剥夺掉某些人所具有的但却不可能提供给所有的人的机会这种方式，才能达致这一点"。虽然每个人都拥有尽可能大的机会，但"如果我们的目标是使每个人的机会都不能大于最不幸者的机会，那么我们肯定会扼杀大多数人的机会"①。所以他认为，那种使所有生活于一个国家的同时代人都应从同一地位出发的观点与日益发展的文明是不相符的。同样，"资格理论"的代表人物诺齐克也坚决反对平等原则，他认为"正义的历史原则坚持认为：人们过去的环境或行为能创造对事物的不同权利或应得资格。一种不正义能够在从一种分配转向另一种结构同样的分配过程中产生，因为外观相同的第二种分配可能侵犯了人们的权利或应得资格，可能不适合实际的历史"②。也就是认为基于公民权利基础上的资格理论要保护个体的权利不受侵犯，而在结构同一前提下的分配，也就是以平等为前提的分配，非但不能保证分配的正义性质，反而是产生不正义的根源，侵害了个体的权利。不可否认，这些激进的自由主义者都认识到了公民权利的不可侵犯性，但在高等教育入学这一问题上，他们都混淆了个体公正和社会公正的关系，将个体权利的神圣不可侵犯凌驾于社会公正之上，用个体的权利取代社群的公益，没有充分认识到教育特别是高等教育所具有的改变社会不平等的重要职能。在高等教育由象牙塔走入社会中心的现代社会，智力优秀只是大学的众多目标之一，社会公正也是大学富有价值的重要目标，当两者冲突时，前者并不理所当然地获得胜利③。总之，高等教育入学制度的平等原则是指在以能力为基础的前提下，高等教育机会对每一个公民平等地开放，任何人都不应当因地域、阶级和种族等而失去平等竞争的机会。在"倾斜的高考分数线"的问题上，西部落后地区和京津沪等直辖市较低的分数线虽然都违背了平等原则，但对西部地区的倾斜在很大程度上是出于扶持弱势群体的社会公正之需要；而京津沪等直辖市则主要得益于政治、经济和文化等制度性因素的倾

---

① 弗里德利希·冯·哈耶克：《自由秩序原理》（上），邓正来译，生活·读书·新知三联书店，1997年，第172页。

② 诺齐克：《无政府、国家和乌托邦》，何怀宏，等译，中国社会科学出版社，1991年，第161页。

③ 约翰·S. 布鲁贝克：《高等教育哲学》，王承绪，等译，浙江教育出版社，1987年，第22页。

斜，其中功利主义凸显了其强大的逻辑力量，与社会公正的价值目标背道而驰。

（三）补偿原则

补偿原则实际上是由罗尔斯提出来的，他在对正义第二个原则的论述中认为，"社会和经济的不平等要满足两个条件。第一，它们必须使各种职业和职位在机会均等的条件下对所有人开放；第二，它们必须最有利于最不利的社会成员"[①]。他认为，使各种职业和职位在机会均等的条件下对所有人开放才是正义的，这里的机会均等是实质性的而非纯粹形式的，实质性的机会均等就是把社会上的偶然因素尽量降到最低程度。在罗尔斯看来，如果从道德的观点来看，一个人不能对他天生的才能及后天所生存的环境负责，因此，一个社会制度的分配原则如果把这些因素作为分配的标准，那么它所奖赏和责罚的便是人们所具有的某些他们所不能负责的特殊际遇，这从道德上也是不能被接受的。因此，罗尔斯认为，要真正达到"对每个人都是有利的"，就必须从"处于最不利的地位"的一组人的利益出发来观照不平等分配的问题。这样一种伦理学的立场，不仅与功利主义划清了界线，也不同于极端的平等主义。实际上，"差别原则将分配教育方面的资源，以便改善最不利者的长远期望。如果这一目的可通过更重视天赋较高者来达到，差别原则就是可允许的，否则就是不允许的……在天赋上占优势者不能仅仅因为他们天分较高而得益，而只能通过抵消训练和教育费用和用他们的天赋帮助较不利者得益"[②]。尽管补偿原则在实践中存在适用范围和幅度的难题，但它通过消除社会性制度因素对平等机会的获得还是具有重大的意义。

高等教育入学的补偿原则是指在实行能力原则和平等原则的基础上，对经济、文化和教育落后地区提供某种形式的补偿和矫正，以使这些处境最不利者享有与其他群体基本相同的入学权利。在具体的高考政策中，补偿原则主要体现在对少数民族和落后地区实行入学的优惠政策，包括降低入学标准和扩大入学机会等措施。世界各国对少数民族或落后地区的教育政策便是执行补偿原则的产物。

[①] 罗尔斯：《政治自由主义》，万俊人译，译林出版社，2000年，第309页。

[②] 罗尔斯：《正义论》，何怀宏，等译，中国社会科学出版社，1988年，第96～97页。

二、社群能否拥有权利

高等教育入学制度所面对的权利主体是考生个体,毫无疑问,个体具有平等参与竞争高等教育入学机会的权利,而社群是否具有这项权利?在个人主义权利理论盛行的语境下,社群权利和集体性权利是否具有存在的合法性依据?如果社群拥有高等教育入学权利的话,那么是社群本身拥有权利还是社群成员集体地享有?这一问题关系到在我国的高校招生制度中,是否要考虑不同地区之间的入学机会平等的问题。在回答这一问题之前有必要澄清权利理论是否适合于中国文化传统及社会发展的问题。

(一) 权利理论能否适用于中国

关于这一问题,反对者认为运用权利理论来分析中国的政治社会或高考录取中个体权利和集体权利的冲突没有充分的理由,就本质而言,他们认为权利理论是与中国传统根本冲突的异质物。对此,笔者认为,虽然权利理论并非源自中国的传统文化而是产生于西方文化语境,但它与中国的传统文化并无根本冲突。

首先,从权利理论的内在精神来看,中国传统文化中强调人格平等的观念与权利理论有某种内在的契合之处。权利理论是在批判西方社会"占支配地位"[①]理论的基础上形成的以权利为基础的理论的综合体,它反映了社会的理性的政治道德,并通过法律来保障基本的权利和宪法的权利,权利给予了法律"正当"的信心,也就是法律会"正当"地公平对待他人,或使人们遵守承诺。反观中国的古代社会,权利所包含的人道精神在古代社会不仅存在,而且相当丰富。中国最缺少的是法律精神,在漫长的历史中,人文主义一直是传统文化的重要特征,如"仁者爱人"、"天下为公"、"己所不欲,勿施于人",等等。虽然在历史上没出现过权利理论,但在古代思想中,无疑存在着超越实在法之上的道德法观念以及人格平等观念,"自由观念在儒、道、佛三家那里,也很充沛,只因为它们是内向的、自足的、超脱的,很少

---

① 占支配地位的理论包括两个部分:描述性部分和规范性部分。描述性部分是实证的,它把法律本身看作没有任何道德内容的,只是一个特定社会中占主导地位的制度化的政治实践的结果;规范性部分是功利的,它宣传法律的目的——它的唯一合法的目标——是把社会福利最大化。同时,这一占支配地位的理论不承认描述性部分和规范性部分之间有任何联系。

与社会利益关系中的自利、自主、自卫和对抗相联系，才未曾推转出权利观念来"①。所以，我们不能因为中国传统社会不讲权利，就得出权利理论与中国传统水火不容的结论②。

其次，从权利理论的有效性和适切性来看，权利理论具备适合中国社会的基本价值观。美国法哲学家罗纳德·德沃金（Ronald Dworkin）在《认真对待权利》的中文版序言中就深刻分析了这一问题。他认为，虽然权利理论可能会对中国政治社会的性质做出错误的判断，突出表现为它可能忽视重要的社会需要；而且可能将外来价值强加给中国政治文化，从而剥夺本土文化如何构建自身社会的特权，但是自决原则（每个政治社会都有权利决定自己的政治文化和道德发展）并不能解决权利理论是否适合于中国的问题，因为我们并不能"因一些价值观和思想产生于另一种文化而阻断一种文化对它的接受"。权利理论能否适合于中国社会主要在于：第一，一种观点的有效性并不取决于其制定者的权力或权威，而是依赖于它内在包含的理性的力量。也就是说，它允许接受者自己决定该观点所隐含的价值观是否符合他们自己的价值观；第二，一个观点的适切性并不取决于提出观点的人的地位和所针对的人，而是取决于它的内容——基本价值观的吸引力③。由此看来，决定权利理论是否适合于中国社会时，不是与它所产生的文化传统和背景有关，而是取决于它的基本价值观与我们已分享的价值观是否契合。实际上，权利理论与我国传统文化中的人格平等和自由观念有相似之处，并且权利理论要求所有的人都必须成为政治社会的真正的平等成员，它确认了某些基本的公

---

① 夏勇：《人权概念起源》，中国政法大学出版社，1992年，第179页。

② 至于中国传统社会为什么产生不出权利观念，有学者认为其原因在于：从治国主张来看，中国传统政治追求的是礼法政治，而不是约法政治，由此导致中国的正义观偏重义务，不像西方那样偏重权利；从权利主体来看，因为权利是一个关系性概念，它表示人与人的一种社会联系，这种联系又是以与权利主体的相对分离和独立为前提的。从西方社会来看，权利制度的发达是与权利义务主体之间的对抗分离为前提的，而中国传统社会则与之大不相同。在经济方面，自给自足的小农经济是古代经济的基本形态，难以产生独立的权利主体；在政治方面，每个人的地位首先取决于其伦理身份，而不具备"公民"那样独立的社会政治身份；在文化方面，中国古代文化里缺乏西方那样的与他人分立对抗的、绝对的个体人概念。具体参见夏勇：《人权概念起源》，中国政法大学出版社，1992年，第180~186页。

③ 详请参阅罗纳德·德沃金：《认真对待权利》，信春鹰，等译，中国大百科全书出版社，1998年，第5~16页。

民和政治权利。因此，权利理论能够适用于正处于市场经济转型和向现代民主社会转变的中国。值得强调的是，权利理论并非要求给个人绝对的自由，或者允许他们为了实现其个人需要而牺牲他们所属的社会，而是主张个体权利和集体权利在合理划界的基础上保持一种反思的平衡。

总之，从以上两个方面来看，权利理论与中国的传统社会及文化并非水火不容，而是有着某种内在的契合之处。从权利理论的有效性和适切性来说，也较为符合转型时期中国社会的基本价值，因此权利理论对于分析中国的政治社会有较强的适切性。

（二）社群能否拥有权利

从前面的分析可知，自由主义与社群主义深刻对立，在高等教育入学这一问题上，强调公共利益的社群主义往往更能实现群体正义的价值。社群主义强调个人的自由选择能力应立基于个人权利所依赖的社群之上，但同时社群主义诉诸传统道德资源的现代开掘似乎也不能完全解决高度制度化和体系化的现代社会的公正问题，对入学制度公正的问题也同样如此。因此在这里就需要一种旨在调和自由主义与社群主义的权利理论和公正观。

美国学者贝斯·J. 辛格（Beth J Singer）对个体与社群权利理论的研究对解决这一问题颇有启发。她在其著作《可操作的权利》和《实用主义、权利和民主》中深入阐发了集体性权利和社群权利存在的合法基础。首先，从个体权利的角度出发，她认为"个体除了作为文化的共同体成员之外，还是许许多多个体类别的共同体的成员，并且这些共同体的种种观念也将是个人特性的构成成分"。因此，她区分了三种不同的权利——个人权利、集体权利和共同体权利，三者在社会中共同发挥作用，缺一不可，各有其重要性，而"在特定的条件和环境中，对三者的权重，应由相关的个体和共同体来确定"①。其次，从社群权利的角度出发，按照她对社群的划分，将省级行政区看作地域性或政治性社群的话，那么它就具有了高等教育入学的参与性权利。实际上，各省拥有的参与性权利在很大程度上又可还原为个体的权利。社群能否拥有权利关键在于是否具备两个必要条件：一是具备社群行为者的特征，二是存在真正的社群行动。对照此一条件，省级行政单位完全具备了

---

① 贝斯·J. 辛格：《实用主义、权利和民主》，王守昌，等译，上海译文出版社，2001年，第169~170页。

社群行为者的特征，具有了其成员普遍认同的社会规范，同时又存在真正的社群行动（拥有自主发展高等教育事业的权利和实践行动）。总之，"能够产生社群判断与社群行为的自治社群，作为一个社群，拥有参与权利关系的能力"①。尽管不同省份之间具有高等教育入学的参与性权利，但在笔者看来，入学权利更多的是一种省区之内学生所共享的集体性权利，正是因为作为政治社群的省份之间的差异才带来了这种集体性权利，查尔斯·泰勒所谓的联邦主义政治学便是建立在这种深刻的差异性的基础上②。

综合以上两方面来看，这种旨在调和个体权利和集体权利的理论主张是根植于个人与社会关系的辩证统一之中的。"每个人的自由发展是一切人的自由发展的条件"，这不仅是我们的价值理想，同时也是社会发展的现实道路。个性的发展自由在自主的个人的联合中才有可能，个人的自由只有在联合起来的共同体中才有可能；另一方面，社会也只有在使个性得以发展中才能进步，个性化是人类自由发展的方式。"个性化就是全体社会成员自由发展的有序状态，是人的生命的真实存在。个性化的社会关系不仅仅是公民之间的契约性关系，更重要的还是真实的人的超功利的道德性关系。"③ 所以正是在个人与社会合理关系的理性认识基础上，个人权利、集体权利和共同体权利才有了共同存在的理论前提。

高等教育入学机会在个体之间的公正分配是一种绝对的理想状态，对各省区的分配既是对社群权利的尊重，也是对不同社群内部绝大部分个体权利的尊重，是多元地域社会中的现实操作原则。实际上，在分配高等教育入学机会时，其价值目标或实现方式往往是社会公正（社群公正）而非个体公正。这也就导致个体权利和集体权利的激烈对抗和矛盾冲突。

三、地域意义上的公正原则

既然高等教育入学机会公正的实现方式是群体公正而非个体公正，那么

---

① 贝斯·J. 辛格：《可操作的权利》，邵强进，等译，上海人民出版社，2005年，第176页。

② 贝斯·J. 辛格：《实用主义、权利和民主》，王守昌，等译，上海译文出版社，2001年，第124～135页。

③ 高兆明：《社会变革中的伦理秩序——当代中国伦理剖视》，中国矿业大学出版社，1994年，第331～332页。

就有必要对地域意义上的公正原则做一分析。事实上,在对高等教育入学机会分配的过程中,对个体层面和地域层面的分配问题是难以完全分开的,这既牵涉分配入学权利的主体多元性问题,又涉及高等教育机构性质的复杂多样性。

(一) 平等原则

平等原则除了平等对待之义外,还有比例平等的含义。比例平等的原则是一个抽象而模糊的概念,按照美国学者萨托利所认为的平等分配的相关项——需要、品德、才能和贡献,又可再分为四个具体的原则:(1) 依据需要的比例平等;(2) 依据品德的比例平等;(3) 依据才能的比例平等;(4) 依据贡献的比例平等。但综合来看,在高等教育入学制度中,只能是选择基于能力基础上的比例平等。我国现行的高考选拔制度,虽然遵循了比例原则实行地区比例的配额,但并没有体现平等的原则,特别是没有体现出基于能力的平等原则。

高等教育入学机会在各地区的分配应执行能力基础上的比例平等原则,也就是各地区能力最好的考生上最好的大学,能力其次的选择次一级的高校,依次按照能力层级来选择相对应的高校。实际上,这便是考生能力层级与高校水平层级的一种符应原则。如果从人才分布或者智力分布的曲线上来看,位于峰值顶端的考生上最好的中央部属大学,处于顶端与中间部分的考生读稍次的大学,而中间的多数考生上最一般的大学(高考分数须达到入学要求)。由于各省适龄人口、教育发展程度和高等教育规模所存在的巨大差异,各地区处于相同能力层级的考生的绝对能力并不相同。例如,中部高考大省如湖北的第二层次的考生,其水平可能优于西部地区相应能力层级考生的水平。当然这只是纯粹理想状态的理论分析,在实际的录取中,考生能否进入其所对应的水平层级的高校,还要受志愿信息的对称状态、经济支付能力和个人选择偏好等具体因素的影响,也就是说在各方信息充分交流的基础上,排除个人的选择偏好和经济支付能力等因素才可以实现这种理想状态。但实际的招生行为在很大程度上是政策结果和个人选择等综合因素的动态博弈。无论如何,基于能力基础上的比例平等原则是高等教育入学机会在地域之间分配的重要原则,也是源于在各地区之间政治、经济和文化教育发展的不平衡基础上,对不同地域之间平等入学权利的保障。

(二) 贡献原则

从某种程度上讲,贡献原则是"使社会成员按其贡献的大小,各自得到最大的富裕和福利"①。美国学者阿瑟·奥肯认为，"他们都对最初的假定表示敬意，即收入应该建立在对产出的贡献之上"②。哈耶克也说："一人享有之利益应当与其他人从其活动中获致的利益相符合。"③ 表面看来，贡献原则所适用的是物质领域的分配，但贡献是一切索取的源泉和依据，因而也是"权利"的重要来源。贡献原则也就是权利应与贡献成正比，贡献越多，权利便应该越多；贡献越少，权利也应该越少。因此有学者认为，社会分配给一个人的权利应该与他的义务相等，这是社会公正的根本原则④。

高等教育入学机会在省区之间的分配，也同样应该执行贡献原则，这对于地域型的高等教育特别适用，也就是说地域型的高校在录取时会首先考虑本地区公民的合法利益，因为本区域内的纳税人对该地区高等教育的贡献很大，依照贡献与权利成正比的原则，该地区的学生也就首先享受高等教育受教育权。而在招收外省区学生时一般要征收高额学费作为高等教育的成本补偿。美国的社区学院便是典型的例子。我国的地域型高校大多面向本省范围招生（但这几年的情况已经开始改变），这是由于区域内高等教育供需关系相对紧张而导致的结果。作为由国家财政支持的中央部属大学除了平等原则之外，也应考虑贡献原则，这里的贡献原则除了实在的贡献原则之外，更强调潜在的贡献原则，或者称能力原则。也就是在按比例平均分配入学机会的基础上，对文教发达地区能力突出的学生给予更多的入学机会。但因为高等教育产品兼具公共产品与私人产品的性质，而教育财政又关系到公共需要和公共利益等根本问题，因此作为中央部属大学在分配高等教育机会时除了平等原则和贡献原则之外，也应考虑需要原则。比如对西部落后地区的优惠入学政策便是基于公共需要的考虑，同时也是补偿原则在高校招生上的体现。如果完全忽视贡献原则而强调高等教育入学机会在各地区间的平均分配，无疑不利于高等教育办学效率的提高。其实，高等教育地区差异在一定程度上是高校行使自主权的一种反映，大学校址选在发达的沿海地区和大中城市，

---

① 圣西门：《圣西门选集》（第二卷），王燕生，等译，商务印书馆，1982年，第293页。

② 阿瑟·奥肯：《平等与效率》，王奔洲，译，华夏出版社，1987年，第37页。

③ 弗里德利希·冯·哈耶克：《自由秩序原理》（上），邓正来译，生活·读书·新知三联书店，1997年，第114页。

④ 王海明：《公正、平等、人道：社会治理的道德原则体系》，北京大学出版社，2000年，第43页。

对于积聚人才、开发项目、吸引资金和学生交流等，都有无形的优势蕴涵其中。如果看不到地域之间巨大的差异而一味地强求高等教育入学机会的平均分配，或者说用牺牲高校的自我选择来谋求高等教育机会的平等分配，这不能不说是一种矫枉过正①。然而，贡献原则在高等教育机会分配中的应用，也具有相应的约束条件。在教育部和省市联合共建之后，教育部直属重点大学招生的地域化倾向更为明显，违背了高等教育财政服务于公共利益和公共需要的职能。中央部属大学由于其财政归中央，其受益人应为全国纳税人，而不应该仅仅满足地方公共教育利益的需求。总而言之，贡献原则在高等教育机会分配中的应用，既不能过分强调，听之任之，也不能完全忽视，放任自流。贡献原则的执行，应立基于满足全国公共需要的基础上，谨慎地执行，但也应注意其外在的约束条件。

（三）效用原则

效用原则虽与功利原则有很大的关系，但并不完全等同。它在社会公正的原则体系中占有重要地位，在尼古拉斯·雷斯沙尔提出公平分配的七个规范中就有"公共效用"的规范。台湾学者盛庆琜教授在其《功利主义新论——统合效用主义理论及其在公平分配上的应用》中对效用原则做了充分的阐发。在其中文版序言中，盛庆琜认为将"utilitarianism"译为功利主义不妥，而应译为效用主义或效益主义。他认为，效用原则是第一原则，是指"通过首先维护一种对生活的积极态度，然后再建立一种最大化的标准来陈述人的终极目标即是对集合性的善或效用的最大化"②。这一原则又可具体化为三个"准原则"，也就是基本的优乐原则；它阐明了人生的目的论本性；道德判断原则，也即人们通常讲的功利原则；优化原则，它是对最大化或充量化的效用原则的一般解释，也是连接第一和第二准原则的中介。第二原则是自然（本性）原则。第三原则是"共存原则"③。总体来看，虽然这一"功利主义新论"忽视了美德伦理的存在，缺乏一个足以支撑起其效益体系

---

① 陈廷柱：《在公平与不公平之间——论高等教育的地区差异》，《教育发展研究》2004年第9期，第84~86页。

② G L Sheng, A New Approach to Utilitarianism—An Unified, Utilitarian Theory and Its Application to Distributive Justice, The Netherlands, Kluwer Academic Publishers, 1991, p. 76.

③ 万俊人：《思想前沿与文化后方》，东方出版社，2002年，第180~182页。

的人性论和形而上学,难以堪称真正的"统一的"效益论的体系①。但他引用现代经济理论和管理学理论对西方功利主义伦理学的开拓之功是无可置疑的,特别是他认为社会效用最大化与社会产品的最佳分配紧密关联并存在一种有效的社会福利函数的观点更值得关注②。他认为,一种商品对个人的效用函数是下凹的,也就是任何人对商品的欲求都会达到饱和状态,效用曲线在达到最高点之后边际效应也开始递减。而社会效用的最大化是指使某些人利益受损而另外一些人获益,在受损量小于获益量的情况下,社会效用比在自由状态下要大得多。当然这其中必然牵涉个人效用之间的比较。在经济学理论中,对此问题一直存在着激烈的争论,但现实的问题是在个人决策过程中必须对各种价值和效用加以比较,同时在做社会选择的过程中也必须对人际间的效益做出比较,所以在价值分配的过程中完全可以做量化的分析③。不仅如此,西方学者纳格尔也用"紧迫性"的概念来解释效用原则。他认为,人类的需要与兴趣存在着不同的紧迫程度,那些紧迫性高的需要及欲求,是我们应该首先设法去满足的。虽然难以用客观性来衡量这一主张的合理与否,但人类对满足饥饿的要求比满足民主的要求更为紧迫,并不是毫无根据的。因此,他主张社会的分配必须首先满足最紧迫性的要求,然后再满足次要的。处于最不利地位的人与社会上其他的人相比,就是紧迫性需要获得较少满足的人。因此,平等这一概念要求我们先去满足那些最不利地位的人的需要④。总之,将效用最大化和社会产品分配结合起来的观点对我们认识高等教育入学机会的区域分配具有重要意义。

　　高等教育受教育权属于非基本权利,虽难以划入社会福利的范畴,但随着高等教育已逐步成为社会发展的轴心机构,其社会效用与日俱增是毫无争议的事实。在分配高等教育入学机会时,入学的程序公正在很大程度上依赖于结果的公正,也就是说分配入学机会必须考虑到不同地区之间的效用大小问题。按照盛庆琜的观点,使整个社会效用最大化的分配也就是公平合理的

---

① 转引自万俊人:《思想前沿与文化后方》,东方出版社,2002年,第192页。

② 但在经济学理论中,有人反对社会福利的概念,因为阿罗不可能定理的结论是个体的福利函数总和并不能推导出社会整体的福利函数。

③ 盛庆琜:《功利主义新论——统合效用主义理论及其在公平分配上的应用》,上海交通大学出版社,1996年,第401~408页。

④ 石元康:《罗尔斯》,广西师范大学出版社,2004年,第61页。

分配，当然这是有外在约束条件的。当前，京津沪的高考录取率和高等教育毛入学率与中西部地区相比，存在"双高"的现象。就区域高等教育所发挥的效用而言，沿海发达地区明显要低于中西部地区。因此对高等教育入学机会的分配应优先满足能带来较高社会效益的地区。其实，西部在经过国家长期的优惠政策之后，已有部分地区的录取率超过了中部地区，虽然其入学机会的总量较少，但从比例平等角度来看，其入学机会已经得到较大的改善。从各地区对高等教育入学机会紧迫性需要的程度来看，西部部分省区和中部人口及高考大省应该是程度最高的。优先发展高等教育需求最为强烈的省区的教育事业，便能更好地满足社会效益最大的状态。因此，效用原则是指分配高等教育入学机会时，在执行了平等原则和贡献原则之后应将分配的重点转向能够带来更大社会效用的地区。效用原则与补偿原则具有较大的契合之处，但也并非完全等同。事实上，由于中国劳动力市场二元分割的状态和高等教育受益地区呈现弥散性的特点，在很大程度上制约了效用原则的实行和发挥，这一状况也是我们追求区域间高等教育入学机会公正所面临的现实困境。

综上所述，高等教育入学制度公正的原则相当复杂，从理论分析的需要将其分为个体意义上的公正和区域意义上的公正。但实际上，在分配高等教育入学机会时，两者是融合在一起而难以有效区分的。事实上，高等教育入学权利的当然主体是作为个体的考生，如果不考虑地域差异的影响，个体公正的原则是高等教育选拔制度公正的理想状态和最高目标。但由于地域差异的长期存在和高等教育入学制度公正的实现方式主要为群体正义，因而地域公正的原则便具有了很大的合理性和制度空间。总之，高等教育入学制度公正是一种复合的公正观，是个体公正和群体公正的混合，也是多种公正原则综合作用的产物。

第三节 高等教育入学制度公正的标准与基础

高等教育入学制度公正的标准是衡量制度公正的具体指标，虽然与入学制度公正的原则有内源性的关系，但并不相同。制度公正的标准建立于公正原则的基础之上却又高于公正原则，主要存在于政治、经济和教育的三个纬度中，体现为公民身份平等、区域教育均衡和个性自由发展。此外，现实的教育秩序和教育制度是由各种复杂的外部社会秩序型构出来的自生自发的规则产物，研究高等教育入学制度公正的政治、经济和文化基础等制度环境，对于更深入地理解入学制度的公正有重要的意义。

一、高等教育入学制度公正的标准

高等教育入学制度公正的标准是指衡量一个选拔制度是否公正的具体指标，这些指标对教育权利和义务的规定使得个人之间、个人与社会之间利益的分配不断达到各种不同程度的制衡或均衡水平。"在某些制度中，当对基本权利和义务的分配没有在个人之间作出任何任意的区分时，当规范使各种对社会生活利益的冲突要求之间有一恰当的平衡时，这些制度就是正义的。"① 根据这一对制度正义的解释和公正指标存在的纬度，可将入学制度公正的标准划分为：公民身份平等、区域教育均衡、个性自由发展。

（一）公民身份平等

公民身份是指取得一国国籍，并在法律上拥有相应权利和承担义务的人所具有的资格。一旦取得了公民身份，就享有与其他人平等的基本权利。托克维尔在《论美国的民主》中开篇即言道，民主"莫过于身份平等"②，"身份平等的逐渐发展，是事所必至，天意使然。这种发展具有的主要特征是：它是普遍的和持久的，它每时每刻都能摆脱人力的阻挠，所有的事和所有的人都在帮助它前进"③。因此身份平等是民主社会的首要原则。在专制社会里，统治集团和强势集团总是尽可能地将受教育权垄断在自己的手中，比如中国古代的太学和国子监在入学时都有对贵族身份的特殊规定。即使在现代民主社会里，由于利益的驱使和文化偏见等原因，公民身份也并非任何时候都是平等的。利益冲突越大，政治权力所发挥的作用也越趋明显。"我不怀疑，在像我们今天这样文明和平等的时代，统治者们可能比古代的任何一个统治者更容易把一切公权都集中在自己一个人手里，使其习以为常地和无孔不入地深入到私人利害领域。"④ 因此，公民身份的平等也就必然成为宪政国家的理想目标和普遍诉求，但在实际生活中，处于社会不利阶层或地位的人或群体，他们的权利经常受到来自强势阶层或地域集团的"合理性"剥夺。他们甚至经常用舆论或意识形态的宣传来掩饰这种潜在的合理性剥夺，

---

① 罗尔斯：《正义论》，何怀宏，等译，中国社会科学出版社，1988年，第3页。
② 托克维尔：《论美国的民主》，董果良译，商务印书馆，1988年，第4页。
③ 托克维尔：《论美国的民主》，董果良译，商务印书馆，1988年，第7页。
④ 托克维尔：《论美国的民主》，董果良译，商务印书馆，1988年，第868页。

从而使得利益的分配总是向着有利于强势地位的阶层或集团发展。

在高等教育入学制度中,公民身份平等主要体现为人人具有平等参与高等教育入学的机会,也即"分数面前人人平等"。因此在竞争高等教育入学机会时,任何公民不应因出身、阶层、种族、民族和地域等因素而失去平等竞争高等教育入学的资格。由此,公民身份应被理解为一种共同的社会和政治地位,同时也可以被看作抵制市场经济所产生并使其合法化的不平等的一种地位。社会学的结构主义理论,倾向于把高等教育视为促进社会流动,改善社会地位的一种有效工具,因此在高等教育入学制度中更应采取措施保障弱势群体的平等入学机会。但在实际中,很可能出现特定社群的入学要求与公民身份的公正要求相冲突的现象,这一现象既可能源自不同社群的政治和文化信仰,主要表现为各阶层和民族之间入学机会的差异;同时又可能是区域系统的巨大差异所引发的,具体表现为"倾斜的高考分数线"的问题。就后一种情况而言,不同地区的考生在高等教育入学时被赋予了地域性的身份色彩,同样的分数在山东或湖北等只能上专科学校,在北京却可能上北大等重点大学,地域身份的色彩非常明显。从公民身份平等来看,这是高等教育入学制度公正的最大缺失。

(二) 区域教育均衡

区域教育的发展与区域经济的发展有着密切的关系,当前我国社会处于急剧转型时期,由于地理位置、教育政策导向和传统文化价值观的影响,我国已经出现了区域经济严重失衡的现象。区域教育的失衡在很大程度上与区域经济的失衡相对应。实际上,区域教育均衡是现代教育制度公正的一种客观性指标,特别是对基础教育而言,均衡发展是依法治教、实现义务教育阶段学生"平等受教育权"的必然要求,也是全面提高基础教育质量,推进素质教育的关键[①]。但就高等教育这一非基本权利而言,并非实行完全平等的原则,因此在区域均衡发展这一标准上,其内在的需求显然没有基础教育那么强烈。高等教育入学制度的客观要求是区域之间的协调发展,对各地区入学机会的分配应控制在大致合理的区间范围,这是人们对教育公正理想价值的一种诉求,也是人们判别高等教育入学制度是否公正的标准之一。然而,问题的关键在于客观上是否具备了实现高等教育入学制度公正的基础条件。

---

① 朱家存:《教育均衡发展政策研究》,中国社会科学出版社,2003年,第3~5页。

尽管人们在主观上都能一致地承认实行比例平等的公正原则，但区域系统之间的巨大差异和社会制度的价值导向等问题，使得区域教育的均衡发展常常陷入乌托邦式的理想。高等教育的发展与区域经济的发展虽然密切相关，但因为教育活动的特殊性质，区域高等教育的发展往往相对超前，这在发展高等教育时就产生了两种不同的政策价值取向，是继续推进高等教育的区域化，使高等教育与区域经济形成良性互动，从而导致高等教育地区差异逐渐加大，还是通过国家政策的宏观调控，维持或者缩小现有的差距？这始终是个两难问题。笔者认为，虽然矫正高等教育地区发展失衡的状况具有相当大的难度，且只能在调整宏观经济及社会政策的基础上渐进地进行，但促使高等教育与区域经济的协调发展使我们必须建立长远的价值取向。

就高等教育发展的现状来看，高等教育的地域差异即使不考虑质量的因素，其绝对差异趋势也非常明显，从静态的不平衡程度来看，高等教育地域不平衡状态也比基础教育严重[1]。高校招生必须排除阶层、地域和经济等因素的影响，为所有学生营造一个公平竞争的制度空间，这也是招生考试制度存在的长久生命力。就此意义而言，公民身份平等的标准与区域教育均衡的标准在逻辑上是一致的，但高等教育区域均衡发展的实现还要受到其他环境和制度因素的影响和制约。从高等教育发展的内在动力来看，它具有一种本能的集聚功能，也就是依托经济发达地区从而形成横向的科际联合和产学结合。因此，从高等学校行使自主权的角度来看，高等教育区域的均衡发展也就变成了一种乌托邦式的追求。高等教育入学制度在面对基础教育和高等教育非均衡发展的情况下，必然会做出积极的制度调整，同时在传统考试文化和"不患寡而患不均"的价值观念影响下，实行分省定额录取的办法也就成为现实的政策选择。这样的选择又不可避免地与高考选拔中的公民身份平等产生内在的冲突和背离。因此，如何消解两者的矛盾，是我们必须面对的重大课题。

（三）个性自由发展

教育系统外部公正和教育系统内部公正在很大程度上是程序公正和结果公正的关系，作为教育系统外部制度的高等教育入学制度必然要受到教育结果公正的制约。高等教育入学制度公正的最终目的不是追求效率和权利，而

---

[1] 杜育红：《教育发展不平衡研究》，北京师范大学出版社，2000年，第63页。

是使个体的身心素质得到充分的、自由的发展。

在艾米·古特曼（Amy Gutmann）看来，保护思想自由和非歧视原则是民主教育的两大特征，她区分了教育的四种可能的模式，认为民主国家的持续存在依靠的是通过教育系统进行有意识的社会再生产，通过这一社会再生产活动，使得批评家能够积极地参与到修正教育系统的工作中来①。因此，民主国家教育系统的权威来源于民主过程本身，民主教育的目标就是使个体思想得到自由的发展。批判教育学的代表人物亨利·A. 吉鲁克斯（Henry A Giroux）也认为，教育的首要任务就是帮助学生在权力的框架内理解社会的建构。而这一过程的最终目的是赋予学生权力，赋予权力是指"一个过程，学生们在这一过程中获得了批判地运用存在于他们直接经验之外的知识的方法，目的是加深他们对自身和对世界的理解，并提供更多的可能性，以使人们转变其对人类生活方式的想当然的理解"②。批判教育学旨在使学生发展出一种批判的自我反省能力，并在民主和参与式空间内，分享和生产知识，以挑战那些牢不可破的知识论和制度限制，其终极目标还是使个体获得解放和自由的发展。

高等教育入学制度的改革可能主要表现在两个方面：一方面是尽可能地提高教育制度的供给能力，使更多的人在制度的保障下能够充分获益。另一方面是保持教育制度具有足够的弹性与张力，为个性发展创造一个宽松的空间或场域③。然而，由于高等教育制度的供给能力受经济和社会发展水平的限制，难以在短期内提高，所以人们就常常把保证受教育者个性的充分发挥寄希望于入学制度的弹性与张力的调整上。现阶段的高考改革提出了"三个有利于"的原则，其中有利于高校选拔人才和有利于素质教育的开展，都是从个体自由发展的角度来规范和指导高考制度的。高等教育入学制度是否公正还关系到社会的政治、经济和文化发展水平。只有在一个民主、开放和多

---

① 乔尔·斯普林格：《脑中之轮——教育哲学导论》，贾晨阳译，北京大学出版社，2005年，第26～28页。

② Henry A Giroux, Schooling and Struggle for Public Life: Critical Pedagogy in the Modern Age, The University of Minnesota Press, 1988, p. 198.

③ 苏君阳：《社会变迁中的教育公正——关于制度、功能与活动的观点》，北京师范大学博士学位论文，2003年，第51页。

元的社会中，个性的自由和谐发展才可能成为入学制度公正的普遍诉求。"在一个自由主义社会中，个人应当自由地采纳这些价值中的任何一种，或把任何不同的价值结合在一起，而且他们应当有形成他们自己关于善良生活的观念并根据这些观念而生活的类似的自由。多元主义的一个政治含义就是：政府应当确保平等地对待每一种合理的善良生活的观念，而这意味着政府不应当把任何一种特定的合理的观念置于其他观念之上。"[1] 实际上，在制度规约的现实层面，个性的自由发展往往受到来自精英主义、功利主义和工具主义的制约，其现实的情况是个性的自由发展只能建立在少数人利益需求的基础上。

总之，高等教育入学制度公正的标准主要有：公民身份平等、区域教育均衡和个性自由发展。能否实现这些标准还要受到诸多社会制度的影响和制约，但三者作为衡量高等教育入学制度是否公正的指标，对指导教育制度改革和促进教育公正的改善无疑具有重大意义。

二、高等教育入学制度公正的基础

既然高等教育入学制度公正的原则和标准都受到社会政治、经济和文化制度的影响和制约，那么这些因素以怎样的方式作用于教育制度？政治、经济和文化制度与教育入学制度有着怎样的联系？这是下面所要讨论的问题。

（一）政治基础

高等教育入学制度是国家整体制度架构下对入学制度制定的规则体系和安排，因此，从一定意义上说，高等教育入学制度的公正性源于政治制度的公正性。政治制度的公正性在很大程度上决定了教育制度的公正性。政治的正义性指的就是法和国家的道德观念，它是区分法和国家形式是否合法的准则[2]。这是法哲学和国家伦理学研究的核心领域。德国学者奥特弗利德·赫费（Otgried Hoffe）认为，政治的正义性是非纯粹经济学意义上的交换正义性，交换涉及人的自由，"自由的限制换得了自由的保障，对自由的放弃

---

[1] 约翰·凯克斯：《反对自由主义》，应奇译，江苏人民出版社，2003年，第7页。

[2] 奥特弗利德·赫费：《政治的正义性——法和国家的批判哲学之基础》，庞学铨，等译，上海译文出版社，1998年，第3~4页。

回报以对自由的权利"①。在这一政治正义性的基础上就可以对法律和政治制度进行道德的批判。但是政治正义又是教育公正赖以确立的基础,"政权为了影响民意而经常采用的一种干涉方式,是在教育这个项目上进行大小不同的监督"②。因此,政治对教育公正发挥着重要的导向和监督作用。教育制度公正的政治基础是通过教育体制和政治体制之间的关系建构起来的。"从客观上分析,国家的政治管理形式不同,教育管理形式必然随之不同,政治管理性质制约着教育管理形式。""一国的教育制度往往就是该国政治制度的翻版,有什么样的政治制度就有什么样的教育制度。"③ 因此,两者往往是一种内在统一的关系。

对不同时代教育制度公正性进行判断时,不仅要采取当下的标准,还要有历史的眼光。"分配的原则必须符合当时人们心目中的公正原则,当社会中的大多数人对这套分配规则能够认同时,事实上的不平均就可以被接受,在孔子的心目中,君君臣臣无疑是公正的。可见具有道德含义的正义观和道德一样,随时代而变迁。每个时代都有自己通行的社会正义观,它最能反映当时当地的分配原则。"④ 而在民主社会,良好的社会政治制度,可以有效地促进和提高教育制度公正。在民主自由的政治构架之内,教育制度也必然会有较大的民主程度。

教育制度公正的政治基础,除了受到政治体制的制约之外,还要受到一个社会的政治观念以及政治权威等因素的影响。统治阶层通过政治力量对教育制度公正的影响主要表现在两个方面:一是在政治能够控制的范围内,最大限度地维护统治者的自身利益,以不断增强自身的政治优势,获取更多的政治资本;二是在政治不能控制的限度内,最大程度地满足民众的需要,以保持政权的价值与生命力,维护社会秩序的稳定⑤。在分配高等教育入学机会时,处于强势的阶层或地域集团往往会利用其政治优势获得更多的入学机

---

① 转引自奥特弗利德·赫费:《政治的正义性——法和国家的批判哲学之基础》,庞学铨,等译,上海译文出版社,1998年,第6页。
② 威廉·葛德文:《政治正义论》(第二、三卷),何慕李译,商务印书馆,1982年,第504页。
③ 黄济、王策三:《现代教育论》,人民教育出版社,1996年,第28页。
④ 刘军宁、王焱编:《自由与社群》,生活·读书·新知三联书店,1998年,第5页。
⑤ 苏君阳:《社会变迁中的教育公正——关于制度、功能与活动的观点》,北京师范大学博士学位论文,2003年,第52页。

会，而处于相对弱势的地域集团只能获得相对较少的入学机会。

现代民主制度具有开放性、透明性、参与性和多元性四个特征。高等教育入学制度也应具有这些民主制度的特点。开放性要求不同的阶层或利益集团能够进行相互的交流，在发挥公共理性的基础上，通过民主商谈来达到各方利益的均衡；透明性要求高等教育入学制度的操作程序具有公开性和公平性的特点，特别是在对录取标准和资格的审定方面更要体现出程序公正的特征；参与性是允许不同政策主体或地域集团在政策制定过程中拥有发表意见的权利，特别是相对弱势的个体或集团能够拥有平等的话语权；多元性是指在高等教育入学制度中应尊重不同文化共同体或政治社群的文化权利和特殊要求，在自由多元、承认差异的基础上平等对话，以达到社会公正的目的。总之，大多数的民主国家都为全体人民提供了同等的受教育机会，所以每个人都有同等机会来与他人竞争。可以说，这种同等的受教育的机会是建立在平等对待的标准基础之上的[①]。

（二）经济基础

西方著名经济学家弗里德曼认为，经济自由是政治自由的必要前提[②]。一定社会的政治正义源于其经济制度的基本结构，也就是说，教育公正不仅受到政治正义的制约，还会受到经济基础和经济结构的影响。用马克思的话来说，"权利永远不能超出社会的经济结构以及由经济结构所制约的社会的文化发展"[③]。同样，高等教育入学制度也受到经济基础的深刻影响，不同的经济基础对高等教育入学制度的公正会产生不同的影响。

毫无疑问，物质资源的分配在人类社会的发展中占有不可或缺的地位，对教育资源的分配在一定程度上也与经济体制和经济结构密切相关。在教育领域中，不同集团之间的教育权利与教育机会分配，基本上反映了社会上各个利益集团之间的不同关系。高等教育入学机会的区域失衡，在很大程度上就是源于地区经济发展的差异。改革开放以来整体社会政策和经济改革都从

[①] 盛庆琜：《功利主义新论——统合效用主义理论及其在公平分配上的应用》，上海交通大学出版社，1996年，第103页。

[②] 弗里德曼：《自由选择——个人声明》，胡骑，等译，商务印书馆，1982年，第9页。

[③] 马克思：《哥达纲领批判》，中共中央马克思恩格斯列宁斯大林著作编译局译，人民出版社，1965年，第14页。

东部沿海一带开始,特别是市场经济体制改革为东部教育的发展注入了强大的活力,由此,高等教育资源也极大地倾向于东部沿海地区。在地区经济和区域教育渐趋形成良性互动关系的同时,高等教育入学机会的分配也更多地倾向于东部。可以说,高等教育入学机会的地域失衡在很大程度上是源于经济体制改革所带来的区域经济发展的不平衡状态。而要使高等教育入学机会在地域之间达成大致合理的分布,必须从社会经济结构调整的角度出发来渐进地完成。因此,高等教育入学制度公正的达成,必须依赖于通过调整东中西部的经济结构,促进地域之间经济的良性互动,从而逐步缩小巨大的地区差异才能够得以实现。

尽管不同的经济体制对教育制度公正将会产生不同的影响,但是当政治因素、文化因素与经济因素同时发挥作用与影响的时候,两者间就不是简单的决定与被决定的关系,而是一种不确定的非线性关系。在影响高等教育入学制度公正的诸多因素里,除了经济结构的直接影响外,政治、文化、人口和教育等因素也起到了或隐或显、程度不一的影响。其中,政治因素往往起着指导与支配的作用。所以,不同的经济体制对高等教育入学制度公正产生什么样的影响,还要受到政治力量的控制和约束。高等教育入学机会的区域调整,除了受到经济结构的基础性影响之外,政治权威和地域集团对高等教育这一稀缺资源的保护性分配也是一个非常重要的影响因素。

(三) 文化基础

文化或文明,就其广泛的民族学的意义来说,乃是包括知识、信仰、艺术、道德、法律、习俗和任何人作为一名社会成员而获得的能力和习惯在内的复杂整体。它是人类社会内在生成方式和外部生成方式的结合。文化既有历时形态的特征,也有共时形态的特征,而教育公正的文化基础就是在历时性与共时性的双重纬度下建构起来的关于文化传播、传递与发展的稳定的社会制度结构①。高等教育入学制度公正也同样是在历时态和共时态的两个向度下对公正理念的价值架构和制度设计的一种双向建构。

丹尼尔·贝尔(Daniel Bell)在《资本主义文化矛盾》中论述了资本主义社会政治、经济和文化领域的三种不同的发展原则:平等中心原则、效率

---

① 苏君阳:《社会变迁中的教育公正——关于制度、功能与活动的观点》,北京师范大学博士学位论文,2003年,第56页。

中心原则和自我实现的原则。文化领域的主要矛盾体现为自我与技术——经济秩序所需要的"角色要求"的冲突,其基本特征就是自我表现和自我满足。同时,"为经济提供方向的最终还有养育经济于其中的文化机制系统。经济政策作为一种手段可以十分有效,不过只有在塑造它的文化价值系统内它才相对合理"①。同样,文化不仅为经济制度提供了方向,同时也为教育制度提供了合理的价值框架和内生条件。高等教育入学制度除了受市场经济条件下文化价值观念的影响之外,还受到传统文化价值的制约。哈耶克认为,制度并非是出于设计的规划或者惯例的遵从,而是对传统规则和习俗的遵从。同样,道德规则也不是理性发展的产物,而是源于历史上所有阶段形成的那些价值体系。"尽管我们必须不断努力去改进我们的制度,但是我们绝不能够从整体上对它们做彻底的重新建构,而且即使在我们努力改进这些制度的过程中,也还是必须把诸多我们并不理解的东西视为当然。这就意味着,我们必须始终在那个并非我们亲手建构的价值框架和制度框架内进行工作。"② 哈耶克的制度演化观和道德演化观对我们认识高等教育入学制度及其公正问题有很大的启发。高考分省定额录取制度的建立在很大程度上是吸收了科举考试的分省定额取中制度而形成的,是对科举制"公正分配利益"这一公正理念的创造性转化和改造,尽管这一制度带来了地域之间入学分数的巨大差异,但我们并不能无视考选制度演化的内在逻辑和合理内核。同时,对高等教育入学制度公正的认识,也应该在现代民主社会文化和传统价值观念之间进行双向的建构和合理的选择,传统文化价值中对地域平等的观照和公民身份平等的现代理念都是高等教育入学制度中不同的价值维度,怎样使两者合理的结合是我们必须深思的时代命题。

总之,高等教育入学制度是由整个社会政治、经济和文化体制型构出来的,公正合理的高等教育入学制度的形成必然受到政治秩序、经济秩序和文化秩序的影响。从某种程度上讲,高等教育入学制度公正必须在改革政治、经济和教育体制的基础上寻找一种多种秩序之间的动态合理的均衡。

---

① 丹尼尔·贝尔:《资本主义文化矛盾》,赵一凡,等译,生活·读书·新知三联书店,1989年,第21页。

② 弗里德利希·冯·哈耶克:《自由秩序原理》(上),邓正来译,生活·读书·新知三联书店,1997年,第73~74页。

第二章　高等教育入学机会区域差异的历史考察

对高等教育入学机会区域差异的理性认识是凭借"视阈融合"的方式实现的,"视阈融合"是历史和现在、自我和他者构成的无限的统一体。本章通过拉长研究的视距,来考察科举时代和民国时期的相关问题。在漫长的中国考试发展史中,科举史无疑占据着极为显赫的地位。在科举时代,基于对考试"至公"理念的追求,关于"逐路取人"与"凭才取人"的论争也一直伴随着科举配额制的演进。科举考试虽然不同于现代意义上的高等教育入学考试,但作为大规模的统一考试与现代高考有着诸多相似之处,可以说是"同形同构",但在考试性质和目的上相去甚远。严格而论,科举考试是我国古代的一项文官选拔制度,但高考是建立于民主社会之上的现代高等学校招生入学考试制度。即便如此,作为一部高度精致的官僚选拔机器,科举制无疑为现代考试制度提供了强大的制度资源和历史资源。因此对高等教育入学机会区域差异的研究就必须回溯到科举时代,以寻求深厚文化传统的支持。"事实上,一种根深蒂固的禀性使人们几乎本能地要求历史指导我们的行动,因此,一旦历史在这方面显得无能为力之时,人们就会感到愤慨……"① 同样,民国时期所建立的单独招考制度和对统一考试制度的开拓性尝试,以及调整高等教育区域布局和改善入学机会地域失衡所采取的一系列措施,对于反思和解决今日高考面临的问题也具有历史借鉴之功用。本章第一节是对科举时代的考察,以朝代更替的时间序列,依循三条或明或暗的线索进行,三条线索分别是科举考试中配额制度的确立和演化、各朝进士的地域流布、以京畿和边远省区为代表的个案分析。文中视具体情况和研究资料而取舍,并

---

① 马克·布洛赫:《历史学家的技艺》,张和声,等译,上海社会科学院出版社,1992年,第12页。

非对每个朝代都做面面俱到之研究。第二节是对民国时期的考察,主要从招考制度的改革、高等教育地理布局的调整等方面展开。

第一节 科举时代人才分布地区差异的历史考察

我国科举考试制度源远流长,广义科举始于汉代,狭义科举则始于隋代①。科举制创制于隋代、发展于唐朝、定型于两宋、成熟于明清、废止于清末。作为公平分配政治利益的配额制度也伴随着科举整体化制度进程的发展而不断完善。以下分朝代详述之。

一、察举时代均衡举额制之考察

据《周礼》记载,早在西周时期就已经出现了"乡举里选"的制度。春秋战国时期,"举贤才"的观念已经广为流布。至西汉,察举制正式建立。汉武帝元光元年(前134年),根据董仲舒的建议,"初令郡国举孝廉各一人"②。这种按具体人数定期举荐人才的常科,后来成为中国科举史上选拔人才的主要途径。察举孝廉在西汉后期已走上了正轨,每郡岁举孝廉二人。但由于郡国地域大小、人口多寡不等,大郡人口多至百万以上,小郡少者不及十万,因此便存在察举名额不均之问题。为此,永元五年(93年)前后,汉和帝为此问题"下公卿会议"。当时司徒丁鸿和刘方建议:凡口率之科,宜有阶品,蛮夷错杂,不得为数。自今郡国率二十万口岁举孝廉一人,四十万二人,六十万三人,八十万四人,百万五人,百二十万六人。不满二十万二岁一人,不满十万三岁一人③。

虽然和帝采纳了这一建议,但实际上问题并没有得以解决,因为边陲之地如幽州、并州等地人口较少,"边役杂剧",若完全按上述比例举孝廉,则令当地吏民"进仕路狭"。为此,和帝永元十三年(101年),又对举额分配制度做了进一步的调整,对人口较少的边疆诸郡给予格外优待,规定"缘边郡口十万以上岁举孝廉一人,不满十万二岁举一人,五万以下三岁举一人"④。

---

① 刘海峰:《科举考试的教育视角》,湖北教育出版社,1996年,第7页。
② 班固撰,颜师古注:《汉书·武帝纪》,中华书局,1962年,第160页。
③ 范晔撰,李贤,等注:《后汉书》卷三七《丁鸿传》,中华书局,1965年,第1268页。
④ 范晔撰,李贤,等注:《后汉书》卷四《孝和帝纪》,中华书局,1965年,第189页。

这种按户口多寡比例定举额和优待边远地区的制度，具有浓厚的地缘政治色彩，有利于均衡参政机会、促进边陲地区人文水平的提升，演变到后来，唐代科举按府、州、道大小定额解送，明清实行分区定额取中的制度，对维护全国的统一、发展落后地区的文化教育起到积极的作用①。这一政策的实施有其特定的社会背景。从当时情况来看，汉武帝实行"削藩"的政策削弱地方势力，以达成中央和地方关系之平衡；同时，在中央设立太学，确立中央一级官学教育之地位；并在察举制中实行均额察举的方法将四方之"游士"引进大一统的帝国体制之内，变离心力为向心力。此项均衡举额的政策，使察举制在分配政治利益时发生了重大的政策转向。从公正理念考察之，便可发现，对边疆地区的倾斜和优待政策是在坚持比例平等原则的基础上引入了补偿原则，使察举制度带有"公平的正义"之伦理色彩。

随后察举制经过魏晋南北朝的发展和演进，出现了许多重要的变化，如察举标准已由孝悌、吏能变为以文化考试为主，中心环节也已从地方举荐转移到中央考试上来，等等。这些转变都为科举制的创生提供了诸多条件。

二、隋唐时期科举解额制的萌芽

隋炀帝大业元年（605年），进士科创立，这标志着对中国社会的官僚政治、文化教育、士子文风、生活习俗等诸多方面带来深远影响的科举制度正式创立②。实际上，大业年间的进士科并无特别重要的地位，只是到了唐代以后才迅速发展并逐步取代和包容了所有科目。刘肃言"炀帝改置明、进二科"，进士科从创立之始就不带乡举里选之遗风，因而更具发展空间。以"分科举人"为内涵的广义科举概念逐步被以"进士科举"为内涵的狭义科举概念所代替，经历了漫长的演变过程，进士科的设立是其转折点③。然而，隋代国祚短促，科举制还处于草创阶段，尚未形成制度化的规制，区域配额的制度更是无从谈起，但隋代科举制在整个科举史上占有重要的地位。

---

① 刘海峰、李兵：《中国科举史》，东方出版中心，2004年，第25页。
② 详见刘海峰：《科举制的起源与进士科的起始》，《历史研究》2000年第6期，第3~15页。关于科举制创立于何时，主要有如下几种观点：1. 始于隋文帝，或开皇七年，日本学者宫崎市定持这一观点；2. 始于隋炀帝，但又有大业元年、二年、三年或十年等不同说法；3. 还有人主张始于唐代，何忠礼先生持此观点。
③ 刘海峰、李兵：《中国科举史》，东方出版中心，2004年，第68页。

唐代是科举制的奠基期，宋以后各代科举内容、形式、场次乃至科举习俗等多是在唐代科举的基础上演变而来的。唐代科举分常科和制科两类。常科主要有秀才、明经、进士、明法、明书、明算六科。制科是为了"待非常之才"而设，且制科"其来最古，得人亦多"①，在考录的程序方面，制科较为简单，在颁布开科诏令之后，士子齐聚京城长安，在殿廷参加策试，登科者授予官职。而常科的考录程序则较为复杂，生源有乡贡和生徒两途，考试分两级考试，第一次考试为府州解试，由州县长官或司功负责。各州录取人数不等，"大唐贡士之法，多循隋制，上郡岁三人，中郡岁二人，下郡岁一人，有才能者无常数"②。第二次考试为省试，也就是尚书省的中央一级考试，这是关键的环节。

从唐代科举及第人物的地域身份来看，北方士人在科场中占据绝对优势，因为唐代统治者从西北起家，在官场中大多重用关陇集团和北方士人，而且地处北方的西京长安和东都洛阳及其辐射地带也一直处于文化中心的地位。据统计，唐代369名（7名籍贯不可考）宰相的地域分布，生于北方的京畿道、关内道、都畿道、河南道、河东道、山南道、陇右道的宰相有308名，占85.1%，而南方八道总共只有宰相54名，仅占14.9%③。并且从他们的出身来看，有243位宰相出身于社会声望很高的士族，占总数的65.8%。并且唐代通榜和公荐的制度也容易为权贵所操纵，"有司至公也，亦至私也"④，这在客观上有利于士族大户和科举家族，对远离政治中心的南方诸道的白衣举子则非常不利。然而，安史之乱以后，经济重心开始南移，随着士族地位的下降和进士科地位的上升，南方士子在科场中逐渐崭露头角⑤。不过就整体而言，在唐代，北方士子在科场中一直占有绝对的优势

---

① 马端临：《文献通考》卷三三《选举六》，浙江古籍出版社，2000年，第313页。
② 杜佑：《通典》卷一五《选举三》，中华书局，1984年，第83页。
③ 华林甫：《论唐代宰相籍贯的地理分布》，《史学月刊》1995年第3期，第30~35页。这一研究结果与傅衣凌的结论略有不同，傅衣凌考证唐代宰相有357名，北方籍326名，占91.3%；南方籍占8.7%。详见傅衣凌：《唐代宰相地域分布与进士制之"相关"的研究》，《社会科学》第一卷第4期，1935年12月。
④ 《全唐文》卷五三三《与膳部陈员外书》，上海古籍出版社，2003年，第620~621页。
⑤ 刘海峰：《科举取才中的南北地域之争》，《中国历史地理论丛》1997年第1期，第153~168页。

地位。据缪进鸿的统计（按现行的行政区划分），唐代进士人物最多的10个省份中，前三位河南、河北、陕西均为北方省份，而南方的福建、浙江和江西则处于最末三位①。纵观这一时期，虽然经济和文化地位渐趋上升的南方士子在科场中的地位日渐显露，但北方士子仍占据优势地位，科场竞争中的南北矛盾并未激化，所以唐代还没有出现科举取士的南北地域之争。

值得注意的是，在唐代后期已经出现了按行政区域分配解额的现象。《唐摭言》记载，武宗会昌五年（845年），进士科和明经科按地域分配解额之规定如下：

> 其国子监明经，旧格每年送三百五十人，今请送三百人；进士，依旧格送三十人；其隶名明经，亦请送二百人；其宗正寺进士，送二十人；其东监、同华、河中所取进士，不得过三十人，明经不得过五十人。其凤翔、山南西道东道、荆南、鄂岳、湖南、郑滑、浙西、浙东、鄜坊、宣商、泾汾、江南、江西、淮南、西川、东川、陕虢等道，所送进士不得过一十五人，明经不得过二十人。其河东、陈许、汴、徐泗、易定、齐德、魏博、泽潞、幽孟、灵夏、淄青、郓曹、兖海、镇冀、麟胜等道，所送进士不得过一十人，明经不得过十五人。金汝、盐丰、福建、黔府、桂府、岭南、安南、邕容等道，所送进士不得过七人，明经不得过十人。其诸支郡所送人数，请申观察使为解都送，不得诸州各自申解。诸州府所试进士杂文，据元格并合封送省。准开成三年五月三日敕落下者，今缘自不送所试以来举人，公然拔解；今诸州府所试，各须封送省司检勘，如病败不近词理，州府妄给解者，试官停见任用阙。②

从各地解额的分配来看，除长安的国子监之外，东都洛阳的国子监、河中府等地，解送名额最多，其次为凤翔、山南西道、山南东道等地，位于南方的岭南、安南和福建等地解额最少。这是目前所能见到的分配解额的最早记载，李弘祺据此认为唐末似乎已经出现了解额制③。虽然此时已经出现对各地解额数目的规定，但似乎难以将其视为长久性、制度化的分地取人政

---

① 缪进鸿：《长江三角洲与其他地区人才的比较研究》，《中国东南地区人才问题国际研讨会论文集》，浙江大学出版社，1993年，第224页。
② 王定保：《唐摭言》卷一《会昌五年举格节文》。
③ 李弘祺：《宋代官学教育与科举》，联经出版事业公司，1994年，第174页。但也有学者认为，此举只是反映了李德裕削减进士举子的意图。

策。不过唐政府根据各地人口、经济发展水平和文教发达程度公平分配解额的政治意图，为宋代确定分地取人的解额制奠定了基础，提供了相应的制度原型。

三、两宋之际解额制的确立与科举取士的南北地域之争

宋代上承汉唐，下启明清，是古代中国与近世中国的一个历史转折期，在经济制度和文教制度方面都有重大的转型和创制，为后世所效仿。宋代社会已经由门第社会演化为科举社会，其公平选才的原则在宋代体现得更为明显，有学者认为："贵德行而贱轻浮，重寒畯而抑势家，乃宋世科举取士之二大精神也。"[①] 宋代科举在许多方面都做了开创性的改革，如确定殿试的地位、采行糊名（殿试）、誊录制度、别头试、锁厅试等，还有一项重要的制度——解额制，这是本研究考察的重点。对宋代科举的考察，举要分析如下。

（一）"凭才取人"与"逐路取人"之争

北宋时期，由于北方常年战乱，饱受兵燹之苦，经济发展受到严重影响。加之长期与辽和西夏处于对峙状态，北方士人缺乏安定的学习环境，又不擅长诗赋等进士科的考试内容，因而在科场中逐步丧失了优势地位，出现了南北易置的局面。据贾志扬的研究，北宋时期全国共有进士9 630人，其中南方诸路有9 164人，占总数的95.2%，北方诸路有466人，占总数的4.8%[②]，以致形成"北方士大夫复有沉抑之叹"的局面[③]。南北士人在科考场域中升沉消长如此之剧，最终引发了北宋中叶激烈的南北地域之争。

首先发难的是陕西夏县人（今山西夏县）司马光，宋英宗治平元年（1064年），司马光上奏《贡院定夺科场不用诗赋状》，认为诗赋不足以观言，且易助长浮华风气，应停止考诗赋而改试经义[④]。表面观之，司马光是主张用经义取人代替诗赋取人，但因北方长经义而南方擅诗赋，所以实际上隐含了扶持和提升北方士人的用意。治平三年（1066年），司马光上奏《乞

[①] 金中枢：《北宋科举制度研究》（上），《新亚学报》第6卷第1期，1964年2月。
[②] 刘海峰，等：《中国考试发展史》，华中师范大学出版社，2002年，第103页。
[③] 陆游：《渭南文集》卷三《论选用西北士大夫劄子》，上海书店，1989年，第3页。
[④] 《司马光奏议》卷一三。

贡院逐路取人状》，批驳了朝野上下崇尚文学的虚浮文风，明确表达了对北方之人在科举考试中身处不利形势的不满。建议"其诸道州府举人试卷，各以逐路糊名，委封弥官于试卷上以在京师、逐路字，用印送考试官，其南省所放合格进士乞于在京、逐路以分数裁定取人"。并提出逐路取人的具体比例为每十人取一人，不满十人，六人以上亦取一人，五人以下则不取①。

与之针锋相对的是江西庐陵人（今江西吉安）欧阳修，他力主凭才取人，在其《论逐路取人劄子》中，欧阳修认为："窃以国家取士之制，比于前世，最号至公。盖累圣留心，讲求曲尽。以为王者无外，天下一家，故而不问东西南北之人，尽聚逐路贡士，混合为一，而惟才是择……盖言事之人，但见每次科场，东南进士得多，而西北进士得少，故欲改法，使多取西北进士尔。殊不知天下之广，四方风俗异宜，而人性各有利钝。东南之俗好文，故进士多而经学少；西北之人尚质，故进士少而经学多。所以科场取士，东南多取进士，西北多取经学者，各因其才性所长，而各随其多少取之。今以进士经学合而较之，则其数均，若必论进士，则多少不等。"可见，欧阳修主张将诗赋进士科与经义进士科合而为一，并认为，"若欲多取西北之人，则却须多减东南之数"。然而，"今东南州军进士取解数二三千人处只解二三十人，是百人取一，盖已痛裁抑之矣。西北州军取解至多处不过百人，而所解至十余人，是十人取一人，比之东南十倍假借之矣"。并且"东南之士于千人中解十人，其初选已精矣，故至南省所试，合格者多。西北之士，学业不及东南，当发解时，又十倍优假之，盖其初选已滥矣。故至南省所试，不合格者多。今若一例以十人取一人，则东南之人合格而落者多矣，西北之人不合格而得者多矣"。欧阳修由此得出结论说："若旧法一坏，新议必行，则弊滥随生，何可胜数？故臣以为且遵旧制，但务择人，推朝廷至少，待四方如一，惟能是选，人自无言，此乃当今可行之法尔。"②

当时司马光与欧阳修各执一端，互不相让。分路取人是按区域分配名额，凭才取人是不拘地域额数，实行考试面前人人平等。司马光和欧阳修的争论明显代表了当时南北不同地域集团的利益。"但从发挥大规模考试的社会控制功能方面来看，凭才取人说着眼于一切以呈文定去留，为的是保证考

---

① 《司马温公集》卷三〇。

② 欧阳修：《欧阳文忠公集》卷一一三《论逐路取人劄子》，台湾商务印书馆，1986年，第156页。

试的客观性和公平程度;而分路取人,则有利于提高文化相对落后地区士人的学习积极性,促进区域经济发展,维护国家的团结和统一。"① 由此看来,两种观点都有各自的道理,是一个利弊兼具的两难问题。元人马端临对此认为:"司马、欧阳二公之论不同。司马公之意,主于均衡,以息奔竞之风。欧阳公之意,主于覆实,以免缪乱之弊。要之,朝廷即以文艺取人,则欧阳公之说为是。"② 而实际上,英宗也是听取了欧阳修的意见,维持既有的取士方法。但在科场取士中也做了一些必要的倾斜和调整:一是仍执行分科取士的办法,并在进士科考试中逐渐加大了经学的比重;二是在地区的解额分配中,加大了向北方地区倾斜的力度。之所以向西北倾斜,主要是"西北近虏,士要牢笼"③。

这是中国科举史上关于"逐路取人"与"凭才取人"的第一次激烈的争论,且与科考内容的"经义取人"和"诗赋取人"的争论交织在一起,其实质是经济南移和政治变迁中南北地域集团的政治利益之争,也是一个考试公平与区域公平的关系问题。考试公平往往是一种理想或原则,具有"简单平等主义"的倾向,"一切以呈文定去留"的考试公平原则不可能在为帝国政治体系选拔精英的科举制度中得以完全贯彻。而区域公平则是一种政治策略或手段,是综合考虑多种矛盾以公平分配政治利益的"复合平等主义",它超越了考试技术公正的内在要求,以达成社会整合和地缘政治等更高意义上的政治意图,在很大程度上体现了"平等"、"公正"等传统伦理观念。

(二) 解额制度的确立、演变及动因

宋代科举实行三级考试制度,即发解试、省试和殿试。所谓解额就是士人通过各类发解试以后,获得解送礼部参加省试的名额。而解额问题,是宋代发解试中最复杂和变化最为多端的一个问题④。

宋初,发解试并没有固定解额。然而,"重文抑武"的一贯政策和科举

---

① 刘海峰、李兵:《中国科举史》,东方出版中心,2004年,第183页。

② 马端临:《文献通考》卷三一《选举考》之四,浙江古籍出版社,2000年,第292页。

③ 欧阳修:《欧阳文忠公集》卷一一三《论逐路取人劄子》,台湾商务印书馆,1986年,第156页。

④ 裴淑姬:《论宋代科举解额的实施与地区分配》,《浙江学刊》2000年第3期,第121~127页。

制的平民化色彩使得参加科考的人数急剧增多，至太宗末年的最后一次贡举，发解人数竟达到17 300人之多①，造成贡院之中人满为患，不堪重负。为限制发解人数的增长，至道三年（997年），政府规定取解时推行比例解额制，并在真宗继位后的咸平元年（998年）正式实施。然而令人始料不及的是，该年的发解人数达到创纪录的近20 000人②。为纠正这一弊端，真宗大中祥符二年（1009年）提出新的改革措施，对各种发解试"限岁贡之常数"，具体做法为：国子监、两京（开封府、河南府）及各州郡在咸平二年（999年）、三年、五年、景德二年（1005年）和大中祥符元年（1008年）的五次解额中，以最多的一年解额为准，"特解及五分"③。至此，固定解额制正式确立。各州郡解额是依据"本州元额之广狭、逐处文物之盛衰、科举等第之多寡"的标准来分配的。其实，从比例解额到固定解额，有其内在的成因和规律，实行比例解额制，解额数目势必随应试人数增多而水涨船高，而固定解额制能把士子人数限定在一定的范围，保持应试人数的稳定性④。政策实行之初，政府对各地的解额并没有统一的规定，因为随各地人口增长的幅度和南北差异的变迁，解额难以做到平均。到南宋时，发解试仍继续实行解额制，但对于原来北方籍的举人实行单独配额的办法。伴随解额制的实行，同时出现了"冒籍"的现象，"冒籍"即为得到更好的中举机会，东南一带的士子常离开本地而寓居于解额优渥之地。其实这一情况在北宋时就已经十分普遍，京畿开封府无疑是最具吸引力的地方。及至南宋，这一情况已经非常严重，以致政府不得不严厉惩治冒籍者，另一方面也给这些"游士"以例外的解额。

解额制的形成有如下几个原因：一是平衡各地解送举人的数目，以达到政府控制的目的。省试中所取举人数取决于政府的需要，而诸州解送的举人数各不相同。据美国学者施坚雅的研究，中唐以后直到帝国结束，出现了政

---

① 李焘著，黄以周，等注：《续资治通鉴长编》卷三三，上海古籍出版社，1985年，第281页。
② 徐松辑：《宋会要辑稿》选举十四之十七，中华书局，1957年，第4491页。
③ 徐松辑：《宋会要辑稿》选举十四之二十，中华书局，1957年，第4492页。
④ 裴淑姬：《论宋代科举解额的实施与地区分配》，《浙江学刊》2000年第3期，第121~127页。

府效率长期下降,基层行政中心职能一代比一代逐渐缩减的情况①。为对基层实施有效管理,以弥补地方官僚政府效率下降之不足,政府便通过有效地控制"皓首穷经"于科场的各级士绅来实现对地方社会的有效统治;二是考试科目的独立发展也有助于解额制的形成,政府常指定一些特殊地区的乡试录取一定数量的"词科"等特殊科目的举人参加省试,而参加考试人数的多寡则按官方配给的解额录取;三是政府通过增加落后地区举人的中举机会,以使这些地区的举人有更多的机会参加省试,这也是政府调配政治势力的一种有效手段。如宋仁宗庆历元年(1041年)四月,朝廷对陕西地区发布了增加解额的优惠政策,"出内库钱三十万缗以赐边民被寇抄者,其亲属孤寡,官为赈抚,赋役可省者省之。……本路进士再举、诸科三举及曾经御试者免解,诸州解额不及十人者增五人,十人以上增三人"②。

可见,解额制的实施具有重大的社会意义。有学者认为,解额制是宋政府采取一系列的措施来保证考取入仕者平等的地域分布,"对地域平等的关心已取代了理论上的公正性"③。除此之外,解额制的实行,不仅有力地促进了地方官学教育的发展,而且对书院和地方文化的发展也有重要意义,对推进书院的"官学化"更是成效显著。但解额制只局限于地方一级的发解试,在省试中并未实行区域配额制度,所以宋代进士的地域分布极大地偏向东南之地。

(三) 两宋进士之地理分布

在科举时代,科举活动的盛衰和及第人数的多寡,往往成为衡量一个地区文风高下和教育水平高低的最基本、最客观的评价指标。宋代进士的地域分布极为不均,美国学者贾志扬详细统计了地方志所载宋代全国各地进士数:北宋共有进士9 630人,南宋共有进士18 694人,未能判明年代的进士609人,合计28 933人。其中福建共有进士7 144人,高居榜首,两浙东路4 858人,江南西路3 861人,两浙西路3 646人,江南东路2 645人,成都府路2 012人,其余诸路皆在1 700人以下④(见下表2-1)。其中东南诸路

---

① 施坚雅主编:《中华帝国晚期的城市》,叶光庭,等译,中华书局,2000年,第19页。

② 李焘著,黄以周,等注:《续资治通鉴长编》卷一三一之二十一,上海古籍出版社,1985年,第1193页。

③ 李弘祺:《宋代官学教育与科举》,联经出版事业公司,1994年,第177页。

④ 贾志扬:《宋代科举》,台北东大图书股份有限公司,1995年,第287~298页。

进士数占全国总数的 76.6%。宋代进士地理分布之不均，由此可见一斑，这是中国科举史上南北及第比例悬殊的一个时期。

表 2-1 宋代各州进士总数（单位：人）

州名	北宋	南宋	未注明时期	宋代总数
东南部				
两浙东路	911	3900①	47	4858
两浙西路	1444	2202		3646
江南东路	958	1738	49	2645
江南西路	1225	2636		3861
福建路	2600	4525	19	7144
中部				
淮南东路	188	106	14	308
淮南西路	124	104	43	271
荆湖南路	200	416	48	664
荆湖北路	81	80	32	193
岭南				
广南东路	124	259		383
广南西路	71	175		246
四川				
成都府路	788	1133	91	2012
梓州路	445	1228	19	1694
利州路	73	95	14	182
夔州路	30	73		103
北部				
京畿路	73			73
京东东路	5		27	32
京东西路	35		16	51
京西南路	7	2	7	16
京西北路	73	1	2	76
河北东路	45	2	43	90
河北西路	32	1	47	80
西北部				
河东路	67		62	129
永兴军路	126	8	22	156
秦凤路	3	1	7	11
总计	9630	18694	609	28933

资料来源：据贾志扬：《宋代科举》，台北东大图书股份有限公司，1995 年，第 287～298 页的统计编制。

① 因后表版心限制，表中数字统一未加千分格。

有宋一代，全国进士地理分布如此不均，主要有如下几个原因：第一，经济发展和人口流动是其根本原因。宋代科举人才的南北易置主要是由江南经济迅速发展和北方人口大量南迁所产生的持续的内在推动力所完成的。宋代江南经济取得了突飞猛进的发展，在技术要素（交通、商业、金融等）、市场要素（商业大都会批发组织、金融组织的发达、异地商业城市等）、区域、地方资源的特产化与国内、海外贸易的连环衔接等各方面，宋代商业的性质和规模与前此一千年时期的商业相比，则全都悬殊天隔，已不可同日而语[1]。与此同时，由于北方长年战乱及宋朝与辽、夏的长年对峙状态，北方士人大举南迁，对江南经济和文化事业的发展起到了不可忽视的推动作用，并导致政治、经济和文化中心的南移，加之江南得天独厚的人文特长等因素，这些都是使江南成为人文渊薮，士子在科场中脱颖而出的根本原因。第二，教育和文化发展水平是制约人才分布的直接原因。教育的兴衰与文化的发展息息相关，教育水平的高低则直接决定了科举竞争力的高低，是影响科举人才分布的直接原因。贾志扬曾详细统计了宋代官学教育和私学教育（书院）的地理分布，结果显示：在进士最多的东南诸路中，有州学的州所占比例均为100％，也就是说各州都有官学教育，在县这一级中，也有90％多的县设有县学，最低的江南东路县学的比例也有82％。而在北部和西部的诸路中，州学的设立与东南部相差甚远，如河北东路仅有37％的州设有州学，在西部的夔州路也只有36％的州设有州学[2]。由此可见，科举成绩的高低与官学和私学的分布密集程度有很大的正相关。一般来说，官学发达和书院普及的地区科举及第率明显要高于那些不发达的地区。但两者关系也有例外之时，最明显的是荆湖南路，它的学校数量和东南诸路不相上下，其进士数量却不到两浙西路的五分之一。第三，科举解额制和类省试对进士的地理分布也有一定的影响。在各地的发解试中，解额制在一定程度上保证了举人在各地的均衡分布。然而，由于在会试中没有区域配额的制度，考取进士还是处于自由竞争的状态，所以才导致东南人才特盛的局面。此外，为适应战时的特殊情况而设立的"类省试"对科举人才的分布也有一定的影响。按当时的

---

[1] 波斯义信：《宋代江南经济史研究》，方健，等译，江苏人民出版社，2001年，第20页。

[2] 贾志扬：《宋代科举》，台北东大图书股份有限公司，1995年，第201～206页。

规定来看，各地"类省试"的录取比例与省试大体相当。竞争范围的缩小为四川和陕西等边远地区的士人脱颖而出提供了良好的机会。宋代成都府路的进士数量远远多于其他西部和西北部地区的数量，便是类省试影响进士地理分布的明证。

影响宋代进士地理分布的原因非常复杂，难以用简单和线性的思维来解释。总之，进士的地理分布是政治控制、军事因素、经济发展、人口流布、教育发展和边地开发等诸多因素综合作用的产物。

（四）案例研究——京畿及边远地区的考察

一般而言，各朝的京畿地区和边远省区都会得到比其他地区更为优渥的中试额数，从而在科场竞争中处于相对有利的地位。两宋时期，尤为如此。

京畿地区以北宋开封府为例。开封府作为北宋的政治和文化中心，在乡试发解额上占有很大的优势。从嘉祐年间的情况来看，开封府和国子监的得解和免解者最多，约占了全部登科人数的一半，在嘉祐三年（1058年）的163人中占了66人，在嘉祐五年（1060年）的183人中占了97人，在嘉祐七年（1062年）的193人中占了96人，而其他地区士人能够获得发解机会的就很少[①]。之所以开封和国子监能获得如此多的解额，原因是多方面的：一是开封府系权贵子弟充斥之地，朝廷在解额上会予以格外照顾；二是作为政治中心和文化中心的开封，客观上有利于应考士子理解出题的方向，考试合格的人数自然比其他地区要多得多；三是从竞争激烈程度来看，国子监和开封府的竞争激烈程度远远低于其他地区，如嘉祐三年（1058年）（如下表2-2所示），开封府及第进士与解额之比为1∶6，而同期的广南西路和荆湖南路分别为1∶38和1∶34，由此可见竞争激烈程度之悬殊。

表2-2 北宋嘉祐三年各州得解和及第进士数

监府路名	得解免解进士数（人）	及第进士数（人）	及第比例
国子监	118	22	约1∶5
开封府	278	44	约1∶6
河北路	152	5	约1∶30
京东路	157	5	约1∶31

---

① 转引自裴淑姬：《论宋代科举解额的实施与地区分配》，《浙江学刊》2000年第3期，第121~127页。

续表

监府路名	得解免解进士数（人）	及第进士数（人）	及第比例
梓州路	63	2	约 1：31
广南东路	97	3	约 1：32
荆湖南路	69	2	约 1：34
广南西路	38	1	1：38
利州路	26	1	1：26
夔州路	28	1	1：28
河东路	44	0	

资料来源：据司马光：《温国文正司马公文集》卷三〇《贡院乞逐路取人状》整理而得。

由于南北取士"大段不均"，因此吸引了不少南方士子移籍到开封等地参加考试，这种现象人称"冒贯寄应"。虽然宋初就把士人必须从本贯取解作为铁的原则规定下来，但从允许召官委保不属本地户籍或离开原籍很久的士人就近应试，并让他们在卷首标明是本贯还是寄应的情况来看[1]，寄应在一定条件下也是得到承认的。这一情况在以后的明清两代也是频频出现，而且屡禁不止。

宋代朝廷对地处边疆的地区常常会给予解额上的优待。以四川为例，做一粗略考察。四川在南宋时期处于帝国的西侧，与大理相接，下辖成都、梓州、利州和夔州四路，对南宋的国防非常重要。在整个南宋时期，四川在按察使的统治下，起着半自治地区的作用。按察使的职权也扩大到行政机构和科举中[2]。在天禧四年（1020年）时政府就曾允许陕西、四川和广南诸路把全部士人作为举人解送，而不管以前的解额限制[3]。这一办法于天圣二年（1024年）被废止。但天圣四年（1026年）又给这一地区增加解额，并于天圣七年（1029年）给四川和陕西各州额外增添解额[4]。绍兴四年（1134年）朝廷根据四川、陕西地区"隔绝不通"的实际状况下诏："诏川陕合赴省试

---

[1] 徐松辑：《宋会要辑稿》选举十四之三———三四，中华书局，1957年，第4527～4528页。

[2] 林天蔚：《南宋时四川特殊化之分析》，《东方文化》1980年第18期，第225～242页。

[3] 《宋会要·选举》卷一五。

[4] 《续资治通鉴长编》卷一〇四；《宋会要·选举》卷一五。

人，令宣抚司于置司州军置试院。"① 从此，四川地区开始实行类省试成为定制。类省试的实行有利于提高四川举子的中试机会，为他们提供了切实的利益。例如，隆兴至淳熙年间，四川省试的配额比例为1∶14，与正规省试的比例1∶17（1163—1175）和1∶16（1175—1183）相比，还是较为宽大的②。从长时段来比较也可以看出这一趋势。在北宋时期，四川进士占全国进士总数的比例为7.1%，而到南宋时期所占比例则上升为13.2%③。由此可见，宋政府在四川等地的倾斜和优惠政策促进了这些地区的发展，也达到了实施政治控制的目的。

四、元代的左右榜制度

元代是第一个由少数民族在全国范围内建立的统一政权。有元一代，对科举的制度功能和价值认同存在着很大的分歧。同时，元代对种族的划分也使科举制带有浓厚的民族歧视色彩。元代科举分为乡试（行省考试）、会试和殿试三级，并且在乡试和会试中实行固定配额的取中制度。

元朝于仁宗延祐二年（1315年）首开科举，总体而言，元代科举无论在考试还是录取的环节上都体现出很强的民族歧视色彩。在乡试中对蒙古人、色目人、汉人和南人的考试科目、答题要求都不尽相同。汉人和南人的试题难度和答题要求远远高于蒙古人和色目人，即所谓的"蒙易汉难"，体现出强烈的民族歧视色彩。

值得关注的是，元代会试开始实施区域配额的制度，每科进士录取名额平均分配给蒙古人、色目人、汉人和南人四个不同的阶级。但由于元代御试多有黜落，进士放榜时，四等人的录取额并不完全相等，有时也出现汉人、南人的录取数超过蒙古人和色目人的情况④。然而，因为汉人、南人的人口总数要比蒙古人和色目人多出许多倍，所以汉人和南人考试的竞争要激烈得多，录取比例很小。元末明初的徐一夔曾道："当国者类皆西北族（蒙古人和色目人），所用不过门第、胥吏、技艺杂流之等而已。自余所见，科目之

---

① 《宋会要·选举》卷四之二四—二五《贡举杂录》。
② 《建炎以来系年要录》卷一七七；《建炎以来朝野杂记》卷一六九。
③ 贾志扬：《宋代科举》，台北东大图书股份有限公司，1995年，第190页。
④ 萧启庆：《元至正十一年进士题名记校补》，《食货》（台北）月刊16卷7、8期，1987年3月。

行所历五六年，吾邑仅得一人！……皓首穷经，不免有不遇时之叹。"① 在中央和地方有实权的省台院等部门长期奉行排斥南人的政策，因此，汉儒希望通过科举入仕简直比登天还难。

在乡试中，全国应试举人总额限定为 300 名，也是平均分配给四个阶级，蒙古人、色目人、汉人和南人各占 75 名。属于"南人"的江浙、江西、湖广、河南分别配得 28 名、22 名、18 名、7 名②，其中的"江浙"地区包含宋代原来的福建、浙东、浙西与江西东路四个考区，这些在宋代科举中极为繁盛的地区在元代只能分到 28 个参加会试的名额。可见"南人"所受歧视极为明显。

严格说来，元代区域配额制度与宋代解额制度基于地缘政治的考虑、注重政治势力的均衡分配的精神颇有不同，与其说是区域配额，不如说是阶级配额或种族配额③。与其类似，辽代和金代科举所实行的"藩汉不同治"和"南北选"制度在一定程度上也与元代科举的种族配额制度有内在的相通之处。实际上，元代科举的种族配额不是建立在各民族士子比例平等的基础之上，而是限制汉人和南人入仕的民族歧视政策，此一政策可部分归因于元代统治者未能认识到广开仕路、区域均衡的政策对稳定政权之重要性。由于元代的区域配额制度与种族配额制度相互交叠，实际上没有起到公平分配政治利益的效果，因此不能将其看作真正意义上的区域配额制（会试一级）之始。

五、明代南北分卷制度及科举人才之流布

明代科举出现了许多创新和改制之处，八股取士和"学校必由科举"使科举制高度定型化和程式化，可谓科举史上之鼎盛阶段。明代科举取士实行乡试、会试和殿试三级考试制度。乡试是明代严格意义上按制度规定的科举考试初始阶段，选官制度也是从这一级开始的。明代三级考试，特别是乡试与会试两级考试制度的衔接性、考试内容的相似性和乡试基本规制对科举制整体的运行具有十分重要的意义。

---

① 徐一夔：《始丰稿》卷五《送齐彦德岁贡序》。
② 宋濂：《元史》卷八一《选举志一》，中华书局，1976 年，第 2021 页。
③ 林丽月：《科场竞争与天下之"公"：明代科举区域配额问题的一些考察》，转引自邢义田、林丽月主编：《社会变迁》，中国大百科全书出版社，2005 年，第 319~320 页。

（一）南北榜事件和南北分卷制度的确立

明初乡试实行定额录取，在会试一级中没有实行分地定额录取的制度。"初制，礼闱取士，不分南北。"① 但明初一场残酷而血腥的科场案——南北榜事件使之得以改变。

1. 南北榜事件

洪武三十年（1397年）二月会试，主考官刘三吾和白信韬为知贡举，录取了宋琮等52人，全为南方人，北方士人全部名落孙山。三月殿试，擢福建闽县人陈䢿为状元。放榜之后，北方考生表示强烈不满，指责"三吾南人，私其乡"，压抑北方士人。太祖朱元璋听到此事后，命张信等人重新评阅试卷。复查结果认为刘三吾等人评阅试卷是公正的，并无作弊行为，建议维持原榜不变。北方士人又上疏告刘三吾和张信等人沆瀣一气，故意呈送北人的劣等试卷。朱元璋得知，"犹怒不已"②，命刑部审讯严查会试考官，竟然"悉诛信韬及信、䢿等"③，将85岁的刘三吾革职发配边疆。朱元璋"亲自阅卷，取任伯安等六十一人。六月复廷试，以韩克忠为第一，皆北士也"④。这一事件便是著名的南北榜事件。

南北榜事件是一次惩处空前严酷的科场大案。实际上，刘三吾为人正派，且与陈䢿既不同县也不同省，其"私其乡"之罪名很难成立。就当时南北文化水平的差异程度而言，择优录取南方考生实属正常之举。但从当时的政治背景来看，北方还不时出现逃亡塞外的元朝残余反抗朝廷的军事战争，朱元璋亟须笼络北方士子，稳定北方社会，而南北榜事件正是实现这一目的的良好契机。因此，南北榜事件是在朱元璋滥杀老臣、着意巩固朝廷对北方统治的历史背景下发生的，它的发生有一定的必然性⑤。

2. 南北卷制度的确立及演进

太祖朱元璋还未来得及对会试实行区域配额制的改革就死去了。仁宗继位之后，针对科场竞争中南人占尽优势的情况，又将会试分地而取的改革提上日程。仁宗洪熙元年（1425年），大学士杨士奇（1365—1444）提议按照

---

① 张廷玉：《明史》卷七〇《选举志》，中华书局，1974年，第1697页。
② 张廷玉：《明史》卷七〇《选举志》，中华书局，1974年，第1697页。
③ 张廷玉：《明史》卷七〇《选举志》，中华书局，1974年，第1697页。
④ 张廷玉：《明史》卷七〇《选举志》，中华书局，1974年，第1697页。
⑤ 刘海峰：《科举考试的教育视角》，湖北教育出版社，1996年，第96~97页。

南北地域之别分卷取士。关于此制的议定，杨士奇在《三朝圣谕录》中所记最详，据该书载：（洪熙元年五月）（士奇）对曰：科举须兼取南北士。上曰：北人学问远不逮南人。对曰：自古国家兼用南北士，长才大器多出北人，南人有文多浮。上曰：然将如何试之？对曰：试卷例缄其名，请今后于外书南北二字，如一科取百人，南取六十，北取四十，则南北人才皆入用矣。上曰：北士得进，则北方学者亦感发兴起。往年只缘北士无进用者，故恣情成风，汝言良是。往兴蹇义、夏原吉及礼部计议各处额数以闻。议定未上，会宫车晏驾，宣宗皇帝嗣位，遂奏准行之①。

南北卷制度正式实施始于宣德二年（1427年），是年把一些不易认定为南为北的区域划为"中卷"，南北各退五名归中卷，所以以一百名为率，南、北、中卷的比例分别是五五、三五、一〇。南卷包括浙江、江西、福建、湖广、广东、应天以及南直隶的十府一州（即松江府、苏州府、常州府、镇江府、徽州府、宁国府、池州府、太平府、淮安府、扬州府、广德州）；北卷包括山东、山西、河南、陕西、顺天、北直隶的七府二州（即保定府、真定府、河间府、顺德府、大名府、永平府、广平府、延庆州、保安州），以及辽东、大宁、万全三都司；中卷包括四川、广西、云南、贵州四省以及南直隶的三府三州（即庐州府、凤阳府、安庆府、徐州、滁州、和州）②。就区域人口的比例差别来看，这个配额比例是相对公平的，因为南北配额的比例都相当接近各自区域的总人口比例③。宣德二年之后，南、北、中卷的比例只变更过两次，一次是在成化二十二年（1486年），增加中卷之比例，以利于四川人；另一次是在正德三年（1508年），从给事中赵铎之奏，将原属中卷的四川并入南卷，其余如广西、云南、贵州及凤阳、庐州等州府并入北卷，只存南北卷，均取150名。第二次变动是为了方便北卷的陕西、河南人多得配额，因为当权的宦官刘瑾是陕西人，而阁臣焦芳也想借此增加河南的中试人数。其实是各徇所私④。直到嘉靖三年（1524年），又恢复南、北、

---

① 杨士奇：《三朝圣谕录》，收入吴弥光辑《胜朝遗事二编》卷一，第28~29页。

② 李庆阳，等撰，申时行重修：《大明会典》卷七七《礼部》三五《科目·会试》，新文丰出版社，1963年，第67页。

③ E A Kracke, Region, Family and Individual in the Chinese Examination System, in John K Fairbank ed, Chinese Thought & Institution, University of Chicago Press, 1957, p. 264.

④ 《明武宗实录》卷三六，第7页。

中卷55∶35∶10之旧制。这两次易制都是主导变更旧法的权臣失势后旋即告终,"人存政举,人亡政息"。在"分卷取士"渐成一代科举定制后,似此类权贵徇私易制的做法,虽或能逞于一时,然其"变乱旧章"毕竟不是常态。更为重要的是,宣德二年所定的南、北、中卷比例基本上与三大区域人口的比例吻合,有其制度设计的合理性。总之,明代的南北卷制度对平衡各地科举人才的分布起到了积极的调整作用,但同一大区内各省之间仍保留相当程度的"自由竞争"的性质,直到清代分省定额取中制度实施之后才结束了这一状况。

自宣德年间实施分卷取士之后,士大夫多以分卷为必要之措施。景泰元年(1450年),诏令取士不拘额数,一度停止按区域比例分配名额,户部给事中李侃与刑部侍郎罗绮皆上书反对,主张取士"南北之分不可改",李侃之疏略谓:"臣等切惟江北之人文词质实,江南之人文词丰赡,故试官取南人恒多,北人恒少。洪武三十年(1397年),太祖高皇帝怒所取之偏,选北人韩克忠等六十一人赐进士及第出身有差。洪熙元年(1425年),仁宗皇帝有命大臣杨士奇等定议取士之额,南人什六,北人什四。今礼部妄奏变更,意欲专以文词多取南人。乞敕多官会议,今后取士之额虽不可拘,而南北之分则不可改。"① 由此可见,李侃主张不必限制取士额,分卷取士仍应予维持,但其技术性细节应如何调整,李侃未言其详。且恢复分卷的建议,是年亦未为朝廷所接受。至景泰五年(1454年),又恢复了南、北、中卷制度,此后明代会试按南、北、中卷分地取士的办法未曾有过中断。

洪宣至景泰年间,朝廷决定按地域比例分配取士额,这与前几年取士太多的背景有关。洪熙元年(1425年),仁宗"以为今年科举太滥",乃命礼部、翰林院议定额数。可见,此时的实施限额取士与分地而取,实以科举"革弊"为目的。景泰四年(1453年),工科给事中徐廷章主张严选科举岁贡,其疏略谓:"近者科举开额,如陕西、山西皆取百名,三倍于昔,及会试无一中者。岁贡亦四倍于昔,及入监,即以存省京储,悉遣还家,科贡之多,诚无益也。今后宜仍如宣德正统中例,庶革冗滥之弊。"② 此次改革不同于以前,强调限额的必要而不是力争"分卷",宣德正统以后,随着官僚结构的日益稳固,文官需求不再如明初大量而迫切,科贡取士太多而无法为

---

① 《明英宗实录》卷二〇一,第2~3页。
② 《明英宗实录》卷二三二,第10页。

政府机构所完全吸收,因此势必在进士额数上有所限制,以配合文官制度稳定后的人才供需关系。所以明代中叶以前,会试的分卷取士总是与乡试限定额数同步存废,也就是说,景泰五年(1454年)礼部恢复南北中卷取士的办法,其着眼点已不在弥补南北文化发展的差异,而是着重于朝廷对进士额数的有效控制及其中试机会的区域均衡。

3. 南北卷制度创立的政治及社会意义

关于南北卷制度创立的背景和政治意义,日本学者檀上宽认为,南北卷是明代进入守成阶段后针对南北经济文化发展的差异所做的调整措施,其目的在于从人才登进制度上使明代由"南人政权"蜕变为"统一政权",亦即把奠基于南方并以南人为政治主体的明代政权转化为向南北开放的"统一政权"①。关于"中卷"的问题,檀上宽也曾指出:南北卷的目的在矫正南北地域的差异,"中卷"不过是此一制度在实施时因运用需要而衍生出来的,基本上的地域区分还是南北②。但"中卷"配额比例的变动在南北卷制度中的社会意义不宜忽略。台湾学者林丽月认为,随着分区取士的制度化,进士额数的争取也日益激烈,明代中叶以后,配额的争取由明初范围较大的南北地域之分,渐有转向范围较小的"省别之争"的趋势,而政府为了顾及落后边远省份的政治利益,尤须考虑落后边远省份的政治利益,必须考虑分卷时区域划分的调整是否公平③。笔者认为,两位学者对南北卷中"中卷"的观点都各有道理,如果从科举区域配额制度演变的深层逻辑来看,从范围较大的南北地域之分到较小的省别之分是这一制度演化的必然方向,所以林丽月的观点较之檀上宽更为可取。但檀上宽所论中卷系"因运用需要而衍生出来的",着眼于南北卷创制时的具体运作和因应策略,符合当时确有部分地区不易划定的实际情况,中卷确立之后,强大的制度惯性使得中卷虽偶有变动却终成定制。两种观点之差异在于着眼点不同,一种是从制度演化的逻辑方向出发,另一种是从制度创生的环境着眼,强调其事件的历史意义,因此两

---

① 檀上宽:《明代科舉改革の政治背景——南北卷の創設をめぐつて》,《东方学报》第58册,京都大学人文科学研究所,1986年3月,第499~524页。

② 檀上宽:《明代南北卷的思想背景——克服地域性的理论》,王霜媚译,《思与言》27卷第1期(1989年5月),第55~68页。

③ 林丽月:《科场竞争与天下之"公":明代科举区域配额问题的一些考察》,转引自邢义田、林丽月主编:《社会变迁》,中国大百科全书出版社,2005年,第324页。

者从根本上来说并不冲突。

（二）明代乡试解额制及其演变

明代乡试实行配额制，始于洪武三年（1370年），但因洪武六年（1373年）停罢科举，至洪武十七年（1384年）恢复科举，但"乡试举人不拘额数，从实充贡"。此后乡试一直不限额，直到洪熙元年（1425年）议定会试分南北取士，乡试才恢复定额制①。所以明代乡试配额制的确定，与洪熙、宣德以后会试实行南北卷的制度化过程，关系极为密切。

洪熙元年所定乡试取士额数，南京国子监与南直隶共80名，北京国子监与北直隶共50名，江西50名，浙江、福建各45名，湖广、广东各40名，河南、四川各35名，山西、山东各30名，广西20名，云南、交趾各10名②。此时北直隶取士额数虽包括北监，却比南直隶少30个名额，仅与江西解额相当。正统二年（1437年），乡试解额一度改为不限额数，至正统五年（1440年）又恢复定额，此后除了景泰元年（1450年）至四年（1453年）乡试再度不拘额数以外，终明之世，乡试配额制一直持续，虽对各地解额数目的变动偶有争议，但始终没有出现乡试解额存废的议论③。可见，举人名额由政府分配的基本精神在中叶以后已成为士人的共识。

洪熙、宣德以后明朝全面改定各省乡试解额只有两次，一次在正统五年（1440年），一次在景泰七年（1456年），各省增加的额数少者10名，多者35名，增额幅度也各不相同。在明代乡试取士额的变动中，最值得注意的是顺天与云贵解额的增加，前者系京畿所在，北直隶在洪武三年（1370年）时解额为40名，而至景泰七年（1456年）则增为135名，与南直隶取得相同之解额。后者为边远省份，至万历元年（1573年），云贵两省解额总和已与山东相同。两者政治地位虽相去甚远，但解额增加幅度同属全国之冠。以下将作详细分析。

由下表2-3可看出，明代乡试解额演变有如下的特征：一是解额变化的趋势是先增后平。乡试中是否采行区域定额，与具体社会背景有很大的相关。明初，政权初定，急需广开才路，自然不拘额数。景泰年间，由于土木

---

① 张廷玉：《明史》卷七〇《选举志》，中华书局，1974年，第1696页。
② 《大明会典》卷七七，《续修四库全书》第790册，上海古籍出版社，2003年，第401~402页。
③ 林丽月：《科场竞争与天下之"公"：明代科举区域配额问题的一些考察》，转引自邢义田、林丽月主编：《社会变迁》，中国大百科全书出版社，2005年，第328页。

之变而打破了明政府的阵脚，所以也不拘定额。总体而言，不拘额是政治统治的短期需要和制度灵活性的体现。而实行定额是长期的，反映的是制度的内在要求和规范化。洪熙元年（1425年）对乡试解额做了重大调整，减少了应天府的名额，增加了顺天、江西、浙江和广东等的名额；与此同时，首次确定了四川和交趾的解额数。二是明朝乡试名额的分配存在四个层次，南北直隶是第一个层次，江西、浙江、福建、湖广、河南等地属于第二个层次，四川、陕西、山东、山西属于第三个层次，广西、云南和贵州则属于第四个层次。值得注意的是广东在明代异军突起，原来与广西同属一个层次，到景泰七年（1456年）已跃升至第二个层次的前列。三是解额的分配体现出照顾边省等弱势区域的倾斜。景泰七年之后，云贵的变化较大，云南在景

表2-3 明代科举乡试解额表（单位：人）

	洪武三年	洪熙元年	宣德四年	宣德七年	正统五年	正统六年	景泰七年	成化三年	成化十年	弘治七年	嘉靖十四年	嘉靖十九年	万历元年
南直隶	100	80			100		135						
北直隶	40	50		80		100	135						
江西	40	50			65		95						
浙江	40	45			60		90						
福建	40	45			60		90						
湖广	40				55		85					90	
广东	25	40			55		85						
河南	40	35			50		80						
四川		35			45		70						
陕西	40	30			40		65						
山东	40	30			45		75						
山西		30			40		65						
广西	25	20			30		55						
云南		10	15		20	36	30	40	45	50	40		45
贵州											25		30

资料来源：本表据《大明会典》卷七七，第18～20页，《乡试》及《国朝典》卷一二八《礼部》二六《科目》，第15～50页所载乡试额数制成，其中景泰七年更定解额，据《明实录》与《国朝典》制成。说明：云南与贵州自嘉靖十四年分开设科，此前历年云贵乡试额数为两省之总和。林丽月：《科场竞争与天下之"公"：明代科举区域配额问题的一些考察》，转引自邢义田、林丽月主编：《社会变迁》，中国大百科全书出版社，2005年，第328页。

泰七年解额为30名,至弘治七年(1494年)则达到顶峰50名。由此看出,乡试解额的分配有明显的照顾落后地区的保护倾向。

明代乡试录取率较低,这与人口的激增关系密切。就明末情况而言,巨大的人口压力造成的生计威胁迫使人们纷纷弃农而从事他业乃至无业。晚明何良俊曾道:"正德以前,百姓十一在官,十九在田,盖因四民各有定业,百姓安于农亩,无有他志。……昔日,原无游手之人,今去农而游手趋食者又十之二三矣。大抵以十分百姓言之,已六七分去农矣。"① 在此情况下,科举无疑是最具吸引力的途径,凡是能文者,都可能蜂拥此途,致使乡试录取率基本稳定在4%之下。从表2-4中可以看出,除了嘉靖十年(1531年)顺天府的解额比例7%为最高外,其他年份各地比例基本上在4%及以下,并且各地录取比例如此之接近,可见明代对乡试配额的调整是非常有效的,科举制这部精致的官僚选拔机器在分配举人名额时效能良好,运转有序。

表2-4 明代同一时期不同省份的乡试录取率

		比例(%)		比例(%)		比例(%)		比例(%)		比例(%)
嘉靖十年(1531年)	山西	4.6	顺天	7.0	云南	3.9				
嘉靖三十七年(1558年)	广东	3.2	贵州	2.4	湖广	2.8	江西	2.2	应天	2.7
嘉靖四十三年(1564年)	福建	4.0	四川	4.0	云南	4.0	浙江	4.0	顺天	3.8
隆庆元年(1567年)	河南	4.0	陕西	3.3	浙江	3.0	江西	3.1		
万历元年(1573年)	广东	3.0	顺天	3.4	云南	3.4	湖广	3.2	江西	3.4
万历十年(1582年)	湖广	3.3	顺天	3.2	应天	3.0	浙江	3.3	江西	3.1
万历十三年(1585年)	福建	3.0	山东	3.7	浙江	3.3	应天	2.6		

资料来源:钱茂伟:《国家、科举与社会》,北京图书馆出版社,2004年,第289~294页。

(三)明代进士之地理分布

整体而言,明代进士的地理分布仍是非常不均匀的,进士大多集中于江

---

① 何良俊:《四友斋丛说》卷一三,上海古籍出版社,2003年,第603页。

浙科甲繁盛之地。分阶段来看，有明一代，全国的文化重心持续南移，且呈波浪式向南推进。明初，江西为全国的文化中心，从表 2-5 可以看出，江西在 1371 年—1439 年产生了 345 位进士，遥遥领先于江苏和浙江等地。这一科甲鼎盛的状况与江西的书院分布居全国之首有很大的关系。相对而言，明初朝廷暴力胁迫江浙富户迁入京师或临濠，这在客观上影响了江浙社会和文化的发展。成化以降，浙江的甲科超过了江西，江苏的科第也超越了福建和江西，由此而始，浙江和江苏互相颉颃，迭为雄长，真正成了全国的教育中心①。以上几个省份为第一层次；第二层次为直隶、山东、河南、安徽等

表 2-5 明代分省进士统计表（单位：人）

	1371—1439	1140—1472	1473—1505	1506—1538	1539—1571	1572—1604	1605—1644	总数	位次
直隶	72	251	339	335	348	251	302	1898	5
山东	53	124	219	270	325	310	422	1723	6
河南	105	167	201	260	229	295	341	1598	7
山西	49	88	154	190	207	180	241	1109	9
陕甘	39	83	153	184	139	146	237	981	11
江苏	150	328	442	398	395	389	619	2721	2
浙江	290	363	488	532	561	471	575	3280	1
安徽	76	109	157	167	169	170	188	1036	10
江西	345	361	354	357	367	266	350	2400	3
福建	237	211	232	354	309	352	421	2116	4
湖北	40	59	113	154	165	191	246	968	12
湖南	27	66	89	72	47	57	68	426	14
广东	62	195	227	241	231	206	261	1377	8
四川	57	87	125	137	128	88	169	791	13
广西	10	16	30	35	36	19	27	173	16
云南	4	13	27	45	35	39	78	241	15
贵州	0	7	4	10	17	20	27	85	17
辽东	0	10	13	13	10	4	7	57	18
总计	1616	2538	3367	3754	3718	3454	4579	22980	

资料来源：李周望：《国朝历科题名碑录初集》，乾隆 1746 年扩大版，附全部明代进士题名碑录，转引自何炳棣：《明清进士与东南人文》，《中国东南地区人才问题国际研讨会论文集》，浙江大学出版社，1993 年，第 218~219 页。

---

① 沈登苗：《南宋已形成苏—杭人才轴线了吗？也谈苏—杭人才轴线的形成及其影响》，《浙江社会科学》2004 年第 5 期，第 177~182 页。

地；第三层次则为广西、云南、贵州和辽东等地。从整体地域布局来看，尽管各个地区之间仍有相当大的差距，但与两宋时期南北地域畸重畸轻之分布格局相比已经有了很大的改善，这与明代会试实行南北卷制度有很大的相关，南北卷的实行为北方士人提供了科举入仕的制度化通道。

明代，"非科举毋得于官"，科举成为举子入仕的最主要途径，民间也有"不读书登第，不足以保妻子"[①]的说法。值得关注的是，明代进士的高产区也正是明代人口的密集区。从下表2-6可以看出，苏州、绍兴等28个府是明代人口密集区，只有常州、泉州等7个府人口在100万以下，其余多在100万以上，苏州、应天则达到200万以上。但这一人口数只是明初的，洪武以后明代人口显然有较大的变化。不过这仅是数量上的变化，苏州等28个府作为明代人口密集区的性质难以改变。读书—应举—出仕已成为明代知识分子的制度化生存模式[②]。人口数量对科举制的压力自明代开始凸显，"人之量累"和"人之质累"同时并存，这不仅对进士的地理分布产生影响，而且对科举的区域配额制也有利弊兼具的作用。

表2-6 明代28个府进士与人口数对比

排名	府	总人口（万人）	进士数（人）	排名	府	总人口（万人）	进士数（人）
1	苏州	240.5	870	15	徽州	60.9	340
2	吉安	172.8	860	16	漳州	47.3	318
3	绍兴	136.8	841	17	顺天	58.2	317
4	福州	71.8	627	18	济南	115.0	281
5	南昌	113.1	625	19	湖州	120.3	269
6	常州	77.6	598	20	应天	210.7	261
7	泉州	56.3	538	21	抚州	172.8	255
8	宁波	101.0	536	22	台州	103.7	243
9	兴化	35.3	521	23	平阳	149.6	233
10	广州	128.9	482	24	兖州	106.5	233
11	嘉兴	165.8	428	25	青州	191.7	225
12	杭州	111.8	412	26	太原	101.5	213
13	松江	123.7	408	27	金华	129.1	212
14	开封	142.2	352	28	西安	147.8	201

资料来源：各府所领州县数，以《罪惟录·地理志》为准；每府进士数，据吴宣德《中国教育制度通史·明代》，第498～507页进士州县分布表统计；人口数据曹树基《中国人口史·明时期》，第240～245页"洪武二十六年分府人口密度"表统计而得。转引自钱茂伟：《国家、科举与社会》，北京图书馆出版社，2004年，第199～200页。

---

① 《海瑞集》卷下《海忠介公传》。
② 钱茂伟：《国家、科举与社会》，北京图书馆出版社，2004年，第200页。

六、清代的分省定额录取制及进士的地理分布

作为"国家抡才大典"的清代科举已经达到了相当完备的程度。虽然科举制在清代暴露出了种种弊端,在西方坚船利炮的挑战下最终走向了历史的终结,但是清代的分省定额取中制度是科举区域配额制度走向成熟和定型阶段的产物。分省定额取中制度一直影响到现代考试制度,其对现代高考录取制度具有相当深远的意义。

(一) 分省定额录取制度的确立

首先,清代乡试实行分省定额录取制度。举额是根据各省的贡赋和人文情况来划定,并随着各省实际情况的变化而变化。清代对各省乡试中额的规定如下:山东69名,其中耳字号3名;山西60名;河南71名;江南114名,其中江苏69名,安徽45名;浙江94名;江西94名;福建85名,其中至字号(台湾生员)2名;湖北48名,或47名;湖南45名,或46名,都是轮换录取;陕西61名,其中丁字号(宁夏)2名,木字号(榆林)1名,而聿左号(甘州、西宁)1名,聿右号(肃州、安西、乌鲁木齐等处)1名,每科另编录取。四川60名,其中宁字号(宁远府)1名,需要应考者满30人才另外编号;广东71名,增加卤字号名额1名;广西45名;云南54名;贵州40名。各省副榜各视正榜,每举人5名取中1名,但是增加的乡试录取名额中不能增加副榜名额①。与明代相比,清代对乡试名额的划分更为均匀,也更为细密。

值得注意的是,清代十分重视对文化落后的边远地区士人的照顾,在省内专门划出名额,另编字号专门录取这些地区的举子。如将陕西另编丁字号、木字号、聿左号、聿右号,广东另编卤字号等。《钦定礼部则例》中举额分配如下:顺天乡试中额分编满、合、夹、承、贝、南皿、北皿、中皿字分别录取。具体名额的分配是满字号27名;合字号12名,共加五经遗额2名;夹字4名;承字1名;贝字101名,加五经遗额5名,共106名;南皿36名,北皿36名,共加五经遗额4名;中皿无定额,每20卷中取1名。副榜仍按各字号,每举人5名取中1名。这是乡试中的配额制度在地区之内继续深化发展的产物。较分省定额录取,这种在省内再定额录取的办法更能将优待文化相对落后地区士人的政策落到实处,更能体现朝廷"加惠边陲士

---

① 《钦定科场条例》卷九三《仪制清吏司·乡会试中额》。

子至意"①。

其次,清代会试实行分省定额录取制度,这是清代继明代南北卷制度之后对区域配额制度所做出的又一项重大改革。清初会试承袭明制实行南北分卷制度,至康熙五十一年(1712年),康熙帝认为按照南北分卷制所录取的考生有的省份多,有的省份少,各省录取人数还是不均。于是下令:"自今以后,考取进士额数,不必预订,俟天下会试之人齐聚京师,著该部将各省应试到部举人实数,及八旗满洲、蒙古、汉军应考人数,一并查明,预行奏明,朕计省之大小、人之多寡,按省酌定取中额数。如此则偏多偏少之弊可除,而学优真才不致遗漏矣。"②根据按省定额录取的方针,规定会试"不必预订额数,亦不必编南北、官民等字号,唯按直隶、各省及满洲、蒙古、汉军分编字号,印明卷面,于入场时,礼部清查各处举人实数,奏请钦定中额,行文主考,就各省内择文佳者照数取中"③。会试实行分省定额录取制度,使得明代数省共同角逐大区域名额的竞争局面得以终止,科举竞争的中心也进一步下移,科举区域配额制度发展的内在驱动力使得对区域配额的划分越来越细密,公平分配政治权力的"公道"理念也逐步深入区域社会的内部。

在这一制度实行过程中,也有人提出了"凭才取人"的问题,乾隆五十三年(1788年),钱沣上书陈言此事。但乾隆认为:"但国家取士,博采旁求,于甄录文艺中,原寓广收人才之意。且各省文风高下互有不齐,若如钱沣所奏,势必至江浙大省取中人数居其大半,而边省小省或竟至一名不中,殊非就地取材之意。"由此观之,分省取士的合理性明显胜过凭才取人,而分省取人制度的实行,已经从制度设计上舍弃了"自由竞争"的原则而坚持"公平分配"的原则,体现出科举制一贯奉行的公正理念和地区间机会均等的原则。从实际情况来看,分省录取的制度使得文化空间格局呈现出进一步多元化的趋势,文化发达区的分布和地域人才集团也是争奇斗艳。无怪乎有学者认为:"在中华文明史上,教育资源和读书种子的分布,从来没有像清季那么均匀,科举人物的萃集地,也从来没有如十九世纪那样多元。"④

---

① 《钦定科场条例》卷二〇《乡会试定额·各乡试定额》,转引自刘海峰、李兵:《中国科举史》,东方出版社中心,2004年,第371页。
② 《石门县志》卷八《选举》。
③ 《钦定科场条例》卷二〇《乡会试定额·会试中额》。
④ 沈登苗:《南宋已形成苏—杭人才轴线了吗?也谈苏—杭人才轴线的形成及其影响》,《浙江社会科学》2004年第5期,第177~182页。

（二）清代进士的地理分布

从表 2-7 可以看出，清代进士人数最多的省份依然为江苏和浙江，处于东北和西南的辽东、广西和贵州的进士数量仍居末位。但与明代相比，各地区之间的差异有了很大的改善。明代进士人数最少的贵州省总数只有 85 名，云南只有 241 名，与最多的浙江省 3 280 名相比，分别相差了 38.6 倍和 13.6 倍。实行分省取中的清代，进士最少的辽东有 183 名，广西有 570 名，贵州有 599 名，而最多的江苏省为 2 920 名[①]。最多与最少之间相差 15.9 倍，江苏与贵州相差 4.9 倍。可见，清代科举大省与小省之间的相对差距已经比明代大大缩小。因此，分省定额的实行，在相当程度上缓解了各地政治、文化发展的不平衡。除了科举的分省定额录取影响了进士人才的地理分布之外，清政府对"抗清复明"的江南士人的仇视和打压等政治因素也是一个不容忽略的原因。此外，其他原因不再赘述。

表 2-7 清代分省进士统计表（单位：人）

	顺治 (1644—1661)	康熙 (1662—1722)	雍正 (1723—1735)	乾隆 (1736—1795)	嘉庆 (1796—1820)	道光 (1821—1850)	咸丰 (1851—1861)	同治 (1862—1874)	光绪 (1875—1904)	总数	位次
直隶	432	498	161	488	275	313	92	135	307	2701	3
山东	419	429	105	259	210	268	79	118	273	2260	4
河南	297	311	81	282	133	169	95	108	217	1693	6
山西	250	268	81	311	141	143	47	58	131	1430	7
陕甘	169	190	60	228	121	138	94	95	280	1385	9
江苏	436	666	167	644	233	263	69	124	318	2920	1
浙江	301	567	183	697	263	300	87	108	302	2808	2
安徽	128	142	43	216	164	166	39	76	215	1189	12
江西	83	200	115	540	223	265	74	122	273	1895	5
福建	118	178	99	301	156	150	46	82	269	1399	8
湖北	189	191	69	212	126	135	43	72	184	1221	11
湖南	30	44	39	128	102	106	31	68	178	726	15

---

① 何炳棣：《明清进士与东南人文》，转引自缪进鸿主编：《中国东南地区人才问题国际研讨会论文集》，浙江大学出版社，1993年，第216~221页。

续表

	顺治(1644—1661)	康熙(1662—1722)	雍正(1723—1735)	乾隆(1736—1795)	嘉庆(1796—1820)	道光(1821—1850)	咸丰(1851—1861)	同治(1862—1874)	光绪(1875—1904)	总数	位次
广东	34	91	69	252	106	139	36	79	206	1012	13
四川	15	61	31	159	88	108	49	71	181	763	14
广西	2	28	17	102	67	91	27	72	164	570	18
云南	0	46	48	129	117	119	36	42	156	693	16
贵州	1	31	29	129	98	95	29	44	143	599	17
辽东	4	25	10	29	20	26	12	17	40	183	19
八旗	56	122	92	179	178	275	61	97	240	1300	10
总计	2964	4088	1499	5385	2821	3269	1046	1588	4087	26747	

资料来源：房兆楹、杜联喆：《增校清朝进士题名碑录》，哈佛燕京学社，1941年，转引自何炳棣：《明清进士与东南人文》，载缪进鸿主编：《中国东南地区人才问题国际研讨会论文集》，浙江大学出版社，1993年，第219页。

表 2-8 清代各省应取与实取进士人数之比较

	县数	百分数（%）	应取人数（县数×15）（人）	实取人数（人）	实取百分数（%）	应取与实取之差数	应取与实取之百分差数
顺天	20	1.2	300	1107	4.5	+807	+3.3
直隶	119	7.2	1785	1524	6.2	−264	−1.0
奉天	55	3.3	825	156	0.6	−669	−2.7
山东	107	6.4	1605	1932	7.9	+327	+1.5
山西	104	6.3	1560	1475	6.0	−85	−0.3
河南	108	6.5	1620	1857	7.5	+273	+1.0
安徽	60	3.6	900	1137	4.6	+237	+1.0
江苏	60	3.6	900	2603	10.6	+1703	+7.0
江西	81	4.9	1215	2264	9.2	+949	+4.3
浙江	75	4.5	1125	2796	11.0	+1671	+6.5
湖南	75	4.5	1125	1068	4.3	−57	−0.2
湖北	69	4.1	1035	1121	4.5	+86	+0.4

续表

	县数	百分数（%）	应取人数（县数×15）（人）	实取人数（人）	实取百分数（%）	应取与实取之差数	应取与实取之百分差数
广东	94	5.7	1410	813	3.3	−597	−2.4
广西	80	4.8	1200	469	1.9	−731	−2.9
云南	97	5.9	1405	467	1.9	−938	−4.0
贵州	81	4.9	1215	428	1.5	−787	−3.4
四川	146	8.8	2190	711	2.9	−1479	−5.9
陕西	90	5.4	1350	988	4.0	−363	−1.4
甘肃	76	4.6	1140	193	0.7	−947	−3.9
福建	63	3.2	945	1340	5.4	+395	+2.2
总计	1660			24451			

资料来源：张耀翔：《清代进士之地理的分布》，《心理》1926年第4卷第1期，第1~12页。

对清代科举地理做出更为深入研究的是民国时期的心理学家张耀翔，他指出清代进士的分省统计只是表面上的比较，实际上因为各省面积不同，且人口悬殊，所以数量的多少不具有实质的意义。由此，他认为县是历代科举所定的最小单位，进士候补资格乃由乡试得来，而乡试名额又是按县分配，每县若干人。由各省县数，可推算各省会试人数，也可以推算各省应取人数。比较各省应取人数与实取人数，得各省人才产生率。于是做出第三表《清代各省应取与实取进士人数之比较》（见表2-8），结果发现，江苏省实取进士人数比应取进士数高出7%，浙江省高出6.5%，第三位是江西，高出4.3%，人才产生率比平均高的省份有9个，分别为江苏、浙江、江西、顺天、福建、山东、河南、安徽、湖北[①]。这样的统计方法无疑更为科学合理。虽然对各县应取人数只是一个大致而并不精确的估算，但是通过对比进士与人口数这样一个比例平等的原则，也能反映出科举制内在的公正理念和后人对此理念的价值认同。

---

① 张耀翔：《清代进士之地理的分布》，《心理》1926年第4卷第1期，第1~12页。

影响清代进士地理分布的原因除了科举的分省定额取中制度之外，还有政治、经济、文化和教育等相互交错的多重因素的制约，限于篇幅，不再详述。

七、科举时代区域配额制度的演进规律及现代反思

凡属历史生命与文化生命，必然有两种特征：一是变化，二是持续，"所以讲历史应该注意此两点，一在求其变，一在求其久，我们一定要同时把握这两个精神，才能了解历史的真精神"①。对于科举配额制度的演化也要从变革和守成两个角度来理解它的历史演变。一方面，从制度层面而言，配额制度自宋至清、从州府试到会试的不断发展和逐渐深入，说明科举制度因应社会整体变迁体现出了求新变革的精神，从宋代的解额制到明代的南北卷制度再到清代的分省定额取中制便反映出了配额制度发展演化的基本轨迹；另一方面，从制度背后的理念层面而言，公平分配政治利益和有效控制地方社会的政治理念则一直贯穿于制度本身的演化中。无论是两宋时期，还是明清两代，科举人才都是在地区均衡分配的大原则下产生的。

（一）科举区域配额制度的演化趋势及规律

从历代科举配额制度的实施来看，宋代的解额制只在地方一级的州府试中实行，经过了从比例配额到固定配额的演化，而且此时"凭才取人"与"逐路取人"的争论和冲突也是空前激烈的。宋代科举人才东南特盛的地理分布格局，虽然主要与东南经济发达、人口众多和学风较盛等因素有关，但与会试中区域配额制的缺失所引发的自由竞争的局面也有很大关系，而此时宋政府已经明显意识到了科名分布的地域平等之重要性。元代会试虽然实行了配额制度，却是在民族歧视的立场下所实行的种族配额制度。而明政府意欲建立南北开放的统一政权和对分地取人的争论使其在会试中最终确立了南北分卷的配额制度，但是科举取才的南北地域之争仍未消失殆尽。明代中后期配额制度改革的焦点由"分地而取"转为"革弊去滥"的实质也说明了取士地域公正的原则已经被政府和士人所普遍认同。到清代分省定额录取制度的确立也反映了公平分配政治利益的思想，而且对分区取人的非议和争论也很少出现。总之，"中国科举史上关于凭才取人与分区取人的争论，越到后

---

① 钱穆：《中国历史精神》，台北东大图书股份有限公司，1984年，第7页。

来越是分区说占了优势，而且分区取人的办法还越来越具体，区域配额越分越细，这成了中国科举史上的一个发展趋势和规律"①。

分区定额取中带有优待边疆和文化相对落后地区的用意，有利于边远省区人文教育水准的提高。刘海峰教授认为："1 300多年的科举演变史告诉我们，在考试公平与区域公平之间常存在着矛盾，越到后来，越是从考试公平逐渐趋向更注重区域公平。这一传统一直影响到近代以来高等学校区域布局和高考分省定额划线录取制度的实行。"② 西方学者韦伯在对官僚制的研究中也认为，中国科举制度的深层意义远非其技术层面关于考试的种种设计和改进所能言尽③。余英时先生也认为，科举配额制在政治和文化方面发挥了相当有效的统合功能。从政治方面来看，来自不同地域的进士一方面可以使朝廷的重大决策不致过于偏向某些地区的利益，另一方面可以将不同地域的政治诉求反映给中央政府。从文化方面来看，科举配额制可以把文化传统中的基本价值传播到各地，使大传统与小传统相互交流以发挥全国性的文化统合的效用。所以，他认为，科举制自始便兼涵了一种地方代表性，各地进士往往在政府中为自己地方的利益说话，虽然不是现代政治意义上的代议制，但不能否认科举制有时也发挥了一点间接的代议功能④。因此，科举的地域配额制度在很大程度上反映了科举时代的"公正"理念，体现了特定时代的政治正义性。因此有学者认为："如果不以现代文明标准苛求前人，则应当说在前近代世界上，的确难以找到一种政治人才选拔方式其'公正'性与效率能超过我国科举制度的生熟期。"⑤

（二）对科举制及区域配额制的现代反思

曾有学者指出，科举大概是人们评价差异最大的一种制度⑥。以上所谈

---

① 刘海峰：《科举取才中的南北地域之争》，《中国历史地理论丛》1997年第1期，第153~168页。
② 刘海峰：《科举学导论》，华中师范大学出版社，2005年，第319页。
③ 参见韦伯著，韩水法编：《韦伯文集》（下），中国广播电视出版社，2000年，第370~371页。
④ 余英时：《试说科举在中国史上的功能与意义》，《二十一世纪》2005年6月号，第4~18页。
⑤ 秦晖：《科举官僚制的技术、制度与政治哲学涵义——兼论科举制与现代文官制度的根本差异》，《战略与管理》1996年第6期，第60~65页。
⑥ 刘海峰：《科举考试的教育视角》，湖北教育出版社，1996年，第1页。

基本是从科举配额制的正面影响以及公正精神而言的,但因科举制与帝国时代的政治体制、文化传统、社会变迁等因素紧密地联系在一起,因此它必然带有其专制时代的局限性。所以将科举与现代高考做一必要的关联,从社会哲学或政治哲学的角度对科举制进行必要的批判和反思,对于批判地吸收科举配额制的合理成分,完善和指导高考制度的改革有相当重要的意义。

西方学者托克维尔认为,民主莫过于身份平等,身份平等"赋予舆论以一定的方向,法律以一定的方针,执政者以新的箴言,被治者以特有的习惯"。"显示民主时代的特点的占有支配地位的独特事实,是身份平等。在民主时代鼓励人们前进的主要激情,是对这种平等的热爱。……因为平等是他们生活的时代的最基本特点。"① 他认为中国自秦汉两千多年的中央集权的官僚体制中,王权的上升与平等的发展差不多正好构成了一对平行线,这也就是托克维尔所说的"与专制结合在一起的平等"。在一千多年的科举发展史中,科举制平等地向社会各阶层开放,除了女性和"娼、优、皂、吏"等少数"贱民"阶层之外,科举制"怀牒自列于州县"的原则体现了相当大的开放性。就区域配额制度的发展来看,不同地区的士子在科举场域中通过分地取人或分省取人而得到大致平等的竞争机会,体现了相当的"机会均等"和"间接代议"的平等政治色彩。但不可否认的是,这一系列的平等措施与封闭的儒家思想模式和至上的皇权中心统治结合在一起,由此便形成了一种特殊而奇妙的现象,即一种最具阶层开放性和地域开放性的科举制度,又恰恰与最为封闭的思想模式有机地结合为一体并世代相传。因此,科举制的地域开放性是"与专制结合在一起的平等",是有其时代局限性的。

对现代化的诸多研究表明,现代化进程的本质内涵是有个性的公民以及公民个人权利摆脱传统共同体的桎梏而崛起的。虽然我国古代也有行会、村社以及地域集团等"小共同体"的存在,但非常不发达,造成这一现象的原因是专制统治下"大共同体"权力的无限膨胀而导致个人权利和"小共同体"权利的无从伸张。在某种意义上说,大共同体"平等"地剥夺了一切人的公民权利。科举制度表面看来似乎具有明显的儒家色彩,但制度的运行带有更多法家的特色。科举制自始至终贯穿着传统政治文化中以"国家(王朝)本位"来排斥"家族(社区)本位"的法家传统,强调建立不经任何中

---

① 托克维尔:《论美国的民主》,董果良译,商务印书馆,1988年,第4、621~622页。

介而直达于每个公民的君主集权统治。它主张以皇权彻底剥夺每个国民的个人权利,并且绝不允许家族、村社或领主截留这些权利而形成隔在皇权与国民个人之间的自治实体。因此,"公民个性本位还是大共同体本位才是问题的关键。科举考试即便再'平等',只要它是一种排斥个性的'平等',那么它就并无现代性可言,而只能是一种天下臣民'平等'地作为皇上奴才候选人的制度"①。对科举取士地域平等的关照,也是基于这种大共同体本位之上的对政治利益的均衡分配,在这一过程中,个人权利和地域(特别是江南地区)集团的权利被"天下英雄入吾彀中"的皇权合法而隐秘地剥夺,凭才取人正是在这一意义上让位于分地取人的。

毫无疑问,科举制在"大共同体本位"的基础上平等地分配地域政治利益的同时,却极大地促进了地方文化教育、书院和社学等的发展,特别是明清之后,以"四书"、"五经"为范本的儒家经典教材,使得各地官学和书院教育都有了很大的提升和发展,尽管后来学校教育体系极大地依附于科举制甚至沦为其附庸,全国统一的教育和文化体制却使科举制理所当然地成为一种特殊的社会整合与社会凝聚机制。这正是从技术层面借鉴科举制的历史经验以实现提升现代教育和加强社会控制的意义所在。然而在废科举之后直至民国时期,由于社会整合机制的缺失所带来的各地军阀混战,各种政治势力分而治之的局面一直难以有效解决,这也从另一方面说明了科举配额制的社会整合效应对帝国统一所发挥的极为重要的功能。面对西方文化的强劲挑战,清政府于1905年废除了科举制度,并以新式学堂的形式代替科举考试,使考试的重心由考"官"转向考"学",新式学校教育的地位出现历史性转折,由此奠定了现代中国教育发展的根基②。然而,废除了科举这一带有强大文化传统和制度惯性的官僚选拔制度,也带来了社会整合的失当和传统文化的断裂,这不能不说是科举制度邃然退出历史舞台的悖论。

在讨论科举时代的地域均衡问题时,我们所面临的历史背景和伦理语境与高考录取制度下的地域失衡问题是不同的。古代社会是以民本观念为基础的社会,是从伦理榜样与威权政治合一的角度向下延伸出一种发挥操作功能

---

① 秦晖:《科举官僚制的技术、制度与政治哲学涵义——兼论科举制与现代文官制度的根本差异》,《战略与管理》1996年第6期,第60~65页。

② 张亚群:《从考"官"到考"学"——废科举后考试文化的变革与传承》,《书屋》2005年第1期,第16~20页。

的政治统治方式①。科举时代对区域公平的追求也是经济和文化欠发达的地域集团要求获得政治机会的一种吁求,是在"大共同体主义"的背景下要求平等分配政治权利的主张。这与西方国家从人民主权的角度要求平等的政治权利或受教育权是根本不同的。西方文化背景下的"主权在民"思想要求政府仅仅充当代理人的形象,主权是不可转让和不可代表的,而基于现代民主社会的高考录取制度下的地域失衡问题,已经不仅仅是部分高考大省等地域集团的平等政治吁求和呼声,更是此一地区的公民从平等受教育权的公民理念发出的对社会正义及教育公正的正当要求。因此,可以说,在高考制度下对区域公平的追求中,既有传统伦理道德的均平主张,又有现代社会对入学权利平等的正当要求。从这一意义来讲,科举制的区域配额越分越细的发展规律并不适合高考制度的发展需要,现代民主社会下对高等教育入学机会的追求越来越多地强调公民"个人权利本位"和个体发展的需求,但同时也并不完全排斥对国家利益和集体利益的观照,这可能是科举时代与高考制度下讨论区域公平之伦理语境的重要区别。

第二节 民国时期高等教育入学机会区域差异的历史考察

民国时期的大学招生考试制度是在移植西方大学模式的基础上建立的单独招考制度。北洋军阀政府和南京国民政府都曾针对单独招考制度所带来的高等教育入学机会地域失衡的问题采取了诸多改进措施,如大学院制的改革和实行统一招考制度的尝试。但总体而言,由于高等学校发展的内在需求和所依赖的地域条件使以上的改革"无疾而终",高等教育入学机会地域失衡的问题依然较为严重。考察此一时期的地域失衡问题,可以从统一招考制度的反面——单独招考制度为现代高考格局下地域失衡的问题提供有益的借鉴。加拿大学者许美德(Ruth Hayhoe)曾指出:"了解民国时期在高等教育中的经验对于解释(20世纪)80年代和90年代高等教育的变化具有重要意义。"② 本节将从宏观社会变迁的视角将近代不同时期大学招考制度的发

---

① 任剑涛:《伦理王国的构造:现代性视野中的儒家伦理政治》,中国社会科学出版社,2005年,第271页。
② 许美德:《中国大学(1895—1995)——一个文化冲突的世纪》,许洁英译,教育科学出版社,2000年,第8页。

展演变和高等教育的地理分布联系起来考察高等教育入学机会的地域失衡问题。

一、清末新式学堂的建立及招考制度的考察（1862—1910）

晚清时期，"西学东渐"之潮激荡神州大地，面对"三千年未有之大变局"，科举制下的传统教育也产生了严重的合法化危机，教育改革开始了艰难曲折的探索历程，西方近代教育的制度化机构——学堂开始出现，并逐步发展为现代大学制度的雏形。

（一）清末科举制的废除与新式学堂的建立

清末，中国传统的高等教育体制——科举和书院制度虽然尚存，但已经失去了它原来的正统性和活力。迫于时局，清政府虽然对科举制做了许多制度化的改革，但在内外交困的窘境下，科举制终因难以适应科学技术的发展和现代社会的需要而于1905年被废止。延续一千三百多年的科举制从此退出历史舞台，废科举是中国教育史上的重大转折和社会变迁的重要契机。这一重大变革为学堂这一新式教育机构的发展提供了重要条件。

1862年，为"通解外国语言"，适应外交所需，清政府设立京师同文馆，这是清末设立的第一所新式学堂。开办之初，只设立英文馆，此后又陆续增设法文馆、俄文馆和德文馆，并由外国教士长期掌管。此外，上海机器学堂和福建船政学堂也都是官办的新式学堂。1898年，清政府在维新变法时创办了京师大学堂，这便是北京大学的前身。在学堂《章程》中对学生的入学资格做出了规定，主要分两部分，一为翰林院编检、各部院司员、大门侍卫、八旗世职和各省武职长官后裔；二为各省中学堂保送来京的，已学成并领有文凭的学生。除了这些官办的学堂，在洋务运动中还出现了许多私立学堂，如盛宣怀在天津创办的中西学堂和在上海创办的南洋公学等，这些都是我国现代大学的雏形。

新式学堂讲授的内容为西方近代科学知识，但学生大多由士人脱胎而来。以1907年—1908年度四川高等学堂普通班的学生为例，除了8名永川达用学堂毕业生外，其余130名学生均为生员[1]。而两广学务处对广州所办各类师范科毕业的681名广东籍学生统计，正途士绅也占了50.4%[2]。实际

---

[1] 《四川教育官报》（1907—1908年）。
[2] 《两广优级师范学堂一览》，第119~158页。

上，由于科举制的废止，进入新式学堂与出国留学便成为士民获取功名和社会地位的主要途径。为此，有地方政府大员奏请推广中学，以此容纳科举士绅，使学堂与科举相衔接。可见，科举形废而"阴魂"不散，对学堂的发展还有极大的影响。管学大臣张百熙认为，兴学堂"并非废罢科举，实乃将科举学堂合并为一而已"。"凡科举之所讲习者，学堂无不优为。"① 所以，由科举和学堂所代表的新旧文化之争仍然持续不断，外来模式与内在结构的整合绝非易事，高等教育近代化的进程也殊为复杂。虽然新旧教育制度的交替过程缓慢而艰难，但两种教育制度代表了不同的人才观，其优劣利弊非常明显，科举制是为封建王朝选拔少数精英的官僚遴选制度，而学堂的目的则是养成各尽其能、人人自主的新国民。从时人的评论中也可看到对新旧教育制度的性质判断，"一言以蔽之，科举思想务富少数人之学识，以博少数人之荣誉，而仍在不可知之数。其思想也，但为个人，非为国家也。学校思想务普全国人之知识，以巩全国人之能力，而不容有一夫之不获。其思想也，视吾个人即国家之一分子也。科举之义狭，学校之义广，科举之道私，而学校之道公"②。

总之，清末的高等教育从办学理念、教育体制到人才培养模式、课程结构，已发生一系列变革，其间的演化特征及经验教训莫不与科举制的存亡息息相关③。虽然新式高等教育机构数量不多，但其为民国时期高等教育的发展奠定了基础，具有重大意义。高校的地理分布极不均匀，主要分布于东部沿海地区，而黑龙江、新疆、贵州和广西等内陆省份则只有一些小型的政法学校，连一所大学都没有。

（二）新式学堂的招考制度

近代高等教育是建立在普通教育基础上的专业教育，客观上要求发展相应的中小学教育为其培育合格生源。随科举制度的废除和普通教育的发展，高等学堂的招生考试也具备了基础条件。根据《奏定学堂章程》以及《改定各学堂考试章程》的规定，清末高等教育逐步建立起一套新的招生考试制

---

① 《张文襄公奏稿》卷三七，第17~19页。
② 《光绪三十四年江苏教育总会上学部请明降谕旨勿复科举书》，《江苏教育总会文牍》第3编，第1~3页。
③ 张亚群：《科举革废与近代中国高等教育的转型》，华中师范大学出版社，2005年，第2页。

度。从高等学堂及其他同等学堂，到分科大学、大学选科，其招生考试均由各校自行举办，并呈送学部备案①。虽然在法律和学制上都规定了自行招考的办法，但高等学堂的招考制度依然带有强烈的科举考试的色彩，新的招考制度在传统与现代、开放与保守之间保持了极大的张力，相互融合之时却又彼此拒斥，具有很强的转型时期的特色。下面仅从京师大学堂的招生中窥此一斑。

在光绪二十八年（1902年）京师大学堂的招考办法中规定，"至各生年岁，俱取三十以内者，由本省督抚学政逐加考验合格，咨送来京。分别大省七名、中省五名、小省三名"②。从这一规定可以看出，当时的招考并不是自由投考，而是对各地做了名额的限定，这一方法的实质仍然是沿袭科举配额制的做法，所不同的是考试内容完全异于科举考试，而且是大学堂的单独考试而非全国统一考试。具体各省报考的情况是：奉天5名、五城中学2名、广东5名（光绪二十九年四月又送6名）、贵州3名、湖南5名、福建7名、云南5名、湖北5名、河南4名、浙江5名、江苏8名、安徽3名、山东11名、直隶14名、江西10名③。从各省的配额来看（山东与江西除外），与清代分省取人的定额比例大致相同，文化教育发展水平与各省份所送学生数量大致呈正相关。是年，甘肃、新疆和陕西等西部地区并无"中学既具根柢、西学已谙门径"之合格者可以咨送。甘肃学政在咨文中指出："甘省地处极边，士风朴陋，大学堂甫经购料兴修，风气初开，各属应考者甚少。屡经考试，粗通勾股者不满十人，如和较方圆诸法略具程式，用以推测高深广远，则度数参差不准。他如声光电化，更无师承。送入京师大学堂骤无合格之选。"④ 由此可见，甘、陕等边远之省，无论在科举制下还是在新教育骤兴之时，由于地理环境和文化教育水平的原因，其人才相对匮乏的

---

① 刘海峰，等：《中国考试发展史》，华中师范大学出版社，2002年，第211页。

② 《各地送学生入考大学堂·奉天学政为送师范生事咨大学堂文》（光绪二十八年九月十四日），《北京大学史料》（第一卷，1898—1911），北京大学出版社，1993年，第361页。

③ 《各地送学生入考大学堂·奉天学政为送师范生事咨大学堂文》（光绪二十八年九月十四日），《北京大学史料》（第一卷，1898—1911），北京大学出版社，1993年，第361页。

④ 《甘肃学政为无合格学生送入大学堂事咨复文》，《北京大学史料》（第一卷，1898—1911），北京大学出版社，1993年，第363页。

处境依然如初；同时也可以看出，新式教育兴办之初面临的传统文化和教育的阻力相当之大。因为当时科举制虽然已经垂垂老矣、行将废止，但对士子们的吸引力仍十分强大，就连京师大学堂已经入学的学生也还执着于考取科举功名。实际上，学堂也会根据学生的等级高下和程度优劣，分别实行科举虚衔和职官实授的双重褒奖办法①。

对这一时期的教育，舒新城曾有十分深刻的论述，"科举废止了，虽然它遗传下来的科第精神，仍然借尸还魂而附在学堂奖励章程中间复活了近十年（自光绪二十九年至宣统三年），然而八股文的束缚去了，西洋的文物制度也囫囵吞枣地接受过来了。……当时学校的种种办法与其课程，自然是移植的而不合中国社会的需要，但西方文化的逐渐认识，社会组织的逐渐变更却都基于那时"②。对于这时的招考制度而言，同样带有转型期的过渡性特征。虽然对新式学堂的招考做了制度上的规定，但是因为科举制强大的制度惯性和吸引力，新式学堂的招考制度不可避免地带有科举配额制的顽强遗存和制度特色。无可辩驳的是，清末新式学堂的招考制度为民国单独招考制度的实行在制度上做了重要的准备和过渡。

二、民国初期高等教育的发展与单独招考制度的考察（1911—1937）

民国初期，受民间资本主义发展的影响，大学和各类高等专门学校发展十分迅速。同时，高等学校的单独招考制度在借鉴和吸收清末新式学堂招考制度的基础上得以确立，并逐渐走向成熟。纵观这一时期，高等教育入学机会的地域差异主要受高等教育地理分布的影响和单独招考制度的制约，高等教育民主化、民间化的发展趋向与高等教育国家化的制度改革一直处于内在的紧张状态。总体而言，东南沿海经济发达地区凭借经济资本、文化资本和区位地理优势在高等教育入学方面占有相当大的优势。

（一）民国初期高等教育的迅速发展及其地理分布

1. 北洋军阀政府时期

民国肇建，百端更新，对高等教育也进行了重大的改革。1912 年至 1913 年

---

① 张亚群：《清末奖励科名考试的实施与变革》，《高等教育研究》2003 年第 2 期，第 90~95 页。

② 舒新城：《近代中国教育思想史》，中华书局，1929 年，第 111~112 页。

期间，北洋政府颁布了《大学令》、《专门学校令》、《师范教育令》和《大学规程》等一系列法令，对高等学校的办学宗旨、学科门类、课程设置等做了法律上的规定。诸多体系完整的法律法规的出台为高等教育的快速发展提供了制度上的保证，各地公私立高等学校在这一时期都得到了迅速发展。特别是1922年"壬戌学制"实行之后，高等教育领域涌现了大量的高等专门学校，其中法政学校的增长最为迅速。同时，私立大学也如雨后春笋般涌现，出现了两次兴办私立大学的热潮，著名的私立大学如复旦大学和厦门大学都是在第二次兴办热潮中创立的。

虽然高等教育取得了快速的发展，但高等学校的地理分布出现了很大的不均衡。由于政治上的混乱无序和军阀格局的局面，致使高等教育的发展缺乏统一而有效的规划。加之各省经济实力、政府官员的办学积极性和教育观念的异同，各地高等教育的发展也就出现了很大的不平衡性。早在1911年前后，中国高等教育的发展重点就已经开始偏向沿海地区，后来随着大学向北京、上海等地的集中，这种不平衡就更加突出了。只有师范教育因其重要性而在政府的有效规划下较为均衡地发展，民国初年计划在全国划分六个高等师范学区，至1918年全部建成，即北京高等师范学校、广东高等师范学校、武昌高等师范学校、南京高等师范学校、成都高等师范学校和沈阳高等师范学校。即便如此，高等学校地域分布不平衡的状况依然较为严重。为了解决这种区域分布日益不均衡的状态，许多政府官员都提出，中国高等教育应该按照法国的模式建立大学区制。1914年，袁世凯提出要在全国建立四个学区。1917年，汤化龙又制定了一个在全国设立六大学区的计划。次年，曾三度担任中国教育总长的范源濂又提出在全国设立7个学区[①]。尽管高等教育地区分布不均衡的问题受到了高度重视，但由于当时四分五裂的局面并且缺乏强有力的中央政权，加之教育经费的极度匮乏，要想在短期内改变这种情况显然是不可能的[②]。

其实，在民国高等教育的历史演进中，划分大学区以改变高等学校地域分布失衡的设想和改革一直赓续不断，而这一时期的努力大多停留在制度设想的层面而难以付诸实施。究其原因，与当时中央政府与地方权力的相互纠

[①] 陈青之：《中国教育史》，上海书店，1989年，第631页。

[②] 许美德：《中国大学（1895—1995）——一个文化冲突的世纪》，许洁英译，教育科学出版社，2000年，第72~73页。

葛和抗衡，高等教育办学权力的分化转移以及高等教育内在的经济和政治价值等因素有相当大的关系。民国初期，地方与中央抗衡之现象，并未因清朝之灭亡而有所改变，中央与地方权力之纠葛呈现出愈演愈烈的局面，这成为北京政府所面对的第一大问题①。民国元年参议院讨论省制问题时，就有包括康有为在内的许多政府大员提出缩小或废除省制，目的就是要消弭省界畛域观念。而对地方军民分治和中央财政整理的政策也是针对地方权力尾大不掉和财政各自为谋的状况所采取的应对之举②。但因地方风气已成，政府威信未立，故难以改变内轻外重的局面。从当时的教育财政体制来看，中央教育财政能力逐渐削弱，而地方教育财政能力则从管理高等教育逐步向中等教育和初等教育延伸和扩展。就高等教育办学权而言，自清末教育权从朝廷官府的直接控制下逐渐游离出来之后，民初地方开明绅商和进步知识分子为"实业救国"和"教育救国"之理想而纷纷创办私立高等教育学校，教育民间化的趋势导致的权力分化转移不仅对民国初期整个政治格局的变化具有重要的影响③，而且对整个高等教育的地域布局也有重要意义。实际上，地方主义的盛行与地方高等教育的发展是彼此助益、相得益彰的关系。高等教育可以通过培育实业和法政等专门人才服务于地方利益，发挥其内在的经济和政治价值。受内在价值的驱动，高等学校也往往选择建于东南沿海经济和文化发达的地区。所以高等学校地理布局的形成有其非常复杂而深刻的社会成因，难以通过人为的简单规划而达到理想的均衡状态。

2. 南京国民政府时期

1927年南京国民政府成立之后，积极致力于促进高等教育的发展和调整系科结构，并颁布了一系列相关的法律法规，使得高等学校办学目标更为明确，课程设置更为规范。此时，高等教育逐渐由规范而定型，表现出加强实科、注重质量和稳步发展的特色。以1928年与1936年相比较，全国专门以上学校从74所增加到108所，在校生从25 198人增加到41 922人，毕业生从3 253人增加到9 154人。以1931年为界，前期高校规模逐年增大，后期教育质量明显提高。1931年至1936年，高校数量徘徊于103所至110所

---

① 伧父：《中华民国之前途》，《东方杂志》第八卷第十号，1912年4月。
② 胡春惠：《民初的地方主义与联省自治》，中国社会科学出版社，2001年，第62～75页。
③ 桑兵：《晚清学堂学生与社会变迁》，学林出版社，1995年，第146页。

之间，在校生波动于 41 000 人至 44 000 人之间①。虽数量增幅很小，但在稳步中提高了教育质量，在一定程度上适应了社会经济文化发展的需要，这一时期成为民国高等教育发展的"黄金"时代②。

南京国民政府在高等教育领域最为关注两件事情，一是如何使大学的课程设置和内容符合国家建设的需要；二是如何使全国高等学校的地理分布更为合理③。当时高等教育的地理分布仍然非常不均衡，大部分高校都集中在东南沿海各省。1931 年专门以上高等学校之分布情况是：上海 22 所，北京 15 所，广东和河北各 8 所，湖北和山东各 6 所，江苏 5 所，浙江、福建和江西各 4 所，湖南、广西、云南、河南和辽宁各 2 所，安徽、西川、新疆、甘肃、吉林和察哈尔各 1 所，其他省份如热河、陕西、绥远、贵州、青海、宁夏、西康、西藏、黑龙江等地则连一所大学都没有④。此外，60%的大学在校生都集中在北京和上海两地⑤。

尽管北洋政府的袁世凯、汤化龙等都提出过在全国划分学区以均衡高等教育地理分布的设想，但真正将其付诸实践的是著名教育家蔡元培先生。他认为，借鉴法国等的教育制度，实行大学院和大学区制，可以使教育行政学术化，达到"教育超轶于政治"的目的。在蔡元培的倡议下，大学院于 1927 年 6 月成立。它是一所独立于政府之外的全国最高学术和教育行政机关，除了管理全国的大学、图书馆和博物馆等文化教育机构之外，还行使教育部的职能，负责主管全国的各级学校、社会教育以及教育立法的工作。为推行"兼容并包"和"学者主政"的思想，蔡元培一方面建立了全国性的学术委员会，以提高各领域的学术研究水平；另一方面为解决高等教育地区分布日益不均衡的问题，在全国设立了四个大学区，并裁撤教育厅，使每个学区都拥有一定数量的高等学校。这便是被誉为民国时期"教育奇葩"的大学

---

① 教育部年鉴编纂委员会编：《第二次中国教育年鉴》，商务印书馆，1948 年，第 1400 页。

② 李华兴：《民国教育史》，上海教育出版社，1997 年，第 605～606 页。

③ 许美德：《中国大学（1895—1995）——一个文化冲突的世纪》，许洁英译，教育科学出版社，2000 年，第 78 页。

④ 毛礼锐、沈灌群：《中国教育通史》（第五卷），山东教育出版社，1988 年，第 294 页。

⑤ 许美德：《中国大学（1895—1995）——一个文化冲突的世纪》，许洁英译，教育科学出版社，2000 年，第 78 页。

院和大学区制。然而这一制度在不到两年的时间里便以失败告终,究其原因,主要是大学院制不适合民国时期的政治、经济和文化背景,有悖于教育发展的实际情况,实施时陷于派系纷争和人事倾轧之中等①。但从教育理念等深层原因来看,主要是"大学自治"、"学术自由"的理念已经深入人心,为维护学校特色和固有的身份地位,很多大学都不愿服从中央政府的计划②。由此可见,在调整高等教育地理分布这一问题时,大学所秉持的"大学自治"理念以及高等教育民主化的内在要求与政府调控教育格局和高等教育国家化的措施之间存在着内在的紧张和冲突。国家与教育、学术与政治既互相排拒,不断抗阻,又彼此介入,交互影响。

总之,此时已经建立了体系相当完备的现代高等教育系统。但由于受错综复杂且升沉变易的政治、经济和教育格局的影响,高等教育的地理分布一直处于严重的非均衡状态,这是影响高等教育入学机会地域不均的一个重要变量。

(二) 民国初期单独招考制度的考察

从民国初期高等教育的层次类型来看,主要有大学、专门学校和高等师范学校,故此,高等学校的招考制度也就包括大学、专门学校以及高等师范学校的招生考试制度。

高等师范学校因其特殊的重要性而实行"划片招生"的办法。1913年全国划分为六大师范区,即直隶区、江苏区、湖北区、广东区、四川区及东三省区,在每个区内都有一所高等师范学校。1920年教育部在咨送《沈阳高等师范学校招考预科学生办法》中规定,沈阳高等师范学校本年招考预科生120名,由学校直接招考20名,其余由各省选送,选送名额分配如下:吉林10名、山东8名、江西4名、河南4名、山西4名、湖南3名、云南3名、江苏2名、广东2名、广西2名、甘肃2名、京兆2名、察哈尔2名、黑龙江10名、安徽4名、福建4名、浙江3名、陕西3名、四川3名、湖北2名、贵州2名、新疆2名、热河2名、绥远2名③。由此可见,高等师

---

① 李立峰:《民国时期大学院制失败原因之分析》,《煤炭高等教育》2003年第1期,第49~52页。

② 许美德:《中国大学(1895—1995)——一个文化冲突的世纪》,许洁英译,教育科学出版社,2000年,第76~77页。

③ 北京民国政府《政府公报》第1178号(1919年5月16日),杨学为主编:《中国考试史文献集成》第七卷(民国),高等教育出版社,2003年,第37~38页。

范学校在招生时采取"划片招生"、分省配额的办法。但实际上,这种招考划一的办法在施行中非常困难,例如福建省划入广东区,但福建与广东之间交通不便,语言不通,再加上经济能力有限,因此能到广东读书的学生也就寥寥无几。所以这一方法难以解决各地师资奇缺的问题。

再看大学和专门学校的单独招考制度。民国初年,由于学校数量较少,且各学校性质、层次和规模的差异较大,因此大学和专门学校沿袭清末的做法,实行单独招考的制度。单独招考是根据学校培养目标和社会需要,自行确定考试科目,并自行考试和招生的形式。这一招考形式有利于高校自主确定招生标准,择优选拔人才。以清华学堂为例,其招生考试采用京内招考与京外咨送相结合的办法,对京外的学生一般都要重新出题面试,对于复试不及格的外省咨送学生即以屏退并电请各省令备取生来京复试。再看国立交通大学的招考情况。由于交通大学由原来的法政科改为工科,所以课程设置多仿照欧美的模式,教材也多用外文教材。为保证合格的生源,交通大学兼办附属中学和附属小学,此外每年也都从校外另外招考部分学生,程度以交大附中毕业生为准,这无疑增加了入学的门槛。一般学校的学生难于跨越,能考入交通大学的也只有上海、浙江、江苏等地几所名牌学校的少数优秀毕业生。

从当时的社会经济文化水平和高等教育发展来看,单独招考还是具有很大适应性的。招考自主和灵活多样是其最大的特点,无论是考试科目、考试难度还是评分标准都由各校因地制宜地灵活处理,这基本上适应了民国初期层次规模各异的高等学校的实际情况;同时,各学校的招生考试不拘一格,可以多层次、多次数、多方位地招考学生。由此可见,单独招考既是近代中西文化交流相结合的产物,也是民国初期多元政治、经济结构的必然要求,是教育内外部关系规律运行的必然结果[①]。此外,单独招考在吸收借鉴西方学校考试制度的同时,也继承了传统科举考试的个人助学和社会助学的特点,并且以奖励出身为优惠条件鼓励学生入学,同时还留有科举考试"保结"的遗风。因此民国初期的单独招考仍然与科举考试有千丝万缕的联系,随着历史的演进和高等教育体系的逐渐成熟,科举考试的制度遗留和烙印才逐渐消失。

---

① 薛成龙:《近代中国高校招生考试研究》,厦门大学硕士学位论文,1999年,第27~29页。

但是，由单独招考所带来的弊端也非常明显。在当时军阀混战，教育部几乎处于涣散状态而缺乏宏观调控的社会背景下，单独招考实际上处于放任自由的盲目发展状态，其弊端主要表现为：第一，系科发展不平衡，如1916年，全国专门以上学校在校生数文科与实科的比例相差34个百分点，到1931年，两者之间相差竟达75.4个百分点①。第二，高校招生考试与中学教学实际相脱节，各校考试命题的难易程度较少考虑中学的实际教学情况，高校入学考试与中学互不衔接的现象比比皆是。第三，区域发展严重不均衡。由于单独招考制度对不同地区学生采取统一的录取标准，由此导致了经济文化比较发达的省区（如北京、上海等）录取率相当高，而文化相对落后的边远省区的录取率却非常低，甚至某些省份的录取率几乎为零的严重不均衡状态。以1924年各省区学生升学情况的调查为例：总报考人数为7 275人，录取1 319人，录取率为18.13%，各省的录取率以高低顺序排列为：浙江26%、安徽19.4%、湖南18.7%、福建17.7%、湖北17.6%、江苏16.7%、江西16.1%、四川15.4%②。就各大学的录取情况来看，东南大学、交通大学的新生籍贯以江浙一带及两湖地区为主，南方大学新生以江浙为主；齐鲁大学、满洲大学以及东北大学的新生中很少有南方学生。

大学招生的区域失衡问题，可谓贯穿民国高等教育史的一个重大而棘手的问题。就直接原因来看，单独招考是造成这一境况的制度性因素。因各地大学均实行单独招考，外地考生往往因昂贵的赴考费用和舟车劳顿而望而却步，即使当地基础教育落后，生源奇缺，高校也难以招到足额的外地学生，这在客观上妨碍了大学招生的广泛地域性。从高等教育的发展观来讲，区域观念也往往是高等教育办学者的主导理念。钱穆先生对此曾言："近代国人崇慕西化，喜言通俗，恶称大雅。惟求分裂，不务和合。各地设立大学，亦务求地域化。如武汉大学、浙江大学、四川大学，其校长必限于当地人。云南大学亦然。"③ 各大学不仅在招生时有客籍学生不得超过本地学生的规定，就是校长的遴选和教授的聘任也多以本地人为主。国立大学和私立大学在一定程度上都有类似问题存在。实际上，在动荡转型的民国高等教育体系中，

---

① 教育部高等教育司编：《二十年度全国高等教育统计》，第21～22页。
② 谢青、汤德用，等编：《中国考试制度史》，黄山书社，1995年，第531页。
③ 钱穆：《国史新论》，生活·读书·新知三联书店，2001年，第212页。

国家意识和地域观念的相互颉颃一直伴随在国家统一与分裂的政治形势和观念冲突之中。从当时大学校长所倡导的"现代"治校理念中，也可以窥见大学地域意识之根深蒂固。任鸿隽在执掌四川大学时针对此一问题言："四川不能是四川大学的四川，四川大学不能说是四川的四川大学"，而是"中国的大学"。"我们要以全国为我们的目标，无论人才的造就，学术上的探讨，但应与全国要有关系。""四川大学要于世界上求生存竞争，使他成为现代化的大学。"① 从时代语境来分析任氏之言，可见主张四川大学的"国立化"运动既与任氏多年旅居国外所接受的现代大学理念有关，也与日本入侵、民族危机的政治形势有关②。一般而言，在内战与分裂时，地域观念对国家意识往往稍占上风，而外敌入侵时，国家意识与民族主义相互融合则很可能压倒地域观念。总之，单独招考的制度性因素和地域观念盛行的思想因素对大学招生地域失衡的状况起了不同作用，但制度性因素则起了主导作用。

　　再考察一下当时几个主要大学招收新生的省籍分布。从地处北京的"国立化"程度很高的清华大学来看，新生入学考试于平津区、京沪区、武汉区和港粤区同时举行，应考者及录取者以河北、江苏、浙江、广东、两湖、福建等省为多。从毕业生来看（1929年—1938年），以江苏人最多，依次为河北、浙江、广东、湖南、福建、山东、安徽、辽宁、四川、河南、湖北与江西等省，包括沿海、沿江地区。河北因有天津为对外口岸，北平为政治及文化中心，所以高居第二位。其他内陆及边疆地区的学生，多是随家长在上述沿海、沿江省份就学，所以能有机会考入清华大学，真正在内陆及边区读完高中，远道赴北平、上海、武汉与广东应考者，为数极少。值得指出的是，江苏、河北、浙江与广东四省，始终居于领先地位③，这也证明经济与文教越发达的地区，所出人才也越多。从国立四川大学来看，川大的生源一向以四川为主，兼有部分云南、贵州等西南地区的学生，以1934年—1935年为例，在校生共793人，其中云南13人、贵州10人、山西1人、湖北1人、

---

　　① 《川大五届毕业典礼昨午隆重举行》，《华西日报》1936年6月25日。
　　② 王东杰：《国家与学术的地方互动——四川大学的国立化进程》，生活·读书·新知三联书店，2005年，第162~165页。
　　③ 《国立清华大学历届毕业生名册》，转引自苏云峰：《从清华学堂到清华大学》（1928—1937），生活·读书·新知三联书店，2001年，第135~155页。

安徽1人、陕西1人、广西1人、韩国1人、四川764人①。川籍学生约占学生总数的96%，外省学生不足4%，且多来自四川周边地区。再看国立中山大学的情况，至1937年，所有毕业生数为4 005人，广东籍的学生有3 306人，约占总数的82%，而广西学生也有376人，占9%，合计两广学生占了91%②。可见，此时中山大学虽冠名"国立"，但仍局限在区域性大学的范畴，带有浓厚的地方色彩。其他大学也大体与此类似。

南京国民政府对大学招生的区域失衡问题一直甚为关注，教育部第十届教育联合会曾提出国立专门以上学校实行区域配额制，理由如下："国立专门以上学校近年录取新生，有数省额数极少或竟无人者，在学校亦以有此觉悟，复假交通便利之区招考新生，而所有录取新生几全为交通便利地方之学生。……在主持国立教育者，纯以考试时程度为标准，藉以提高教育程度。殊不知偏僻省份学生程度本非资质不良，只以教育颓败，程度遂觉稍差，而其所以颓败者，即因缺乏人才。苟不于此时间开其方便之门，则偏僻地方之教育，将永无进展之期，而学生程度将永无提高之望，亦即永无升入国立学校之机会。互为因果，所谓提高教育程度者，亦只提高一地方之教育，不能普遍于全国也。"③ 由此建议学校应将招生名额的一部分划给各省区作为专额，各省区初试时布告并分别录取。但由于录取权在学校，所以上述问题一直没有得到妥善解决。除此之外，这一问题还引起了欧洲学者的关注。在1932年国际联盟对中国教育体制研究项目中，欧洲学者就曾建议，中国应该在全国建立统一的大学入学考试制度，考试范围应包括多门基础性的科目，以解决大学入学地区失衡的问题，避免地域差距进一步扩大④。由此可见，单独招考制度在一定程度上导致了高等教育入学地域失衡的问题，希望通过统一招考来改变这一状态已成为许多有识之士的共识。

---

① 《国立四川大学在校生籍贯分布表（1935年）》，《国立四川大学教务统计一览》，"川大档案"第189卷。

② 《中山大学历届毕业生名册》，转引自黄福庆：《近代中国高等教育研究——国立中山大学》(1924—1937)，台湾近代史研究所，1988年，第194页。

③ 《教育部第十届教育会联合会议建议案》，转引自杨学为主编：《中国考试史文献集成》第七卷（民国），高等教育出版社，2003年，第43页。

④ 许美德：《中国大学（1895—1995）——一个文化冲突的世纪》，许洁英译，教育科学出版社，2000年，第79页。

在考察了此一时期高等教育的地理分布和高校的单独招考制度之后，使我们对高等教育入学机会地域失衡的问题有了更为清晰的认识。在高等教育地理分布偏重沿海及经济发达地区的同时，高等学校又实行地域化或属地化的单独招生政策，使得各地高等教育入学机会失衡的问题变本加厉。可以说，这一时期高等教育入学机会地域失衡的问题是整个近现代高等教育史上最为严重的时期。除此之外，经济发展的因素也不可忽视，从民国时期接受高等教育的学生群体来看，大部分是经济资本和文化资本都相当雄厚的富家子弟，而经济落后的边远省份具备如此条件的学生为数甚少，入学的阶层差异在很大程度上掩盖了区域差异的问题。从地理因素来看，沿海、沿江省份因良好的地理位置和丰富的资源，其现代化的动力明显高于内陆各省，在高等教育发展上也有显著反映。此外，基础教育的发展水平以及地方政府的重视程度也是重要的影响因素。虽然这一时期入学机会失衡的问题相当严重，甚至边远的西南省区连续好几年没有学生考入北京大学等名牌大学，但由于整个高等教育处于精英化阶段，能够接受高等教育的人少之又少，边远省区学生接受高等教育的机会更是凤毛麟角，因此人们并没有在主观上产生对高等教育入学机会区域不公的抱怨。

三、抗战时期高等学校内迁与统一招考制度的实行（1937—1940）

抗战时期，中国高等教育事业遭到了近代以来空前的劫难，绝大多数高校为躲避战乱和保存实力纷纷向西南和西北地区大举迁徙，这对于改变高等教育地理分布长期偏重东南沿海的格局具有重大意义。同时，为改革单独招考的弊端，适应战时教育发展的需要而实行的统一招考制度也促进了高校地理布局的改善。

（一）高等学校的内迁及高等教育地理布局之改善

1937年，抗日战争爆发，中国高等教育机构遭受了空前的劫难。绝大多数高校因为抗战时局的变化纷纷加入高校内迁的大行动，而这一过程也几乎与整个抗日战争相始终。从内迁高校的层次来看，既有大学、独立学院，也有专科学校；从学校性质来看，既有国立大学、省立大学，也有私立高校和教会大学。

总体而言，这一时期高校内迁出现了三次高潮。第一次是抗战爆发到1938年底广州失陷，国民政府主要就国立重点大学的迁置做了具体安排，选定了三个地点组建临时大学，共分三区，第一区在长沙，指令北京大学、清华大学和南开临时大学组建长沙临时大学，后再迁昆明成立国立西南联合大学。第二区在西安，指定平津的另外三所重点大学北洋工学院、北平师范大学和北平大学迁至西安，组成西安临时大学，后改名为国立西北联合大学。第三区待定，原拟安置华东地区的大学，后指令中央大学、浙江大学和交通大学等自行寻地西迁。第二次是1941年冬至1942年上半年，主要是因为太平洋战争爆发，英美对日宣战，原来在英美租借地的高校被迫内迁，主要涉及私立高校和教会大学。第三次是1944年4月至1945年初，由于豫湘桂大溃败，使原来集中在广西、贵州、湘西和粤北的大批高校向四川和黔北迁徙，这次内迁主要是再迁移性的。

从高校内迁的路线和方向来看，主要有四条：

第一，以平津为中心的华北高校大体向南和西南迁移，如西南联合大学和西北联合大学等。

第二，沪宁苏杭地区的高校大体向西和西南迁徙，具体为：

（1）沿长江水路西上武汉，后多继续溯江入川，如中央大学和复旦大学等；

（2）沿浙赣线往西进入江西中南部，或继续进入湖南和西南，如浙江大学和同济大学；

（3）往西南、往南进入浙西、浙南等，如暨南大学等。

第三，以广州为中心的高校主要有三条路线：

（1）向北进入粤北山区，向西或西南进入粤西或粤西南山区；

（2）少数高校由粤西进入广西或云南，如中山大学等；

（3）南下避乱于香港，香港失陷后迁往广东内陆，如私立岭南大学等。

第四，武汉地区的高校基本上是溯江而上鄂西或继续进入四川，如武汉大学等。还有福建地区的高校主要迁往闽西山区，而江西新建的高校主要在赣中和赣南一带游移[①]。关于国立大学和学院内迁的具体情况，详见表2-9。

---

① 徐国利：《关于"抗战时期高校内迁"的几个问题》，《抗日战争研究》1998年第2期，第119~133页。

表 2-9 抗战时期部分国立大学及学院内迁一览表

校名	原校址	迁移情况
国立北京大学	北平	三校首迁长沙，1937年8月联合组成长沙临时大学。后迁至昆明，1938年4月，更名为国立西南联合大学。
国立清华大学	北平	
私立南开大学	天津	
国立北平大学	北平	三校首迁西安，1937年8月联合组成西安临时大学。二迁陕西汉中。三迁陕南南郑，1938年4月，改名国立西北联合大学。7月，教育部决定将其分为独立学院，组建新校。
国立北平师范大学	北平	
国立北洋工学院	天津	
国立交通大学	上海	1940年在重庆设分校，1942年在重庆设总校。
国立同济大学	吴淞	抗战爆发后首迁上海市。1937年9月迁浙西金华。11月迁赣南赣州。医学院迁赣中吉安。1938年7月迁桂东贺县。后迁昆明。1940年秋迁川南宜宾和南溪。
国立暨南大学	上海	首迁上海租界。1941年12月迁闽北建阳。
国立中央大学	南京	抗战爆发后迁重庆，医学院、农学院畜牧医药系则迁成都。
国立山东大学	青岛	抗战爆发后迁川东万县。后解散，编制保留在东北大学。
国立浙江大学	杭州	1937年11月迁浙西建德。年底迁赣中吉安。三迁赣南泰和。1938年7月迁贵北宜山。1939年7月迁黔北遵义，并在湄潭设分校。在浙西龙潭也设分校。
国立厦门大学	厦门	1937年12月内迁闽西长汀。
国立中正大学	上海	1940年10月建于泰和。1945年1月迁赣南宁都。在赣南赣县设分校。战后迁南昌。
国立武汉大学	武汉	1937年11月迁四川乐山。
国立湖南大学	长沙	1938年10月长沙陷落后，迁湘西辰溪。
国立中山大学	广州	1938年10月迁粤西罗定，后迁云南。1940年4月迁粤北坪石镇。1944年秋迁粤北连县。五迁粤北仁化。六迁粤东兴宁。七迁粤东梅县。

续表

校名	原校址	迁移情况
国立四川大学	成都	1939年迁峨眉。
国立师范学院		1938年10月在湘西安化建立。1944年夏迁湘西溆浦。战后迁长沙。
国立云南大学	昆明	1940年因时局变迁,理学院迁滇中嵩明,工学院迁滇北会泽,农学院迁滇中呈贡。
国立贵阳医学院		1938年创办于贵阳。1944年秋迁重庆。
国立西北师范学院		1939年在陕南城固建立。1941年在兰州设分院。1944年全部迁往兰州。
国立东北大学	沈阳	"九一八"后迁北平。1937年初迁开封。5月改国立。6月迁西安。1938年3月迁川北三台。

资料来源:转引自徐国利:《关于"抗战时期高校内迁"的几个问题》,《抗日战争研究》1998年第2期,第119~133页。

这次高等学校的大规模内迁不仅为抗战胜利提供了强大的智力支持,为西部的经济建设和现代化事业注入了强大活力,而且使高等教育事业在极为艰苦的情况下赓续不断、弦歌不绝,对改善高等教育的地理分布格局具有相当重大的意义。在抗战之前,西部的高校可谓寥若晨星,在湖南以西(不包括西藏和宁夏等)的10个省区,即陕、甘、新、川、康、滇、贵、黔、桂以及青海和湖南西部等,总计专科以上学校在10所左右,甚至不少省区连一所专科学校都没有。在内迁之后,这种情况迅速得到改变,西部地区的高等教育事业焕然一新。除了内迁的60余所高校散布其间外,还新设了一批专科以上的学校,如设于陕西武功的西北农学院、设于贵阳的国立贵阳医学院等。当时四川的两大城市成都和重庆成为战时的文教中心,集中了大量的高等学校。这一地理格局的改变为战后高等学校较为均衡地发展,打下了良好的基础①。但即使在这种情况下,全国高校地理分布不均的状况仍然在继续,时任教育部部长的朱家骅也曾想利用战争造成的大迁移来努力调整中国

---

① 余子侠:《抗战时期高校内迁及其历史意义》,《近代史研究》1995年第6期,第167~200页。

高校的布局，但由于种种原因一直未能从根本上加以改变①。从当时高校分布来看，除了重庆和成都高校众多之外，青海、内蒙、新疆和宁夏等边远地区仍是一所大学都没有。尽管西部和内陆地区的高等教育有了一定的发展，但实际上这些地区仍处于基础发展阶段，加之抗战胜利后，大批高校纷纷回迁，且民国政府对此也缺乏统一的部署和规划，所以诸多原因使得内陆地区的高等教育发展仍然较为落后。

（二）统一招考制度的实施与高等教育入学机会区域失衡的改善

1937年，为适应抗战需要，提高大学生的入学率，民国政府教育部在中央大学、浙江大学和武汉大学试办"联合招考"，以此作为统一招考的试点。1938年，统一招考制度正式在国立各院校实施，1940年又扩大到全国各公立院校。仅以1938年为例来说明统一招考制度的运作。

1938年教育部设立统一招生委员会以统筹办理招生考试。其主要任务是：制定招生简章；规定命题阅卷及录取标准；制定及颁发试题；复核考试成绩；决定及分配取录学生等。是年在全国设立十二个招生区：武昌、长沙、吉安、广州、桂林、贵阳、昆明、重庆、成都、南郑、延平、永康。此次统一招考制度实行统一考试科目、统一命题及评分标准、统一录取和分发的办法。第一，统一考试科目，将考生分为投考文法商学院、工学院和理学院、医农学院等三组，每组统一考试科目。第二，由于时间仓促，筹备不及，命题及阅卷仍由各招生处自行办理，但命题和评分标准以统一招生委员会颁发的《二十七年度统一招生委员会命题及评分标准》为依据。第三，统一招生委员会把各处报送考生按所填志愿分别根据录取标准和统一分发办法，给予录取。但因分区阅卷，宽严标准不一，在录取时对各处考生分数作了适当调整。采用统计方法，计算全国十二处总的中数，各地所定考生成绩，其分数宽严不同者，则以十二处总中数与各地中数之差，分别就各地总分数加减调整之。例如，武昌与长沙考区考生分数中数分别为212.24分和281.76分，全国总中数为238.62分，与全国总中数相比，武昌少26.38分，长沙多43.14分，经调整后，武昌的考生要增加26分，长沙要减去43分②。

---

① 庄焜明：《抗战时期中国高等教育》，台湾私立文化学院博士学位论文，1979年，第169~178页。

② 薛成龙：《近代中国高校招生考试研究》，厦门大学硕士学位论文，1999年，第43页。

此一录取分数的调整意义重大，这是因为分区太多，地域太广和交通不便难以统一阅卷所采取的必要的调整方式，同时也是统一招考制度所必须面对的技术问题。

此后两年的招考制度在1938年的基础之上做了一些改进：（1）增设招生区，1939年为15个，1940年为18个；（2）组织机构变动，1938年和1939年招生委员会为临时机构，至1940年设立"永久性质之公立各院校统一招生委员会"；（3）考试科目之变更；（4）命题评分及阅卷之改进，1939年教育部改各处自行命题为全国统一命题，并拟定标准答案和评卷标准，这是最为重要的改进措施之一。此外还在录取分发和同等学力的限制等方面做了些修正。

1941年，抗日战争进入相持阶段，因战事严峻及交通更加困难，统一招考制度被迫中止。统一招考制度是我国近代高校招生制度改革的一次重大尝试。虽然其实施范围尚未包括私立高校，在实践中也存在命题覆盖面窄、题型单一、录取宽严标准不一等诸多问题，但就其现实影响而言，统一招考确实发挥了重大的积极作用①。通过三年统一招考制度的实行，有效地控制了高校系科发展不平衡的状态，加强了中等和高等教育的衔接，从整体上提高了高校生源的质量，尤其在均衡各地入学机会方面功不可没。"统一招考是统筹全局的，对于全国大学的学额有通盘的筹划，对于各大学的院系和班级亦可筹事增设。"② 与单独招考相比，统一招考在解决区域公平的问题时更具有适应性和生命力。首先，广设招生区，使学生克服了过去因交通不便而难以赴考的问题。三年中，招生区逐年增加，其地理分布也是因地制宜地不断调整，为边远省区的学生提供了更多的入学机会。其次，实行统一考试、命题及录取标准等方法为考生营造了一个更为平等的竞争环境。同时，招生委员会在录取学生时采取调整分数灵活处理的办法，对特殊专业的招生名额也有较为合理的分配。最后，统一招考克服了单独招考同一标准的问题，对边远地区、少数民族等地学生放宽入学标准，实行优惠政策。

从统一招考的实际效果来看，西部边远省区的考生在录取中的比例有很大的提高。以1938年统一录取的情况为例，四川省的录取人数最多，

---

① 刘海峰，等：《中国考试发展史》，华中师范大学出版社，2002年，第230~231页。
② 黄龙先：《大学统一招生考试的检讨》（上），《教育通讯》第二卷第四十六期（1939年），第1~6页。

1 164人，次为广东，1 146人，次为湖南，525人，再次为江苏，427人，最少为热河省及东北特别区，仅各有1人。四川为战时陪都所在地，高校云集，因此取录人数也最多，同时云南、广西等省区在单独招考时取额极少的情况也大为改观，该年云南录取了113人，广西录取了100人，分别排在12位和13位，比同期山西的75人和山东的72人多出许多[①]。究其原因，一方面固然与战时交通隔断，北方文教事业损失严重有关，另一方面也与统一招考制度的实行有很大的关系。但统一招考制度的实施也只能从宏观上调控地域失衡的状态，而不能从根本上解决入学机会不均的问题。尽管受战争的破坏，江苏和浙江等文教水平发达地区的学生仍可以在困难重重之中脱颖而出，这便是很好的明证。

统一招考的实行有着深刻的社会根源和强大的制度动因。表面看来，统一招考是因应战时之需的权宜之计，但从单独招考所带来的诸多弊端和招生考试发展的内在逻辑来看，统一招考的实施有其历史必然性。其实早在抗战之前，针对实科人才匮乏的状态，就有许多有识之士要求教育部门统筹规划，在全国范围内通盘考虑的建议。尽管实施中对统一招考还有诸多非议之辞，但从实施效果和社会各界的反映来看，统一招考比单独招考无疑更具合理性和适应性。1940年，民国政府将统一招生委员会定为永久性机构也可看出政府实施统一招考的长远谋划。统一招考是政治、经济和文化教育发展到一定阶段的产物，是招生考试制度长期发展的内在逻辑所致，它所具有的公平性和高效性是招考制度演进的内在要求和必然趋向。尽管1941年统一招考因种种原因被迫中止，但小范围的联合考试仍然体现了统考的制度方向和精神实质。

总之，抗战初期由于高校的大举内迁和统一招考制度的实行，高等教育入学机会地域不均的状态得到了很大的改善，统一招考在很大程度上体现出了其制度的优越性，这在民国高等教育发展史上具有重要意义。

四、民国中后期高校的复员与多元招考制度的实行（1941—1949）

统一招考制度中止后，高校招生考试的形式也呈现出多样化的趋势。同

[①] 杨学为主编：《中国考试史文献集成》第七卷（民国），高等教育出版社，2003年，第221～222页。

时，战后高等学校的复员工作在统筹策划的基础上谋求地理分布上的合理发展，尽管起到了一定的效果，但难以根本改变高等教育地理分布不均衡的状态。

（一）高等学校的复员与高等教育的地理布局

就时间跨度而言，这一时期高等教育的地理分布主要受高校内迁和战后复员的影响，但高校内迁已在前文论及，故此只对战后高校复员的情况做一考察。就整体来看，虽然西北和西南地区的高校分布比战前有了很大的改善，但东南地区高校云集的格局仍然没有得到根本改变。

抗战胜利之后，战时内迁的高校纷纷开始迁回原地。在高校复员的过程中，国民政府非常重视改变原有高等学校不合理的地域分布。蒋介石曾在教育复员会议上特别强调："今后国家建设，西北和西南极为重要。在这广大地区，教育文化必须发展提高。至少有三四个极充实的大学，且必须尽先充实。除确有历史关系应迁回者外，我们必须注意西部的文化建设。战时已建设之文化基础，不能因战胜复员一概带走，而使此重要地区归于荒凉寂寞。"① 而在教育部召开的全国教育善后复员会议上，也将高等教育的均衡发展作为亟须解决的主要问题，时任教育部部长的朱家骅在会议致词中首先就提到了这一问题。"我们究应如何趁各级学校复员的时机，在地域上做一相当合理的分布，使全国教育得到平衡的发展。"② "复员"绝不是简单的"复原"，"我们对于战后专科以上学校之分布即其院系科别之增减，必须先有通盘计划，方足谋日后之合理发展"③。由此可见，南京国民政府借此高校复员之机来促进高等教育地理的合理分布，其意图是相当深远的。

为调整高校的不合理分布，民国政府教育部还曾计划将战前大学最集中的北平、上海两地的部分内迁高校留设原地或改迁他处。如由北平大学、北平师范大学和北洋工学院三校内迁陕西后组成的西北联合大学，至 1938 年

---

① 教育部年鉴编纂委员会编：《第二次中国教育年鉴》第二编"教育行政"，商务印书馆，1948 年，第 103 页。

② 朱家骅：《全国教育善后复员会议开会致词》（1945 年 9 月 20 日），转引自王聿均、孙斌：《朱家骅先生言论集》，台湾近代史研究所，1979 年，第 179 页。

③ 朱家骅：《教育行政工作之回顾》（1946 年 5 月 24 日），转引自王聿均、孙斌：《朱家骅先生言论集》，台湾近代史研究所，1979 年，第 190 页。

分别改设为西北大学、西北师范学院和西北工学院。抗战胜利后，教育部正式下令西北师院"不得复员，留设兰州"；西北大学由陕西城固改迁西安，取消原北平大学；西北工学院复员天津，恢复北洋大学校名。西北大学即遵令照办，而西北师范学院的师生强烈反对，要求复员北平。1946年3月，教育部被迫答应重新设置国立北平师范学院（1948年恢复国立北平师范大学原名），西北师院仍留兰州，在校学生可以无条件转入北平师院①。此外，教育部还曾计划将同济大学留在四川，将复旦大学迁往无锡，但都因师生的一致反对而作罢。

经过此次高校复员，国立专科以上学校校址同抗战爆发前的校址相比，大致可分为五类："一、隔省迁移之专科以上学校二十七所；二、省内迁移之专科以上学校十四所；三、战时停顿战后恢复之专科以上学校八所；四、留设原地之专科以上学校十七所；五、接受改设之专科以上学校四所。""前三类均已于卅五年（1946年）暑假，遵照指定地点迁移设立，并于秋后与四、五两类学校先后开学上课，至省私立专科以上学校，亦已由部补助经费，自行迁移复学。"② 其实，在此次高校复员的过程中，政府的宏观调控与高等学校的办学自主权存在相互抵牾之处，特别是京沪地区的高校难以接受政府对新校址的安排。尽管教育部在复员前和过程中都付出了相当大的精力，但就实际效果而言，并没有达到预期"均衡合理"的效果。从表2-10可以看出，至新中国成立之前，高等院校在华东、西南和中南的分布最为密集，西北和东北则很少，最少的西北地区总共只有8所。而西南地区高校的迅猛增长与高校内迁和复员时东部院校对其支持有很大的关系，从层次来看，大学的数量还是偏少，私立的独立学院和专科学校居多。华东地区的高校数量偏少，这与战争的破坏有很大的关系，但就其大学数量（13所）来说，还是相对较多的。总之，华东地区的高校无论是总量还是层次类别都是首屈一指的。

---

① 冯大纶：《国立北平师范大学史略》学府记闻·国立北平师范大学，台北南京出版社有限公司，1981年，第13页；西北师范大学校史编写组：《西北师范大学校史》(1939—1989)，青海人民出版社，1989年，第9～10页。转引自金以林：《近代中国大学研究》，中央文献出版社，2000年，第303页。

② 朱家骅：《教育复员工作检讨》（1946年12月28日），转引自王聿均、孙斌：《朱家骅先生言论集》，台湾近代史研究所，1979年，第191页。

我国高校招生考试中的区域公平问题研究

表 2-10 新中国成立前夕高等院校一览表（单位：所）

行政区		华北	东北	华东	中南	西南	西北	合计
大学	国立	7	7	13	6	4	2	39
	省立							
	私立	5		12	7	3		27
独立学院	国立	2	5	6	3	4	4	24
	省立	4		8		1	1	21
	私立	5		15	2	19		41
专科学校	国立	2	5	10		4	1	22
	省立	1	1	15	4	3		24
	私立			17	4	4		25
合计		26	18	96	33	42	8	223

资料来源：季啸风主编：《中国高等学校变迁》，华东师范大学出版社，1992年，第1128~1131页。

（二）多元招考制度的实行

1941年，因战事严峻及交通愈发困难，统一招考制度被迫中止。此后，各公立院校的招生呈现多样化的趋势。具体而言，高校招生方式主要有单独招考、联合招考、委托招生、成绩审查和保送免试五种方式，具体采用何种方式由各校酌量使用。

首先，联合考试成为当时除了单独招考之外的一种主要的方式，在某种程度上可以说是统考制度在小范围的延续。在保留招生名额控制权及对入学考试科目、命题标准作必要限制的前提下，教育部重点恢复了各院校的招考自主权；同时，为便利各校单独招生及学生报考，又积极推动公私立院校联合招生。1942年，教育部将全国划分为重庆、成都、昆明、贵阳、西北、粤桂、浙赣、福建、湖南、湖北十个考区，各指定一所公立大学作为该区的召集学校。举行联合招生的各区，组织联合招生委员会，该委员会负责招生考试的命题、考试安排和阅卷事项，学校按成绩自行录取。由此观之，各考区只是在教育部的统筹领导下对考试命题和组织等工作进行安排，招生的自主权仍由高校掌握。

其次，在联合招考中，教育部还提出了委托招生的办法。凡不在本考区的院校，可以征求其他区同意，委托其代为招生。受委托区可以另行组织考试，代为招收学生。对未设立招生考区的地区（主要是沦陷区和游击区），教育部允许院校采用成绩审查的办法招收学生。但必须以品性优良，高中毕业成绩优秀的毕业生为限，经甄审合格者，让其参加复试；复试成绩较次者，可取为试读生。

再次，民国中后期还出现了试图打通高中会考和高校选拔考试的"联合考试"。1943年，教育部以举办高中毕业生夏令营的形式，就赣、黔、甘三省试办"联合考试"，以沟通高中会考与高校升学考试。教育部设立联合考试委员会，负责规划指导。试行联合考试期间，三省内之公私立高校不再单独举行升学考试。参加这项考试的高中毕业生，仍参照《修正高中毕业生会考规程》依考试成绩决定升学与否。该年度三省总计有3 835人参加联合考试，共录取1 777人[①]。但这项考试明显带有欧洲国家"证书制"的色彩，因文化背景的迥异而不能适应我国的高校招生实际，所以次年即暂停办理。

最后，这一时期的保送入学制度也有了新的发展。保送生制度在1932年便已经开始实行，但因冒滥流弊之故，曾一度将其取消。至1941年，教育部将保送免试生名额重新增至15%。另一方面，为便利游击区及沦陷区中学毕业生到内地高校升学，又制定了相应的保送和选送招生政策。抗战胜利后，还对复员士兵报考高校作了专门的规定[②]。

由此可见，自统一招考制度中止之后，高校的招生方式开始根据战事需要而因地制宜地采取多元的招考制度，虽有被迫无奈之嫌，但多种招考方式的改革尝试和竞争并存为高校招考制度的改革提供了广阔空间和有益经验。

---

① 杨学为，等：《中国考试制度史资料选编》，黄山书社，1992年，第755页。
② 刘海峰，等：《中国考试发展史》，华中师范大学出版社，2002年，第231~232页。

第三章 高等教育入学机会区域差异的现代考察及国际比较

通过对科举制度和民国招考制度的考察,可以发现,大规模统一考试在调控地区间入学机会的差异中经历了一个反复而渐进的制度演化过程。本章对高考建制以来高等教育地理布局的演变和高考录取制度的历次改革做一考察和分析,从区域教育的动态演变和高考的制度改革来分析"倾斜的高考分数线"是如何形成的。"我们生来就处于一种价值系统之中,在我们进化的任何阶段,这种价值系统都会为我们提供我们的理性必须为之服务的各种目标。……我们必须在一个并非我们自己制造的价值和制度的架构内工作。尤其是,我们从来不能人为地构建一个道德准则的新体系。"[①] 其实,备受关注的区域公平问题在很大程度上也是受传统的伦理价值体系和高考制度构架的影响与制约的。从国际视野来看,世界各个国家(地区)也都在"积极差别待遇"的理念下,对高等教育入学机会差异的问题进行改革和调整,虽然各国(地区)入学机会差异的表现形式不一,社会制度和文化语境差异也很大,但他们对高校招考制度的改革和对高等教育入学机会公正的追求对我国的高考改革有着积极的借鉴和参考价值。

第一节 "文革"前高等教育入学机会区域差异的考察

新中国成立之后,我国在自主学习和借鉴苏联的基础上开始了独立探索高等教育现代化的历程。高考(全称为"全国普通高校本专科招生统一考试制度")便是一项具有中国特色的高等教育入学考试制度。高等教育入学机

---

① F A Hayek, The Constitution of Liberty, Lowe and Brydave Ltd, 1960, p. 63.

会在区域社会变迁、高等教育地域布局调整、招考权力的分化转移、高等教育办学和管理体制改革以及基础教育发展水平等多元因素综合作用下呈动态演化的景观。依照社会发展和教育制度变革的阶段性特征分为"文革"前和"文革"后两个大的时期。本节主要考察"文革"前的部分,按照教育改革和高考制度变革的不同阶段分为如下三个时期。

一、过渡时期的高校招生考试制度及院系调整的序曲(1949—1951)

1949年至1951年为三年过渡时期,在顺应政治、经济过渡的背景下,高校招考制度也经历了一个单独招生—联合招生—统一招生的过渡时期。与此同时,在谋求高等教育合理化分布的基础上,小范围的院系调整逐步展开。

(一)从单独招生到联合招生

新中国成立伊始,为保持高等教育的连续性和稳定性,中央政府提出了"维持现状,立即开学"的方针。是年,除了北京大学、清华大学、南开大学、北平师范大学和北洋大学等少数几所高校实行非实质性的联合招生之外,全国其他高校均实行单独招生。当时,虽然高校都有很大的招生自主权,但各校之间招生不平衡的问题非常明显,各校新生报到率高低不一,最高的达75%,最低的仅有20%[①]。可见,高校招生的生源不足和效率低下难以适应大规模经济建设对各种人才的迫切需求。

为方便考生报考,解决报到率低的问题,1950年5月26日教育部发布了《关于高等学校1950年暑期招考新生的规定》[②]。该规定指出:本年度高等学校招生,由各大行政区分别在适当地点定期实行全部或局部的联合或统一招生,并允许各校自行招生,各校招生名额由大行政区负责审核。该年度,高等学校的招考方式仍是五花八门、不一而足,既有校际的联合,又有大区的统一,还有学校的单独招生,体现了过渡时期招生形式的复杂多样性。从实行情况来看,在全国210所公、私立高等学校中仅有73所高校实

---

① 中国教育年鉴编辑部:《中国教育年鉴》(1949—1981),中国大百科全书出版社,1984年,第337页。
② 《关于高等学校1950年暑期招考新生的规定》,《人民日报》1950年5月29日。

行联合招生①。其中,华东区和东北区形成了跨越大行政区的统一招考制度,而西北区因国立大学较少几乎完全实行统一招生制度,大区范围的统一招生为全国性统一招生制度的建立奠定了基础。从实施情况来看,也基本上达到了联合招生的目的,大部分学校一次招生即招满足额。

1951 年,教育部在沿用前一年招考规定的基础上,又做了新的补充规定:"为进一步改正各校自行招生所产生的混乱状态,各大行政区分别在适当地点争取实行全部或局部高等学校统一或联合招生,全国统一考试日期;如有困难,仍允许高校单独招生;在其他地区招生时应尽量采取委托的办法进行。"② 该年华东区和东北区成立了统一招生委员会统筹处理两个区的招生工作,而中南和西南的大部分高校也实行了局部或统一的联合招生,每个大区参加统一招生的院校数大都在总数的 60% 之上③。

三年过渡时期,从单独招生到联合招生,从大区招生到跨区招生,既体现了国家政权的强力干预,也反映了高校招生考试的内在要求和演进规律。虽然中央规定了高等学校由各大行政区的教育部或高教部代表中央教育部领导,但六大行政区除了华北和东北之外,其他四个大区是受军区的直接领导,而且各大行政区必须根据中央统一的方针政策来领导高等学校,所以中央政府对大学的知识分类、课程改造和招生考试等都拥有相当大的权力,使大学各方面的发展都被纳入追求高速工业化的道路上来。另一方面,统一招考和联合招考在一定程度上消除了地域的限制,以其经济高效的特点为工农群众敞开了大学之门,在一定程度上解决了高校招生地域失衡的问题,体现了招考制度发展的内在要求和方向。

(二) 院系调整的序曲

第一届全国高等教育会议于 1950 年 6 月召开,会议认为中国高等教育体系中存在最为严重的两个问题是高校大多分布在东南沿海所造成的地区之

---

① 大塚丰:《现代中国高等教育的形成》,黄福涛译,北京师范大学出版社,1998年,第 254~260 页。
② 《教育部关于高等学校一九五二年暑期招考新生的规定及一九五〇年招生总结》(1951 年 4 月 24 日),转引自杨学为编:《高考文献》(上)(1949—1976),高等教育出版社,2003 年,第 6 页。
③ 大塚丰:《现代中国高等教育的形成》,黄福涛译,北京师范大学出版社,1998年,第 261~265 页。

间严重不平衡和工农子弟很少能够进入大学接受正规高等教育。由此,国家优先考虑的是对整个高等教育体系的改组,特别是对原有高校的地理分布进行重新规划和调整。尽管大规模的院系调整是在1952年才展开的,但过渡时期政府对教会大学的接管与重组,对私立大学的改造与调整和新建高等院校等一系列措施在一定程度上体现了重新调整高等教育地理分布的深意。

　　这一时期的院系调整是小规模和特定范围的,但也可以分为几种类型:第一,将现有几所高校的某一部分进行合并,成立全新的高等学校。如北京农业大学就是将北京大学、清华大学和华北大学所属的农学院合并而成的;第二,将现有的一所或几所高校的一部分或整体并入实力较强的高等学校。如将北京大学教育系和南开大学哲学系并入北京师范大学,将清华大学法律系并入北京大学等;第三,停办设有在思想上与新政权的思想体系相"违背"的人类学、政治学等学科的某些院校。值得一提的是,在此次会议上,苏联专家对中国高等教育改革提出了重要的建议:"怎样在技术上赶上并跨过帝国主义国家的成就呢?苏联立刻就采取了有效的具体的措施:第一是迅速地建设轻、重工业的工厂;第二即是培养大批的工业、农业专家和干部。……在苏联,大学只有三十所,而全国高等学校的总数却有八百多,这表示苏联高等教育的发展走的是发展独立学院的道路。……所以,高等教育改革的目的即是要把'抽象'的、'广博'的学府逐步改变成具体的、专业的学府。"[①] 这一建议强调在高等教育中重点发展独立学院而不是综合大学,这对新中国高等教育的发展影响深远。如果溯其源流便可发现,苏联的高等教育模式深受法国理性主义和国家主义思潮的影响,如将整个社会主义建设比喻为一部巨大的机器,那么培育高级科技人才的独立学院正是为了维护这一机器的正常运转而得到优先发展。

　　总之,过渡时期的院校调整,由于规模和范围的限制,对整个高等教育地理布局的影响甚微,但为大范围的院系调整奏响了序曲。

二、统一高考制度的创建与大规模的院系调整(1952—1957)

　　1952年确立的招生考试制度被公认为是中国现代考试史上统一高考的

---

① 阿尔辛捷也夫:《从苏联高等教育看中国高等教育的改革》,《新华月报》第2卷第3期(1950年7月)。

发轫,开创了中国招生考试制度的新纪元。与此同时,为调整高校的系科结构和地理分布,使其更好地为经济建设服务,大规模的院系调整由此展开。

(一)高考制度的创建与发展

1952年6月12日,教育部发布了《关于全国高等学校1952年暑期招收新生的规定》,明确规定自该年度起,除个别学校经教育部批准外,全国高等学校一律参加全国统一招生考试。这被公认为是中国现代考试史上统一高考制度的发轫。该年招考制度的特点表现为:国家对招生名额、报考条件、考试内容、命题、阅卷和录取等环节都作出了统一的规定,并由各大行政区严格执行。国家与地方在考试决策上完全是一种制定与执行的关系。这种决策部门与职能部门的明确分工,为统一招生的全面实施提供了制度上的有力保障①。

在此,我们重点考察当年招生计划的形成。为保证招生任务的完成,教育部对各大区作了如下规定:"各区教育(文教)部应切实调查统计各该区应届高中毕业学生及其他可能投考高等学校的人数;如发现可能投考人数多于发布计划中所统计的各该区人数时,应将多出的人数电报我部,将视其人数多寡,再根据招生计划追加各区招生名额。……根据投考学生的分布情况,在招生时对于各区投考学生将作统一的调配。"②从学生来源来看,预计该年高中毕业生为37 143人,部队及机关抽调升学干部为20 000人,故招生总额预定为5万人;再从系科分布来看,工科29 500人,占59%,医科4 500人,占9%,财经4 300人,占8.6%,师范3 500人,占7%③。从各大区的分布情况来看,华北区和华东区名额最多,而西南区和西北区名额最少,具体见表3-1。实际上,由于各地基础教育还都处于恢复和缓慢发展之中,在连续几年的高考中都出现了招生计划多于高中毕业生人数的情况,因此不得不抽调部队和机关干部参加高考,并将完成招生计划看作一项重大的政治任务。比较各地高中毕业生人数与招生计划额数,可发现华东区

---

① 刘海峰,等:《中国考试发展史》,华中师范大学出版社,2002年,第335~336页。

② 《教育部关于一九五二年暑期全国高等学校招生计划及其实施问题的指示》,转引自杨学为编:《高考文献》(上)(1949—1976),高等教育出版社,2003年,第7页。

③ 《一九五二年暑期全国高等学校招生计划》,转引自杨学为编:《高考文献》(上)(1949—1976),高等教育出版社,2003年,第8页。

表 3-1　1952 年高校招生计划系科名额及地区名额分配表（单位：人）

	工科	理科	农科	医科	财经	政法	文科	师范	艺术	招生总额	高中毕业生数
华北	8800	490	320	890	2400	1000	700	850	100	15550	5842
华东	10200	600	380	1680	850	500	750	850	100	15910	15884
东北	4000		120	450	250	150	550	400	100	6020	3035
中南	4400	360	350	900	450	200	150	700	50	7560	7164
西南	1500	200	200	400	250	150	100	450	50	3300	3316
西北	600	150	130	180	100		250	250		1660	1902
总计	29500	1800	1500	4500	4300	2000	2500	3500	400	50000	37143

资料来源：据《1952 年暑期全国高等学校招生计划各科名额分配表》和《1952 年全国高中毕业生人数统计表》制成，转引自杨学为编：《高考文献》（上）（1949—1976），高等教育出版社，2003 年，第 8~9 页。

的高中毕业生人最多，达到 15 884 人，与招生计划（15 550 人）大体持平，而中南区、西南区和西北区的高中毕业生人数与招生计划也大致相当。只有华北区和东北区的招生计划远远多于其高中毕业生人数，华北区的招生总额竟为其高中毕业生人数的近三倍，一方面华北区为中央政府所在地，大量的机关干部也是从这一地区抽调，而且政权初建，国家需要大量的管理干部和技术人才；另一方面，国家也在政策上对这一地区有所倾斜。东北区则是当时的重工业基地，工业的迅猛发展需要大量的科技人才。由此可见，招生计划的形成是根据各项经济建设的轻重缓急和各地生源的充盈与否来确定的。就当时经济建设的方针而言，主要是优先发展重工业，因此工科的招生计划也就占了绝大多数。

"统一高考制度的建立既受特定时局的推动，又有其独特的文化成因；既受制于当时社会的政治和经济需要，又受制于考试自身的发展规律。"[1] 高考的建立对于平衡各地高等教育发展水平，改善高等教育的地理分布，提高高等教育整体质量和国民实现教育机会均等都产生了深远的影响。就招生计划和录取制度而言，国家根据各地经济发展和生源数量统一分配名额在当

---

[1] 刘海峰，等：《中国考试发展史》，华中师范大学出版社，2002 年，第 336 页。

时具有很大的合理性，高校的招生数量和高等教育的地域分布都被纳入国家整体经济建设的轨道上来。但统一的招生计划在促进各地经济发展的同时，也在很大程度上压抑了以"大学自治"为核心理念的大学自主权。

从1952年到1957年，一直实行以中央统筹制订计划、大区负责实施为主的录取制度。但由于1954年大行政区的撤销，1955年各省开始成立高校招生工作委员会，并在此基础上成立大区范围内的高校招生工作委员会以组织和指导各省的高校招生工作。为协调高校招生名额和学生来源之间的不平衡，教育部在每年的招考规定中都对基本的调配原则作了明确规定。以1953年为例，调配原则为：（1）由于华北、东北和西北的学生来源较少，该区考生应以报考本区学校为主；（2）华东、中南和西南学生来源较多，应鼓励和帮助一部分学生报考其他三区的高校[①]。1954年发布的招考规定的补充规定中还详细列出了各大行政区从外区调入学生的名额，如华北区从各区调入学生的名额为：东北139、华东5 054、中南3 646、西南2 168、西北111、内蒙14[②]。此后历年的情况也大致如此。当时高校招生工作中的主要矛盾，除了学生来源的不足（1956年后情况开始改变）之外，就是各大行政区的高中毕业生人数和招生计划的不平衡以及学生志愿与适应国家需要的招生计划之间的矛盾。此时的录取制度改革正是为解决这几个主要矛盾而采取的应对之举和有效改进。然而，由于在统一录取制度中存在着急躁冒进和不顾高校实际情况的问题，也引起了人们对统一招生制度的批评和非议。1955年到1957年每年都有"单独招生"和"统一招生"孰优孰劣的争论，但从争论的结果来看，仍是主张统一招生的观点占据了主流的地位，直到1958年"大跃进"开始，统一高考制度被各省单独招考制度所替代。

纵观这一时期的高考录取情况，各地生源不足的问题还较为严重，区域公平的问题也就无从谈起。高校招生计划的形成是依据经济建设的需要、各省区高中毕业生数和高等学校的规模数量而制定的。尽管这种高度集中统一的录取体制受到了传统文化中地域平等参与观念的某些挑战，但统一的录取体制无疑仍是适应新中国成立初期经济和文教状况的合理的录取制度。

---

① 《关于全国高等学校一九五三年暑期招考新生的规定》，转引自杨学为编：《高考文献》（上）（1949—1976），高等教育出版社，2003年，第17～21页。

② 《一九五四年暑期全国高等学校统一招生录取办法的几项补充规定》，转引自杨学为编：《高考文献》（上）（1949—1976），高等教育出版社，2003年，第63页。

(二) 院系调整与高等学校的地域重组

为适应大规模经济建设的需要，改变工科院校"在地理分布上很不合理；师资设备分散，使用极不经济；系科庞杂"[①]等情况，1951年11月召开了全国工学院院长会议并制定了"工学院调整方案"。随后，1952年又制定了"全国高等学校院系调整方案"，大规模的院系调整由此展开。

此次院系调整的目的主要有两个，一是改变高等学校地域分布的不均衡，二是改变系、科、专业设置不合理及师资设备过于分散的情况。在院系调整中主要确定了如下的原则："大学（指综合大学）为培育科学研究人才及培养师资的高等学校，全国各大行政区最少有一所，最多目前不得超过四所；大学行政组织取消院一级，以系为教学行政单位。"除此之外，还对工学院、农学院和师范学院的调整作了具体的规定。其中，工学院的调整无疑是此次调整的重点，"以少办或不办多科性的工学院，多办专业性的工学院为原则"[②]。经过两年左右的时间，此次大规模的院系调整基本完成，从高等学校的地域分布来看，工业、师范、农林、政法、财经等专门学院在六大行政区有了大致平衡的分布。与1949年高等教育的地理分布相比，在地域均衡方面无疑有了重大的改善（见表3-2）。从整体情况来看，数量增长最多的是华北区和东北区，而减少最多的是华东区和西南区，中南区则几乎没有什么变化。究其原因，大致如下：华北区的中心城市北京和天津地处沿海，集中了大量的高校，从推进高校地理分布均衡的角度出发似乎有些矛盾，但华北区的北京作为首都，大力建设其教育和文化中心的战略使得高等教育得以迅速发展；东北区为全国重工业基地，尽管在解放初就已经对本区的高校进行了合并和调整，但为经济发展的需要而增加其高校的数量也使得该地区受益不小；西北区虽然高校的绝对数量增加不多，但其学生人数是各大区中增长最多的；而华东区和西南区的高校数量众多、水平参差不齐，自然成为院系调整的重点对象。华东区的上海在新中国成立前就是文教发达地区，大量的教会学校也聚集于此，经过院系调整，取消了许多名不副实的高校和教会大学；西南区在抗战时期成为"学术中心"之一，虽在高校内迁之

---

① 马叙伦：《关于全国工学院调整方案的报告》，《新华月报》1952年5月号，第158页。

② 广州区院系调整委员会：《广州区高等学校院系调整工作初步总结》，《人民教育》1953年3月号，第10页。

后高等教育的发展依然势头良好,但很多高校还停留在基础发展阶段,教学质量也难有保证,因此这两个区高校数量减少最多,在校生数也只是稍有增加;在中南区所属的广东、湖南、湖北和河南四个省份中,广东的高校数量有所减少,其他三省均有增加。再从沿海和内地的比较来看,1949 年,东部沿海的河北(包括北京和天津)、山东、江苏(包括上海)、浙江、福建和广东六省与其余省份的高校数量之比为 53.7∶46.3,而经过院系调整后的 1953 年两者之比为 48.6∶51.4[1],由此可见,院系调整的地理倾向是强"三北"(华北、东北和西北)而弱东南。在调整后,各地每万人口中在校大学生数都有提高,但以西北区增幅最大,华东区最小。因此,院系调整确实起到了加强华北区、西北区和东北区的作用。西北区每万人口中在校大学生数在 1952 年超过了西南区,与华东区间的差距也急剧缩小,并最终在 1955 年超过了华东区[2]。应该肯定,院系调整为落后地区的高教发展打下了基础,其积极影响至今犹存。

表 3-2　1953 年院系调整后高等教育在不同地域分布的变化

		全国	华北	东北	华东	中南	西南	西北
机构数（校）	1949 年（A）	205	27	20	74	34	42	8
	比例（%）	100.0	13.2	9.8	36.0	16.6	20.5	3.9
	1953 年（B）	179	39	25	50	34	19	12
	比例（%）	100.0	21.8	14.0	27.9	19.0	10.6	6.7
增加率（%）：(B)/(A)		88.3	144.4	125.0	67.6	100.0	45.2	150.0
学生数（人）	1949 年（A）	116504	20936	16562	42452	15471	16716	4367
	比例（%）	100.0	18.0	14.2	36.5	13.3	14.3	3.7
	1953 年（B）	212181	50905	35809	58019	35989	19798	10889
	比例（%）	100.0	24.0	16.9	27.3	17.0	9.3	5.1
增加率（%）：(B)/(A)		182.1	243.1	216.2	136.7	232.6	118.4	249.3

资料来源：根据《中国教育成就 1949—1983》制成。转引自大塚丰:《现代中国高等教育的形成》,黄福涛译,北京师范大学出版社,1998 年,第 109 页。

---

[1] 大塚丰:《现代中国高等教育的形成》,黄福涛译,北京师范大学出版社,1998 年,第 112 页。

[2] 杜成宪、丁钢主编:《20 世纪中国教育的现代化研究》,上海教育出版社,2004 年,第 124 页。

此次院系调整所带来的大规模的高等教育地域重组，既是学习苏联模式减少综合大学、增加单科学院的产物，又是适应经济建设需要将高等教育纳入区域经济发展轨道，以改变高校地理分布不均的重大调整。虽然在一定程度上达到了区域高等教育重组、改善高等教育地理分布的目的，但是明显带有强烈的行政主导型特征，在实施过程中存在很大的人为性和机械性，而且摧毁了民间力量办学的传统。调整之后，中国成为世界上综合性大学、文科在校学生和文科教育比重最少的国家①，这对高等学校系科结构的良性发展带来了很大的负面影响。20世纪90年代所进行的院校合并在一定程度上是对这次院系调整的反向运动，许多因院系调整而分立的学校在90年代重新合并组建综合性大学，因此这次院系调整对综合性大学和某些省份发展的消极影响至今犹存。如中南区的河南、湖南和广西等省（自治区）的工程学和技术学领域的高校大量迁移到大区的中心城市武汉，致使这些地区的此类领域发展较为缓慢，其消极影响一直延续至今②。总之，这一时期的院系调整所形成的高等学校地域格局在很大程度上影响到了各省区高等教育的发展，对高等教育入学机会的区域差异产生了相当重要的影响。

概观这一时期的高等教育体制可以发现，在苏联模式的影响下，高等教育体制的改革获得了巨大的成就，最显著的是适应了经济快速增长的需要。但是，由院系调整所带来的学科专业细化以及统一的毕业分配制度的建立，使得高校招生工作处于国家统一计划的高度集中体制之下，这在一定程度上强化了科举考试制度的知识集中和思想一统的部分特征，引起了扮演平衡者角色的非正式群体及社会批判主义者的强烈反应。而"百家争鸣，百花齐放"运动和"大跃进"运动在一定程度上便是从政治和文化上产生的对这种物极必反的有力抗争③。大规模院系调整所带来的高等教育地域重组的努力在一定程度上也包含了高校招生对地域平等的观照。但是，由于此时整体生源数量偏少，以及高考制度对工农阶层入学机会的优惠政策，所以高校招生

---

① 李扬：《50年代的院系调整与社会变迁——院系调整研究之一》，香港中文大学网站，http://www.usc.cuhk.edu.hk/wk_wzdetails.asp?id=3541。

② 许美德：《中国大学（1895—1995）——一个文化冲突的世纪》，许洁英译，教育科学出版社，2000年，第120页。

③ 许美德：《中国大学（1895—1995）——一个文化冲突的世纪》，许洁英译，教育科学出版社，2000年，第122页。

的重点是提高工农阶层接受高等教育的比例,对高等教育入学机会的地域观照并没有凸显。

三、高考分省录取制度的改革与地方高等教育的发展(1958—1965)

这一时期经历了"大跃进"运动和对经济发展的调整与巩固,高等教育的发展历经了跌宕起伏的剧烈变化,由于中央集权和地方分权的矛盾互动,地方高等教育在"左"的方针下盲目发展,之后进入缩减和调整时期。同时,在高等教育体制中正式确定了重点大学的原则,使得高等教育的发展客观上存在精英主义与平均主义的内在张力。统一高考制度在此时期一度被取消,但只一年便又回到了统一高考的道路上,并最终确立了分省录取制度。

(一)高考制度的反复与分省录取制度的确立

1958年至1960年是全国"大跃进"的年代,与此同时,教育领域也进入极左的"教育革命"时期,并提出了迅速发展教育的三个原则,其中之一便是"全面规划与地方分权相结合"的原则。在这一原则下,教育部将大部分高等学校下放到地方,只保留少数综合大学和某些专业学院。同时,由于反右派斗争扩大化和党内对阶级斗争形势的估计过于严重,致使有些领导认为在招生工作中是资产阶级掌握了考试,因此提出应强调政治挂帅,提高政审标准。所以在1958年的招考规定中就明确提出:"改变高等学校全国统一招生制度,实行学校单独招生或者联合招生。招生工作的具体安排,由省、市、自治区及各高等学校根据地方和学校的情况,分别办理。"[①] 这样,统一高考制度就在极左的教育方针下被各省单独招考所取代。

由于此次招考制度的调整带有极大的片面性和浓厚的"左"的色彩,而且过于强调政治表现和免试录取大批工农学员也导致教学质量的严重下降。因此,为保证新生的质量,1959年又重新恢复了全国统一高考制度。该年的高校招生实行统一领导与分散办理相结合的管理体制,也就是各省招生委员会根据中央的统一部署,因地制宜地开展招生工作。此后,高考分省录取制度一直保持到"文革"前高考被废止。录取制度的发展演化,从原来的

---

① 《教育部关于高等学校一九五八年招考新生的规定》(1958年7月1日),转引自杨学为编:《高考文献》(上)(1949—1976),高等教育出版社,2003年,第326页。

"中央统一规划，大区负责实施"到分省录取制度，在一定程度上体现了招考权力的分化和转移，但招考权力的重新配置在很大程度上是依附于政治体制的变动。实行分省录取制度以后，各省市的招考权责也没有明确的划分，且随着形势政策变化时有变动，如1960年就规定重点高等学校和其他中央各部门领导的高等学校采取全国统一招生的方式，而其余高等学校的招生方式由省、市、自治区自行确定，既可以全国统一招生，也可以在此之后另行招生。但招生形式的变动不居也从一个侧面反映出过于高度集中的招生体制不能满足高等教育的内在要求。分省录取制度的确立适应了地方高等教育的发展和教育权力下放的宏观政策，同时也促进了地方教育和文化水平的提升。

1954年，高等教育部首次确定中国人民大学等6所学校为重点大学，随后经陆续增补，至1963年共有重点高校68所[1]。为保证重点大学的招生质量，在高考录取制度中实行了分批录取的办法。在1959年的招生中规定：重点学校第一批录取，中央各部门和各省级直属学校第二批录取，其余学校第三批录取。实际上，在高等教育系统中等级化原则的确立和分批录取办法的实行，对高校招生体制和格局的形成具有重要意义。重点大学和中央直属院校面向全国招生，省属高校面向地方招生的原则在很大程度上影响了各地高等教育入学机会的多寡，这也是后来高等教育入学机会地域失衡的重要制度性因素。作为后发外生型的发展中国家，我国高等教育的非均衡发展和追求卓越的原则是其赶超策略的重要途径，但与"人民公社"政策所奉行的平均主义原则背道而驰，受到了平均主义者的反对和批判。总之，这一时期的高等教育在强调平均主义和均等入学的同时，也开始出现了提倡优秀、追求卓越的价值取向。

（二）地方高等教育的盲目发展与调整

在取消高等教育部和教育事业管理权力下放的宏观背景下，一大批省属院校纷纷建立，中国高等教育进入超常规跨越式发展的"教育革命"时期。1958年9月19日，中共中央、国务院发布了《关于教育工作的指示》。该指示指出："大力发展中等教育和高等教育，争取在15年左右的时间内，基

---

[1] 中国教育年鉴编辑部：《中国教育年鉴》（1949—1981），中国大百科全书出版社，1984年，第330页。

本上做到使全国青年和成年，凡是有条件和自愿的，都可以受到高等教育。我们将以15年左右的时间普及高等教育，然后再以15年左右的时间从事提高工作。"[1] 这一不切实际的口号，使我国高等教育卷入了超常规的"大跃进"发展轨道，普通高校从1957年的229所增至1960年的1 289所，其间，1958年一年内平均3天建2所普通高校，高校招生数有几年甚至超过普通高中的毕业生数[2]。如此超常规的跨越式发展在3年之后便不得不进行调整。1961年1月，教育部在北京召开全国重点高等学校工作会议，着重研究了贯彻"调整、巩固、充实、提高"的方针，对全国重点高校实行"定规模、定任务、定方向、定专业"。同年8月10日，教育部印发了《全国高等学校及中等学校调整工作会议纪要》，提出将全国高校招生计划控制在每年招16万到18万人左右，同时合并、停办部分高校。1961年到1963年间，全国共关闭了882所高校（占1960年高校总数的68%），才使过于庞大的高等教育与国民经济发展的矛盾缓和下来。

　　这一时期高校的跨越式发展除了给高等教育事业带来了巨大的灾难之外，也并非毫无益处。教育事业管理权力的下放和地方高校的发展为高等教育管理体制的改革和区域布局产生了积极的影响。随着高等教育部的取消和一大批省属院校的建立，中国高等教育开始走向非集权化，这有其重要的政治意义，反映出当时基层强烈反对通过宏观计划将高等教育统得过死[3]。地方创办的大学明显增多，大多数省份都有了一所综合性大学。如在武汉，撤销了原来的中南财经学院和中南政法学院，成立了省级的综合大学——湖北大学。甚至像青海、内蒙古和宁夏这些从未有过高等学校的省（自治区）都建立起了自己的高等学校，并且还配备了毕业于名牌大学的毕业生。这对于形成中央和地方高等教育均衡发展的局面起到了积极的作用。实际上，在高等教育超常规发展中，落后地区高等教育的跃进幅度比先进地区更大，在1958年到1960年增加的千余所高校中，山西、福建、河南、江西、广西、

---

[1] 中央教育科学研究所编：《中华人民共和国教育大事记》（1949—1982），教育科学出版社，1994年，第232页。

[2] 谢作栩：《中国高等教育大众化发展道路的研究》，福建教育出版社，2001年，第142页。

[3] 许美德：《中国大学（1895—1995）——一个文化冲突的世纪》，许洁英译，教育科学出版社，2000年，第126页。

甘肃的高校数都以 10 倍的速度增长,只有北京、上海、新疆的增速不足 3 倍。从东、中、西部的比较来看,东部 1957 年高校数占全国的 51.1%,1960 年降为 46.8%;中部则由 27.1%上升到 37.3%,西部由 21.8%降为 15.8%[1]。可见,只有中部有较大幅度的上升。对此较为合理的解释就是中部高等教育原本落后,其摆脱落后和"赶超英美"的激情和欲望要比先进地区更为强烈。值得关注的是,与 1952 年宏观计划指导下的"院系调整"所实行的集中管辖原则不同,这次区域高等教育的发展在很大程度上是以地方政府和人民群众的积极性为基础的,突出表现为地方高等教育的快速发展,特别是在《高教六十条》颁发之后。中部地区高等教育的发展对提升整个区域高等教育的发展水平有重要而积极的影响,对于均衡各地高等教育入学机会也发挥了潜在的作用。

最后,对"文革"前的高考改革和高等教育地理布局作一总结。从国家与知识生产的关系角度来看,中国作为后发外生型现代国家,其国家理念、制度设计和政治生活等都是移植借鉴的结果,伴随移植而来的自然便是"传统"与"现代"的内在紧张,这样的状况产生的结果就表现为国家对知识生产的政治紧张感加强。所以,大学作为知识生产的制度化机构受到了国家的全方位制约,特别是在"文革"之前,这与中国长期的全能国家定位有直接的关系。作为高等教育入口的高校招生考试制度理所当然也受到国家权力的干预。由国家给定的机构性质、机构运作和机构功能给大学的方方面面都带来了极大的影响。中国的大学,从机构性质上来讲,一半是作为"单位"的国家管理机构,一半是作为国家化的知识生产与知识传播机构[2]。无疑,这样的高校机构性质便为实行全国统一的高考制度提供了合法性基础,也对招生体制产生了深远的影响。

"文革"前的高考录取制度带有强烈的国家主义色彩,将作为国家管理机构的高校的招生工作纳入国民经济发展的整体规划无疑有着积极的意义,但国家对高等教育及其招生工作的全方位干预也弱化和钳制了大学以之为本的"大学自治"和"学术自由"的理念。从"中央统一规划,大区负责实

---

[1] 杜成宪、丁钢主编:《20 世纪中国教育的现代化研究》,上海教育出版社,2004 年,第 128 页。

[2] 任剑涛:《国家、机构与生产者:三边关系与知识生产》,飞诺网,http://info.feno.cn/2006-10-06/c000008190.shtml. 2006-10-06。

施"的录取体制走向分省录取制度,在一定程度上打破了高度集中的录取体制,但依附于政治运动的招考权力的分化转移并没有给高校带来应有的招生自主权。对高等教育地理分布产生深远影响的改革是始于1952年的"院系调整"。这次调整既是学习苏联减少综合大学、增加单科学院的产物,又是改善高等学校地理分布不均的重大政策,但同时,改革因国家权力的强力干预而遗留了很多历史问题。

第二节 "文革"后高等教育入学机会区域差异的考察

以上主要考察了"文革"前高考录取制度的演进和高等教育地理分布的格局调整。"文革"期间,高考制度被废除,以群众推荐代替了文化考核,而且撤销、合并了大量高校,给高等教育事业带来了极大的损害。由于学校教育的混乱和中断,对这一时期高等教育的地区差异难以考察和研究,但从整体来看,高等教育发达的地区所受到的破坏程度要更大一些。本节主要考察"文革"后高考录取制度改革、高等教育的地域差异以及"倾斜的高考分数线"的形成等问题。具体时期划分,以1985年《中共中央关于教育体制改革的决定》和90年代中期高校合并与招生并轨等改革作为标志性事件,大致划分为如下三个时期。

一、高考制度的恢复和高等教育的发展(1977—1984)

"文革"之后,高考制度的恢复起到了带动整个社会由乱而治的重大作用,为适应新的发展形势,高考制度在招生方面也开始了一系列的改革。与此同时,各项教育事业在拨乱反正的方针中得以迅速恢复和发展,高等教育区域发展的格局也不再以牺牲发达地区为代价来向落后地区倾斜,而是体现出发达地区优先发展的战略。

(一)高考制度的恢复和改革

1977年8月,邓小平主持召开了科学与教育工作座谈会,取消了"文革"中的"十六字招生办法",恢复了"文革"前"统一考试,择优录取"的政策。该年冬,全国570万考生参加了"文革"后的第一次高考。恢复高考的消息一经传开,"广大群众,特别是上山下乡知识青年更是欢呼雀跃,奔走相告，正如有的群众说，恢复高考像爆炸了一颗原子弹，震撼了整个中国"[1]。由于时间仓促，筹备不及，该年由各省、直辖市、自治区单独命题和考试。1978年重新恢复了统一考试、统一录取的办法。恢复高考是中国教育史上的重大事件，极大地提升了高等教育质量，使人才培养制度重新走上了健康的轨道。从社会的角度来看，统一高考给所有考生提供了平等竞争的权利，极大地激发了人们的学习积极性，带动了整个社会的由乱而治，为政治、经济的各项改革奠定了良好的文化基础。

恢复高考之后，继续实行分省录取的制度，并逐步进行了招生体制的改革。在高校招生中，首先保证完成重点大学和部属院校的招生任务。同时，对少数民族或边远落后地区考生、台籍侨属考生、烈士子女等，可优先或降分录取；省属院校对本地落后地区（如无一人达到最低录取线）的考生可降分录取；对一些艰苦行业或国家急需的农、林、师范等专业，也实行一定范围内定向降分录取的倾斜政策。以上这些措施都是为扶持弱势群体或特殊行业而实行的优惠政策，这也是高校招生政策中得以一贯执行的补偿原则。除此之外，在录取方法上，于1984年开始，在原来实行"段段清"的基础上，逐步实行"根据志愿，按比例投档"的办法，投档比例为120%。从1983年开始对招生来源计划进行改革，采取委托培养的办法作为国家计划的补充，这一改革表面上是为了打通培养单位和用人单位直接联系的渠道，而实际上是为缓和高等教育快速扩张与有限的办学能力之间矛盾的措施。委托培养和后来实行的自费生政策对经济发达地区的高等教育产生了重要影响，这也是招生政策对经济领域改革的回应，市场因素开始在高校招生政策中逐渐得以体现。实际上，20世纪80年代中后期高校招生规模的扩张，除了宏观政策的原因之外，大部分是由国家计划之外的委托培养和自费生完成的。

除此之外，这一时期还进行了落实高校招生自主权的改革。由于"文革"后高校自主意识的觉醒和教育管理体制的改革，以落实高校招生自主权为目的的招生体制改革也逐步展开，这为"学校负责、招办监督"体制的最后形成奠定了改革的基础。

总之，高考恢复之后，继续实行"文革"前行之有效的招生政策，在对弱势群体和特殊行业实行倾斜与优惠政策的同时，也开始适应经济发展的需求，实行委托培养等的改革，同时在落实高校招生自主权等方面也开始了积

---

[1] 杨学为：《中国考试改革研究》，北京大学出版社，2001年，第381页。

极的探索。

(二) 高等教育的发展及地域布局

整体而言,高等教育在"拨乱反正"的方针下得以迅速恢复和发展,而高等教育区域发展的格局也突破了前30年的陈式,不再以牺牲发达地区为代价来向落后地区倾斜,而是体现出发达地区优先发展的战略,这对发达地区扩大高等教育入学机会有着重要的影响和意义。

中共十一届三中全会成为新时期社会主义发展的伟大起点和改革开放的标志。新的政治和经济形势需要新的教育与之相适应。以恢复高考为契机,高等教育得到了迅速的发展,在校生人数大幅度增长,1981年与1977年相比,全国大学生人数由62.5万增至102万,增长了70%。而高等学校也借此改革的东风得以恢复或重建,到1983年,高校数量在1977年的基础上翻了一番。1978年重点高校88所,次年即增为97所[1]。由于经济改革最初从经济基础较好的沿海省份取得较大实效,因而国家的教育政策也相应地向这些地方倾斜。从高校数量上看,吉林、福建、河南、广西1979年的数量都是1977年的2倍;河北、山西、西藏和宁夏的增长则十分缓慢。从六大区来看,两年中,华北区的高校数量比重下降了1.4个百分点,华东区则上升了1.9个百分点,其他各大区都有少量下降。1983年到1985年,高校数量增加最多的是:辽宁增加23所,江苏增加22所,湖南增加20所,湖北增加19所。增加较少的是:西藏零增长,青海增加1所,宁夏和天津均增加2所。华北区高校占全国的比重在三年中下降了1.6个百分点,西南区和西北区分别下降了1.4和0.9个百分点,华中区、华东区和东北区则分别增加了1.7、1.2和0.8个百分点[2]。这说明经济因素对高等教育区域差异的作用开始体现,发达地区的经济优势得到发挥,而落后地区的发展速度则受到限制。从整体情况来看,正规高等教育在全国的地理分布还是较为合理的[3],但此后新建的地方大学和职业技术学院等由于对经济发展的依赖,其

---

[1] 中国教育年鉴编辑部编:《中国教育年鉴》(1949—1981),中国大百科全书出版社,1984年,第955页。

[2] 杜成宪、丁钢主编:《20世纪中国教育的现代化研究》,上海教育出版社,2004年,第141页。

[3] 许美德:《中国大学(1895—1995)——一个文化冲突的世纪》,许洁英译,教育科学出版社,2000年,第164页。

地理分布越来越不均衡。

　　高等教育区域布局的调整开始倾向于东部沿海省份，主要得益于东部良好的经济发展条件和政府优先发展东部的优惠政策。由于历史的原因，地区高等教育的发展与地区经济的发展虽然呈现大致吻合的趋势，但也还存在相当大的不对称性。如广东在20世纪80年代经济发展迅速，但是其高等教育发展水平在全国平均水平之下。究其原因，除了原来的高等教育发展起点低之外，还与地方经济与高教发展尚未形成良性互动有关。另一个相反的例证为陕西，1980年陕西人均GDP排名为全国倒数第七，而每万人口中在校大学生数的排名居全国第三位，湖北和四川也存在类似情况。这在一定程度上反映出经济水平与教育发展的偏离，也说明了政府教育政策的偏差，教育思维落后于经济思维，仍按计划模式对地区高校设置和大学招生进行习惯性的调配，地区高等教育与地区经济发展之间还没有形成良好的互动关系。

　　总之，与"文革"前不同，无论是高考制度的改革还是高等教育区域布局的调整，都体现出经济发展对教育的影响和制约作用，教育改革的整体价值取向开始走向与经济发展建立良性的互动关系。但由于种种原因，教育发展与经济水平的相互偏离在很大程度上仍然存在，地区高等教育与经济发展之间尚未完全建立起良性的互动关系。

二、高考制度的改革和高等教育办学体制的调整（1985—20世纪90年代中期）

　　1984年，十二届三中全会通过了《中共中央关于经济体制改革的决定》，经济改革开始大刀阔斧地进行。与此相适应，1985年《中共中央关于教育体制改革的决定》出台，整个教育体制包括高等教育管理体制和招生体制等的改革全面展开。由此，高考制度和高等教育办学体制的改革也进入了一个新的阶段。

（一）高校招生体制和录取制度的改革

　　在《中共中央关于教育体制改革的决定》中，明确提出了对招生体制和分配制度的改革目标："改革高等学校的招生计划和毕业生分配制度，扩大高等学校办学自主权。改变高等学校全部按国家计划统一招生，实行国家计划招生、用人单位委托招生和自费生三种办法。相应地，委托招生的学生毕业后按合同规定到委托单位工作，而自费生则自谋职业。"[①] 这可以看作中

[①]《中共中央关于教育体制改革的决定》，《人民日报》1985年5月29日，第1、3版。

国公共教育体制改革的一个重要的里程碑,在高校招生的国家计划中引入委托培养和自费生的形式,使得市场力量开始进入高等教育领域,这既是对高等教育作为准公共产品属性的理性认识,也是对经济体制改革实践的重大回应。同时,改革毕业生分配制度也对区域高等教育的发展有着深远的影响。毋庸置疑,来自市场改革和人才流动的挑战使区域不平衡的问题更为凸显,内陆和边远地区的人才大量流入沿海大城市更加强化了区域高等教育的差序格局。

20世纪80年代中期,包括科目改革、会考制度和保送生制度等各项高考改革纷纷展开,在此重点考察招生体制和录取制度的改革。在招生体制方面主要是改革招生来源计划,由原来单一的国家计划招生变为计划招生、委托培养和自费生三种形式并存,而且委培和自费生的比例逐年提高。这样就形成了不收费的国家计划招生和收费的国家调节招生同时并存的"双轨制"。从1985年的招生实践来看,计划招生为62万人,比1984年实际招生47.5万人增加了14.5万人。其中,增长幅度最大的是由社会有关方面提供经费等办学条件的委托培养和干部专修科部分,由国家提供办学条件的部分增长幅度并不太大[1]。如江苏省高校1986年招收委培生4 352人,占当年全省招生总数的10.5%[2]。可见,高速的经济增长和社会发展对高等专门人才提出了迫切需要,市场力量在高校招生中的作用开始显现并逐渐增强。由于市场力量的介入,高校招生计划不得不作出积极调整来适应这一变化。在1985年《关于改革教育部部属高等学校招生来源计划的意见》中确定了"为部门、地区培养学生的计划",并根据学校和专业特点来确定服务方向,"师范院校大部分为地方培养,适当考虑中央部门的需要;综合大学、理工科院校中的通用专业,兼顾中央部门和地方两方面;专用专业根据培养目标和实际需要确定培养比例"。并且还对院校为所在地培养学生的比例作出了规定,"一般占所需专业的15%~20%;对全国供不应求的专业,比例适当缩小"[3]。由此可以看出,当时对于教育部直属高校服务职能定位较为合理,招生计划的

---

[1] 《关于一九八五年普通高等学校招生会议的报告》,转引自杨学为编:《高考文献》(下)(1977—1999),高等教育出版社,2003年,第221页。

[2] 郝维谦、龙正中:《高等教育史》,海南出版社,2000年,第410页。

[3] 《关于教育部部属高等学校招生来源计划的意见》,转引自杨学为编:《高考文献》(下)(1977—1999),高等教育出版社,2003年,第215页。

形成兼顾部门利益和地方利益,而且对为地方培养人才的比例作出了明确的规定,在一定程度上限制了这类高校的招生地域化趋势。但是出于对高校招生质量和规律的考虑,"对于学生来源较多、质量较好的省、市、自治区等,可适当多安排一些招生名额"①。这在一定程度上为以后此类高校招生指标的倾斜提供了制度空间。因此,这一时期招生计划的改革适应了当时经济体制改革的需求,使高校与用人单位建立了直接的联系,也为高等教育多渠道筹集资金提供了很好的思路与实践。总而言之,招生体制的改革使高等教育三大职能中最薄弱的"为社会服务"得到了全面的体现和拓展。但由于委培生和自费生(即"两生")比例的不断增加,以及收费和降分挂钩,计划内和计划外两条录取线的距离越拉越大,助长了招生腐败的不正之风,这也就成为20世纪90年代中期招生并轨改革的最大动因。

关于录取体制方面的最大改革,就是确立了"学校负责、招办监督"的录取体制。在1986年国家教委印发的《关于普通高等学校录取新生体制与办法的实施细则》中,明确规定了"学校负责、招办监督"的录取体制:在本批录取学校控制分数线以上,调阅考生档案数、录取与否由学校决定,遗留问题由学校负责处理;省、自治区、直辖市招生委员会办公室实行必要的监督。随后将这一体制写入《普通高等学校招生暂行条例》中,用法律法规的形式确定下来并一直沿用至今。根据规定,高等学校可按照国家的有关招生政策独立行使录取新生的权力,根据"全面考核、择优录取"的原则自由录取考生。而招生机构的职能则由过去的管理转变为服务和监督。这是落实高校招生自主权的重要改革和有力保证。但从实践层面来看,高校并没有获得其应有的自主权力,具体表现为高校与招办的录取和监督的关系存在许多模棱两可之处,省市招办的行政权力往往凌驾于高校招生权力之上。可见,高校招生自主权的落实是一个漫长而艰难的过程,这既是高校"学术自由"、"大学自治"等理念的复归,又与现代政府职能的转型与简政放权紧密相关。总之,"学校负责、招办监督"的录取体制在一定程度上使高校获得了其应有的招生自主权,使高校招生权力在国家、地方和高校之间有了较为合理的改善和互动,对于适应经济发展和教育体制改革具有重要的意义。

---

① 《教育部关于编制一九八五年中央部门所属高等学校招生来源计划(草案)的通知》(1984年11月26日),转引自杨学为编:《高考文献》(下)(1977—1999),高等教育出版社,2003年,第216页。

（二）高等教育的体制改革及区域布局

《中共中央关于教育体制改革的决定》拉开了高等教育体制改革的序曲，改革管理体制，实行简政放权，扩大高校的办学自主权等措施为高等教育的结构性调整创造了条件。同时，地方高等教育的兴起和分配制度的改革也使高等教育区域格局发生了深刻的变革。

《中共中央关于教育体制改革的决定》是20世纪80年代指导教育改革和发展的最重要文件，针对当时教育体制"对高等学校统得过死，学校缺乏活力"等问题，认为应当"改革管理体制，在加强宏观管理的同时，坚决实行简政放权，扩大学校的办学自主权"[①]。在整体结构性调整和教育权力下放的宏观背景下，地区性高等教育得以迅速发展。如20世纪80年代中期以来广东省兴起的"中心城市办大学"运动和浙江等地职业大学的创办等，都是此背景下高等教育与地方经济发展良性互动的产物。当时，单纯依靠国家教育拨款的财政制度和统一管理体制已不能适应市场经济的需求。从1988年的情况来看，中央财政收入只占全国财政收入的47.2%，大大低于50年代70%左右、60年代60%左右的水平，地方财政收入则上升到52.8%左右[②]。由此可见，地方经济的发展已经为举办地区高等教育奠定了基本的经济条件。《中共中央关于教育体制改革的决定》对高等教育权力的下放使得地方举办高等教育的积极性大大增加，也使高等学校由过去松散的被动适应而变为主动地服务于地方经济的发展。由于东部经济的发展，地区高等教育的发展使得整个高等教育地理分布更趋向集中于东部沿海一带。另外，在高等教育的地理分布方面，最重要的变化是大学毕业生可以开始自由地找工作。"双向选择"的毕业分配制度改革所带来的人才区域流动，使部委属院校的学生更多地流向东南沿海一带。

从高等教育数量来看，全国大学生数在1990年和1991年连续出现负增长，这一变化与1989年的政治风波有关，只有山西、辽宁、江西、山东等六省基本持平。但从每万人口中在校大学生数的分类和排名来看，高等教育区域格局并未受到显著影响。故此，有学者将这一以政治反思为背景的萎缩称为"反思性萎缩"[③]。进一步从全国各地高等教育入学率来看（见表3-3），

---

① 《中共中央关于教育体制改革的决定》，《人民日报》1985年5月29日，第1、3版。
② 《当前财政有四个主要问题》，《人民日报》1989年9月2日，第2版。
③ 杜成宪、丁钢主编：《20世纪中国教育的现代化研究》，上海教育出版社，2004年，第146页。

可以发现，除了京津沪外，东北三省和湖北、陕西、新疆相对较高，其中北京超出全国水平39.8个百分点，上海超出17.25个百分点，而河南、广西、云南、贵州、西藏和青海相对较低，其他高等教育入学率较低的地区，其经济发展大都比较落后。

表3-3　1994年全国各地高等教育入学率（单位：%）

地区	适龄人口大学入学率	与全国水平之差	地区	适龄人口大学入学率	与全国水平之差	地区	适龄人口大学入学率	与全国水平之差
全国	6.50	0	浙江	5.61	−0.89	四川	5.10	−1.40
北京	46.30	+39.80	安徽	4.03	−2.47	贵州	2.86	−3.64
天津	20.64	+14.14	福建	5.09	−1.41	云南	3.36	−3.14
河北	4.92	−1.58	江西	4.73	−1.77	西藏	2.06	−4.44
山西	5.52	−0.98	山东	6.17	−0.33	陕西	9.00	+2.50
内蒙	4.53	−1.97	河南	4.20	−2.30	甘肃	4.71	−1.79
辽宁	11.35	+4.85	湖北	8.90	+2.40	青海	3.55	−2.95
吉林	10.18	+3.68	湖南	6.09	−0.41	宁夏	5.47	−1.03
黑龙江	8.61	+2.11	广东	6.22	−0.28	新疆	8.65	+2.15
上海	23.75	+17.25	广西	3.75	−2.75			
江苏	6.61	+0.11	海南	4.43	−2.07			

资料来源：邓晓春：《关于21世纪中国高等教育发展战略与结构布局的思考》，《辽宁高等教育研究》1997年第3期，第15～23页。

总体而言，这一时期由于整个高等教育体制改革逐步深入，地区高等教育与区域经济的良性互动逐步形成，由东部沿海省份和中心城市所创办的新型地方大学与职业技术学校发展较快，毕业生分配制度的改革所带来的人才流动使得高等教育的地理分布更加集中于沿海发达地区，高等教育入学机会地域之间的差异逐渐显现。这一状况的形成既是区域经济非均衡发展与高等教育良性互动的产物，同时也受到政府宏观政策调控的影响。

三、高校招生体制改革的深化和倾斜的高考分数线（20世纪90年代中期至今）

20世纪90年代中期，整个高等教育体制发生了重大的变革，主要表现为高校合并与共建、高校招生并轨改革、民办高校的兴起和《中华人民共和国高等教育法》的出台，同时高中教育的逐渐普及也为高校提供了大量的合格生源，地方经济发展与高等教育良性的互动更为明显。因此在高等教育办学体制和地域格局深刻调整、高中教育迅速扩张和地方经济力量理性介入高等教育的宏观背景下，高考分数线越来越向京津沪等直辖市倾斜，中部省份的高考分数线却一直居高不下，"倾斜的高考分数线"引起了包括政府高层在内的社会各界的广泛关注。

（一）高校招生并轨改革

自20世纪80年代中期开始实行国家计划和调节性计划招生的"双轨制"以来，委培生和自费生的招生规模不断扩大，至1993年，调节性招生计划已经占到50%左右。由此带来了许多弊端：两条录取分数线之间的差距越来越大，同一班级中新生的高考分数差距较大，有的甚至达到了200分；分数较低的学生自费上了大学而分数相对较高的学生却因经济原因被拒之门外；招生腐败等不正之风开始盛行[①]。以上由双轨制招生体制而导致的问题已经严重威胁到高校招生的公平原则。因此，从1994年开始，逐步改变双轨制招生而采取统一划定最低分数线的"一轨制"，这就是高校招生并轨的改革。这一改革从1994年开始实行，至1997年并轨的改革全面完成。同时，为改变国家长期包办高等教育的情况，按照教育成本分担的理论实行了收费制度改革。

并轨及收费制度的实行，一方面反映了社会经济发展对人才需求形式及类型的深刻变革，适应了高等教育这一准公共产品的性质，维护了教育制度和招生制度的公平，另一方面也对高等教育入学机会的分布产生了深远的影响。并轨之后，逐步扩大了省级政府的教育决策权和高校的办学自主权，原来的调节性招生计划主要由高校自主制订招生方案和调节系科比例等代替，政府则通过拨款政策等宏观调控从总体规模上控制招生总量。这就有利于高校的自主选才和地方经济与区域高等教育良性互动关系的形成。如此一来，在中央与地方联合共建、部属院校下放的情况下，高校在充分发挥为社会及社区服务的宗旨下更为注重与地方经济的良性互动，在招生中为本地服务的地域化倾向更为明显。同时，收费政策的实行，也使得高校在招生时更为优先选择经济资本和社会资本较高的发达地区的考生，这在客观上不利于落后和边远地区的考生。从考生方面来讲，由于收费政策的实行，许多学生在选择高校时也更为理性地考虑到经济因素的影响，对经济较为困难的学生来说，除了高昂的学费之外，京津沪等直辖市昂贵的生活费用也成为一个必须

---

① 赵亮宏、潘阳：《高等学校招生并轨改革探析》，《中国高教研究》1995年第3期，第29~33页。

考虑的重要因素，因此他们往往选择中小城市的大学或者冷门专业等。

总之，招生并轨的改革使招生体制走出了计划内与计划外并存的体制，为高校自主办学和地方发挥办学积极性创造了条件。简单而言，就是遵照了高等教育的办学规律，使市场在配置高等教育资源的过程中发挥了更大的作用。但并轨及收费的实行也在一定程度上影响到报考者的理性选择和高校招生的地域分布。

（二）院校合并与共建及民办高等教育的兴起

新中国成立初期的院系调整在很大程度上是学习苏联模式，将原来的综合大学调整为单科性的独立学院，体现出"分"的趋势。而始于20世纪90年代中期的新一轮"院系调整"则力图解决院校规模较小、系科单一、效率低下的问题，是趋向于"合"的方向。以中山大学和华南理工大学省部共建为肇端，拉开了新一轮的"院系调整"的序幕。此次改革提出了中央部门与地方政府共建，若干所高校联合或合并，中央部委所属院校划转地方政府管理以及企业或研究所参与高校办学等形式，概括而言，就是"共建、调整、合作、合并"。

到1996年底，全国有25个省级政府和42个中央部委不同程度地进行了这一改革。70多所部委属院校实现了联合办学，8所高校由中央部委划转地方。从合并后的情况来看，全国普通高校的数量由1994年的1 080所减至1996年的1 032所，校均学生规模由1 901人增至2 927人，师生比从1∶1.63变为1∶9.6[①]。从实际情况来看，基本达到了改革的预期目标。但是，在改革中也存在不少的问题，如新组建的高校内部管理较为混乱、多校区的运营及管理问题、校园文化的破坏及传承问题，等等。除此之外，院校合并及共建的改革对高校招生的地域格局也产生了重大的影响。中央和省市两级管理的体制改革和联合办学模式的实行，对各省招生计划的编制具有程度不一的影响。一般而言，各省高校招生计划由三部分组成：一是面向全国招生的中央部门所属院校对本地投放的名额；二是面向全国招生的省属院校所投放的名额；三是本省所属的地方院校的招生名额。从比例构成来看，第一和第二部分都各占14%，而省属院校的招生比例则占72%[②]。因此从这

---

① 周大平：《"第二次院系调整"：加快高教管理体制改革》，《瞭望新闻周刊》1997年第42期，第12页。

② 据教育部学生司原司长瞿振元的发言整理而得，于张卉：《高考试卷统一了高考分数线为何难统一》，新华网，http://news.xinhuanet.com/edu/2002-04-26/content_373129.html. 2002-04-26。

一意义上讲，本省高校的数量和招生能力也就在很大程度上决定了本地高等教育入学机会的多寡。然而，经过新一轮的"院系调整"，高校招生计划随着高等教育资源的调整而逐渐发生了变化。其一，原属部委直属的院校下放到地方之后，必然在招生上向本地区倾斜。如原属中央部委的上海对外贸易学院和上海建材工业学院等下放给上海市，其服务对象便由全国转向主要服务于上海。其二，企业对高校的合作与介入也使得招生呈现更为集中的倾向。其三，也是最重要的一点，在中央和地方共建以及三级（教育部、省和市三级）共建的70多所院校中，以"互利"的原则为地方培养人才，在招生指标分配上向当地倾斜。就实质而言，这种招生优惠政策已经超出了正常的范围，在某种程度上形成了对其他省区的招生不公，如中国纺织大学（现东华大学）1997年实行共建，1998年首次将41.6%的招生指标分配给上海；同济大学共建后把50%的招生指标分配给上海①。后来的情况更是变本加厉，如2004年复旦大学招收的上海籍新生就占了40%左右，而浙江大学招收的浙江籍学生更是占到了近70%②，其他部属高校也都大同小异。如此高的招生比例早已经突破了原则上对本地招生比例的限制。因此，中央部委所属院校多的地方，其高等教育入学机会也就会更为丰富，以北京市为例，1999年，其招生计划共有3.5万多名，其中1万多名招生指标来自在京的部属高等学校，6 800多名来自外省院校③。而高等教育欠发达的地区入学机会也就相应较少。在原来345所中央部委所属的高校中，三分之二的学校集中在三分之一（12个）的省份④，在西部很多省区连一所直属大学都没有，就连中部的人口大省河南，在很长时间内也没有中央部属院校。因此，各省招生名额的多寡与高校的地理分布与层次结构有很大的关系。总之，高校合并与共建的改革对高等学校招生的地理格局具有相当重要的影响。

此外，民办高校在这一时期迅速兴起，并不断发展壮大，至今已形成了北京、西安和江西等几个民办高校聚集发达的中心地带。从高校数量来看，

---

① 周大平：《重点大学共建合并对招生有多大影响》，《瞭望新闻周刊》1998年第23期，第28～29页。
② 《北大清华等九大高校负责人热议高考招生公平》，新华网，http://news.xinhuanet.com/edu/2005-03-13/content_2690918.html. 2005-03-13。
③ 陈中原：《中国教育平等初探》，广东教育出版社，2004年，第158页。
④ 陈中原：《中国教育平等初探》，广东教育出版社，2004年，第159页。

1998年全国共有高校1 022所，2002年增至1 396所①，其中很大部分是由于民办高校和民办的二级学院迅速发展所致。但由于民办高校还处于艰难创业的初期阶段，大部分高校也还只是专科层次，因此对高考的本科录取分数线影响甚微，但对于高等教育的区域格局有较大的影响。

总之，这一时期高等教育领域发生了许多重大的变革，无论是招生并轨、院校合并与共建还是民办高等教育的发展，都对高等学校的招生地域格局产生了程度不一的影响。

（三）"倾斜的高考分数线"的形成

随着高校招生并轨改革的完成，高等学校的共建及联合办学和各地高中教育的迅速发展，再加上各省区之间经济、人口、文化和教育资源等方面长期存在的非平衡发展，"倾斜的高考分数线"开始凸显。中部如湖北、湖南、山东、河南、江苏、浙江等省的高考分数线远远高于西部省区和京津沪地区。高考分数线向西部倾斜是无可非议的，按罗尔斯的观点来说就是实行了正义的补偿原则，是为"最少受惠者的最大利益"。但向京津沪等经济发达、教育资源丰富的地区倾斜成为近年来尤为值得关注的问题。

从1998年和1999年②各地的高考录取分数线来看（见表3-4），1998年除了实行标准分的河南等6个省之外，重点批文科线最高的是湖南544，其次为辽宁538、江西535、湖北532、江苏529；最低的为北京458、新疆464、内蒙484（汉语）、青海484（汉语）。重点批理科线最高的是湖北585，其次为江苏566、湖南560、河北559；最低的是青海440，其次为云南465、北京483、新疆484。1999年除了实行标准分的河南等7个省之外，重点批文科线最高的是湖南556，其次为辽宁545、湖北544、江西542；最低的是北京466，其次为云南475、青海475、新疆480。重点批理科线最高的是湖北566，其次为江苏546、河北546、江西542；最低的是青海420，其次为云南440、北京460、新疆470。由此可见，湖北、湖南、江苏、江西等省份的分数线明显高于西部和北京的分数线。北京连续两年的文科线均

---

① 《中国教育统计年鉴》（1998年、2002年），人民教育出版社，1999年、2003年，第120、148页。

② 1997年招生并轨的改革全面完成，由原来的两条分数线变为一条最低控制录取分数线。1999年广东实行"3+X"改革，2000年在部分省区推广，因此2000年以后的分数线不具可比性。

为全国最低，甚至比云南、贵州和新疆等西部边远省区（自治区）还要低。西部省区（自治区）和京津沪三个直辖市与某些中部省份的高考分数线存在着巨大的差距，在湖北、湖南等中部省份上不了本科的学生在西部或者北京等地却可以上重点大学。在以分数为主要标准的录取体制下，倾斜的高考录取分数线造成了各地区之间入学机会的严重不均。在被人们奉为"至公"的高考制度中却出现了如此悬殊的录取分数线，难怪有学者将这一"倾斜的高考分数线"问题称为教育领域中"最刺眼的不公正"①。最为引人关注的是，因"倾斜的高考分数线"导致的青岛三名考生状告教育部的案件。2001年，青岛市考生张天珠、栾倩和姜妍状告教育部侵犯其平等的受教育权。案由是：由于教育部以制定招生计划的形式，造成了全国不同地域考生之间受教育权的不平等，尤其是北京地区的高考录取分数线大大低于全国平均水平，比山东低100多分②。提起诉讼的3名女生分数分别是522分（理科）、457分（文科）、506分（文科），以这样的成绩，在北京可以考上重点大学，而在青岛，其中两个人可能上高职或电大，而另一个人则完全没有希望。考生的诉讼要求是请求最高人民法院确认教育部作出的关于2001年全国普通高校招生计划的行政行为违法，请求法院判决被告作出补救行政行为以纠正给原告造成的损失。此案最终以原告撤诉而告终。然而，将高校招生录取中地域之间不公平的受教育权问题诉诸法律，甚至被认为是典型的"宪法诉讼"③，在全国范围内掀起了轩然大波，使人们对"倾斜的高考分数线"的争论更为激烈，将其推向了白热化阶段。

---

① 肖雪慧：《最刺眼的不公正》，《社会科学论坛》2001年第11期，第43～45页。

② 该年北京的文科重点控制线是454分，而山东是580分，相差126分；北京的理科重点控制线是488分，而山东是607分，相差119分，山东实行标准分，而北京则是原始分。

③ 关于这一问题，学界存在不同的看法：一种认为属于典型的宪法诉讼，如江平教授认为，这一案件涉及的不仅仅是受教育权问题，而是法律面前人人平等的宪法权利。参见郭国松：《宪法司法化四人谈》，《南方周末》2001年9月13日，第6版。同时杨海坤也持类似观点，认为这一案件只是因为我国还没有宪法诉讼制度，因而只好借行政诉讼之名，行宪法诉讼之实。参见杨海坤：《从行政诉讼走向宪法诉讼——中国实现宪政的必由之路》，《法制与社会发展》2002年第1期，第54～61页；另一种观点持相反看法，认为这类问题要考虑国家的整体发展水平和目标、国家的财政能力、公民的承受能力等由立法与行政机关通过立法和行政措施予以解决，不应该而且不可能通过司法得到解决。参见温辉：《受教育权入宪研究》，北京大学出版社，2003年，第120～121页。

表 3-4　1998年—1999年全国高考录取最低控制分数线

省份	1998年 第一批 文	理	第二批 文	理	专科学校 文	理	备注	1999年 第一批 文	理	第二批 文	理	专科学校 文	理	备注
广西	695	660	632	591	603	552	标准分	690	656	624	589	504	483	标准分
河南	672	642	642	597	626	582	标准分	664	633	619	575	603	554	标准分
广东	655	630	614	572	588	546	标准分	620	620	566	566	523	523	标准分
山东	643	625					标准分	639	599					标准分
陕西	667	624			615	582	标准分	652	596					标准分
福建	668	616	600	553	588	532	标准分	672	617	589	547	580	532	标准分
湖北	532	585	515	558	499	541		544	566	523	535	504	513	
江苏	529	566	507	521	496	507		528	546	497	501	474	474	
湖南	544	560	521	530	520	529	应届生	556	537	524	495	514	483	
河北	516	559	492	517	483	501		529	546	510	504	435	410	
吉林	516	554	506	524				518	525	493	475			
江西	535	553	513	518	507	509		542	542	525	506	510	490	
浙江	521	550	499	513	464	471		532	540	506	494	467	419	
辽宁	538	548	499	512	478	493		545	525	500	465	469	429	
安徽	505	542	490	502				517	533	499	487	459	421	
黑龙江	514	533	489	495	464	473		535	520	502	470	473	444	
四川	525	531	498	487	466	447		525	511	495	459	468	433	
重庆	521	531	495	485	460	442		522	508	486	448	455	413	
内蒙	484	521	467	485	461	476	汉语	496	499	478	459	474	452	
	441	454	432	414	432	414	蒙语							
天津	505	515	486	469	473	438		496	488	468	434	423	407	
上海	485	507	464	472	437	434	上海卷	497	485	474	441	446	385	
甘肃	483	501	463	464	447	443	汉语	483	487	463	453	446	435	
贵州	485	490	429	420	398	395		514	480	448	404			
新疆	464	484	434	432	404	404	汉语	480	470	452	420	434	396	汉语
	343	337	324	309	309	301	民族语							
北京	458	483	436	445	415	408		466	460	447	421			
云南	485	465	455	400	430	380		475	440	445	375	425	360	
青海	484	440	460	390	440	376	汉语	475	420	449	383	430	368	
山西			498	511	490	499		545	535	508	496	488	471	
海南								623	601	567	540	545	516	标准分
西藏														
宁夏														

注释：1999年广东实行"3+X"方案，其余除上海之外皆采用全国卷。

资料来源：据陈中原：《中国教育平等初探》，广东教育出版社，2004年，第76~82页整理而得。

除了民众和社会之外,"倾斜的高考分数线"也引起了政府高层和决策部门的广泛关注,并为此献计献策。1999年3月的"两会"上,武汉大学博士生导师万湘鄂教授提交了题为《我国高等教育面临的问题与改革建议》的提案,指出在全国统一试卷的情况下,湖南、湖北、江苏等省的分数线要高出经济发达省市(包括北京)近180分,引起了与会代表的强烈反响①。2000年的"两会"上,全国政协委员、中科院院士姚守拙教授又提交了题为《高考招生应该全国范围内按分数高低统一录取》的提案②,2002年第九届全国人大四次会议上,张汉青等代表也提交议案,质疑高考录取分数线的划定是否公正,并引起了国家权力机关的高度重视。其实,分数线是依据招生指标和应考人数的多寡而划定的。因此,对平等受教育权的观照又可具体到对招生指标如何在全国分配的问题。2005年的"两会"上又有代表提出实行全国统一分数录取③。但更多的讨论则集中于高校招生指标如何分配的问题。政协委员、哈尔滨医科大学博士生导师李志文提交了题为《高招指标分配不能地域歧视》的提案,引起了很大的反响。为此,《新京报》也采访了9所重点院校的校长,讨论招生指标的分配问题。"两会"代表由关注分数线到关注高校招生指标的分配,一方面是由于高考分数线因"3+X"的推广和各省自主命题而难以比较,另一方面也反映了录取分数线的认识更为理性和深入。特别是作为中央财政支持的重点大学,其招生指标如何在地域之间分配才能做到公平公正,则是问题的关键所在。

大致而言,对如何解决这一问题有三种不同观点:一是主张分数公平,实行全国统一考试、统一录取的办法,虽然表面看来是"考试面前人人平等"的公平原则,但如此一来很可能出现高考名额被少数几个高考大省瓜分而其他地区生源寥寥无几的局面,极有可能导致落后地区与发达地区之间更大的不平衡。二是主张机会公平,也就是要按照各省人口的多寡来分配招生指标。但在各省区经济非均衡发展的状态下,在基础教育和高等教育发展速度各异的现状下,这一主张难免过于理想化,不利于提高高等学校办学的效率和刺激地区高等教育发展的动力。三是较为稳健的改革派,主张维持分省

---

① 傅盛宁:《倾斜的高考录取分数线》,《焦点》2000年第6期。

② 郑琳:《全国政协委员建议高考应统一分数线》,《中国青年报》2000年3月15日,第5版。

③ 全国政协委员朱永新提交了《关于加快高考制度实质性改革》的提案,建议把高考分数线统一起来。

录取制度不变,改革中央部属院校的招生指标分配方案,将投向北京、上海等地的指标逐渐转向中部高考大省,使分数线渐趋平衡。这一办法是较为稳妥和渐进的改革策略,有助于改善地区间入学机会失衡的状态,但在很大程度上也会遭到重点高校和地方利益集团的反对。

总之,"倾斜的高考分数线"的问题成因极为复杂,除了高考录取制度和高校地理分布的原因之外,还与各地非均衡发展的经济、人口和文化水平以及教育资源配置与就业制度息息相关。但是,在以高度倚重分数为录取手段的现实体制下,失衡的录取分数线又在很大程度上成为影响教育机会均等的重大问题。因此,这是一个在理论和实践上的两难问题,如何解决,尤为值得深思。

第三节　西方发达国家高等教育入学机会差异的相关考察

本节将视野转向西方异域文明,主要考察美国、英国的高等教育入学机会差异的相关问题。"每一种文化传统都具有自我修正、自我更新和自我创造的潜能。然而,仅仅依凭传统文化本身的内在资源是不够的,还必须在多元文化的竞争中吸取异域文化或文化他者的智力资源和价值资源,学会在相互遭际和交往中吸收文化他者的优秀成果。"① 这也就是本节研究的目的所在。在美国和英国,虽然存在地区性和全国性的考试机构,但其大学入学考试的性质和作用与我国高考有诸多区别,而且这两个国家内部地域之间的差距也相对较小;更为重要的是在录取新生时,英美都不是单独参照考试成绩,而是采行多种入学标准。但是,尽管高等教育入学中的区域问题与种族和阶层等问题有所不同,但用哈贝马斯的话说,它们都是一些亲和现象。"这些现象都是些解放运动,它们的集体政治目标主要是从文化角度确定的,虽然其中不乏社会不平等、经济不平等以及政治依附性等问题。"② 实际上,美国大学录取中的"配额制度"(quarter system)和英国长期提倡的"积极差别待遇"(positive discrimination)理念从一定意义上都是对平等入学权

---

① 万俊人:《比照与透析:中西伦理学的现代视野》,广东人民出版社,1998年,第9页。

② Jurgen Habermsa, Struggles for Recognition in the Democratic Constitutional State, Multiculturalism, Examining the Politics of Recognition, edited and introduced by Amy Gutmann, Princeton University Press, 1994, pp. 116-117.

利的公正诉求。因此,本节将通过考察这些国家大学入学的具体政策和思想动因来寻求高等教育入学机会公正的理论支持,以期对我国的高考改革实践有所助益。

一、美国高等教育入学机会平等的考察

美国作为一个具有多元文化的移民国家,在解决高等教育入学机会差异的问题上,主要强调排斥族裔差别的不平等因素,但这一问题在很大程度上也与区域的问题纠葛在一起。在一个多世纪里,美国对少数民族的入学政策经历了多次重大的变化,并在20世纪60年代最终确立了保障少数民族入学机会均等的"肯定性行动计划",并通过法律、行政和经济等手段协调解决种族之间的入学机会不平等问题。但其间也经历了多次抵制、反复与倒退,正如一位学者所说,大学"录取政策是相互竞争的各方团体妥协折衷的产物,这里面美德的意义随着权力关系的变化而变化,随着更大范围的社会环境的变化而变化"[①]。

(一)少数族群高等教育入学政策的历史沿革

在美国大学入学政策中,对少数族群入学政策的变化随着整个社会政治和经济的发展而经历了一个由"隔离而平等"到取消"种族隔离"到"肯定性行动计划"再到"反逆向歧视"的曲折历程。

南北战争之前,黑人处于奴隶地位,印第安人也被驱逐出家园而迁入特定的保留地,这一时期少数民族没有基本的人权保障,教育权更是无从谈起。南北战争之后,由于取消了奴隶制,颁布了《宪法第十四修正案》,开始承认黑人有平等的受教育权,少数民族高等教育也因此而逐渐发展起来。但由于1896年联邦最高法院对普莱塞诉讼案的判决所作出的"隔离而平等"(separate but equal)的种族政策,包括黑人、印第安人和亚裔、西班牙裔在内的少数族裔不能与白人同校学习,再加上少数民族学校和白人学校在资源配置上的巨大差异,因此,少数民族的平等受教育权在很大程度上流于空泛和形式。

"一战"之后,少数民族争取教育权的斗争日趋高涨,在"盖恩斯诉讼案"(1938年)及以后的一系列诉讼案中,最高法院要求大学不得以种族为

---

① Jerome Karabel, The Chosen: The Hidden History of Admission and Exclusion at Harvard, Yale, and Princeton, Houghton Mifflin Press, 2005.

借口拒绝申请者入学或任教，在黑人和其他少数民族不断争取权利的努力下，白人高校在招生时对少数民族的限制有所放松。因此，少数民族高等教育此时得到了一定的发展和进步。至1954年，在美国高校的新生中，黑人占到了1%[①]。

"二战"之后的五六十年代是美国民权运动的高涨时期，少数民族争取受教育权的斗争也取得了辉煌的成就。1954年，联邦最高法院对布朗起诉托皮卡教育局一案作出判决，认为1896年以来实行的"隔离而平等"的政策是违法的，但由于南方各州实行"大规模抵制"的政策，因此并未使少数民族的高等教育入学机会得到多大的改善。在1965年通过的《高等教育法》和1972年通过的《高等教育法修正案》中，规定了对贫困学生尤其是少数民族学生提供基本教育机会的助学金。尤为值得一提的是，1967年约翰逊总统签署了第11375号总统令，开始实行"肯定性行动计划"（affirmative action programs），对少数民族和妇女在入学、就业等方面给予优先权利，并通过联邦政府拨款来推进此计划。另外，各州的社区学院也实行了"开放入学"的政策。因此，少数民族入学机会大大增加。至1997年，美国大学生总数为1 434.54万人，其中印第安人和阿拉斯加土著人13.88万人，黑人153.28万人，西班牙裔120.01万人[②]，分别占到了总数的0.98%、10.68%和8.37%。因此，旨在保障少数民族平等入学机会的"肯定性行动计划"意义重大，有力地促进了少数民族入学机会的均等，人为的种族隔离逐渐消除。

然而在实施"肯定性行动计划"的30多年中，关于这一计划有无存在和实施之必要的争论一直没有中断，"肯定性行动计划"也只是在一定程度上缩小了白人阶层与少数族群的教育差距，再加上这一计划被反对者称为剥夺其平等权利的"反向种族歧视"政策，所以在保守主义者特别是里根执政的时期，针对少数民族社会经济地位逐步得到改善的情况，要求取消"肯定性行动计划"的呼声也日渐高涨。1996年11月5日，加利福尼亚州议会通过了209号方案（全称《加利福尼亚民权动议》），宣布该州的公共就业、公共教育等领域取消对少数民族和妇女的肯定性行动政策，该法案于1997年

---

① 刘宝存：《美国少数民族高等教育——进展·问题·前瞻》，《比较教育研究》2001年第7期，第24～27页。

② 刘宝存：《美国少数民族高等教育——进展·问题·前瞻》，《比较教育研究》2001年第7期，第24～27页。

8月生效,"肯定性行动计划"在美国人口第一大州——加州寿终正寝。同时,德克萨斯、路易斯安娜、密西西比、科罗拉多、马里兰、密西根等州也通过法案限制在大学招生中实施"肯定性行动计划"①。因此,曾对改善少数民族入学机会作出巨大贡献的"肯定性行动计划"已经处于风雨飘摇之中。

(二)"肯定性行动计划"的主要措施及意义

"肯定性行动计划"是指自20世纪60年代中期以来由美国联邦政府推行的旨在消除对少数民族和不利群体等在就业、教育等领域歧视的各种政策与措施的总称。联邦政府通过《公民权利法》(1964年)、《卫生人力资源训练法案》(1971年)和《高等教育法修正案》(1972年)等一系列法案将"肯定性行动计划"的实施范围从就业扩大到教育,把实施对象从少数民族扩大到女性、从健全人扩大到残疾人,同时,把少数民族从一开始的主要指黑人扩大到西班牙裔人、印第安人等美国社会中的其他不利种族群体。"肯定性行动计划"的主要措施有:在招生上实行特别招生计划,增加少数民族学生的入学机会;加大对少数民族学生的财政资助,提高少数民族学生完成学业的经济能力;加强补习教育和聘用少数民族教师等②。在此,我们主要介绍与少数民族入学机会相关的政策和措施。

"肯定性行动计划"要求高校在录取新生时对少数民族(主要是黑人)给予优待,为少数民族学生设立特别招生计划并保证少数民族学生的比例。最先实行特别招生计划的是加州大学伯克利分校,它在录取时通过适当降低少数民族学生的录取标准,增加了少数民族学生的比例。此后,其他类型迥异、层次不一的高校也纷纷仿效。对少数民族招生计划的名额比例因学校、专业而异。从学校层次来看,依据高等学校的培养目标和招生政策的宽严程度大致可分为高选拔性、一般选拔性和开放入学的学院。已有研究发现,在实行高选拔性的第一类高校中(2004年),少数民族学生的比例大致占到了30%以上,如哈佛大学的录取比例为34.1%,达特茅斯学院为32.5%;在实行一般选拔性的第二类高校中,比例大致在10%~20%,如加州大学的录取比例为19.1%,密西根大学为13.6%;实行开放入学的第三类高校比

---

① 刘宝存:《肯定性行动计划与美国少数民族高等教育的发展》,《黑龙江民族丛刊》2002年第3期,第68~72页。

② 刘宝存:《肯定性行动计划与美国少数民族高等教育的发展》,《黑龙江民族丛刊》2002年第3期,第68~72页。

例高低不一，大致而言高于第二类高校①。虽然该研究是作为个案研究而非全面的调查，但还是可以大体反映出各类型院校实施入学优待政策的概貌。实行高选拔性的大学录取比例如此之高，除了大学自身为达成社会公正和公共责任以及营造多元文化教育的氛围之外，还与联邦政府的高额财政资助有关；实行开放入学的社区学院，其比例较高主要得益于入学标准较为宽泛和多元。从专业分布来看，法学和医学等为少数民族提供了更高的入学比例，如伯克利分校法学院每年为少数民族预留出23％的指标②。

应该承认，美国高校在录取少数民族学生时大都降低了录取标准，而录取比例的高低也在一定程度上取决于录取标准的宽严程度。试以高校入学时的主要参考标准SAT和ACT成绩分析说明之。以1993年的招生情况为例，可以看到，各少数族裔的SAT平均成绩都与白人的平均成绩有程度不同的差异（除了亚裔的数学成绩以外），成绩相差最大的为黑人，而相差最小的为亚裔（见表3-5）。

表3-5 1993年美国白人—少数民族SAT平均成绩及差距

种族	语文	与白人差距	数学	与白人差距
白人	444		494	
印第安人	400	−44	447	−47
亚裔	415	−29	535	＋41
黑人	353	−91	388	−106
墨西哥裔	374	−70	428	−66
波多黎各裔	367	−77	409	−85
其他西班牙裔	384	−60	433	−61
其他	422	−22	477	−17

资料来源：The Almanac of Higher Education 1994, The University of Chicago Press, 1994, p.22（据有关数据整理而得），转引自唐滢：《美国高等院校招生考试制度研究》，厦门大学博士学位论文，2005年，第79页。

---

① 唐滢：《美国高等院校招生考试制度研究》，厦门大学博士学位论文，2005年，第191页。

② 刘宝存：《肯定性行动计划与美国少数民族高等教育的发展》，《黑龙江民族丛刊》2002年第3期，第68～72页。

表 3-6　1993 年美国白人—少数民族 ACT 平均成绩及差距

种族	成绩	与白人差距
白人	21.4	
印第安人	18.4	－3.0
亚裔	21.7	＋0.3
黑人	17.1	－4.3
墨西哥裔	18.5	－2.9
其他西班牙裔	19.3	－2.1

资料来源：The Almanac of Higher Education 1994，The University of Chicago Press，1994，p.22（据有关数据整理而得），转引自唐滢：《美国高等院校招生考试制度研究》，厦门大学博士学位论文，2005 年，第 79 页。

从 ACT 的平均成绩来看，也呈现大致相同的情况，除了亚裔之外，其他少数族裔与白人都存在大小不同的差距（见表 3-6）。也正因如此，少数民族与白人之间入学成绩的较大差距就成为攻击入学优待政策的主要依据。

然而，如果转换问题视阈，作更为详细的统计数据分析，可以得出更准确的结论。美国著名学者罗纳德·德沃金在《至上的美德——平等的理论与实践》一书中，运用普林斯顿大学前校长鲍温和哈佛大学前校长博克所建的数据库①分析认为：优待政策的确促成了大量的少数民族学生进入大学，1951 年只有 61 名黑人也就是平均占总数 0.8％的黑人学生进入了大学和高等院校，但是到 1989 年，黑人学生的比例占到了 6.7％，而高选拔性大学的数字为 7.8％；如果剔除一些变量后估计，不考虑种族因素的政策将使这项研究中所有学校的黑人入学人数减少到 2.1％～3.6％。虽然与申请入学的黑人相比，申请入学的白人从总体上确实有着明显更高的测验分数，但当把被录取的黑人的分数与被录取的白人中最低的分数加以比较时，这种差别就大大缩小了，如法学院 SAT 分数只有 10％的差距。而在代表性最强的 5 所大学中，75％以上的黑人申请者的数学 SAT 分数高于接受过测验的白

---

① 该数据库记录了包括 1951 年、1976 年和 1989 年高选拔性大学录取的 80 000 名本科生的材料，这些材料主要有：本科生的种族、性别、中学成绩、SAT 分数、大学主修课程和成绩、课外活动、学位或职业学校记录以及家庭的经济和社会背景，两位校长依据这些材料写成了《河流的形成》一书。

人的全国平均水平①。由此可见,包括黑人在内的少数民族的入学成绩与白人成绩之间并非存在天壤之别,而是呈现逐渐缩小的趋势。

总之,美国大学在招生时实行对少数民族的优待政策意义非常重大。引用前述两位著名大学前校长的研究结论:"假如最后的问题是,大多数在录取学生上最挑剔的大学是否成功地教育了相当数量的少数族裔的学生,他们已经取得了相当的成功,似乎很可能随时会占据社会的领导位置,则我们在回答这个问题时没有任何疑虑。绝对如此……"② "从整体上说,我们的结论是,大学极为成功地利用了考虑种族因素的录取政策,促进了每个人都很重要的教育目标。"③

(三)关于配额制及优待政策的思想论争

美国著名研究型大学早在20世纪20年代就已经在招生中实行了"比例制度"(quarter system)或称配额制度。当时哈佛、耶鲁和普林斯顿大学为了限制日益增多的犹太学生而实行配额制度,哈佛大学因其成功地将犹太学生从1925年占28%的比例降低到1933年的12%④。当时实行配额制是为维持其多样性而实行种族歧视的手段或产物。从20世纪60年代起,各大学也都在执行"肯定性行动计划"中实行为保障少数民族入学的配额制度,其中既有固定配额制,如戴维斯学院等;也有比例配额制,如哈佛大学等。

然而,随着大规模民权运动的结束,新自由主义对国家干预的批判和对个人主义及市场机制的追求,教育机会均等的理念和政策都受到了严重冲击,在美国兴起了反对"肯定性行动计划"及配额制度的思潮与运动,许多人主张取消"肯定性行动计划",争论的焦点在于是否应该给少数民族以优先和照顾。主张废除这一计划的观点主要有:"肯定性行动计划"违背了《公民权利法》所倡导的人人平等原则,是以种族为基础的对少数民族实行的优待,是对白人的"反向种族歧视";因"肯定性行动计划"为少数民族

---

① 罗纳德·德沃金:《至上的美德——平等的理论与实践》,冯克利译,江苏人民出版社,2003年,第451~463页。

② William G Bowen,Derek Bok,The Shape of the River,Princeton University Press,1998,p. 284.

③ William G Bowen,Derek Bok,The Shape of the River,Princeton University Press,1998,p. 290.

④ 亚当·克斯奇:《大学录取的猫腻》,吴万伟译,世纪中国网,http://www.cc. org. cn/newcc/browwenzhang. php?articleid=5356. 2005-11-11。

留出一定名额，限制了白人的工作机会，使美国大学和企业难以选拔到优秀人才；"肯定性行动计划"是一项以种族来划界限的措施，并不能反映每个人的具体需要；"肯定性行动计划"并不能消除种族关系的隔阂而是适得其反，在成功帮助少数民族的同时又从种族等级制度上羞辱了他们；"肯定性行动计划"实行补偿教育的历史使命已经完成，等等①。

支持"肯定性行动计划"的人进行了针锋相对的反击，其主要论点为："肯定性行动计划"正是实行人人平等的原则，是一种"复合平等观"而不是"简单平等观"，并且该计划并非要限制和剥夺整个白人种族应享有的基本权利和自由，如果取消优待政策使被录取的黑人减少，被拒绝的白人申请者被录取的预期可能性只能从25%提高到26.5%，同时，黑人申请者将会下降50%～70%②，因此并非是反向歧视政策；"肯定性行动计划"尽管可能使少数黑人受到了种族意识的侮辱或伤害，但也不能大到足以抵消少数族群得到了更为充分的机会，况且绝大多数的少数民族都赞同大学考虑种族因素的政策；少数民族的社会经济地位并未得到根本改善，因此仍需要"肯定性行动计划"；"肯定性行动计划"有利于民族间的融合，优待政策在追求学生的多样性和社会公正这两个目标方面，可能起着其他计划或政策起不到的作用，等等③。关于优待政策是否使白人学生的平等教育权受到侵害，是否属于"反向歧视"的这一关键问题，可考虑引入"不利淘汰"和"片面淘汰"这两个概念来讨论。不利淘汰指（被淘汰的白人申请者）没有任何名额限制的淘汰形式；片面淘汰指在配额制下的淘汰形式。也就是说，无论实行配额制与否，关注其他限定条件的优先性都不会增加白人学生不利条件的负担，即使配额制不公平，也不会增加白人学生在考试竞争中的不利条件的不公平性。因此，"不利淘汰和片面淘汰仅仅是实施相同根本筛选划分的不同手段"，"从个体权利的立场来看，这两个制度之间根本不存在差异"④。

---

① 刘宝存：《"肯定性行动计划"论争与美国少数民族高等教育的未来走向》，《西北民族研究》2001年第3期，第171～178页。
② 罗纳德·德沃金：《至上的美德——平等的理论与实践》，冯克利译，江苏人民出版社，2003年，第399～402页。
③ 支持肯定性行动计划的诸多观点，详见罗纳德·德沃金：《至上的美德——平等的理论与实践》，冯克利译，江苏人民出版社，2003年，第386～476页。
④ 罗纳德·德沃金：《原则问题》，张国清译，江苏人民出版社，2005年，第408页。

其实，在任何一个社会中都会遇到自由与平等、公平与效益的矛盾。"肯定性行动计划"试图通过国家手段对处于自由竞争中的弱势群体一臂之力，以改变他们因无权无势而陷入恶性循环的命运。但是，这对于一个尊崇自由胜过平等、个人主义高于集体主义的国家而言，相当不易[①]。因此，这也就成了激烈论争的根本原因所在。

虽然两种观点都建立在平等的基础上，但在实际中是相互冲突对立的。反对配额制的观点认为，平等尊重的原则要求我们忽视人与人之间的差异，这种观点的核心是：申请者之所以要求平等的入学机会是因为从本质上说都是平等的个体，就此而言，黑人并不能拥有比白人更为优待的入学权利。另一种坚持配额制的观点认为，应当承认甚至鼓励少数族裔的特殊性，尊重少数族群合法的入学权利和多元的文化背景。前者指责后者违背了平等入学的非歧视性原则；后者对前者的质疑是，取消配额制将人们强行纳入一个对他们来说是虚假的同质性模式之中，从而否认了他们对民族的独特认同[②]。总之，这是一个国家式的民族国家构建与少数群体权利的辩证法[③]。不可否认，人人平等是高等教育入学权利的题中应有之义，但少数民族的平等入学诉求也是合法的，他们所要求的权利是为了保护少数民族群体免受实在的或潜在的不公正待遇，因此平等保护所有公民的非歧视原则与尊重少数民族的入学权利应是辩证统一、并行不悖的。

概括而言，美国的大学招生政策中对少数族群入学政策的变化随着整个社会政治和经济的发展经历了一个从"隔离而平等"到取消种族隔离到实行优待政策的"肯定性行动计划"再到反复和回落的曲折历程。美国的高等院校基本都实行对少数民族优待的招生政策，其中，高选拔性大学和开放入学的社区学院的比例更高。高校招生中配额制度的实行有力地促进了美国少数民族高等教育的发展和大学公正责任的达成以及多样化目标的实现。但由于旨在推行教育市场化和功绩主义的"新右教改"浪潮的推进，"肯定性行动计划"受到了很大的冲击和挑战。

---

① 张立平：《论肯定性行动》，《太平洋学报》2001年第3期，第70~80页。

② 参见汪晖、陈燕谷主编：《文化与公共性》，生活·读书·新知三联书店，2005年，第18页。

③ 威尔·金里卡：《少数的权利：民族主义、多元文化主义和公民》，邓红风译，上海世纪出版集团，2005年，第2页。

二、英国高等教育入学机会平等的考察

英国高等教育制度以其保守性和等级性而著称,如果说美国高等教育入学机会的公平问题主要源自种族之间的差异,那么英国高等教育入学机会的公平问题则主要来自阶层差异的挑战,而阶层间入学机会的问题又与区域问题不可避免地交织在一起,从教育优先区政策的实行便可看出两者的紧密关系。与资本主义世界教育改革的思潮起伏大体一致,英国高等教育机会均等的实践也经历了一个成长、黄金、式微与复兴的曲折历程。

(一) 教育机会均等概念的演变与入学政策的沿革

教育机会均等的内涵不仅因个人观点而有诠释上的不同,而且此概念的内涵亦因所处时空环境而有相当大的差异。英国教育机会均等概念也因其政治、经济、社会和文化脉络的变化而变化,同时还影响到教育政策的制定。大致而言,概念的演变和入学政策的沿革大体可分为如下四个时期①。

第一,成长阶段:自 19 世纪初到 20 世纪 60 年代初。此一时期由于高等教育的规模尚处于精英阶段,对高等教育入学机会的问题并未引起太大的关注,关注的焦点主要在中等教育。但由于英国高等教育入学实行证书制,双轨制的中等教育选择程度又在很大程度上决定了高校的招生选拔,因此两者息息相关。此时强调学校教育应在标准化的形式下进行,主张人人不但有接受免费中等教育的权利,而且每个人都应有相当的机会接受综合形态的教育。英国工党提倡的综合中学的教育改革政策,旨在打破英国三分制中等教育之传统,是此阶段后期教育机会均等改革的最佳写照②。

第二,黄金阶段:自 20 世纪 60 年代中期至 70 年代中期。1963 年,《罗宾斯报告》发布,建议增设高等教育机构、扩充高等教育机会,这使得对教育机会均等衡量的焦点"上移"至高等教育阶段。该报告是英国高等教育制度的转折点,有名的"双轨"制(binary system)也因此而奠基。1967

---

① 关于英国"教育机会均等"概念的演变,台湾学者杨莹将其划分为五个阶段,第一阶段从 1870 年至 1944 年;第二阶段从 1944 年《教育法案》公布至 1950 年左右;第三阶段从 20 世纪 50 年代中期到 60 年代中期;第四阶段从《卜劳顿报告》(The Plowden Report) 公布起至 20 世纪 70 年代初期;第五阶段从 20 世纪 70 年代起延续至今。参见杨莹:《转型社会中的教育》,台北民主文教基金会,1991 年,第 35 页。
② 杨莹:《转型社会中的教育》,台北民主文教基金会,1991 年,第 35 页。

年《卜劳顿报告》提出的"积极差别待遇"(positive discrimination)的理念使教育机会均等的内涵由入学机会的均等,扩大至使来自"社会—经济"不利地位的学生有得到补偿文化教育不足的机会[1]。同时建立在"积极差别待遇"基础上的"教育优先区"也以特别补助和优厚待遇的形式,优先改善物质、经济和文化贫乏地区的教育环境。正是在"积极差别待遇"的理念之下,英国大学在招生中对文化和教育不利地区的学生提供积极性的补助政策,提高了他们与发达地区学生公平竞争的能力。

第三,式微阶段:自20世纪70年代中期至90年代。由于英国政府的财政紧缩,结构功能论与教育投资模式的式微和解释学派冲突理论的崛起,"教育优先区"的政策饱受非议,教育机会均等的议题也相形失色。在教育政策上,英国采取自由市场的改革策略,将教育目标由原来追求的"均等"转而强调教育的"品质"与"效率"。由于1988年《教育法案》中家长教育选择权的实施,在客观上有利于中产阶级而不利于资源贫乏地区的学生,反而加重了不均等问题的严重性[2]。

第四,复兴阶段:自20世纪90年代至今。由于自由经济与开放市场的推行,使得英国贫富差距日益扩大,失业率逐年攀高,教育机会均等的议题又有了新的契机。在高等教育实行了高学费的政策之后,各大学更加注重通过"高升计划"(step-up initiate)等积极措施来保障贫困地区和贫困阶层青年的入学。与此同时,高等教育拨款委员会和其他机构也纷纷采取措施促进各阶层入学机会的平等。

(二)"积极差别待遇"的理念与"教育优先区"的实行

"积极差别待遇"理念的引入,一方面使得高等教育机会均等的内涵由入学机会的均等扩展为教育过程的均等和补偿不利地位学生文化与教育资源的不足,教育优先区的实行正是对处境不利儿童给予额外教育资源的补偿。另一方面,大学在入学过程中也援引"积极差别待遇"的理念,扩充不利阶层学生的入学机会。

英国自1944年《教育法案》实行以来,虽然明确提出了教育机会均等

---

[1] 杨莹:《教育机会均等——教育社会学的探讨》,台北师大书苑有限公司,1995年,第169页。

[2] 杨莹:《教育机会均等》,转引自台湾中正大学教育学院主编:《新世纪教育的理论与实践》,丽文图书公司,2000年。

的目标，但一直到20世纪60年代，教育机会不均等依然是个严重的社会问题，特别是不同社会阶层和地区之间的差异所造成的学业成就的差异依然十分严重。1967年，英国中央教育咨询委员会（Central Advisory Council for Education）发布了《卜劳顿报告》，该报告指出："处于最低劣的贫穷与不利状态的环境中，直接和明显地影响学校与学生的学业成就。教育机会均等理念的实现，广大劳工阶层子女的未来已迫使我们不得不思考教育改革的方案。"① 该报告的主要内容除了建议家长关心及参与子女的教育、改进师资培养及待遇、改善社会服务等方面以外，最引人注目的便是提出了全国性的教育补偿计划，也就是"教育优先区"的设想②。

"教育优先区"的政策内涵反映了教育机会均等的精神实质，从其标准的选定上便可看出。根据《卜劳顿报告》所选定的教育优先区的标准，主要包括：（1）儿童家长从事的职业较多为非技术性（劳力性）的与非专业性的职业；（2）家庭人口较多（生育子女较多）；（3）依赖社会福利津贴较多者；（4）居住情况较拥挤者；（5）离校率与缺席率较高者；（6）智能不足、身体残障与问题行为的出现率较高者；（7）单一父母的家庭或离异家庭较多者；（8）儿童或其家长以非英语为母语之家庭较多者③。由此可见，这些指标的选定是政府判定教育贫乏的依据，内容都与促进教育机会均等，达成教育公平正义之最终理想有密切的关联。依据以上的标准，英国政府主要采取了如下的实施步骤：采取小班制；给予额外的教师津贴；配置教师助理；更新校舍；增设托儿所；充实师资；建立教育优先区与各师范院校之间的联系；加强学校与社会之间的联系，等等。

教育优先区的建议一经提出，就获得广泛的支持与响应，但是到了20世纪70年代则由于补助经费逐渐遭到删减、缺少政治上的支持、计划没有连贯性等种种因素，致使整个计划渐难实行，教育优先区的方案受到了各方面的抨击。首先表现在方案的设计上：第一，教育优先区以地区而非以个别孩童作为判断标准，虽避免了对个别儿童的标签效应，但无法涵盖所有不

---

① 杨莹：《英国的教育优先区方案之实施与检讨》，转引自《教育优先区的理念与规划研讨会手册》，台湾师范大学教育研究中心，1995年，第8页。

② 万明钢：《"积极差别待遇"与"教育优先区"的理论构想——西北少数民族贫困地区教育发展途径探索》，《教育研究》2002年第5期，第21~25页。

③ 参见姜旭冈：《"教育优先区"政策在"教育机会均等"概念上的涵义与实践——英美两国的经验与启示》，转引自台湾比较教育学会主编：《社会变迁中的教育机会均等》，扬智文化事业股份有限公司，1998年，第383~384页。

利儿童。据 Barnes 与 Lucas 的研究显示，有 28％的教育不利者在教育优先区就读，但有 72％的教育不利者不在教育优先区设计的学校内就读①；第二，不同地区的不同政策可能是相等的，但在不同地区采取相同的政策会产生不公平的情况，因此，对区域的划定作谨慎的评估是相当重要的②；第三，在实施方面也存在诸多问题，如政府对教育优先区的政策措施仅流于各区的"地方政策"而缺乏中央严格立法及强力推行；第四，教育优先区所依据的"积极差别待遇"只是一种简单的构想，在付诸实践后遇到审核标准模糊和经费裁减等问题时，整个计划便左支右绌，困难重重。

从现况来看，在遭受诸多的抨击和非议之后，教育优先区方案也做了很多的改进和修正。主要有：(1) 名称的改进，用"教育不利"取代了原来的教育优先区内的学生和学校；(2) 政府政策的关注点已经从教育方面转向了工作机会的提升和技能训练的规划；(3) "积极差别待遇"精神的延续，虽然教育优先区的政策已经难以为继，但其内在精神传导到了社区优先区、都市优先区之中。

(三) 近期的大学招生改革动向及措施

以上所谈的教育优先区政策虽是施行于基础教育，但通过完整的补偿计划对不利地区提供较多资源以达到其应有的教育水平，对高等教育的入学机会也产生了积极的影响。除此之外，在英国大学入学过程中，包括高等教育拨款委员会和大学院校入学服务中心（Universities and Colleges Admissions Service，简称 UCAS）等在内的社会机构与大学和学院也都秉持"积极差别待遇"的理念实行了一系列积极有效的改革。

第一，英国政府对大学入学的宏观调控性措施。首先，高等教育拨款委员会在最近宣布的一项政策中，规定将在高等教育中投入大量资金用来鼓励大学院校广招不同背景的学生，如果大学招收那些来自贫困地区或成就稍差的学生，就可以得到 20％的经费补助③。其次，"大学院校入学服务中心"

---

① 转引自陈丽珠：《以德怀术（Delphi Method）评估台湾省教育优先区补助政策实施成效之研究》，《教育学刊》1999 年第 15 期，第 35～64 页。

② Smith George, Positive Discrimination by Area in Education: The EPA Idea Reexamined, Oxford Review of Education, Vol. 3, No. 3, 1977, pp. 269-281.

③ 林永丰：《巨额专款补助　鼓励大学招生不同背景学生》，《英国文教辑要》总第 45 期，2003 年 4 月，第 3 页。

针对政府意欲提高高等教育入学率，扩充学生来源的政策，将更为公平地选拔具有多元文化背景和不利阶层的学生作为入学制度改革的重点。由于A-Level①的通过率越来越高，其成绩难以满足各方面的需要。因此，"大学院校入学服务中心"计划在入学申请表上增设更多的栏位，主要有申请者学校的GCSE（中等教育普通证书）成绩和A-Level的通过率，以此来反映学生的相对表现或努力。例如，某所学校的整体成绩不好，但有一位申请者特别突出，虽然他的成绩和其他优秀学生相比并不占优势，但这一成绩可能是他自身努力的成果或聪明才智所致，据此大学便可考虑优先录取之。总之，"大学院校入学服务中心"认为，长期以来，A-Level的成绩被当作就读大学的重要态度指标，往后将朝向因素档案（portfolio of factors）的方向改进，以此来协助多元文化背景的学生作更佳的选择。再次，为鼓励中下阶层的学生有更多机会接受高等教育，英国政府设立了"公平入学办公室"（Office for Fair Access，简称OFFA）。该机构于2004年发布了《高等教育公平入学建议书》，针对英国精英大学歧视私立学校学生的倾向，该建议书提出："大学入学不能依据任何集体的背景或类别为考量的依据，而必须完全基于个体与其个别优点来进行判断。"另外还提出了大学入学的五点原则性建议，即公平的入学制度必须透明化；使用的评量方法必须值得信赖且有效；必须让大学能够从学术成就与潜能等方面来挑选学生；尽量降低申请障碍；公平的入学机制必须在每个方面都要专业，而且应有适切的机制与流程②。"公平入学办公室"的设立在于确保高学费政策下，各种背景与族群的学生都能有均等的入学机会。如若各大学想招收学费高达3 000英镑的学生，必须通过"公平入学办公室"的审核，以检视其是否努力招收多元背景的学生。最后，英国政府还加大了对不利阶层的补助，主要补助项目有：清寒补助金、单亲补助金、托儿补助金、依亲者补助金、交通补助金、餐费补助金、残障学生补助金等。

第二，大学对不利阶层学生入学的优待政策。英国高等教育制度实行"双轨制"，长期以来，不利阶层的学生难以进入牛津、剑桥等声名卓著的研究型大学。近来随着高等教育系统的持续扩张和多元文化教育理念的冲击，

---

① "普通教育证书高级水平考试"简称A-Level，是英国大学入学的重要参照标准。

② Department for Education and Skill, Fair Admission to Higher Education: Draft Recommendations for Consultation, April, 2004.

许多大学纷纷制定促进不利阶层学生入学的优待政策。如剑桥大学非常重视学生的学习潜力,除了正常入学途径之外,还专门设立了特殊入学方案(special access scheme)。这一方案专门面向不利阶层的申请者,并要求提供更多的他们处境的资讯,以协助大学对其能力作出更公平的判断。整体而言,这是一种重视学生背景资讯、个人处境,强调性向更甚于成就的取向[1]。另外,地处北爱尔兰地区的沃斯特大学近年实行了"高升计划"(step-up initiate),专门招收年满16岁但出身于严重社会不利家庭的学生,虽然他们有足够的能力,但缺乏动机。学校在第一学年提供特别的导师支援计划,以协助他们学习。除此之外,还有许多大学设立附属中学广招不利阶层的学生,以对其进行大学入学前的辅导;还有学校实行保留位置(reserved places)的招生办法,为某些贫困地区保留特定的招生名额[2]。

总体而言,英国的高等教育入学机会区域差异的问题与阶层问题纠葛在一起,而且教育机会均等的内涵也随政治、经济、社会和文化脉络的演变而不断发展。在高等教育入学方面引入了"积极差别待遇"的理念,并通过政府对大学的财政资助以及大学实行的"特殊入学方案"和"高升计划"等,改善了不利阶层和贫困地区学生的入学机会。尽管教育优先区和大学招生的优待政策遭到了社会各方面的非议和抵制,但一系列改革措施的实行,正是凭借社会正义和教育公平的精神,有力地拓宽了弱势群体的高等教育入学机会,是对教育机会均等理想的有益实践和探索。

第四节 我国台湾地区高等教育入学机会差异的考察

我国台湾地区与祖国内地一衣带水,具有同根同源的传统文化,在20世纪50年代不约而同地建立了统一考试制度,因此,两地在高等教育入学考试制度的改革方面有诸多相似之处。我国台湾高等教育入学机会的区域差异问题,在20世纪50年代表现较为突出,并且与台湾少数民族(台湾地

---

[1] The Guardian Education, Ucas to Get Access to Pupils' Social Date, 21 January, 2005; The Guardian Education, Why Five As and Two Bs Can Beat Nine A*'s, 19 January.

[2] 詹盛如:《改善大学入学》,《英国文教辑要》总第47期,2003年6月,第3页。

区称原住民）升学的问题紧密结合在一起。但由于台湾面积狭小，且随经济的高速发展和教育水平的迅速提升，高等教育区域差异的问题逐渐被族群差异所取代。不过无论是大学联考还是近来实行的"多元入学新方案"，都一直坚持了对台湾少数民族的升学优待政策，对保障台湾少数民族平等的入学机会产生了积极且深远的影响。

一、台湾少数民族升学优待政策的历史沿革

自联考制度建立以来，台湾对少数民族的高等教育入学政策一直实行稳定且持久的优待政策，但随着社会、经济、文化和教育发展的情况，其具体政策随之不断变化和改进，大致经历了由"扶助性"的升学加分优待政策，到"积极差别待遇"的教育优先区政策，再到多元文化观的乡土教育。依照政治形势和教育政策的演化，大致可分为如下三个时期[1]：

（一）台湾少数民族教育时期（1945—1953）

1945年日本投降之后，台湾教育进入整顿和复员的光复时期，这一时期升学优待政策的目的主要是鼓励少数民族升学，扩充入学的机会，对少数民族生和华侨生实行降低录取标准25%的优待。从实际情况来看，台湾大学（1953年）将少数民族学生的录取标准降低为150分[2]，而花莲、台东两县报考师范学院者可保送入学[3]。不可否认，这一时期的政策除了扩充入学机会之外，也隐含了政治上怀柔安抚的意味[4]。

（二）平地化教育时期（1953—1987）

1953年，台湾当局提出"山地平地化"的政策，少数民族教育进入"彻底汉化"的民族同化教育政策时期。此时，高等教育入学将少数民族学生从其他边远地区考生中划分出来，并与之并列。1954年，台湾大学联考制度建立，对少数民族的优待政策有了更为稳定的制度化保障。在大学联招

---

[1] 蒋嘉媛：《原住民学生升学优待政策之评估研究》，台湾师范大学硕士学位论文，1998年，第61~95页。
[2] 台湾《第六次教育年鉴》，1996年，第2441页。
[3] 台湾《第三次教育年鉴》，1957年，第955页。
[4] 刘阿荣：《教育优惠与阶层流动——台湾原住民教育优惠政策析论》，《原住民教育季刊》1996年第4期，第1~21页。

中，三者均享受降低录取标准25%的优待①。总体而言，此一时期的优待政策具有很强的民族同化的导向，且具有补偿教育的色彩。

（三）迈向多元文化教育时期（1987年至今）

1987年，台湾"解严"之后，整个社会趋向自由和多元，1994年在台湾地区的有关规定中将"山胞"改称为"原住民"，体现了少数民族的地位进入新的时期，随后建立了少数民族教育委员会。这一时期改变了对少数民族传统文化的抹煞和忽视，开始重视少数民族自身的文化传统和教育发展。同时，高等教育入学优待政策不断完善，至1998年主要政策有：（1）参加大学联招降低录取总分数25%（或增加总分之三分之一）；（2）参加大学推荐甄选部分学校优先录取；（3）参加保送甄试升学师范学院；（4）参加单独招生升学高雄医学院②。尽管少数民族学生在高等学校中的比例不断上升，但是社会各界对升学优待政策之合理性和促进少数民族教育提升之实际效果仍纷纷表示质疑。

二、多元文化教育视野中的台湾少数民族升学优待政策之实施

国民党当局迁台以后，对台湾少数民族实行的是以消除种族差异并建立汉族文化主流价值为导向的同化式教育政策，高等院校对少数民族的优待入学政策也正是顺应这一主体价值趋向的一种制度设计。在台湾面临狭隘的生活空间和实质性互动频繁的情况下，将台湾少数民族教育完全定位为一种特殊的种族问题已经显示出危机。台湾近年来开始实施提倡多元价值、承认族群差异的多元文化教育理念，其最重要的目标就是为不同族群文化团体的学生或弱势族群的学生提供教育均等的机会③。这对少数民族的高等教育入学机会的改善具有重要的意义。

---

① 参见丘爱玲有关台湾大学联招政策变迁研究的博士论文（台湾师范大学教育研究所，1998年）。

② 蒋嘉媛：《原住民学生升学优待政策之评估研究》，台湾师范大学硕士学位论文，1998年，第199页。

③ 张源泉：《多元文化教育之合理性探讨》，台湾师范大学博士学位论文，2001年，第30页。

在多元文化教育理念的指导下，台湾当局对改善少数民族的高等教育入学机会制定了许多积极有效的措施，在入学优待的具体政策方面作了部分的修正和改进。其颁布的有关少数民族学生"升学优待及少数民族公费留学办法"中规定：将少数民族升学优待比例由"依各校录取标准降低25％"修正为"增加（原始）总分的三分之一"；将"前项优待方式，自本办法修正生效第四年起，少数民族籍考生应取得少数民族文化及语言能力证明"修正为"前项优待方式，自少数民族籍考生参加2007学年度招生考试起，应取得少数民族语言文化学习证明"，积极进行倡导并规划相关配套措施。由此可见，新的优待办法将具体操作方法由降低25％改为增加总分的三分之一，除了降分和加分的具体技术细节所产生的作用之外，优待的幅度也相应增大；对少数民族语言文化学习证明的要求，一方面反映了控制已经具有较高文化水平而丧失优待资格者所带来的不公平竞争现象，另一方面也体现了尊重和鼓励少数民族发展其本民族文化和教育的意图。

从实施效果来看，优待政策无疑扩大了少数民族的高等教育入学机会。根据大学入学考试中心所提供的近几年少数民族考生成绩资料，统计分析从1991年到1996年少数民族考生加分后总分（不含加重计分）高于所报考类组的最低录取分数线的人数，以及未加分前总分高于最低录取分数线的人数（见表3-7），便可发现，几乎每一年优待加分的结果都使得有机会录取的人数增加2倍以上，只有1992年和1994年的增长比例低于2倍，分别为178％和167.3％。可见，大学联考增加得分的三分之一确实对于扩增少数民族学生入学机会有相当大的助益。

再从少数民族考生与非少数民族考生的录取率来看，2000年，少数民族考生的录取率为37％，虽然比1996年的33％的录取率有所增加，但与同期的非少数民族考生的录取率为58％相比，仍有较大差距，男女考生录取比例的反差也同样如此（见表3-8）。这说明虽然优待加分政策对于少数民族的教育有很大的促进作用，但其整体教育水平与非少数民族仍有较大差异。从少数民族报考公私立院校的比例来看，少数民族学生进入公立院校的比例高于非少数民族学生，这也可以说明各公立院校对少数民族学生所设的奖学金起到了积极的作用。

表 3-7 历年大学联考少数民族考生加分前后成绩达到最低录取分数的人数之比较

年度	报考人数（人）	录取人数（人）	未加分前总分高于最低录取线者（人）	加分后总分高于最低录取线者（人）	人数增加（%）
1991	510	126	53	161	203.77
1992	534	115	50	139	178.00
1993	672	155	—	—	—
1994	618	178	52	191	167.30
1995	628	197	64	225	251.56
1996	627	205	71	231	225.35
1997	695	275	—	—	—

资料来源：据台湾大学入学考试中心提供数据整理而成。注：1993 年的数据未提供，1997 年的数据因未避免校系间的排名而未公布最低录取分数线。转引自蒋嘉媛：《原住民学生升学优待政策之评估研究》，台湾师范大学硕士学位论文，1998 年，第 127 页。

表 3-8 2000 年学年度大学联招报考、录取人数与录取率比较表

类别	所有考生			非少数民族			少数民族		
	报考人数（人）	录取人数（人）	录取率	报考人数（人）	录取人数（人）	录取率	报考人数（人）	录取人数（人）	录取率
统计	130468	75281	58%	129617	74965	58%	851	316	37%
男	68297	39805	58%	67823	39642	58%	474	163	34%
女	62171	35467	57%	61794	61794	57%	377	153	41%
公立	—	—	—		24835	33%	—	151	48%
私立	—	—	—		50130	67%	—	165	52%

资料来源：新竹师范学院：《修正 2000 年度原住民族教育调查统计报告》，台湾行政当局少数民族事务主管部门委托之专题研究成果报告，新竹师范学院，2001 年，第 69 页。

总体而言，台湾大学入学考试制度对少数民族学生的升学优待政策极大地增加了其高等教育入学机会，提升了少数族群的文化水平，并且加强了少数族群与其他民族的文化互动和交流，收到了良好的效果，在一定程度上反

映了多元文化教育的理念。

三、少数民族升学优待政策之缺失与评价

任何教育改革都需要紧扣在社会改革的系谱中，大学入学考试中的升学优待政策也同样如此。在实行了多年的优待政策后，台湾社会各界也对这项政策的公平性与合理性等问题展开了广泛的讨论。主要表现在以下几个方面：

第一，认为少数民族学生的升学优待政策不公平，侵害了其他考生的平等受教育权。目前，少数民族升学优待政策主要有降低录取标准和名额保障①两种类型，但有不少学者对这一政策提出了公平性的质疑。如有学者认为，此种加分制度显然加入了与事物本质不相干的要素，违反了恣意禁止之原则，也违反了法律所规定的受教育机会平等之规定，同时还伤害到落榜考生之平等权②。他们认为，竞争性考试中平等原则应该特别受到重视，优待政策对非少数民族学生不公平，是一种反向的歧视。如果少数民族适用升学优待政策，而现在越来越多的外籍新娘或其他外籍人士的下一代是否也适用这一规定，这是否会导致另一教育机会的不均等？但也有人认为，无论是大学联考还是多元入学新方案，其标准化的考试成绩大多涉及文化偏见，因此对少数民族的升学优待与其说是提供补偿和优惠待遇，不如说是以一种较无偏见的标准准予其入学，因此这一方案是基于公平、没有偏见的情况下给予少数民族学生平等的入学机会，是一种分配的正义。

第二，质疑优待政策实施的真正理由和实施效果。许多人指出，由于交通便利与传播媒体的发达，少数民族与汉族之间的交流日益频繁，加上少数民族与汉族社会地位之间的差距已经明显缩小，因此对于文化隔阂与社会地位差异所导致的理解藩篱已经逐渐不存在了，实在无具体的理由再对少数民族学生实施升学优待措施。此外，优待政策的实施效果也并不尽如人意，这一政策不但是对汉族学生造成机会的不均等，而且并未能有效促进少数民

---

① 名额保障乃是针对师范学院实行的，目前台湾的师范学院已经全部改名为教育大学，如原来的台北师范学院改名为台北教育大学，如此等等。

② 李惠宗：《宪法要义》（第二版），敦煌书局，1999年，转引自蔡文山：《从教育机会均等的观点省思原住民学生的教育现况与展望》，《教育与社会研究》2004年第6期，第109～144页。

传统文化和教育水平的有效提升①。但反对意见则认为，在多元文化教育的背景下，少数民族的平等入学权利应该得到有效的保障和重视，优待政策并不是要使少数民族的传统文化被居于核心地位的主流文化所同化，而是族际间的相互承认和沟通。对少数民族教育的改革必须将其放诸社会权力关系和其运作逻辑，在教育与权力不可分割的紧密关系中，通过"主体建构"和"社会重建"来逐渐完成②，那种认为仅依赖入学优待政策便能促进教育长足发展的观点忽视了复杂的社会结构和权力关系的存在和运行。

第三，优待政策加深了少数民族学生"认同的污名感"（stigmatized identity）和与别族之间的歧视。由于人们长期对少数民族的偏见、歧视和刻板印象造成了少数民族"认同的污名感"，而升学优待政策的实行更使其强化了这一认同。加分政策使汉族学生对少数民族学生产生了不满和排挤情绪，不但少数民族学生受益不大，而且造成了族际之间的歧视和隔膜。另外，最近越来越多的学生改姓少数民族的母籍姓氏，也隐约造成了族群不公的对立，违反了公平的竞争原则。但反对者则认为，"认同的污名感"的改变需要少数民族新的民族文化意识的改变和提升，需要主体的自我建构。种族歧视的确是不公正和有害的，但如果禁止用族际的观念来改变种族之间不公平的事实，实在有悖常理。

除此之外，还有其他方面的争论，如优待政策对少数民族和其他学生的精神压力、师资培养的问题、马祖少数民族是否可以单独考试等，限于篇幅，不再赘述。

总之，台湾地区高等教育入学机会地域差异的问题与少数民族的升学问题联系紧密。优待入学政策对扩充少数民族的高等教育入学机会有莫大的助益，而且实行"积极差别待遇"理念下的教育优先区政策，对偏远的少数民族居住区进行了有计划的资助和扶持，这一系列的措施都是从社会正义的角度，对少数民族高等教育入学机会的强有力保障。虽然升学优待政策在理论和实践中还存在诸多的问题和争论，但其实施效果和社会意义还是值得肯定的。

---

① 雅柏甦泳：《原住民升学优惠公平吗?》，《原住民教育季刊》2003年第30期，第117～132页。

② 李文富：《台湾原住民教育改革的分析——一个批判教育学的观点》，台湾东华大学硕士学位论文，1999年，第4～8页。

第五节 启示与借鉴

对美国、英国和我国台湾地区高等教育入学机会差异的相关问题的考察，对于我国高考制度的改革颇具启示意义，值得借鉴。

（一）高等教育入学机会公正的问题源于各国（地区）的政治、经济、文化、教育和社会思潮等复杂而独特的社会发展脉络，其内涵随时空的发展和变迁而产生了相当大的差异

对美国这一多元文化的移民国家而言，少数民族高等教育入学机会的公平问题是其焦点所在，通过实行"肯定性行动计划"，各层次和类型的大学都对少数族群的学生实施优待政策，促进了多元文化教育的发展。在英国"绅士教育"的传统和"双轨制"高等教育体系中，对阶层和地域问题的观照自然成为高等教育入学的重点问题，基于"积极差别待遇"的理念而实行的"教育优先区"和特殊入学方案等都有利于保障不利阶层和地区的平等受教育权。台湾的高等教育入学机会地区差异的问题最初与少数民族的问题纠结在一起，后终被取代。尽管遭受了诸多抨击，但升学优待政策一直都是保障少数民族升学权利的制度化通道。可见，各国（地区）高等教育入学机会公正的问题是与特定的社会问题和思想潮流息息相关的，始终根植于独特的社会、文化和教育的发展脉络中。我国区域间高等教育入学机会公正的问题也是源于社会转型过程中经济、文化、人口和教育非均衡发展的现实国情，地理空间的挑战是影响高等教育入学公正的突出问题。虽然表面看来，我国的区域公平问题与英、美及台湾地区的种族和阶层问题相关不大，但是对高等教育入学机会公正的解决之道有异曲同工之处。因此，必须将此一问题放诸多元文化教育的世界潮流和区域社会非均衡发展的两元坐标体系中，吸收别国（地区）调节入学机会差异的公正理念，作一整体而全面的分析，以免走向绝对化和理想化的公平观。

（二）基于"积极差别待遇"的理念，各国（地区）在高等教育入学中普遍实行对弱势族群和地区的优待政策或配额制度，而且这一政策会随社会形势的变革而作出适时的调整

美国大学在录取少数族裔学生时，既实行降分录取的优待政策，也实行比例配额和固定配额的制度；英国大学在录取时由注重分数标准转为注重因素标准，同时在大学中也实行保留位置的办法，实际上也是一种配额制度；我国台湾大部分高校实行的是加分或降分的优待政策，在师范学院的体系中也留有配额制。由此看来，配额制度是调节阶层、种族和地区间高等教育入学机会差异的一种有效手段，其实质内涵是"积极差别待遇"的公正理念。因此，从以上来看，我国实行对落后地区倾斜的分省定额录取制度的实质内涵也是"积极差别待遇"理念，这对于保障边远省区学生的入学权利发挥了重要而积极的作用。但问题的关键是，分省录取制度并未因社会宏观形势的变化而作出积极地调整，各省区政治、经济、文化和教育等因素的非均衡发展，通过分省录取这一原本公正的制度安排而导致京津沪地区分数畸低的不公平现象。从我国台湾的情况来看，其升学优待政策经历了由扶助性到补偿教育再到多元文化观的乡土教育的嬗变。因此，高等教育入学制度必须应时代变化而适时调整，否则很可能造成高等教育入学制度的不公正。

（三）在高等教育入学中，平等保护所有公民的非歧视原则和尊重弱势族群及地区的优待政策是辩证统一、并行不悖的关系

依照公民身份平等的原则，高等教育依照成绩平等地向所有人开放，这是理应执行的平等原则，但同时也应当承认少数族裔及不利地区学生的合法入学权利。虽然在美国及我国台湾地区的高等教育入学实践中都程度不同地存在非歧视原则与优待政策的冲突，出现了某种排挤效应，但从社会正义、多元文化背景的角度来看，它们又是辩证统一的。正因为实行了基于"积极差别待遇"的优待政策，才使得弱势族群和地区的平等受教育权得到了有力的保障。而且从政策实施的效果来看，也促进了民族文化的融合和区域社会的协调、和谐与稳定。因此，我国的高考改革，应该明确对西部倾斜的分省录取制度的合理性，尽量消除对京津沪的倾斜所带来的消极影响。在促进区域社会、经济和文化教育协调发展的基础上，寻找平等原则和优待政策的最佳平衡点，协调个体权利和集体权利的冲突，促进高等教育入学机会公正性水平的提高。

总而言之，英、美和我国台湾地区在高等教育入学机会公正的问题上都有许多可资借鉴的理论和具体措施，但它们的高等教育入学机会公正的问题也都具有其特定的伦理和文化语境。因此，在学习借鉴时必须注意到伦理和文化语境的区别，持积极谨慎的态度，将普适性的公正理论与我国高考改革的实际结合起来，真正做到"洋为中用"。

第四章　高等教育入学机会区域差异的实证研究

　　经过历时态和共时态两维向度的考察，我们对高等教育入学机会区域差异的问题有了更深入的认识。结合第一章对公正原则的理论分析，本章转入对高等教育入学机会区域差异的实证研究，借此来了解入学机会在地区之间分布的实际状况。实证研究要求在众多复杂的影响因素中排除不可控因素、选择控制变量来作理想状态的研究，对高等教育入学机会区域差异的研究同样如此。本章第一节对高校招生的省际公平进行研究，选取面向全国招生的两所中央部属重点大学——厦门大学和北京交通大学进行个案研究，对省属和市属高校以及民办高校的招生录取暂不涉及。由国家财政支持、提供优质教育服务的重点大学对各省入学机会的分配在很大程度上反映了社会公正和教育公正的水平，因此也尤为引人注目。第二节对恢复高考以来各省高考分数线的演变作一整体趋势的分析，希望通过较长时段的考察来描述各地高考分数线动态演化的轨迹，结合高校招生数量、高等教育资源和基础教育发展水平等几个指标来分析高考分数线演变的经济、文化、人口和教育等深层原因，并依据前述指标对各省分数线作一大致类型的划分，以进一步明确导致各省分数线升沉变易的主要原因。

第一节　高等教育入学机会区域差异之考察：以两校学生生源地为依据

　　在我国目前的高等教育管理体制下，依照财政归属权大体可将公立高校分为三类：第一类是由中央财政支持的面向全国招生的中央部属重点大学，如北京大学、复旦大学等；第二类是由省级财政支持的面向地方招生的大学，如山东师范大学和福州大学等；第三类是由市级财政支持的城市大学，这类学校的招生比较灵活，既可在本市招生，也可面向全省招生。但随着部属院校的下放和中央与省市联合共建高校的推行，各校的招生范围逐步突破了原来的界线，出现了重新分化组合的趋势。但不管如何，对于全国财政支持的重点大学，其招生指标分配的地域公平性是尤为值得关注的问题。特别是高等教育进入大众化阶段之后，随着竞争重心的上移，针对优质高等教育资源的竞争变得更为激烈，在此背景下研究重点大学分省招生的公平性问题具有强烈的现实意义。本节主要通过个案研究以了解重点大学招生的区域差异。

首先是研究工具的选择。一般而言，测量高等教育入学机会的地理分布是否平等，最常用的测量工具是代表指数（representation index）、集中曲线（curve of concentration）和基尼系数。代表指数是根据不同群体所占的相对比例来测定教育资源分配的均等或不均等。它主要用来说明某一特定群体或地区拥有教育资源的代表指数，相对于人口总数而言是高了还是低了。如果较高，表示该群体或地区拥有较多的资源。反之，则拥有较少的资源。本研究应用代表指数来检定在一所高校中，按适龄人口计算的各省学生的入学份额是否平等。具体来说，代表指数可以用每个省的入学人数份额除以该省适龄人口的份额得到，如果指数超过 1，则该省学生的入学份额大，反之则小。集中曲线也叫 Lorenz 曲线，是比较不同地区、组群和个人之间占有资源相对份额的另一种方法，如果所有组群得到了相同的份额，如 10% 的人口得到了 10% 的资源、30% 的人口得到了 30% 的资源，那么这条曲线便是一条 45 度的斜线，偏离这条斜线则视为不平等。测量入学机会的分布状况同样也可运用 Lorenz 曲线。在图形中，偏离的部分，也就是 Lorenz 曲线与 45 度线之间的面积就是不平等的程度。基尼系数是指 Lorenz 曲线与 45 度线之间的面积与 45 度线之下全部面积的比例，基尼系数的值介于 0（表示完全平等）和 1（代表完全不平等）之间，基尼系数越大，不平等的程度越高。

值得注意的是，研究工具的选择取决于研究和分析的目的。在高等教育入学中，对各省入学机会的分配有多种影响因素。选择代表指数来分析各省入学机会的实际差异程度，是将各省经济发展水平、高等教育和基础教育水平以及高校招生的行为偏好等诸多因素排除在外，在一种纯粹理想的状态下进行的。就实质而言，代表指数是一种比例平等，也就是各省学生入学的份额与适龄人口份额的比值。其测量的结果只能在一定意义上反映入学机会在各省之间的差异程度，并不代表录取结果的公平与否。在此，实证（positive）意义上的公平并不等于规范（normal）意义上的公平，应将两者区分开来。

其次是研究资料的选取。本书以厦门大学和北京交通大学 1952 年、1962 年、1982 年、1992 年和 2002 年入学的学生生源地为依据,从时间顺序来分析两校招收新生的省际分布,以此判断其分省招生的公平性。之所以选取这两所高校作为个案,原因有二:一是北京交通大学地处经济、文化、交通和教育都很发达且高校云集的北京市,而厦门大学位于各方面相对欠发达且高校较少的福建省,从地理位置的选择来看较有代表性;二是两校研究资料的获取较为方便。从时间点的选取来看,选择从 1952 年到 2002 年中的五个年份,出于如下的考虑:以 1952 年高考建制为第一个时间点,顺次每 10 年选取一点,1972 年属"文革"时期,高考停废,故不选取;更主要的原因是 1982 年、1992 年和 2002 年的时间与全国第三次(1982 年)、第四次(1990 年)和第五次(2000 年)人口普查的时间基本一致,便于计算适龄人口比例和入学机会代表指数(简称入学机会指数);对厦门大学数据的获取,主要依据厦门大学校史编委会编写的《厦门大学校史资料——学生毕业生名录》(1921—1987)① 和陈国凤主编的《南强之星——厦门大学学生毕业生名录》(1988—1999)② 整理而得。两书的编纂以厦门大学档案馆保存的学生档案为依据,尽管可能会有档案霉变、漏录和错录等纰漏存在,但总体而言仍是相当可信的资料;北京交通大学的数据从北京教育考试院编的《北京普通高等学校招生改革与发展》(1977—2002)③ 中获得,只有 1977 年至 2002 年的数据,"文革"前的数据因诸多原因调查不便而难以获取,但这并不影响对恢复高考后入学机会指数的测算。

一、两校历年分省招生的整体情况分析

(一) 厦门大学

厦门大学是由爱国华侨陈嘉庚先生于 1921 年创办,是中国近代教育史上第一所华侨创办的大学。建校之初,只有商科和师范科等几个学科,后几经努力发展为学科门类较为齐全的综合大学。1937 年学校由私立改为公立,

---

① 厦门大学校史编委会:《厦门大学校史资料——学生毕业生名录》(1921—1987)(第六辑),厦门大学出版社,1990 年,第 256~276、463~475、751~775 页。

② 陈国凤主编:《南强之星——厦门大学学生毕业生名录》(1988—1999),厦门大学出版社,2001 年,第 428~437、599~644 页。

③ 北京教育考试院编:《北京普通高等学校招生改革与发展》(1977—2002),北京师范大学出版社,2005 年,第 581 页。

抗战时西迁长汀，坚持办学，弦歌不断，并在抗战后期成为"加尔各答以东之第一个大学"①。新中国成立之初院系调整时，将工科和部分理科调整出去。1963年被列入全国重点综合性大学②，经过几代人的不懈努力，现在已经发展成为包括自然科学、工程与技术科学、人文科学、社会科学、管理科学、艺术教育科学和医学科学等学科齐全的教育部直属综合性重点大学，同时也是国家"211工程"和"985工程"重点建设的高水平大学。

下面来看该校1952年至2002年（选择年份）学生生源地分布的整体情况（见表4-1）。从1952年的招生情况来看，总共招收学生957人，其中绝大部分来自福建省，其比例占到75.86%③，其余学生主要来自江苏（5.33%）、浙江（3.31%）、广东（1.25%）、上海（0.94%）和安徽（0.84%），招生比例超过0.5%的北方省份只有山东，其余均在南方。进一步分析可见，在北方，除了山东和天津之外，其他省份的招生数均为0；西南地区除了四川（4人）和云南（1人）之外，其他省份的招生数也为0；西北地区所有省份的招生数都为0。由此得知，当时厦门大学的招生范围主要集中在福建、江苏、浙江、广东和上海一带。究其原因，除了当时厦门大学的影响主要限于东南一带之外，还与福建落后的交通状态和处于海峡对峙的前沿有关。此外，高考建立之初实行大行政区录取的体制也是重要原因。从当时的情况来看，福建所处的华东区高中毕业生数达到15 884人，基本与招生计划数15 910人持平，其他如华北区和东北区的生源则严重不足④。所以录取新生主要集中在华东地区与当时的生源状况和以大区为主的录取体制有很大的关系。

从1962年的招生情况来看，该年招生总数为596人，有较大幅度的缩减，比1952年的957人减少了37.72%。从分布情况来看，除在福建招收了541人和在广东招收了33人之外，其他如河北、山西、辽宁、安徽、山

---

① 《厦大通讯》（第6卷第3期），《厦门大学校史资料》（1937—1949）（第二辑），厦门大学出版社，1988年，第114~115页。

② 中国教育年鉴编辑部：《中国教育年鉴》（1949—1981），中国大百科全书出版社，1984年，第330页。

③ 因为该年省籍不详者占了总数的10.55%，若按正常情况计算，福建籍学生所占比例可能更高。

④ 《1952年全国高中毕业（暑期）生人数统计表》（1952年3月），转引自杨学为编：《高考文献》（上）（1949—1976），高等教育出版社，2003年，第9页。

东、河南和云南也都只招收学生1人；比例超过1%的省份除了福建，只有广东（5.54％）和江苏（1.01％）两省。可见，该年招生的地域分布更不均衡。尽管福建的招生比例达到了90.77％，但北方的河北、山西、辽宁和河南都有学生入学，虽数量很少，不过招生的地域分布比以前更为广泛。分析其原因，由于1958年撤销了大行政区，从1961年开始实行统一领导与分省办理的招考体制，这对招生名额的合理分布具有一定的积极意义。该年招生总量的大幅缩减，首先是与"院系调整"有关，1951年至1960年间，厦门大学陆续将航空工程系、农学院、土木系、机械系、电机系、政法学系、企管系、教育系等调出，并将工科系的专业并入福州大学，海洋系并入青岛海洋学院①。仅1958年为支援福州大学就调出了数学、物理和化学三系学生410人②。因此"院系调整"对厦门大学招生数量的缩减有重大的影响。其次，该年处于"大跃进"后高等教育的调整时期，在当年教育部对制订高等学校招生计划的通知中，就明确规定了"高等学校和普通高中总的招生任务有很大压缩，要求各部门和各地区在安排分校招生计划时，切实注意贯彻办少些、办好些的精神……有计划地压缩学校规模，从而使学校的教学和生活条件得到改善"③。不可否认，对招生规模整体控制的政策背景也影响到学生的省籍分布。

表 4-1 厦门大学历年学生生源地分布统计表（选择年份）（单位：人、%）

	1952年		1962年		1982年		1992年		2002年	
	人数	比例	人数	比例	人数	比例	人数	比例	人数	比例
总计	957	100.00	596	100.00	1248	100.00	2585	100.00	3345	100.00
福建	726	75.86	541	90.77	580	46.47	1473	56.98	1918	57.34
北京		0.00		0.00	23	1.84	13	0.50	61	1.82
天津	2	0.21		0.00	4	0.32	23	0.89	45	1.35
河北		0.00	1	0.17	23	1.84	56	2.17	45	1.35
山西		0.00	1	0.17	7	0.56	25	0.97	45	1.35
内蒙		0.00		0.00	1	0.08	10	0.39	30	0.91
辽宁		0.00	1	0.17	25	2.00	45	1.74	55	1.64

---

① 厦门大学办公室编：《厦门大学》，浙江大学出版社，2000年，第17～18页。
② 《新厦大》（第346期）（1960年7月31日），《厦门大学校史资料》（1949—1966）（第三辑），厦门大学出版社，1989年，第240～242页。
③ 《国家计划委员会、教育部关于一九六二年各级学校招生计划和执行招生计划时应注意问题的通知》，转引自杨学为编：《高考文献》（上）（1949—1976），高等教育出版社，2003年，第431页。

续表

	1952年		1962年		1982年		1992年		2002年	
	人数	比例	人数	比例	人数	比例	人数	比例	人数	比例
总计	957	100.00	596	100.00	1248	100.00	2585	100.00	3345	100.00
吉林		0.00		0.00	4	0.32	25	0.97	40	1.20
黑龙江		0.00		0.00	9	0.72	12	0.46	40	1.20
上海	9	0.94		0.00	8	0.64	19	0.73	40	1.20
江苏	51	5.33	6	1.01	88	7.05	96	3.71	105	3.14
浙江	30	3.13	3	0.50	119	9.54	122	4.72	75	2.24
安徽	8	0.84	1	0.17	29	2.32	42	1.62	60	1.79
江西	5	0.52	3	0.50	69	5.53	93	3.60	75	2.24
山东	5	0.52	1	0.17	52	4.17	89	3.44	70	2.09
河南		0.00	1	0.17	12	0.96	37	1.43	57	1.70
湖北	2	0.21	2	0.34	30	2.40	36	1.39	48	1.43
湖南	1	0.10		0.00	24	1.92	121	4.68	51	1.52
广东	12	1.25	33	5.54	42	3.37	87	3.37	63	1.88
广西		0.00	1	0.17	16	1.28	18	0.70	42	1.26
*海南	—	—	—	—	—	—	22	0.85	36	1.08
*重庆	—	—	—	—	—	—	—	—	49	1.46
四川	4	0.42		0.00	26	2.08	49	1.90	50	1.50
贵州		0.00		0.00	8	0.64	12	0.46	40	1.20
云南	1	0.10	1	0.17	6	0.48	13	0.50	44	1.32
西藏		0.00		0.00		0.00		0.00	0	0.00
陕西		0.00		0.00	7	0.56	3	0.12	47	1.41
甘肃		0.00		0.00	1	0.08	1	0.04	43	1.29
青海		0.00		0.00		0.00		0.00	5	0.15
宁夏		0.00		0.00		0.00		0.00	31	0.93
新疆		0.00		0.00		0.00	1	0.04	35	1.05
台湾		0.00		0.00	2	0.16	11	0.43		
不详	101	10.55		0.00	32	2.48	31	1.20		

注释：1.1952年的统计数据包括本科新生、转学本科生和专科生；2.1962年的数据包括本科新生；3.1982年的数据包括本科新生，且有1名朝鲜学生，故不计入其中；4.1992年的数据包括本科新生和专科新生，不包括研究生、函授和夜大学生；5.2002年的数据包括部分省份的国防生，不包括研究生、函授和夜大学生；6.海南省1988年设立；7.重庆市1997年成为直辖市。

资料来源：1952—1982年的数据据厦门大学校史编委会：《厦门大学校史资料——学生毕业生名录》（1921—1987）（第六辑），厦门大学出版社，1990年，第256～276、463～475、751～775页统计而得；1992年的数据据陈国凤主编：《南强之星——厦门大学学生毕业生名录》（1988—1999），厦门大学出版社，2001年，第428～437、599～644页统计而得；2002年的数据由厦门大学招生办公室提供的资料整理而得。

从1982年的招生情况来看，该年招生总数为1 248人，其中福建为580人，占总数的46.47%，比之前有了大幅度的下降；其次为浙江119人（9.54%）、江苏88人（7.05%）、江西69人（5.53%）和广东42人（3.37%）。招生比例超过1%的省份，其分布比之前更为合理和均衡。从招生范围来看，除了对西藏、青海、宁夏、新疆没有招生外，其他省区都有学生入学。其主要原因为，经过"文革"后几年的调整和恢复，各项经济和教育事业都开始步入正轨，各省基础教育的整体水平得到了很大的提升，这为招生范围的合理分布提供了基础性条件。

从1992年的招生情况来看，该年招生总数为2 585人，其中数量最多的仍为福建1 473人，占总数的56.98%；其次为浙江122人（4.72%）、湖南121人（4.68%）、江苏96人（3.71%）、江西93人（3.60%）、山东89人（3.44%）。招生比例超过1%的省份还有河北、辽宁、安徽、河南、湖北和四川。从招生范围来看，除西藏、宁夏和青海3个省区之外，其他27个省区均有学生入学。可见，此时招生地域的分布基本上覆盖了全国绝大多数省区。

从2002年的招生情况来看，该年招生总数为3 345人，其中福建为1 918人（57.34%）；其次为江苏105人（3.14%）、浙江75人（2.24%）、江西75人（2.24%）、山东70人（2.09%）、广东63人（1.88%），其他省区学生数均在60人以下。从招生比例来看，除西藏、青海、宁夏和内蒙之外，其他省区的比例均在1%以上；从地域分布的角度来看，比以往任何时期都更为均匀。

从厦门大学分省招生的历史演变来看，招生范围不断扩大，招生地域由不平衡逐步走向大致均衡。1952年和1962年，由于经济发展、交通状况、教育水平和招考体制等多方面的原因，其招生对象主要集中在华东地区，且福建学生占了绝大多数，1962年福建学生的比例甚至达到90.77%，而北方诸省仅有很少的学生考入该校。因此，这一时期厦门大学的招生行为存在着很大的地域偏好和政策倾向，这与当时整个经济发展水平、高等教育资源、招考体制和政治因素等息息相关。改革开放之后，招生范围不断扩大，对福建的招生比例也比"文革"前有较大幅度的下降，对各省的招生比例逐渐由差异较大而趋向不断缩小。2002年，除了几个边远省份之外，其他省份的招生比例均在1%之上。从地域分布来看，也由原来主要集中在华东地区的几个省份而发展为基本覆盖全国范围。这便是从五个年份的数据中反映出的厦门大学招生的整体情况。如果有连续的数据，还可作更为具体细致的分析。

（二）北京交通大学

北京交通大学的前身是1896年清政府创办的铁路管理学校，1911年增设邮电班，同时改名为交通传习所。1928年改名为北平交通大学铁路管理学院。新中国成立之初由著名桥梁专家茅以升出任校长，并改校名为北方交通大学。2003年，定名为北京交通大学。该校是1960年国家确定的63所重点大学之一，也是"九五"期间首批启动"211工程"建设的61所高校之一。经过长期的努力和建设，北京交通大学已经由最初的铁路通信、铁路信号等特色工科和管理学科，发展成为以工、管为主体，以通讯与信息类、经济与管理类学科群为主干，工、管、经、理、文、法协调发展的多科性重点大学。

将北京交通大学1977年至2002年的分省招生情况整理如表4-2，可以发现：在恢复高考以来的25年中，该校的总体招生数逐年增加，由1977年的594人发展到2002年的3 522人，增长了近6倍。从招生分布来看，北京的招生数一直是最多的，其比例保持在10%以上；其次为河北、辽宁、山东、湖南、湖北和广东等省；西北和西南地区的招生数一直较少。1977年至20世纪80年代末，招生范围主要集中在华北、东北和华中地区。其中，除了较长时间没有对天津和上海①招生之外，对其他各省的招生还是较为均衡的；在西南和西北地区，除了四川、甘肃和陕西等省的招生比较稳定之外，其他如西藏、宁夏在很长时间内没有招生，云南、贵州和青海是在20世纪80年代中后期才有少量招生。在20世纪90年代之后，除了2000年对西藏首次招生外，对全国各省区的招生比例都较为平均。1999年之后，随着招生数的整体激增，各省区的招生人数也都有不同程度的增长，尤其是北京附近的河北、山西等省增长速度很快，2000年和2001年，河北的招生数分别达到208人和249人，成为仅次于北京的省份，山西也分别达到189人和209人。此外，增长较快的还有内蒙、河南、湖北和陕西。

---

① 其原因可能为上海拥有同一学科类型的上海交通大学。

表 4-2　北京交通大学（1977年—2002年）历年学生生源地分布统计表（单位：人）

	1977年	1978年	1979年	1980年	1981年	1982年	1983年	1984年	1985年	1986年	1987年	1988年	1989年
总计	594	646	634	670	372	637	641	731	637	608	845	941	974
北京	230	218	191	190	102	170	130	151	111	104	162	135	107
天津			15	15									9
河北	90	60	45	40	30	35	35	37	31	33	44	46	52
山西	78	36	30	30	25	30	30	47	30	32	36	44	61
内蒙	76	25	25	25	20	30	31	37	26	28		43	45
辽宁			30	35	30	20	35	35	45	30	35	52	53	49
吉林			20	25	30		35	30	33	30	31	40	47	38
黑龙江	70	70	35	35	30	37	40	50	40	37	46	54	53
上海			10					1					
江苏			26	30	30	30	25	25	20	16	15	25	28	64
浙江			23	30	30		25	25	15	15	10	24	24	25
安徽	6								10	9	29	30	27
福建			35	30		25	20						
江西			26		30	25	25	25	25	12	13	26	22	25
山东	13	20	20	25	25	30	30	30	32	30	38	40	43
河南	3	10	20	20		25	25	30	36	32	34	41	44
湖北			20	20			20	30	25	25	24	36	43	49
湖南			20	30	25	30	20	25	25	20	26	30	36	28
广东	9		20	20		20	20	25	20	19	28	26	30
广西			10				15	15	20	14	26	27	30
*海南	—	—	—	—	—	—	—	—	—	—	—	12	17
*重庆	—	—	—	—	—	—	—	—	—	—	—	—	—
四川	8	10	20	20	20	20	20	30	30	29	39	45	46
贵州								16	15	11	25	26	23
云南						15	15	21	13	25	30	27
西藏													
陕西			11	8	15		15	20	25	17	19	28	30	32
甘肃	11	21			10	15	15	15	20	20	19	30	33	26
青海									13	11			
宁夏													
新疆								15	16	14	22	26	24

续表

	1990年	1991年	1992年	1993年	1994年	1955年	1996年	1997年	1998年	1999年	2000年	2001年	2002年
总计	974	988	1028	1134	1220	1404	1379	1423	1519	1880	2524	3622	3522
北京	142	115	131	110	123	212	128	136	161	238	269	391	358
天津	10	12	14	18	19	25	25	23	25	25	66	77	75
河北	42	47	51	58	75	74	88	91	97	89	208	249	227
山西	48	49	52	61	67	48	49	71	70	167	189	209	286
内蒙	52	37	43	45	51	52	51	54	56	58	136	150	144
辽宁	48	49	55	60	63	58	59	61	64	64	103	187	172
吉林	39	39	41	45	50	52	55	67	62	70	88	166	179
黑龙江	48	52	57	50	63	64	66	59	65	64	95	176	167
上海	7							12	13	12	20	35	31
江苏	30	31	34	36	37	50	51	45	52	97	95	104	91
浙江	24	23	22	32	34	31	33	29	35	48	50	97	99
安徽	28	32	34	46	40	42	44	44	45	43	35	112	101
福建		40	12	31	34	38	38	38	42	53	69	100	87
江西	26	24	28	31	37	40	43	38	40	55	55	89	102
山东	43	38	43	53	54	68	68	72	82	72	90	169	188
河南	50	47	58	57	56	58	63	65	69	77	150	140	149
湖北	42	42	55	54	56	57	66	54	62	73	120	140	117
湖南	27	26	25	34	34	53	55	56	60	62	89	103	110
广东	29	29	38	45	43	47	49	49	49	48	58	86	56
广西	30	33	30	31	34	42	42	42	46	55	61	87	88
*海南	14	12		15	17	18	18	18	19	18	22	33	26
*重庆	—	—	—	—	—	—	—	10	33	36	52	56	
四川	45	45	43	41	45	47	60	59	50	57	63	98	94
贵州	28	25	26	31	30	34	33	37	38	49	56	85	86
云南	25	26	27	31	31	38	38	38	39	48	47	76	70
西藏											2	8	8
陕西	33	36	35	35	34	43	48	48	50	60	70	118	103
甘肃	33	32	28	29	34	42	43	45	46	57	70	104	90
青海		10	11	12	15	17	16	17	16	25	30	50	36
宁夏		10	11	12	15	18	18	18	18	18	31	53	50
新疆	31	27	24	31	29	36	32	37	37	45	51	78	76

注释：海南省1988年设立；重庆市1997年成为直辖市。

资料来源：据北京教育考试院编：《北京普通高等学校招生改革与发展》（1977—2002），北京师范大学出版社，2005年，第581页整理而得。

从表4-2中抽取1982年、1992年和2002年的数据，分别计算各省招生数占招生总数的比例，制成表4-3。从1982年的招生情况来看，除了北京的招生比例占到26.69%之外，其他省份的招生比例也基本上在3%以上，只有陕西和甘肃的招生比例为2.35%，即除北京外，其他各省的招生比例大致在3%~5%的区间内；从招生范围来看，除了西南的云南、贵州和西北的青海、宁夏之外，位于华北和华东的天津、安徽和上海也没有招生。

从1992年的招生情况来看，该年招生总数为1 028人，其中北京的招生数为131人，占12.74%，有较大幅度的下降，其次为河南（5.64%）、辽宁（5.35%）、湖北（5.35%）、山西（5.06%）、河北（4.96%）、内蒙（4.18%）、山东（4.18%）、四川（4.18%），其余省份均在4%以下；招生比例最低的为青海（1.07%）和宁夏（1.07%）。该年除了上海、海南和西藏之外，其余省区均有招生。但从招生比例来看，该年对各省招生比例的差异比1982年的要大些。

从2002年的招生情况来看，该年招生总数为3 522人，其中北京为358人，比例为10.16%，持续下降的趋势较为明显，其次为山西（8.12%）、河北（6.45%）、山东（5.34%）；招生比例最低的为西藏（0.23%）和海南（0.74%）。招生比例在4%以上的省份还有河北、山东、吉林、辽宁、河南和内蒙，这些省份（自治区）基本分布在华北和东北地区；华东地区的江苏和浙江等文教发达省份其比例分别只有2.81%和2.87%；西南地区以四川和贵州为主，其比例分别为2.67%和2.44%；西北地区则以陕西、甘肃和新疆为主，其比例分别为2.92%、2.56%和2.16%。由此可见，北京交通大学的招生在全国呈大致均匀地分布，但仍以北方的北京、河北、山西、山东、河南和吉林等省为多，南方诸省的学生相对较少；然而南方经济发达和教育现代化程度较高的湖南、湖北、江苏、浙江等也比其他省区占有更大的份额。

表4-3　北京交通大学新生生源地分布统计表（选择年份）（单位：人、%）

	1982年		1992年		2002年	
	人数	比例	人数	比例	人数	比例
总计	637	100.00	1028	100.00	3522	100.00
北京	170	26.69	131	12.74	358	10.16
天津	0	0.00	14	1.36	75	2.13
河北	35	5.50	51	4.96	227	6.45
山西	30	4.71	52	5.06	286	8.12
内蒙	30	4.71	43	4.18	144	4.09
辽宁	35	5.50	55	5.35	172	4.88
吉林	35	5.50	41	3.99	179	5.08
黑龙江	37	5.81	57	5.54	167	4.74
上海	0	0.00	0	0.00	31	0.88

续表

	1982年		1992年		2002年	
	人数	比例	人数	比例	人数	比例
总计	637	100.00	1028	100.00	3522	100.00
江苏	25	3.92	34	3.31	91	2.58
浙江	25	3.92	22	2.14	99	2.81
安徽	0	0.00	34	3.31	101	2.87
福建	25	3.92	12	1.17	87	2.47
江西	25	3.92	28	2.72	102	2.90
山东	30	4.71	43	4.18	188	5.34
河南	25	3.92	58	5.64	149	4.23
湖北	20	3.14	55	5.35	117	3.32
湖南	20	3.14	25	2.43	110	3.12
广东	20	3.14	38	3.70	56	1.59
广西	0	0.00	30	2.92	88	2.50
*海南	—	—	0	0.00	26	0.74
*重庆	—	—	—	—	56	1.60
四川	20	3.14	43	4.18	94	2.67
贵州	0	0.00	26	2.53	86	2.44
云南	0	0.00	27	2.63	70	1.99
西藏	0	0.00	0	0.00	8	0.23
陕西	15	2.35	35	3.40	103	2.92
甘肃	15	2.35	28	2.72	90	2.56
青海	0	0.00	11	1.07	36	1.02
宁夏	0	0.00	11	1.07	50	1.42
新疆	0	0.00	24	2.33	76	2.16

注释：海南省1988年设立；重庆市1997年成为直辖市。

资料来源：据北京教育考试院编：《北京普通高等学校招生改革与发展》（1977—2002），北京师范大学出版社，2005年，第581页整理和个人计算而得。

综合厦门大学和北京交通大学招生的整体情况可以看到，自新中国成立以来，两校招生的省际分布越来越广，从开始主要集中在少数特定省区，到现在几乎覆盖了全国31个省、市、自治区。从招生比例来看，由原来过于倾向某些省区而转变为在全国范围内作较为平均的分配，如厦门大学2002年除了对福建、江苏、浙江和山东的招生比例超过2%以外，其他省区的比例均在1%~2%；北京交通大学除了北京、河北、山西等省之外，其他省区的比例也大都在1%~3%。抛开人口因素不论，两校对各省招生的比例呈现渐趋平均的趋势。对此整体趋势的演变，我们可以作出如下解释：第一，在新中国成立之初高等教育机会总量较小的情况下，对入学机会的分配难以做到合理均衡。改革开放之后，随着高等教育机会总量的增多，对各省教育机会的分配也就慢慢趋向大致均衡（所在地除外）。第二，招生名额的分配不是主观意志的产物，而是要受到招考制度、地理位置、办学理念、管理体制和教育水平等多种现实因素的影响和制约，如厦门大学在新中国成立初的招生就受到大区招生体制、地理位置和高等教育资源匮乏等因素的限制，加之受到地方主义教育发展观的影响，因此招收福建学生的比例一直居高不下。从教育系统内部来看，各省基本普及九年义务教育和高中教育的迅速发展，也为招生名额在全国较为平均地分配提供了基础性条件。第三，对各地招生名额的分配，大致可以反映出各省区之间的文化发展水平和教育发达程度。江苏和浙江等经济、文化较发达的省份，在参与高校入学竞争时就占据了较大的优势地位。反之，边远省区的学生则因经济和教育的落后而难以考入重点大学。在两校历年的招生中，江苏和浙江的学生都占有相对较大的比例，这便是其文化发展水平和教育发达程度的体现。总之，从两校历年招生的整体情况来看，招生的范围分布越来越广，对各省名额的分配也呈现逐渐平均的趋势。

二、对两校所在地招生情况的趋势分析

从以上的分析可知，历年来两校所在省市的学生在招生总数中都占了相当大的比例，这也是社会各界极为关注的问题。2005年的"两会"上就有代表提出"高招指标不能地域歧视"的问题[①]，本部分对两校历年招收所在地学生的趋势作一描述，并对其成因作简要分析。

首先来看厦门大学的情况，根据前表 4-1 的数据，将厦门大学不同时期福建籍学生所占比例制成图 4-1，可以发现：自高考建立以来，福建学生一直占了很大的比例，其中 1962 年的比例最高，达到 90.77%，1982 年的比例最低，为 46.67%，其余年份均在 50% 以上。从整体变化趋势来看，1952 年和 1962 年的比例很高，大约在 75%～90%；改革开放之后的三个年份中，福建学生占总数的比例有了大幅度的下降，1982 年为最低点，之后的1992 年和 2002 年又有缓慢回升的趋势。尽管这一比例有了较大程度的降低，但接近 60% 的比例仍然反映出厦门大学偏重福建学生的招生倾向。造成这一现象的原因是多方面的：其一是福建省的高等教育相对落后。从 2002 年

---

① 《政协委员：高招指标分配不能地域歧视》，新浪网，http://news.sina.com.cn/c/2005-03-11/04446054687.shtml. 2005-03-11。

的统计数据来看，福建的人均GDP排名全国第7位，而每10万人口高等教育的在校生数却排在全国第23位[①]。并且长期以来福建省只有厦门大学一所部属重点大学，优质教育资源相当匮乏，因此厦门大学也就成为大多数福建学生的理想选择。其二是厦门大学在创办初期就一直秉持为本地经济发展服务的理念和传统，改革开放之后，与地方经济的良性互动也更为密切；此外，厦门大学长期以来在长江以南地区有较大的影响和声望，特别在福建省，其社会认同度相当高。其三是福建学生因南北气候和饮食等方面的差异而不愿报考北方的院校，这也是主要原因之一。其四是与地方政府的联合共建，2001年厦门大学由教育部、福建省和厦门市三级联合共建，共同支持厦门大学的发展。在地方政府给予学校财政支持的同时，也对其寄予了积极发展本省高等教育事业的厚望，招生数的增加便是主要措施之一。总之，多种因素促成了福建籍学生比例的居高不下。

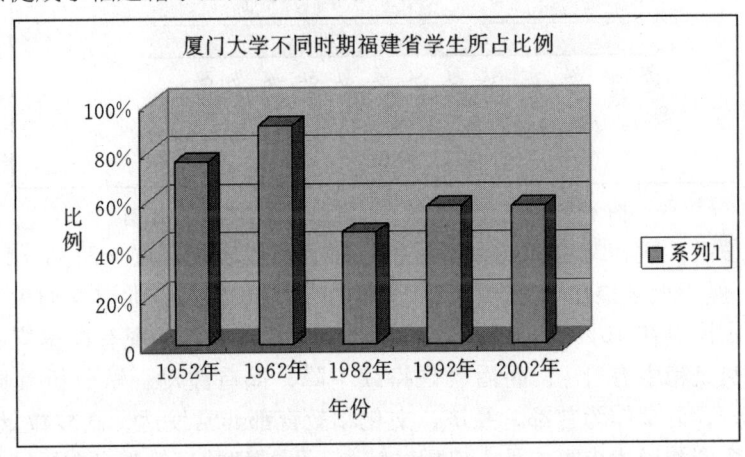

图4-1　厦门大学不同时期福建省学生所占比例

再来看北京交通大学的情况，据前表4-2，将北京交通大学不同时期北京学生所占比例制成图4-2，便可发现：整体上北京学生的比例呈现出逐年递减的趋势，而且比例变化的区间范围大致在10％～40％。1977年为最高值38.72％，以后的趋势是持续下降；1988年之后，基本上保持了低于15％的比例，只有1995年为15.10％；1996年的比例达到历史最低，为

[①]　《中国教育统计年鉴》(2003)，人民教育出版社，2004年，第999页；国家统计局编：《中国统计年鉴》(2003)，中国统计出版社，2003年，第62页。

9.28%，在此之后保持了较为平缓但稳中有升的趋势，其中1999年的比例为12.66%，这是平缓发展阶段的最高点；此后三年的比例基本上保持在10.5%左右。从北京交通大学的情况可以看出，在恢复高考之后，北京市学生所占的比例逐年下降，由1977年的近40%下降为2002年的10.16%，整体上呈现出逐渐合理的趋势。

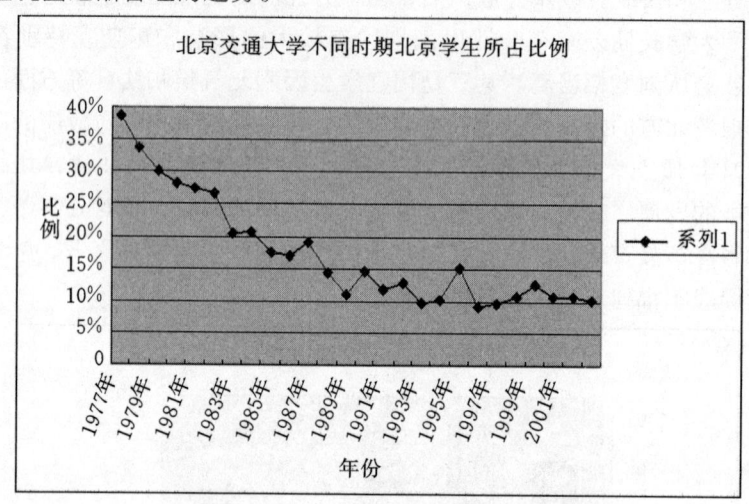

图4-2　北京交通大学不同时期北京学生所占比例

将厦门大学和北京交通大学进行比较，可以发现：同一时期（1977年之后），厦门大学福建学生所占比例大致在40%～60%，北京交通大学北京学生所占比例在10%～40%，后者的比例明显更低；从现有数据来看，前者的趋势是稳中有升①，而后者是持续下降，偶有波动。试分析其原因如下：第一，北京作为首都，经济、文化和教育都非常发达，高校数量众多，高等教育资源极为丰富，且人口相对较少，而福建的高等教育资源较少，且人口众多（相对北京而言）。从2002年两省市的招生数量来看，北京为141 790人，福建只有106 715人②，再从适龄人口来看，2000年北京的适龄人口为1 503 196人，而福建为3 047 085人③，两者的比值分别为

---

①　由于厦门大学的数据不连续，所以只能对其趋势作大致的判断。
②　《中国教育统计年鉴》（2003），人民教育出版社，2004年，第194页。
③　北京市第五次人口普查办公室、北京市统计局编：《北京市2000年人口普查资料》，中国统计出版社，2002年，第246页；福建省人口普查办公室编：《福建2000年人口普查资料》（上册），中国统计出版社，2002年，第378页。

14.16%和3.50%，相差4倍多。从巨大的反差中便可看出北京相对较少的适龄人口被众多的高校所吸纳，而福建则是众多的适龄人口竞争很少的高校，这是两者比例悬殊的重要原因。第二，北京学生相对有限的高等教育需求被众多的重点大学满足，而福建持续增长的高等教育需求特别是对优质高等教育的需求，在省内只由厦门大学来提供，处于供不应求的状态。即使从高校的绝对数量来看，北京的高校也远远多于福建的高校，2002年北京有73所高校，而福建只有39所高校[1]。同时，对于北京学生而言，北京交通大学也不是最顶尖的大学，而在福建，厦门大学却是最顶尖的大学，对两者期望值的不同也会影响到学生的报考选择。第三，从学校类型来看，厦门大学为教育部直属综合性大学，北京交通大学原为交通部直属理工类大学，学校性质的差别对招生计划的分配也有重大影响。早在1984年教育部颁发的《关于改革教育部部属高等学校招生来源计划的意见》中，就要求充分考虑各校各专业特点，注意人才培养和使用效益，对不同学科性质的专业大致规定了方向性的招生比例原则，"综合大学、理工科院校中的通用专业，兼顾中央部门和地方两方面"，"专用专业根据培养目标和实际需要确定培养比例"[2]。厦门大学多为通用专业，而北京交通大学的专业则多为专用专业，因此出于地区行业发展的需要，北京交通大学对各地区招生名额的分配也就更为均衡。此外，两者的差别还可能与两校的办学理念、文化传统等因素的差异有关，限于篇幅，不再详述。

值得指出的是，以上对两校的分析仅是个案研究，并非具有普遍意义的典型研究。笔者对2004年部分重点大学对所在地的招生情况作了粗略统计发现：各大学对所在地的招生都有程度不同的倾斜政策，如北京大学和清华大学招收北京学生的比例分别为26.82%和14.16%，复旦大学和上海财经大学招收上海学生的比例分别为51.94%和47.72%，中山大学在广东的招生比例为67.29%，山东大学在山东的招生比例为61.07%[3]。由此可见，各重点大学对所在地省份招生的比例大都保持了较高的水平，但也与各地高等教育资源和人口等因素密切相关。

---

[1] 《中国教育统计年鉴》(2003)，人民教育出版社，2004年，第187页。

[2] 《关于改革教育部部属高等学校招生来源计划的意见》，转引自杨学为编：《高考文献》(下)(1977—1999)，高等教育出版社，2003年，第214～216页。

[3] 具体数据参见附录一。

三、对两校历年新生省际分布情况的趋势分析

以上分析只是对两校招生整体情况和所在地招生情况的概观,那么两所高校在不同时期招收全国各省学生的实际差异如何?本部分主要分析这一问题。对此问题的设计是从纯粹理想状态出发,排除教育资源差异程度和招生政策的偏好,依照比例平等的原则,将高校招收各省学生的比例和各省适龄人口的比例进行比较来判断其对全国招生的差异程度。具体而言,计算出两校1982年、1992年和2002年的分省招生比例,与同期各省适龄人口比例进行对比,得到一个数值,如果该值等于1则说明在该省招生数量最为公平(实证意义的公平),如果大于1则表明对该省偏多,反之则偏少。在此将这一数值称为"入学机会指数",入学机会指数越大则说明该地区拥有较多的入学机会。

(一)厦门大学

根据全国第三次(1980年)、第四次(1990年)和第五次(2000年)人口普查的资料,计算出全国各省区适龄人口数及其比例,得到表4-4。将厦门大学和北京交通大学三个年份对全国各省区的招生比例、适龄人口比例及两者之比得出的入学机会指数分别制成表4-5和表4-6。

先来看厦门大学的情况。1982年,福建招生比例最高为46.47%,适龄人口比例为2.64%,入学机会指数也最高达到17.6,这表明福建学生进入厦门大学的机会非常多;入学机会指数超过1的省市还有北京(1.51)、江苏(1.2)、浙江(2.22)和江西(1.75);其余省份均低于1。可见,该年全国各省学生进入厦门大学的入学机会指数差异很大,除福建和以上四个省市之外,其他省区均没有达到应有的入学机会水平。

表4-4 第三次、四次、五次全国人口普查各省、市、自治区适龄人口数及其所占比例(单位:人、%)

	1982年		1990年		2000年	
	人口数	比例	人口数	比例	人口数	比例
总计	93130004	100.00	128034286	100.00	98500797	100.00
北京	1132610	1.22	1084395	0.85	1503196	1.53
天津	882524	0.95	775198	0.61	900304	0.91
河北	4907172	5.27	6133633	4.95	5633340	5.72
山西	2503106	2.69	3138678	2.45	2334931	2.37

续表

	1982 年		1990 年		2000 年	
	人口数	比例	人口数	比例	人口数	比例
总计	93130004	100.00	128034286	100.00	98500797	100.00
内蒙	2089572	2.24	2468115	1.93	1918413	1.95
辽宁	3899970	4.19	3987610	3.12	3346275	3.40
吉林	2452494	2.63	2890152	2.26	2182813	2.22
黑龙江	3519312	3.78	4069269	3.18	2925357	2.97
上海	1289609	1.38	747539	0.58	1470680	1.49
江苏	5462383	5.87	7524990	5.88	5199084	5.28
浙江	3998864	4.29	4336207	3.39	3593152	3.65
安徽	4128001	4.43	7183999	5.61	3968454	4.03
福建	2459462	2.64	3360960	2.63	3047085	3.09
江西	2945034	3.16	4252615	3.32	3094634	3.14
山东	6995033	7.51	9158283	7.15	6581541	6.68
河南	6457820	6.93	9762469	7.62	6833069	6.94
湖北	4743404	5.09	6288362	4.91	4741485	4.81
湖南	4891393	5.25	7010935	5.48	4685149	4.76
广东	5747429	6.17	6991704	5.46	10267209	10.42
广西	3195218	3.43	4396298	3.43	3692210	3.75
海南	—	—	695280	0.54	713358	0.72
重庆	—	—	—	—	1639116	1.66
四川	7566991	8.13	13757945	10.75	4919821	4.99
贵州	2155558	2.31	3770185	2.94	2487339	2.53
云南	2876117	3.09	4302172	3.36	3685804	3.74
西藏	177676	0.19	230645	0.18	261064	0.27
陕西	2938770	3.16	3703039	2.89	2534464	2.57
甘肃	1814524	1.95	2991896	2.34	1721606	1.75
青海	349919	0.38	596988	0.47	469115	0.48
宁夏	359587	0.39	559542	0.44	503874	0.51
新疆	1190452	1.28	1865183	1.46	1646855	1.67

资料来源：1982 年的数据根据国家统计局人口统计司编：《中国人口统计年鉴》(1988)，中国统计出版社，1988 年，第 487～543 页整理而得；1990 年的数据根据国家统计局人口统计司编：《中国人口统计年鉴》(1993)，中国统计出版社，1993 年，第 180～267 页整理而得；2000 年的数据根据各省《第五次全国人口普查资料》整理而得，其中，大多数省区的《第五次全国人口普查资料》通过馆际互借由北京大学图书馆得到，其余省区的资料来自北京大学社会学系分馆；人口比例由个人计算而得。

表 4-5　厦门大学 1982 年、1992 年、2002 年录取各省新生比例及其入学机会指数（单位:%）

	1982年			1992年			2002年		
	招生比	人口比	指数	招生比	人口比	指数	招生比	人口比	指数
总计	100.00	100.00	1.00	100.00	100.00	1.00	100.00	100.00	1.00
北京	1.84	1.22	1.51	0.50	0.85	0.59	1.82	1.53	1.19
天津	0.32	0.95	0.34	0.89	0.61	1.46	1.35	0.91	1.48
河北	1.84	5.27	0.35	2.17	4.95	0.44	1.35	5.72	0.24
山西	0.56	2.69	0.21	0.97	2.45	0.40	1.35	2.37	0.57
内蒙	0.08	2.24	0.04	0.39	1.93	0.20	0.91	1.95	0.47
辽宁	2.00	4.19	0.48	1.74	3.12	0.56	1.64	3.40	0.48
吉林	0.32	2.63	0.12	0.97	2.26	0.43	1.20	2.22	0.54
黑龙江	0.72	3.78	0.19	0.46	3.18	0.14	1.20	2.97	0.40
上海	0.64	1.38	0.46	0.73	0.58	1.26	1.20	1.49	0.81
江苏	7.05	5.87	1.20	3.71	5.88	0.63	3.14	5.28	0.59
浙江	9.54	4.29	2.22	4.72	3.39	1.39	2.24	3.65	0.61
安徽	2.32	4.43	0.52	1.62	5.61	0.29	1.79	4.03	0.44
福建	46.47	2.64	17.6	56.98	2.63	21.67	57.34	3.09	18.60
江西	5.53	3.16	1.75	3.60	3.32	1.08	2.24	3.14	0.71
山东	4.17	7.51	0.56	3.44	7.15	0.48	2.09	6.68	0.31
河南	0.96	6.93	0.14	1.43	7.62	0.19	1.70	6.94	0.24
湖北	2.40	5.09	0.47	1.39	4.91	0.28	1.43	4.81	0.30
湖南	1.92	5.25	0.37	4.68	5.48	0.85	1.52	4.76	0.32
广东	3.37	6.17	0.55	3.37	5.46	0.62	1.88	10.42	0.18
广西	1.28	3.43	0.37	0.70	3.43	0.20	1.26	3.75	0.34
海南	—	—	—	0.85	0.54	1.57	1.08	0.72	1.50
重庆	—	—	—	—	—	—	1.46	1.66	0.88
四川	2.08	8.13	0.26	1.90	10.75	0.18	1.50	4.99	0.30
贵州	0.64	2.31	0.28	0.46	2.94	0.16	1.20	2.53	0.47
云南	0.48	3.09	0.16	0.50	3.36	0.15	1.32	3.74	0.35
西藏	0.00	0.19	0.00	0.00	0.18	0.00	0.00	0.27	0.00
陕西	0.56	3.16	0.18	0.12	2.89	0.04	1.41	2.57	0.55
甘肃	0.08	1.95	0.04	0.04	2.34	0.02	1.29	1.75	0.74
青海	0.00	0.38	0.00	0.00	0.47	0.00	0.15	0.48	0.31
宁夏	0.00	0.39	0.00	0.00	0.44	0.00	0.93	0.51	1.82
新疆	0.00	1.28	0.00	0.04	1.46	0.03	1.05	1.67	0.63

资料来源：据前表相关数据和个人计算而得。

1992年，该校对福建的招生比例达到56.98%，入学机会指数达到21.67，高于1982年的水平；该年入学机会指数超过1的还有天津（1.46）、上海（1.26）、浙江（1.39）、江西（1.08）和海南（1.57）。其中海南的情况较为特殊，虽然招生比例很低，但适龄人口比例也很低，所以入学机会指数达到了较高的水平；其余省区的入学机会指数均低于1，虽然湖南、江苏和山东的招生数量和比例都较大,但因人口众多,其入学机会指数只分别达到0.85、0.63和0.48。总体而言,该年各省入学机会指数的差异仍然较大。

2002年,福建的招生比例没有太大变化(57.34%),入学机会指数为18.6,比1992年的水平略有降低;其他入学机会指数高于1的还有北京(1.19)、天津(1.48)、海南(1.50)和宁夏(1.82);最低的为广东(0.18)。从表中可看出,广东的适龄人口比例由1992年的5.46%迅速增至2002年的10.42%,可能是由外地人口的大量进入而造成适龄人口的激增。总之,该年各省入学机会指数的差异有所降低,但整体仍然较大。

从入学机会指数的高低可以很直观地看出各省学生考入厦门大学的机会的差异程度,但仅仅如此还不能判明该校对各省招生的整体差异水平。为此,我们用Lorenz曲线和基尼系数来测量各省入学机会的整体差异水平。Lorenz曲线和基尼系数最初是用来衡量不同人群收入水平差距的,在此用它来反映各省入学机会水平的差异。以各省份百分比的累加为X轴,以各省份入学机会指数百分比的累加为Y轴,就可以作出Lorenz曲线。如果各地入学机会指数均为1的话,Lorenz曲线为45度角的斜线,如果偏离斜线程度越大,则说明差异越大,反之则越小;同时基尼系数越大则差异越大,反之则越小。将厦门大学三个年份各省入学机会指数做成Lorenz曲线(见图4-3、4-4、4-5),便可发现:1982年新生省际分布的Lorenz曲线的偏离程度很大,并且有明显的特异点,这是由福建入学机会指数过高所造成的。依据这一曲线求得基尼系数为0.7740;从1992年的曲线来看,其偏离程度

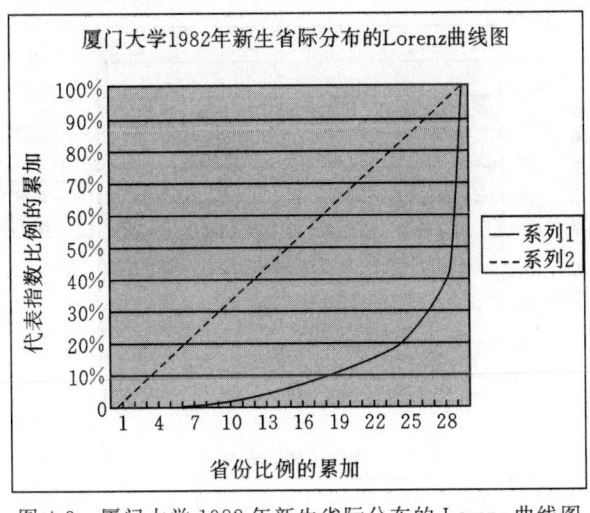

图4-3 厦门大学1982年新生省际分布的Lorenz曲线图

也很大,且仍然存在突出的特异点,计算该年的基尼系数为 0.775 3,略高于 1982 年的水平;2002 年的曲线偏离程度明显要小于前两年,计算基尼系数为 0.644 7,可见该年分省招生的整体差异水平要小于前两年。

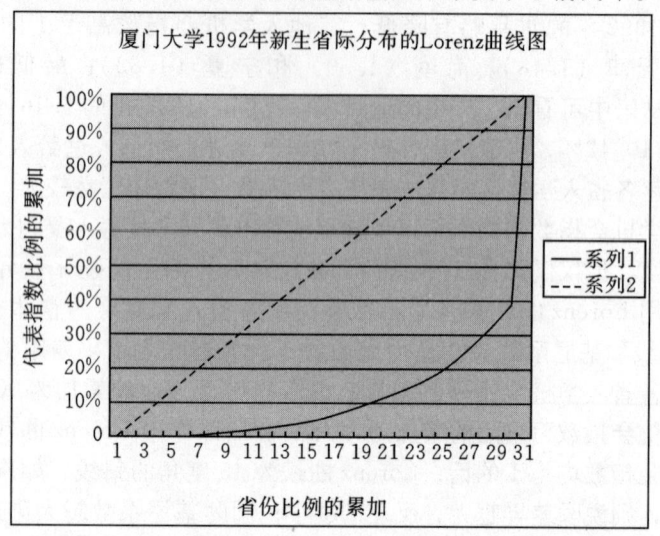

图 4-4　厦门大学 1992 年新生省际分布的 Lorenz 曲线图

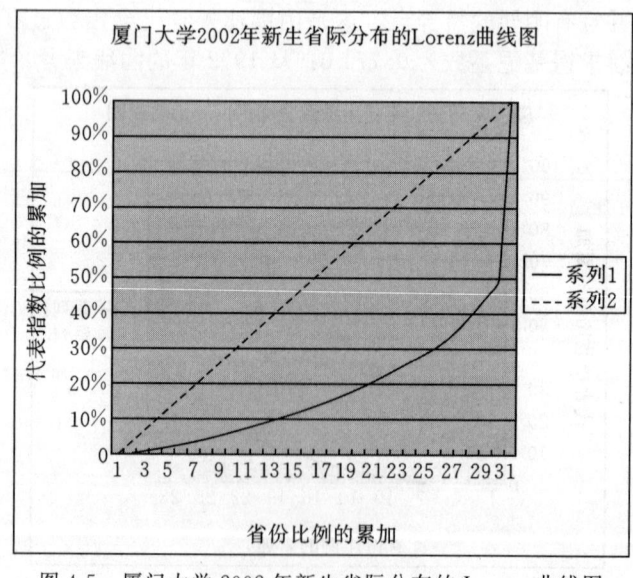

图 4-5　厦门大学 2002 年新生省际分布的 Lorenz 曲线图

为更好地比较厦门大学对全国招生的差异程度，将三个年份中福建的数据剔除，也就是将曲线中的特异点去掉，得到图7-1、7-2、7-3①。可以看出：不含福建数据的Lorenz曲线要平缓得多，而且偏离程度也较小，分别求得这三年分省招生的基尼系数为0.5619、0.5219和0.3515。可见，三个年份招生的基尼系数在整体上要比包含福建的基尼系数小很多，而且也呈现出不断缩小的趋势。但从绝对水平来看，1982年和1992年的基尼系数都超过0.5，说明这两年厦门大学对全国各省区（福建除外）的招生仍然存在较大的差异；2002年的数据为0.3515，说明该年对全国各省招生的公平性明显得到改善。

（二）北京交通大学

将北京交通大学三个年份的数据制成表4-6，可以发现：1982年，北京的招生比例最高（26.69%），其入学机会指数也最高，达到21.88；其次，入学机会指数大于2的有内蒙和吉林，大于1的有河北（1.04）、山西（1.75）、辽宁（1.31）、黑龙江（1.54）、福建（1.49）、江西（1.24）和甘肃（1.21），其他省区均小于1，但也大都在0.5以上。由此可见，除北京的入学机会指数较高之外，其他省区之间的差距并不大；1992年，北京的入学机会指数下降为14.99，大于2的省区增加至5个，分别为天津（2.23）、山西（2.07）、内蒙（2.17）、青海（2.28）、宁夏（2.43），大于1的有河北（1.00）、辽宁（1.72）、吉林（1.77）、黑龙江（1.74）、湖北（1.09）、陕西（1.18）、甘肃（1.16）和新疆（1.60），其余大多数省区也都在0.5~1。从地理分布来看，大于1的省区除了福建和江西之外，其他均在东北、西北和华北地区。可见，除了北京之外，其他北方省区的入学机会指数都有了不同程度的提高，较之1982年，各省区之间的差异明显减小；2002年，北京的入学机会指数为6.64，下降幅度较大，但仍处于首位，入学机会指数大于2的有山西（3.43）、天津（2.34）、内蒙（2.10）、青海（2.13）和宁夏（2.78），大于1的省区有辽宁、黑龙江等7省，其余均小于1，小于0.5的省份有江苏和广东。因此从整体来看，该年各省入学机会指数的差异持续缩小。

---

① 因受篇幅限制，将厦门大学和北京交通大学三个年份不含所在地的新生省际分布的Lorenz曲线图放在附录中，详见附录二。

表 4-6 北京交通大学 1982 年、1992 年、2002 年分省录取新生比例及其入学机会指数（单位：%）

	1982 年			1992 年			2002 年		
	招生比	人口比	指数	招生比	人口比	指数	招生比	人口比	指数
总计	100.00	100.00	1.00	100.00	100.00	1.00	100.00	100.00	1.00
北京	26.69	1.22	21.88	12.74	0.85	14.99	10.16	1.53	6.64
天津	0.00	0.95	0.00	1.36	0.61	2.23	2.13	0.91	2.34
河北	5.50	5.27	1.04	4.96	4.95	1.00	6.45	5.72	1.13
山西	4.71	2.69	1.75	5.06	2.45	2.07	8.12	2.37	3.43
内蒙	4.71	2.24	2.10	4.18	1.93	2.17	4.09	1.95	2.10
辽宁	5.50	4.19	1.31	5.35	3.12	1.72	4.88	3.40	1.44
吉林	5.50	2.63	2.09	3.99	2.26	1.77	5.08	2.22	2.29
黑龙江	5.81	3.78	1.54	5.54	3.18	1.74	4.74	2.97	1.60
上海	0.00	1.38	0.00	0.00	0.58	0.00	0.88	1.49	0.59
江苏	3.92	5.87	0.67	3.31	5.88	0.56	2.58	5.28	0.49
浙江	3.92	4.29	0.91	2.14	3.39	0.63	2.81	3.65	0.77
安徽	0.00	4.43	0.00	3.31	5.61	0.59	2.87	4.03	0.71
福建	3.92	2.64	1.49	1.17	2.63	0.45	2.47	3.09	0.80
江西	3.92	3.16	1.24	2.72	3.32	0.82	2.90	3.14	0.92
山东	4.71	7.51	0.63	4.18	7.15	0.59	5.34	6.68	0.80
河南	3.92	6.93	0.57	5.64	7.62	0.74	4.23	6.94	0.61
湖北	3.14	5.09	0.62	5.35	4.91	1.09	3.32	4.81	0.69
湖南	3.14	5.25	0.60	2.43	5.48	0.44	3.12	4.76	0.66
广东	3.14	6.17	0.51	3.70	5.46	0.68	1.59	10.42	0.15
广西	0.00	3.43	0.00	2.92	3.43	0.85	2.50	3.75	0.67
海南	—	—	—	0.00	0.54	0.00	0.74	0.72	1.03
重庆	—	—	—	—	—	—	1.60	1.66	0.96
四川	3.14	8.13	0.39	4.18	10.75	0.39	2.67	4.99	0.54
贵州	0.00	2.31	0.00	2.53	2.94	0.86	2.44	2.53	0.96
云南	0.00	3.09	0.00	2.63	3.36	0.78	1.99	3.74	0.53
西藏	0.00	0.19	0.00	0.00	0.18	0.00	0.23	0.27	0.85
陕西	2.35	3.16	0.74	3.40	2.89	1.18	2.92	2.57	1.14

续表

	1982年			1992年			2002年		
	招生比	人口比	指数	招生比	人口比	指数	招生比	人口比	指数
总计	100.00	100.00	1.00	100.00	100.00	1.00	100.00	100.00	1.00
甘肃	2.35	1.95	1.21	2.72	2.34	1.16	2.56	1.75	1.46
青海	0.00	0.38	0.00	1.07	0.47	2.28	1.02	0.48	2.13
宁夏	0.00	0.39	0.00	1.07	0.44	2.43	1.42	0.51	2.78
新疆	0.00	1.28	0.00	2.33	1.46	1.60	2.16	1.67	1.29

资料来源：据前表相关数据整理和个人计算而得。

将北京交通大学三个年份的数据制成 Lorenz 曲线图（见图 4-6、4-7 和 4-8），可以发现：三个年份曲线的偏离程度逐渐减小，而且趋势非常明显，分别求得三年的基尼系数为 0.737 5、0.538 1 和 0.392 9。这说明北京交通大学对全国各省招生的差异程度越来越小，2002 年的基尼系数为 0.393 9，说明对各省的招生是较为公平的。同理，将该校三个年份中北京的数据剔除，得到图 7-4、7-5 和 7-6（见附录二），分别求得基尼系数为 0.533 2、0.375 4 和 0.329 3。比较三个年份的数据可知，1982 年和 1992 年包括北京和不包括北京的基尼系数相差较大，2002 年两者分别为 0.392 9 和 0.329 3，差距已经很小了。这说明 2002 年该校对北京的招生比例与其他省份差距不大，虽仍有政策倾斜，但对全国招生的公平性而言影响较小。

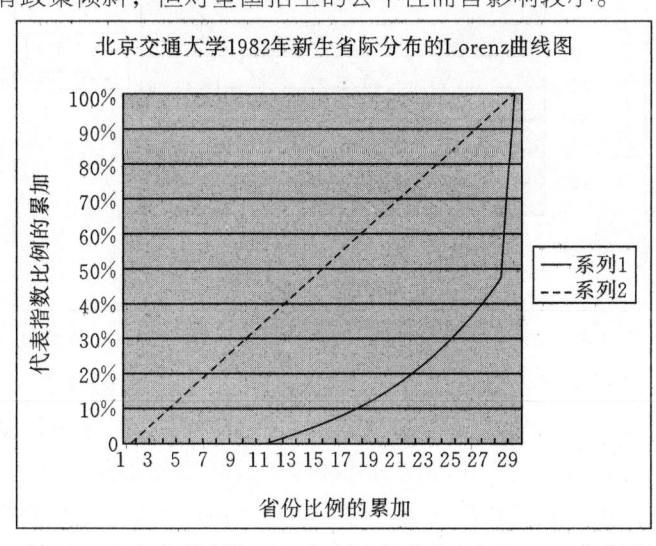

图 4-6　北京交通大学 1982 年新生省际分布的 Lorenz 曲线图

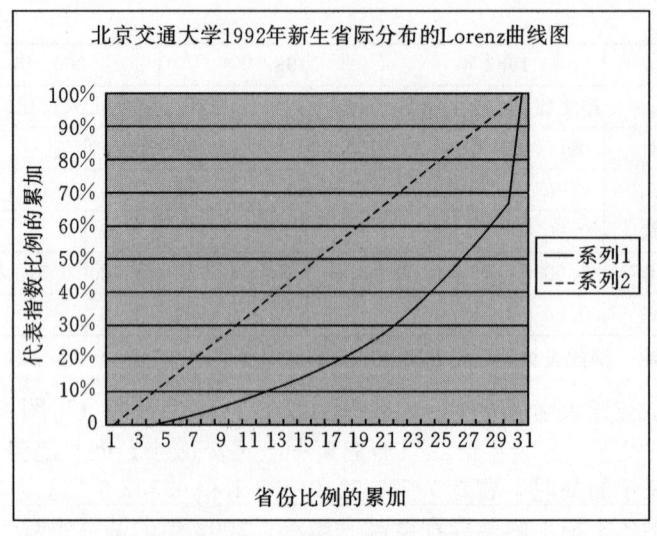

图 4-7　北京交通大学 1992 年新生省际分布的 Lorenz 曲线图

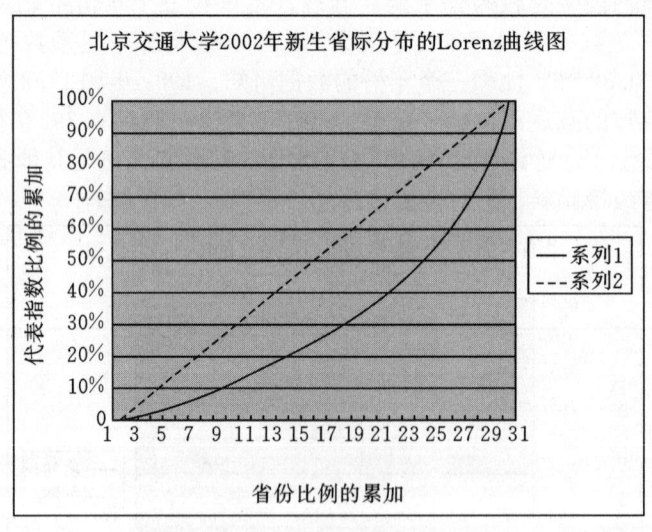

图 4-8　北京交通大学 2002 年新生省际分布的 Lorenz 曲线图

将两校这三个年份分省招生的基尼系数汇总如下,得到表 4-7。可以看到,其共同趋势是两校对全国各省招生的基尼系数逐渐缩小,厦门大学从 0.774 0 缩小到 0.644 7,北京交通大学从 0.737 5 缩小到 0.392 9,这说明对全国各省的招生越来越趋向公平;从不含所在地招生的基尼系数来看,趋势更为明显,厦门大学从 0.561 9 缩小到 0.351 5,北京交通大学从 0.533 2

缩小到 0.329 3，说明两校分省招生的公平性逐渐提高。两者的差别在于，北京交通大学比厦门大学的基尼系数减小的幅度更大，1982 年，两校基本处于同一水平，而到 2002 年北京交通大学的基尼系数就明显小于厦门大学的，特别是包含所在地招生的基尼系数，这说明厦门大学较之北京交通大学对所在地的招生仍有着很大的政策倾斜，具体原因在上文中已经作出分析，不再赘述。

表 4-7 厦门大学和北京交通大学不同年份分省招生的基尼系数统计表

		1982 年	1992 年	2002 年
厦门大学	含福建	0.7740	0.7753	0.6447
	不含福建	0.5619	0.5219	0.3515
北京交通大学	含北京	0.7375	0.5381	0.3929
	不含北京	0.5332	0.3754	0.3293

资料来源：据以上诸图相关资料整理而得。

总之，两校招生的共同趋势是越来越公平，无论是对全国的招生还是不含所在地的招生都是如此。但因两校地理位置、学科特点及城市经济发展水平等诸多原因的限制，其招生行为趋向公平的程度也有所不同。应该指出，因受适龄人口资料的限制，本节只选取了三个时间点作动态的分析，如果能作连续时间序列的分析，可能趋势更为显著。但如此一来只能用各省的全部人口作为研究指标，与适龄人口这一指标相比，可能存在较大的误差。

第二节 恢复高考以来各省录取分数线之变化

第一节主要以时间序列来考察中央部属大学分省招生的公平性问题，本节主要考察恢复高考以来各省分数线的整体演变趋势，这也是被社会各界广泛关注的焦点问题。具体来说，依据分省招生的数量、基础教育的水平和高等教育资源的丰富程度三个因素来揭示其演变的动因。首先，高考分数线的变化与招生名额的投放有很大关系，即在相同的条件下，招生数量越多，录取分数线就越低；其次，基础教育水平的高低决定了该省生源的优劣程度，在同等条件下，基础教育水平越高，分数线也相应越高；最后，高等教育资源的丰富程度决定了招生数量的多寡，也会影响到分数线的变化，其中，高校的数量，特别是"211 工程"院校和"985 工程"院校的数量在很大程度上决定了本科第一批录取分数线的高低。本节主要选取这三个因素来反映各省高考录取分数线的变化情况。

一、恢复高考以来各省分数线的变化趋势

高考建制之初,由于招生数在整体上多于高中毕业生数,所以录取分数线也较低,并且实行以大行政区为主的招生体制,所以考察当时的分数线没有太多实质的意义。1958年高考制度暂时中断,次年旋即恢复,并从此确立了分省录取制度,至此才出现了分省的高考录取分数线。但由于20世纪60年代强烈的政治因素的干扰,高考制度经历了较大的反复,科目改革频仍,且相关数据散佚难以获取。故此,只研究恢复高考以来各省分数线的变化情况。笔者选取1980年、1991年和1999年三个时间点的分省高考录取分数线来研究其基本的走势[1]。之所以选取这三个时间点,出于以下考虑:其一,1977年到1979年考生众多、竞争激烈,属于特殊时期[2],从1980年开始,各项教育事业和高考制度逐步趋于正常;其二,1999年除广东实行"3+X"改革和上海单独命题之外,其他省区均采用全国卷,分数易于比较,之后因"3+X"改革方案在全国推广,试卷纷繁多样而难以比较;其三,1991年大致处于两者之间,且大多数省区采用全国卷,分数易于比较。故此,选取以上三个年份的数据。大体而言,这三个时间点的分数线基本能够反映各省分数线变化的趋势。

将1980年、1991年和1999年的各省录取分数线整理如表4-8,可以看出:1980年的录取分数线只有本科和专科(没有列出)两条,理工类最高的为浙江(374),其次为江苏(364)、天津(360)、安徽(360)、湖北(356)、江西(355)、福建(354),辽宁、上海和山东均为350,北京为349,与最高的浙江只相差25分;最低的为青海(240)、西藏(260)、云南(265)和宁夏(270),其余省区均在300分以上。文史类最高的也是浙江(365),其次为湖北(356)、安徽(340)、江苏(336)、福建(333)、山东

---

[1] 1977年至1988年全国各省的高考录取分数线详见附录六。

[2] 1977年至1979年全国高考报名人数分别达到573.1、610.2和468.4万人,录取率也分别只有4.76%、6.58%和5.87%,属于较为特殊的时期。参见杨学为:《中国考试改革研究》,北京大学出版社,2001年,第363页。

(330)、黑龙江（330）、北京（329），最低的为青海（240）、西藏（240）、宁夏（250）、云南（255）。由此可见，恢复高考之初的1980年，各地分数线相差很小；分数线最高的为浙江、江苏、安徽、湖北等省；北京和天津的分数线也较高，而且与最高的浙江相差不大，天津的理科线甚至排名全国第三；文理分数线最低的均为青海、宁夏、西藏和云南等西部边远省区。

再来看1991年的高考分数线，该年除了上海（上海卷）、湖南、海南、云南（"三南"卷）和广东（标准分）之外，其他省区均为全国卷（原始分）。理工类重点线最高的为浙江和江苏，均为547，其次为湖北（544）、安徽（539）、河南（535）、江西（532）、山东（531）、四川（531）；最低的为西藏（370）、青海（435）、云南（447）和贵州（471），北京和天津分别为490和495，与西部的甘肃（497）和新疆（499）基本处于同一水平，仅比前面最低的四个省区和山西略高。文史类重点线最高的是湖南（499），其次为山东（497）、安徽（493）、浙江（491）、湖北（491）、河南（490），最低的依次为西藏（350）、青海（400）、云南（440）、山西（443）、贵州（447）和甘肃（448），北京的分数线为455，还低于新疆的456，天津为460，也基本上处于后列。该年北京的理科录取线与最高分数线相差57分，文科录取线与最高分数线相差44分。

再来看1999年的高考分数线，该年上海单独命题，广东、广西、河南、福建、海南、山东、陕西使用标准分，其他省区均为全国卷且使用原始分，便于比较，但缺少西藏和宁夏的数据。理工类重点线最高的为湖北（566），其次为江苏（546）、河北（546）、江西（542）、浙江（540）；最低的为青海（420）、云南（440）、北京（460）、新疆（470）。文史类重点线全国最高的为湖南（556），其次为山西（545）、辽宁（545）、湖北（544）、江西（542）；最低的为北京（466）、青海（475）、云南（475）。该年北京的理科线与最高分数线相差106分、文科线与最高分数线相差90分，北京文科的466分在大多数省份连一般本科都上不了，甚至上专科学校都比较困难。

表4-8　1980年、1991年和1999年全国各省高考录取分数线（本科）

	1980年		1991年				1999年			
	理工类	文史类	理工类		文史类		理工类		文史类	
			重点	一般	重点	一般	重点	一般	重点	一般
北京	349	329	490	462	455	433	460	421	466	447
天津	360	303	495	460	460	451	488	434	496	468

续表

	1980年		1991年				1999年			
	理工类	文史类	理工类		文史类		理工类		文史类	
			重点	一般	重点	一般	重点	一般	重点	一般
河北	340	310	520	497	492	475	546	504	529	510
山西			480	480	443	443	535	496	545	508
内蒙	330	290	512	485	466	453	499	459	496	478
辽宁	350	325	510	483	490	460	525	465	545	500
吉林	345	320	504	479	472	462	525	475	518	493
黑龙江	340	330	510	489	477	457	520	470	535	502
上海	350	280	410	384	418	408	485	441	497	474
江苏	364	336	547	532	488	488	546	501	528	497
浙江	374	365	547	520	491	469	540	494	532	506
安徽	360	340	539	519	493	477	533	487	517	499
福建	354	333	527	501	478	463	617*	547	672	589
江西	355	320	532	517	488	480	542	506	542	525
山东	350	330	531	531	497	497	599*		639	
河南	340	325	535	515	490	472	633*	575	664	619
湖北	356	356	544	531	491	483	566	535	544	523
湖南			465	462	499	493	537	495	556	524
广东	336	310	653	620	695	667	620*	566	620	566
广西	317	312	507	473	469	452	656*	589	690	624
海南	—	—	473	443	473	443	601*	540	623	567
重庆			—	—	—	—	508	448	522	486
四川	335	315	531	514	483	471	511	459	525	495
贵州	300	295	471	423	447	406	480	404	514	448
云南	265	255	447	427	440	400	440	375	475	445
西藏	260	240	370	310	350	300				
陕西	340	314	515	497	480	470	596*		652	
甘肃	300	260	497	470	448	434	487	453	483	463
青海	240	240	435	440	400	385	420	383	475	449
宁夏	270	250								
新疆	300	260	499	473	456	444	470	420	480	452

注释：1.1980年湖南和山西的录取线因公布较晚而暂缺；2.1991年湖南、海南和云南实行"三南"改革，理工类和文史类总分均为600分；上海实行"上海"方案改革，文理科总分均为600分；广东实行标准分改革，文理科总分均为900分；其余省区理工类总分为710分，文史类总分为640分；3.1999年广东实行"3+X"改革，上海单独命题，广东、广西、河南、福建、海南、山东、陕西的成绩用标准分，带 * 的分数为标准分。资料来源：1980年的数据来自天津市招生委员会办公室：《天津市招生工作简报》1980年第8期；1991年的数据来自北京大学档案馆，转引自李文胜：《中国高等教育入学机会的公平性研究》，北京大学博士学位论文，2005年，第60页；1999年的数据来自陈中原：《中国教育平等初探》，广东教育出版社，2004年，第81～82页。

从以上三年高考分数线的整体走势来看，第一，全国各地的高考分数线呈现整体升高的趋势，这既与高考科目和内容改革有关系[①]，也是随高考竞争的水涨船高而反映出文化教育水平的大幅度提升；第二，分数线一直较高的省份是江苏、浙江、湖北、安徽、山东和江西等，基本为中部或东部地区的省份，原来分数线较低的河北、河南、山西等省份，近来分数线也有逐渐升高的趋势；第三，三年中分数线一直较低的省区有西藏、青海、云南、甘肃和新疆等，这与其基础教育较为落后有很大关系；第四，北京、上海和天津的录取分数线在恢复高考之初还是相对较高的，但整体走势是逐渐降低，近期甚至还低于西部的某些边远省区，与高考大省分数线的差距逐渐拉大。这就是各省分数线变化的整体趋势。那么，各省高考分数线的整体走势为什么会呈现如此的特点？其背后的动因又是什么？这是下面将要研究的问题。

二、招生数量与高考分数线的变化

毫无疑问，高考分数线的起伏变化是由教育内外部的多种因素造成的。由于实行分省定额录取的制度，所以各省招生数的多寡便在很大程度上影响到分数线的高低。当一个地区招生名额多、入学机会相对充裕时，高考分数线可能就会随着入学机会的增多而降低，反之，则有可能升高。下面就以1977年—2002年的各省本专科招生数[②]和高中毕业生数[③]的变化来考察各地入学机会的演变，并分析这一演变对分数线变化的影响。无疑，最为理想的指标是用本专科招生数和报考人数来反映入学机会对分数线的影响。但因历年的分省报考人数数据不易获取，故此，用高中毕业生数来替代报考人数。为了进一步明确用毕业生数代替高考报名人数的科学性，笔者选取了1999年—2003年的分省高中毕业生数和分省报考人数[④]，对两者做了简单的相关性分析，发现相关系数分别达到 0.976、0.976、0.983、0.985、0.993。可见，两个数据呈高度的正相关。虽然高中毕业生数与报考人数在

[①] 1980年，高考文理科总分均为 530 分，外语成绩按 30% 记入总分；1991年，文科总分为 640 分，理科总分为 710 分；1999年实行原始分的省份高考文理科总分均为 600 分，实行标准分的省份高考文理科总分均为 900 分。1980年的高考总分参见谢青、汤德用：《中国考试制度史》，黄山书社，1995 年，第 816 页。

[②] 1977年至2002年的分省本专科招生数详见附录九。

[③] 1977年到2002年的分省高中毕业生数详见附录十。

[④] 1999年到2004年的高考分省报名人数见附录三。

早期会有较大差异①，但这对各省报考人数占全国的比例影响并不显著。此外，笔者还用 1978 年至 2003 年各省本专科招生数和各省总人口数②做了一个入学机会指数变化的表格③，并与表 4-9 做了对比，发现虽然各省入学机会指数的具体数据有所不同，但整体演变的趋势有相似之处。综合上述分析笔者认为，用各省招生数和高中毕业生数所得的结果可以较好地解释入学机会对分数线的影响。因为用总人口这一指标既没有反映出适龄人口结构的变化，也在很大程度上忽略了各省基础教育水平的差异。因此，本书选用以高中毕业生数为基准的入学机会指数来反映招生数量对高考分数线的影响。

具体来说，分别求得各省招生数占全国的比例和各省高中毕业生数占全国的比例，用前者除以后者就得到入学机会指数。对于入学机会指数，基本的解释为：如果比值为 1，说明该省入学机会与全国平均水平相同，大于 1 则说明高于全国平均水平，属于受益者；小于 1 则说明低于全国平均水平，可以判断为受损者。将 1978 年—2002 年的数据依照上面的公式制成表 4-9。

从表 4-9 中可以看出：第一，北京、天津、上海、辽宁和陕西 5 省市的入学机会指数一直大于 1，说明这些省市的入学机会水平一直高于全国平均水平，京津沪的分数线持续降低大致就是由充裕的入学机会所致。但北京在恢复高考之初到 20 世纪 80 年代中期的一段时间里，入学机会指数并不很高，大致保持在 1.9 的水平，这也可以从一个侧面反映出当时北京分数线相对较高的原因。对此的解释是，北京的文化教育水平一直处于全国前列，再加上"文革"后返乡的知识青年大量涌入北京使得高中毕业生数保持了较大规模，所以，当时北京的高考竞争激烈程度并不亚于其他省区，这便是"文革"后北京分数线相对较高的主要原因。从上海的情况来看，恢复高考之初，其入学机会指数就保持了较高的水平，最高的年份为 1982 年的 5.77，而在此之后的趋势是持续降低。天津的入学机会则大致保持了相对稳定的水平，基本上在 2.0～2.6。陕西和辽宁历年的入学机会指数也都保持了大于 1 的水平，其原因是人口相对较少而高等教育又比较发达。吉林、黑龙江、江苏和福建大部分时间也都保持大于 1 的水平，位于全国前列，基本属于持续的受益者。

---

① 主要是往届生的数量影响到报考人数的数量。
② 1980 年至 2003 年各省人口总数详见附录十一。
③ 以各省总人口为基准的入学机会指数表详见附录十二。

表 4-9 1978 年—2002 年各省以高中毕业生数为基准的入学机会指数

	1978年—1980年	1981年	1982年	1984年	1986年	1987年	1988年	1989年	1990年	1991年
北京	1.93	1.83	1.96	5.19	3.76	3.76	4.28	4.66	3.45	3.94
天津	2.11	1.39	1.71	2.37	1.99	2.09	2.35	2.63	2.68	2.44
河北	0.52	0.64	0.58	0.83	0.83	0.83	0.81	0.88	0.87	0.87
山西	0.75	0.64	1.19	1.02	0.77	0.76	0.85	0.86	0.83	0.82
内蒙	1.03	0.82	0.65	0.51	0.57	0.66	0.68	0.61	0.61	0.55
辽宁	1.05	1.93	1.41	1.61	1.33	1.33	1.48	1.68	1.67	1.59
吉林	0.95	1.06	0.73	0.90	1.33	1.16	1.11	1.15	1.23	1.37
黑龙江	1.31	0.90	0.88	1.09	0.83	0.95	0.88	0.96	1.04	1.06
上海	3.45	2.20	5.77	3.25	3.37	3.64	3.69	4.02	3.39	3.89
江苏	0.97	1.37	1.36	1.53	1.18	1.24	1.18	1.15	1.20	1.25
浙江	0.82	1.55	1.16	1.02	0.87	0.87	0.88	0.84	0.85	0.85
安徽	1.43	1.16	0.94	1.00	1.05	1.09	0.94	0.89	0.86	0.83
福建	1.13	0.92	1.44	1.07	1.18	1.09	1.16	1.15	1.21	1.35
江西	1.43	1.11	0.90	0.63	0.80	0.77	0.85	0.83	0.78	0.73
山东	0.73	0.73	0.74	1.02	0.77	0.77	0.76	0.83	0.83	0.84
河南	0.59	0.48	0.48	0.51	0.57	0.59	0.55	0.62	0.61	0.62
湖北	0.92	0.93	0.96	1.09	1.25	1.25	1.25	1.19	1.19	1.24
湖南	0.74	0.95	0.86	0.64	0.66	0.64	0.62	0.69	0.71	0.76
广东	0.67	0.84	0.71	0.84	0.95	0.95	1.23	1.10	1.03	0.97
广西	0.51	0.67	0.84	0.62	0.62	0.69	0.73	0.75	0.72	0.67
海南	—	—	—	—	—	—	0.91	0.57	0.62	0.49
重庆	—	—	—	—	—	—	—	—	—	—
四川	0.94	1.00	0.81	0.90	1.06	1.01	1.03	0.97	0.99	0.97
贵州	1.47	1.07	0.86	0.90	0.81	0.75	0.69	0.77	0.77	0.67
云南	1.32	1.41	1.23	0.99	0.95	0.95	0.91	0.89	0.90	0.87
西藏	10.00	5.50	2.22	1.06	2.06	1.24	1.63	1.82	1.65	1.53
陕西	1.70	1.04	2.17	0.93	1.06	1.07	1.08	1.07	1.09	1.10
甘肃	0.83	0.62	1.38	0.65	0.66	0.59	0.59	0.55	0.59	0.58
青海	1.85	1.39	0.94	0.64	0.58	0.47	0.40	0.32	0.36	0.35
宁夏	1.41	1.34	1.12	0.66	0.55	0.49	0.45	0.46	0.44	0.40
新疆	1.76	0.79	0.54	0.36	0.52	0.44	0.37	0.38	0.38	0.37
标准差	1.75	0.92	0.98	0.97	0.77	0.79	0.87	0.98	0.77	0.87

续表

	1992年	1993年	1994年	1995年	1996年	1997年	1998年	1999年	2000年	2001年	2002年
北京	3.78	4.77	5.01	4.92	4.66	3.83	3.64	3.27	2.81	2.85	2.99
天津	2.38	2.54	2.58	2.58	2.63	2.17	2.17	1.93	1.85	1.93	2.01
河北	0.97	0.99	1.06	1.06	0.97	0.91	0.82	0.78	0.84	0.88	0.87
山西	0.75	0.64	0.65	0.64	0.71	0.86	0.84	0.94	0.86	0.84	0.82
内蒙	0.47	0.54	0.47	0.52	0.48	0.51	0.54	0.53	0.68	0.74	0.63
辽宁	1.56	1.66	1.46	1.42	1.44	1.31	1.30	1.39	1.30	1.21	1.26
吉林	1.28	1.34	1.43	1.37	1.36	1.22	1.24	1.41	1.32	1.13	1.26
黑龙江	1.00	0.94	1.04	1.05	1.05	1.01	1.08	1.28	1.20	1.21	1.31
上海	3.60	3.40	2.92	2.64	2.49	2.39	2.45	2.00	1.53	1.57	1.65
江苏	1.20	1.25	1.15	1.08	1.16	1.14	1.12	1.10	1.03	1.10	1.07
浙江	0.77	0.89	1.02	0.86	0.82	0.81	0.80	0.79	0.76	0.93	1.05
安徽	1.26	0.88	0.81	0.85	0.79	0.77	0.76	0.79	0.83	0.83	0.86
福建	1.28	1.11	0.93	0.92	1.06	1.19	1.21	1.03	0.93	0.81	0.71
江西	0.71	0.74	0.75	0.74	0.73	0.78	0.78	0.86	0.86	0.99	1.00
山东	1.11	0.91	0.81	0.74	0.65	0.60	0.62	0.59	0.67	0.73	0.76
河南	0.67	0.70	0.69	0.70	0.69	0.75	0.78	0.86	0.96	0.90	0.77
湖北	1.18	1.24	1.22	1.20	1.22	1.12	1.08	1.12	1.17	1.06	1.04
湖南	0.77	0.80	0.82	0.83	0.83	0.88	0.96	0.99	0.99	0.88	1.00
广东	0.92	1.00	1.07	1.05	1.09	1.06	0.99	0.88	0.92	0.85	0.90
广西	0.71	0.65	0.63	0.67	0.70	0.79	0.83	0.75	0.82	0.77	0.67
海南	0.55	0.51	0.58	0.65	0.72	0.74	0.74	0.63	0.8	0.86	0.87
重庆	—	—	—	—	—	1.75	1.71	1.59	1.32	1.27	1.35
四川	0.92	0.94	0.97	1.02	1.17	1.09	1.03	0.97	0.96	0.95	1.06
贵州	0.62	0.63	0.65	0.66	0.67	0.72	1.02	1.01	1.20	0.90
云南	0.84	0.71	0.64	0.65	0.70	0.78	0.81	0.91	0.82	0.91	0.85
西藏	1.26	1.87	1.66	1.83	1.49	1.06	1.69	1.17	1.27	1.02	0.91
陕西	1.03	1.07	1.11	1.29	1.18	1.13	1.15	1.29	1.35	1.31	1.27
甘肃	0.54	0.60	0.68	0.70	0.69	0.68	0.71	0.72	0.82	0.92	0.88
青海	0.32	0.32	0.40	0.47	0.39	0.45	0.44	0.38	0.59	0.64	0.55
宁夏	0.39	0.41	0.42	0.41	0.41	0.45	0.46	0.45	0.56	0.56	0.60
新疆	0.38	0.42	0.49	0.59	0.60	0.72	0.59	0.63	0.83	0.89	0.81
标准差	0.82	0.94	0.93	0.89	0.84	0.67	0.66	0.56	0.43	0.43	0.47

注释：1. 1983年和1985年因缺少分省招生的数据而未计算；2. 海南省1988年设立；3. 重庆市1997年成为直辖市。

资料来源：1. 1978年—1980年、1981年、1982年、1984年、1986年的分省招生数和高中毕业生数来自教育部规划司编：《全国教育统计资料》（1981年、1983年、1985年、1987年）；2. 1987年以后的数据来自《中国教育事业统计年鉴》，人民教育出版社，1988—2003年；3. 入学机会指数和标准差由个人计算所得。

第二，再来看高考分数线较高省份的情况，大体可分为两类：一类是以江苏和湖北为代表的入学机会多且分数线也高的省份，另一类是入学机会少而导致的分数线高的省份，如浙江、山东和江西等。先看第一类省份，江苏除了在恢复高考之初的几年中，入学机会指数小于1之外，其他年份大致在1~1.5，湖北除了在1982年之前小于1之外，其他年份也都大于1，这说明虽然这两个省的分数线很高，但其入学机会指数并非低于而是高于全国平均水平。究其原因，是省内高校众多且基础教育发达所致。笔者认为，与其说两省入学机会的充裕没有导致像北京那样高考分数线出现持续降低的情况，还不如说是两省发达的基础教育和高等教育为他们赢得了较多的入学机会。再看第二类省份，从浙江和山东的情况来看，两省的入学机会指数在大部分时间都小于1，浙江基本上保持在0.8左右的水平，山东则保持在0.6~0.8。较少的入学机会导致这些省份较高的录取分数线，这基本符合我们的前提假设。将两类情况对比分析，高校数量的多少是导致入学机会多寡的重要原因，此原因在下文将作详细分析。

第三，再来看西部省区的情况。西藏的入学机会指数一直大于1，说明其入学机会水平高于全国平均水平，由于地处边远的青藏高原，西藏的基础教育长期处于较为落后的水平，这也是分数线较低的重要原因。总之，对西藏的倾斜政策在很大程度上是出于政治原因和民族政策的考虑，是加强对边远地区政策支持的有效手段；贵州的情况较为特殊，它的入学机会指数在恢复高考之初还保持在大于1的水平，此后持续降低，最低达到0.62，从1999年开始又恢复到大于1的水平；甘肃的入学机会指数一直都较低，基本保持在0.55~0.85的水平；而青海、宁夏和新疆的情况则是初期入学机会指数较高，随时间推移入学机会指数持续降低。20世纪80年代之前三省区的指数基本都大于1，到2002年其指数分别下降为0.55、0.60和0.81。可见，三省区落后的基础教育水平和较少的入学机会共同导致了较低的录取分数线。

从全国的整体情况来看，尽管各省的入学机会指数变化的趋势各不相同，有的持续较高，有的持续降低，也有先降后升的情况。但从整体情况来看，全国各省之间的差异程度表现出先缩小、后扩大、再缩小的趋势。1980年全国各省入学机会指数的标准差为1.75，至1986年缩小为0.77，之后再扩大到1993年的0.94，此后这一数字不断缩小，2001年达到最小值0.43。造成这一现象的原因可能是改革开放以来，随市场经济体制改革的深入，市场和社会力量介入高等教育办学活动中,各省区高等教育和地方经济协调发展的程度各异,集中反映在招生领域便是计划内和计划外并存的双轨制。经济因素在高校招生领域的体现致使各地入学机会的差异增大。1999年扩招之后,入学机会总量的扩大使各省录取率有了大幅度提高,省与省之间入学机会的差异程度开始缩小。

值得注意的是,文中所用数据是各省本专科招生的总数,这只能在一定程度上反映各省入学机会的整体水平,但影响高考分数线(重点线)变化最为显著的因素则是重点批次的招生数,各省录取重点线的不断拉大并不能通过总招生数的变化完全得以体现。因此,以高中毕业生数为基准的入学机会指数的演变,只能从宏观上描述各省整体入学机会的演变,对分数线的变化具有一定的参照作用。同时,由于仅作全国整体入学机会的差异分析,也可能无形中缩小了个别省与省之间的入学机会差异程度。因此,要想对高考分数线演变作更深入的分析,还需采用更精细的指标或进行微观的个案研究。

三、高等教育资源与高考分数线的变化

高等教育资源的丰富程度在很大程度上决定了招生数的多寡,从而影响到高考分数线的变化。由于历史遗留和高等教育体制改革等原因,高等教育资源在东西部地区和省际分布是很不均衡的,特别是在高等教育系统引入市场化机制以后,更加恶化了高等教育资源在地域间的平等分布。

首先来看高等教育资源在地区之间的分布。以1997年为例,全国共有高校1 020所,中央部委属高校有345所,其中2/3(269所)的学校集中分布在1/3(12个)的省份,另外2/3的省份只拥有1/3的部委属高校,贵州、西藏和青海三省区连1所部委属院校都没有[①]。自1953年确定重点大学的原则之后,许多高校都经历了升沉起伏的剧烈变迁,有时归属中央部委,有时又划归地方。一般来讲,各部委通过划分学校的大区布局,直接调整中央部属院校招生指标的分配,促进了各地区之间高等教育向均衡的方向发展。最典型的为农业部,其直接管理的7所重点农业大学,均匀地分布在东北、华北、华东、华中、华南、西南和西北地区,均衡的布局较好地促进了全国农业高等教育的发展。但对于其他大多数中央部委来说,情况不尽如此。以原国家教委所属院校为例,在其管辖的12所理工大学中,10所集中在

---

① 陈中原:《中国教育平等初探》,广东教育出版社,2004年,第159页。

东部,只有 2 所在西部。可见,部委属院校在全国的地理分布是极不均匀的。

　　与东部相比,西部不仅全国重点大学少,而且高等学校也少。在东部沿海 10 个省份,平均每 1 000 万人口拥有高校 22 所,而西部仅为 16 所。无论是每 1 000 万人口过去曾拥有的全国重点大学数,还是如今的"211 工程"大学数,东西部的差距都很大,西部 1 亿人口拥有的"211 工程"学校数不到 6 所,而东部 1 亿人口拥有 12 所之多[1]。以在校大学生数为指标进行对比,东西部之间的不均衡更为严重。1997 年,西北地区普通高校在校生数占全国的比例仅为 8%,西南为 10%,而华北 5 省区占 16%,华东 7 省市占 29%,中南占 23%,东北占 13%。与人口比例相比,存在着更为明显的差距。1997 年,西北地区人口数占全国的比例为 7.1%,西南地区占 16%,即西部地区占全国人口总数的 23%,而西部地区在校大学生数占全国的比例仅为 18%,两者相差 5 个百分点。东部地区与西部地区形成了鲜明的对比,东部地区的人口数占全国的比例仅为 49%,而在校大学生数占全国的 58%,两者相差 9 个百分点[2]。由此可见,东西部的高等教育规模与人口规模不相适应,东部地区的高等教育入学机会明显多于西部地区。

　　再来看高等教育资源在省与省之间的分布。以 1997 年为例(见表 4-10),全国共有高校 1 020 所,北京最多为 65 所,其次为四川 64 所、辽宁 62 所、湖北 54 所、河南 50 所,最少的为西藏 4 所、宁夏 5 所、海南 5 所和青海 6 所;从部委属的院校来看,也是北京最多为 53 所,其次为江苏 30 所、四川 26 所、辽宁 26 所、陕西 24 所、上海 23 所、湖北 23 所,最少的为西部的贵州、西藏和青海均为 0 所;从校均学生数来看,全国平均水平为 3 112 人,超过全国平均水平的省市有北京、天津、黑龙江、上海、江苏、山东、湖北、湖南、广东、重庆、四川和陕西,除后三个省市之外,其余的均为东部和中部高等教育较发达的省份;从生均固定资产额来看,全国平均水平为 2.644 4 万元,其中最高的为福建(5.953 9 万元),这与其相对较小的高等教育规模有很大关系,其次为北京(4.833 0 万元)、西藏(4.080 9 万元),超过全国平均水平的还有天津、内蒙、黑龙江、上海、广东、海南,最低的为广西、江西和贵州三省。由此可见,无论是高校数、部委属高校数还是生均固定资产额,东部发达省份和西部边远省份都存在较大的差距,高等教育资源在全国各省之间的分布相当不均匀。

---

[1] 陈中原:《中国教育平等初探》,广东教育出版社,2004 年,第 163 页。
[2] 陈中原:《中国教育平等初探》,广东教育出版社,2004 年,第 169 页。

表 4-10　1997年全国分省高等教育资源分布情况

	高校数	中央部委属高校数	校均学生数（人）	生均固定资产额（万元）
全国	1020	345	3112	2.6444
北京	65	53	3700	4.8330
天津	20	7	3692	3.1894
河北	46	14	2956	2.0784
山西	24	4	2964	2.1208
内蒙	18	1	2193	2.8316
辽宁	62	26	3035	2.4513
吉林	40	16	2754	2.5430
黑龙江	37	12	3129	3.9569
上海	39	23	3951	3.2591
江苏	65	30	3678	2.3554
浙江	35	8	2923	2.2811
安徽	34	7	2824	1.8750
福建	30	3	2603	5.9539
江西	31	8	2848	1.5906
山东	48	12	3639	2.2512
河南	50	11	2722	1.8329
湖北	54	23	3644	2.4518
湖南	46	13	3123	1.9747
广东	42	9	4160	2.8630
广西	26	3	2714	1.5557
海南	5	1	2557	2.9323
重庆	21	12	3390	1.9728
四川	64	26	3490	2.6248
贵州	20	0	1924	1.5915
云南	26	2	2209	2.3633
西藏	4		800	4.0809
陕西	43	24	3240	2.5435
甘肃	17	5	2981	2.1754
青海	6	0	1367	1.8861
宁夏	5	1	2192	1.7906
新疆	18	3	2539	1.7234

资料来源：《中国教育年鉴》(1996年、1997年)，人民教育出版社，1996年、1997年。

毫无疑问，中央部委属高校比较集中的省份，分配到的招生指标自然较多，也就是当地学生接受高等教育的机会比较多。以北京市为例，1999年，该市高考计划招生3.5万多人，其中1万多人招生指标来自在京部属高等院校，6800多人来自外省院校[①]。从各省录取情况来看，中央部属院校大多是第一批录取的院校，所以部属院校数量的多寡在很大程度上决定了重点批次录取线的高低。由于各省第一批录取高校的名单并不完全一致，并且在经过20世纪90年代末的院系调整之后，许多部属高校也被调整或下放，因此要准确地统计第一批录取院校的招生情况相当困难。为了直观地描述代表优质高等教育资源的重点高校分省招生的情况，仅对2004年"985工程"院校的招生情况作一分析。从地理分布来看，34所"985工程"院校（一期工程）分布于4个直辖市、13个省会城市和大连、青岛、厦门三个沿海城市。

从表4-11中可以看到：从招生数来看，湖北、山东和广东分列前3位，其次为四川、江苏、湖南、辽宁、浙江，这些省份的招生数都在7 000人以上，上海、北京和天津分别为6 305人、4 106人和3 569人，招生数最少的为西藏、青海、宁夏；从报考数来看，最多的省份为山东、河南和江苏，其次为河北、广东、湖北、湖南，均为人口大省，最少的为西藏、青海和海南；用招生人数除以报考人数得到录取比例，上海位列第一，其比例为6.86，其次为天津（6.18）、北京（5.05）、重庆（4.95）、吉林（4.51）、辽宁（4.10）、青海（3.98）、湖北（3.60）、海南（3.59）、四川（3.36），这些省份除了青海和海南之外，其他省市均有"985工程"院校，而报考人数最多的山东（2.31）、河南（1.32）和江苏（2.41）分列第18位、第30位和第17位，西部地区除了青海因报考人数少而排名较为靠前之外，其余的西藏、甘肃、宁夏和新疆分列第31位、第22位、第16位和第21位，也都在全国平均水平以下。

从报考数和录取数的比例来看，北京、上海、天津和重庆4个直辖市和吉林省受益最大，录取比例都排在前几位，这是京津沪等地录取分数线持续降低的原因；中部的河北、河南、江西、安徽、山东等省报考人数和录取人数形成了很大的反差，录取比例均低于全国平均水平，属于最大的受损者，导致其录取分数线一直居高不下。之所以如此，一方面由于河北、河南和江西没有"985工程"院校，另外也与它们相对落后的基础教育水平有关；

[①] 陈中原：《中国教育平等初探》，广东教育出版社，2004年，第158页。

表 4-11　2004 年"985 工程"院校分省招生人数、报考人数及其比例（单位：人）①

	招生数	报考数	比例（%）	比例的位次
北京	4106	81266	5.05	3
天津	3569	57797	6.18	2
河北	4696	336814	1.39	28
山西	3226	212449	1.52	25
内蒙	2200	166457	1.32	29
辽宁	7235	176590	4.10	6
吉林	5355	118866	4.51	5
黑龙江	4156	147518	2.82	13
上海	6305	91923	6.86	1
江苏	8236	341370	2.41	17
浙江	7125	229052	3.11	12
安徽	4125	292105	1.41	27
福建	5007	204588	2.45	15
江西	4215	205389	2.05	20
山东	11216	485204	2.31	18
河南	5678	430258	1.32	30
湖北	11948	331449	3.60	8
湖南	7415	299104	2.48	14
广东	10662	335409	3.18	11
广西	2763	183207	1.51	26
海南	1081	30078	3.59	9
重庆	4835	97772	4.95	4
四川	8703	258737	3.36	10
贵州	2025	110803	1.83	24
云南	2091	110055	1.90	23
西藏	123	9792	1.26	31
陕西	5086	231798	2.19	19
甘肃	2679	136140	1.97	22
青海	942	23671	3.98	7
宁夏	1007	41244	2.44	16
新疆	1846	92981	1.99	21
总计	149656	5869886	2.55	

数据来源：招生数来自田胜立主编：《中国高考年鉴》(2004)，中国大百科全书出版社，2005 年，第 390～470 页；报考数来自教育部考试中心，等编：《中国教育考试年鉴》(2004)，中国传媒大学出版社，2005 年，第 233～236 页。

① 此处数据由吴根洲博士提供，特此致谢。

从浙江、湖南和湖北的情况来看,其录取水平基本处于平均水平以上,大致可以判断为受益者;从西部省区来看,除了青海因人口较少而录取率较高之外,其他省区的录取率均低于全国平均水平,这说明西部省区在竞争时因基础教育落后而处于不利状态,同时优质高等教育资源的匮乏导致了其较少的入学机会。因此,"985工程"院校在录取时带有较明显的地域倾向,没有很好地体现对西部倾斜的政策。

总之,从"985工程"高校录取的情况大致可以反映出优质高等教育资源的分布和高考重点线之间的关系。但因缺乏更全面和连续的数据以进行历史比较,所以对高考重点分数线的演化是否由优质高等教育入学机会分配的持续不均匀造成的,似乎也难成定论。此一问题留待后续研究。

四、基础教育发展水平和高考分数线的变化

高考是中等教育和高等教育之间的衔接点和关节点,是公正客观地选拔优秀人才的"量才尺"[①],也是对基础教育水平的重要检测尺度。因此,基础教育的发展水平在一定程度上决定了高考分数线的高低。从理论上讲,基础教育发达的省份,高考分数线也会更高。从目前来看,各省基础教育的差异主要体现在"质"的方面,生均教育经费是衡量基础教育质量的重要指标。因此,本部分用中学生均教育经费来测量基础教育发展差异的空间特征,寻找其与高考分数线演变的内在关系。

首先来看各地基础教育发展的绝对差异。将1988年、1989年及1993年至1996年各省普通中学生均教育经费的距平值做成表4-12,可以发现:第一,北京、天津、上海、浙江、江苏、广东、福建、海南和西藏9个省区(自治区)的距平值全部为正值,说明这些省区(自治区)的基础教育发展水平在全国平均水平之上。其中,除西藏之外,其他8个省区的生均教育经费呈不断扩大的趋势,这对全国普通中学生均教育经费差异的扩大影响显著;第二,距平值正负兼有的有辽宁、吉林、山东、河北、黑龙江、内蒙、广西、云南、青海、宁夏和新疆11个省区(自治区),其中由正变负的有辽宁、吉林、河北、黑龙江、内蒙、广西、青海和宁夏8个省区(自治区),说明这些省区(自治区)基础教育发展的相对速度较慢,而由负变正的只有

---

① 刘海峰:《高考改革的教育与社会视角》,《高等教育研究》2002年第5期,第33~38页。

云南1个省区；第三，距平值全部为负的有山西、安徽、湖南、四川、陕西、贵州、甘肃7个省区，这些省区不但距平值全部为负，而且有不断扩大的趋势，说明这些省区的基础教育水平由于各种因素而较为落后，需要国家政策的扶持。从总体情况来看，这些生均教育经费偏低的省区与生均教育经费较高的省区的差距不断拉大，这对高考分数线的逐渐拉大也有相当的影响。

表4-12 全国各省普通中学生均教育经费距平值（单位：元）

	1988年	1989年	1993年	1994年	1995年	1996年
北京	294.10	327.91	1036.64	953.96	1205.14	1488.20
天津	202.72	283.59	353.18	572.75	552.95	836.13
上海	395.92	463.68	812.18	1128.23	1532.44	1907.22
辽宁	41.59	95.62	106.33	99.05	67.89	-7.55
吉林	21.51	13.65	-22.86	-23.91	-69.83	-48.11
江苏	20.53	23.95	54.55	172.69	171.94	339.31
浙江	26.24	28.83	127.23	259.61	353.62	488.79
山东	-0.46	18.94	-34.88	-91.86	-78.57	-122.75
广东	65.86	107.01	512.99	587.19	817.30	780.40
河北	4.73	2.00	-68.04	-114.60	-132.63	-233.75
山西	-31.76	-43.58	-10.96	-78.24	-95.06	-41.01
黑龙江	0.07	-32.48	-21.27	-63.38	-114.81	-177.46
安徽	-69.47	-107.39	-223.70	-360.06	-339.83	-418.25
福建	23.59	74.39	147.50	152.29	206.02	173.28
江西	-59.18	-105.05	-241.60	378.07	-436.52	-492.81
河南	-53.91	-43.75	-159.92	240.58	-279.89	-265.50
湖北	-3.73	-10.44	-27.39	27.87	-35.93	-79.15
湖南	-23.16	-4.90	-66.69	-5.47	-116.44	-121.55
海南	52.36	52.61	619.83	561.54	374.89	181.85
四川	-42.29	-74.78	-119.06	-109.54	-166.81	-149.68
陕西	-31.57	-13.53	-95.75	-157.76	-169.98	-180.54
内蒙	25.31	-7.40	-51.53	-144.94	-252.57	-204.36
广西	13.41	-21.34	-55.30	-163.29	-225.43	-315.91
贵州	-93.35	-150.91	-310.64	-406.32	-555.44	-652.78
云南	-22.42	-25.74	48.36	56.13	20.05	216.81
西藏			1072.72	1327.05	1113.90	616.99
甘肃	-63.78	-94.49	-208.20	-231.96	-346.40	-414.68
青海	110.15	-23.72	-75.60	-37.09	-131.22	-77.81
宁夏	15.39	-47.40	-192.79	-289.45	-392.81	-419.99
新疆	76.19	-0.61	78.56	141.01	180.39	49.91

资料来源：上海智力研究所：《中国教育经费年度发展报告》，高等教育出版社，1989年—1997年。

表 4-13　全国各省普通中学生均教育经费排序

	1988 年	1989 年	1993 年	1994 年	1995 年	1996 年
上海	1	1	3	2	1	1
北京	2	2	2	3	2	2
天津	3	3	6	5	5	3
青海	4	19	22	16	19	15
新疆	5	13	10	10	9	11
广东	6	4	5	4	4	4
海南	7	7	4	6	6	9
辽宁	8	5	9	11	11	12
浙江	9	8	8	7	7	6
内蒙	10	15	18	22	24	22
福建	11	6	7	9	9	10
吉林	12	11	15	14	14	14
江苏	13	9	11	8	10	7
宁夏	14	24	26	27	28	28
广西	15	18	19	24	23	25
河北	16	12	21	21	20	23
黑龙江	17	21	14	17	17	20
山东	18	10	17	19	15	18
湖北	19	16	16	15	13	16
云南	20	20	12	12	12	8
湖南	21	14	20	13	18	17
陕西	22	17	23	23	22	21
山西	23	22	13	18	16	13
四川	24	25	24	20	21	19
河南	25	23	25	26	25	24
江西	26	27	29	29	29	29
甘肃	27	26	27	25	27	26
安徽	28	28	28	28	26	27
贵州	29	29	30	30	30	30
西藏			1	1	3	5

资料来源：上海智力研究所：《中国教育经费年度发展报告》，高等教育出版社，1989 年—1997 年。

再来看各省区基础教育发展相对差异的空间特征，用各省区普通中学生均教育经费相对位次的变化来反映相对差异的特征。从表 4-13 中可以看出，各省区生均教育经费相对位次的变化有如下特征：第一，上海、北京、天津和西藏排名比较稳定，且一直处于前几位；第二，河南、江西、安徽、甘肃和贵州排名也比较稳定，基本上处于最后几位；第三，广东、浙江、江苏、云南、山西和四川6省排名呈现出稳步上升的趋势，如江苏由第13名上升到第7名；第四，海南、福建和吉林排名也比较稳定，基本上处于中上游水平；第五，辽宁、内蒙、河北、广西、宁夏5省区（自治区）排名呈现明显下降的趋势，如内蒙由第10名跌落到第22名，宁夏由第14名跌落到第28名；第六，湖南、山东、黑龙江、陕西、湖北5省区排名变动趋势不明显，时高时低，可能受到当地教育政策的影响较为显著[①]。

从以上的分析可知，各省区基础教育的发展水平参差不齐，且发展速度也有较大差异，总体的发展趋势是绝对差异持续加大。以高考录取分数线和普通中学生均教育经费为指标，大致可以将两者之间的关系划分为四种类型：第一，中学生均教育经费很高，但高考录取分数线很低，主要有北京、上海、天津、西藏、新疆等。这些省区的中学生均教育经费从1988年到1996年一直处于全国的领先水平，尤其是北京、上海、天津和西藏，但这些省区的分数线也是全国最低的前几位。这可进一步区分为两种情况：一种情况是京津沪，其分数线低不是由基础教育水平所致，而是由充裕的高等教育资源和招生指标分配的城市倾向性造成的；另一种情况是青海和新疆由于地处边陲，虽生均教育经费较高，但教育水平还相对较低，加之录取比例偏低，由此导致分数线很低。这说明边远省区的中学教育效率较低，国家政策的扶持没有起到应有的效果。第二，中学生均教育经费很高，高考录取分数线也很高，代表省份主要有浙江、江苏和福建。首先是因为这些省份历来是文化繁盛的人才胜地，另外也说明其中学教育是高投入、高产出，有较高的效率。第三，中学生均教育经费很低，但高考分数线很高，这样的省份主要有江西、河南和安徽等，这主要是由较低的高考录取率所致，同时也说明这些省份的中学投入一产出比高，有很高的效率，应该加大对这些省份的教育投入。第四，中学生均教育经费很低，高考录取分数线也很低。这样的省区主要有贵州、甘肃等，要改变这一局面可能需要国家政策的扶持和加大对地方财政的投入[②]。

---

① 曾满超：《教育政策的经济分析》，人民教育出版社，2000年，第102~106页。
② 李文胜：《中国高等教育入学机会的公平性研究》，北京大学博士学位论文，2002年，第59页。

五、各省高考录取分数线的类型划分

综合以上的分析，可以看出，高考分数线主要由高等教育资源和基础教育水平所决定，当然还与人口因素、国家政策倾向和就业等多种因素息息相关。下面结合高等教育资源和基础教育水平对各省区高考录取分数线作一大致分类，进一步明确导致各省分数线高低不一的主要原因，以寻求相应的改进对策。

表 4-14　全国各省区高考录取分数线类型划分表

类型	高考分数线	高等教育资源	基础教育水平	代表省份
1	低	少	低	甘肃、贵州
2	低	少	高	西藏
3	低	多	低	
4	低	多	高	北京、上海、天津
5	高	多	低	陕西
6	高	多	高	江苏、湖北
7	高	少	高	山东、浙江
8	高	少	低	河南、河北、江西、安徽

资料来源：据以上诸表编制而成。

以高考分数线的高低、高等教育资源的多寡和基础教育水平的高低两两组合，可以得到八种类型（见表 4-14）。需要指出的是，高等教育资源的划分只是大致的区分，基础教育水平的高低以生均教育经费为主要参考指标，同时结合基础教育发展的现实情况。先看第一种类型，代表省份是甘肃和贵州。高等教育资源的匮乏和基础教育水平的低下共同导致高考录取分数线低，这说明这两个省份的基础教育和高等教育都要加大投入，并且要注重投入的方式，以提高教育资源的利用率；第二种类型，代表省区是西藏。由于地处边远山区，高等教育资源严重匮乏，但生均教育经费很高，高考录取分数线很低。前文提到，西藏并非基础教育发达，而是因国家政策倾斜和人口稀少共同导致生均教育经费很高，这也说明要改变西部地区教育落后的局面，光靠教育经费的投入是远远不够的；第三种类型为分数线低、高等教育发达、基础教育水平低的情况，从目前来看基本没有此种类型；第四种类型，其代表为北京、上海和天津三个直辖市，它们都拥有丰富的高等教育资源，并且"211 工程"和"985 工程"院校也大都集中于此，基础教育水平更是高居全国前列，而高考分数线甚至比甘肃和贵州还低，这是最不公平的一种类型。可以考虑逐步减少对这些地区招生名额的投放；第五种类型为分数线较高、高等教育资源丰富而基础教育水平偏低的情况，代表省份是陕西。这是一种比较特殊的情况，陕西在历史上就因为国家战略发展的需要而在几次高等教育地理布局调整中受益很大，省内高校云集，而基础教育却因为地处西部难以有充足的教育经费保障而长期处于全国中下游水平，但高考分数线还是相对较高的。从长远来看，需要加大对基础教育的投入；第六种类型的特征为"三高"，即分数线高、基础教育水平高、高等教育发达，代表省份是江苏和湖北①，从高等教育整体的入学机会来看两省基本上属于受益者，其分数线很高在某种程度上是由庞大的人口规模和发达的基础教育水平所致。因为生源水平高，所以可以考虑向这些地区多投放招生名额；第七种类型为分数线高、基础教育发达而高等教育资源偏少的情况，代表省份是山东和浙江②，与上一类型不同的是两省高等教育欠发达，高等教育发展规模落后于经济发展水平；第八种类型为分数线高、基础教育不发达、高等教育也不发达，代表省份是河北、河南、江西和安徽等，基础教育的欠发达和高等教育资源的匮乏共同导致了高考分数线较高。因此，这些地区是最需要大力发展高等教育和基础教育的，招生指标也可以适当多投放一些。以上只是一个大致的划分，还有很多省区因各项指标难以直接判定而没有列入，但以上八种类型的划分已经基本覆盖了全国各省的基本情况。

最后，通过本节的研究可以明确的是，各省录取分数线从原来相差甚小到后来逐渐加大，呈现出不断拉大的趋势，并非想象中的那样由全国各地入学机会的整体减少造成的。考察各省高等教育入学机会的变迁可以发现，尽管部分时间内高等教育入学机会在空间上呈现出扩大的态势，但其相对差异是趋向缩小，从第一节的研究中也可以得到部分确认。通过分析研究，笔者认为导致分数线越拉越大的原因主要有：第一，随基础教育整体水平的提高和考试规模的不断扩大，高考竞争也有水涨船高之势，对区分度的要求也越来越高，再加上高考科目和内容改革（试卷分值增大），使得高考录取分数线无形当中被拉大，这是大规模选拔性考试必然会遇到的一种现象；第二，颇受关注的高考重点录取分数线的变化，是否由重点批次高校对各地入学机

---

① 湖北的中学生均教育经费虽然较低，但其基础教育水平却位于全面前列。
② 山东和浙江的高等教育资源相对其人口而言，均属欠发达之列。

会分配的持续恶化造成，似乎尚难定论。但20世纪90年代后期高等教育体制改革将部委属院校大量下放加强了此类院校招生的地域化倾向，这对重点批高考分数线的变化产生了不可忽视的影响。而且随各地适龄人口数量的不断变化，对重点高校的竞争也不断加剧，客观上对各省的录取分数线产生了重大影响；第三，高等教育的地理分布和基础教育的发展水平对高考分数线的变化有很重要的影响，各地高等教育和基础教育差异的不断扩大，对连接基础教育和高等教育的高考产生了应力集中的效应，也深刻地影响到高考分数线的起伏变易；第四，国家实行积极的赶超战略，鼓励部分地区优先发展的政策导向也会影响招生指标的投放，从而影响到分数线的变化。这便是本节对各省区高考录取分数线的演变给出的合理解释。

第五章 高等教育入学机会区域失衡的理论分析

对如何矫正"倾斜的高考分数线"问题，大致形成了考试公平和区域公平的两种主张，从某种程度上讲，考试公平代表了自由主义的公平观，区域公平代表了社群主义的公平观。在两者矛盾冲突的背后，既隐含着各省区对教育权力和利益的争夺与控制，更蕴含了不同人群对公正理论的价值分歧。所以，从教育公正的视角对高等教育入学机会平等的内涵进行分析和审视也就尤为必要。实际上，教育机会平等的合理性取决于教育机会的来源而并非取决于教育机会平等本身的性质。从教育机会来源的角度将高等教育入学机会分为社会提供的教育机会和非社会提供的教育机会，便于我们更好地区分社会政策与地理位置因素对高等教育入学机会的影响。因此，本章从教育机会的来源和公平与效率的角度对高等教育入学机会平等的内涵作进一步的阐发，以形成对入学机会公正更为理性和深刻的认识。在此基础上，指出高考录取制度改革的现实之路只能在坚持区域公平的基础上渐进地追求考试公平。

第一节 考试公平和区域公平的论争及其实质

对于"倾斜的高考分数线"这一问题，历来就有两种针锋相对的观点，一种观点认为全国统一考试、统一试题，理应按统一分数线录取；另一种观点认为分省定额录取制度有相当的历史必然性和现实合理性。刘海峰教授在《高考改革中的两难问题》一文中将其概括为考试公平与区域公平的矛盾，并指出争论中多数人并未意识到考试公平与区域公平的矛盾是一个无法完全解决的两难问题，解决之道只能在兼顾两端的情况下求得相对平衡①。那么，考试公平和区域公平各自的合理性为何？其弊端又体现在何处？各自代表了什么样的公平观？这一争论的社会背景和实质是什么？本节结合教育公正的理论主要来解决这些问题。

一、考试公平及区域公平的论争及其利弊分析

考试公平与区域公平又可称为分数平等与机会平等（区域之间），考试公平主张"分数面前人人平等"，区域公平强调区域之间入学机会的大致均衡。随着高考竞争的加剧，"倾斜的高考分数线"愈演愈烈，引起社会各界的广泛关注。从1999年"两会"代表万湘鄂教授提交的《我国高等教育面临的问题与改革建议》的议案开始，这一问题便成为历年"两会"热议的焦点话题之一。对此，有不少会议代表认为北京、上海这些直辖市的分数线比其他省区低100多分，是教育领域中最大的不公，侵害了其他省区考生的平等入学权利，主张实行全国统一分数线录取。除此之外，对失衡的录取分数线的抨击与质疑也不时见诸报端。

在高等教育制度安排中，以能力为本位的优胜劣汰的考试选拔制度来分配高等教育入学机会，在一定程度上保证了学生具有平等竞争高等教育的权利。因各省经济发展水平和教育发达程度的不同，我国高考实行了分省定额录取制度，对西部边远地区采取倾斜和扶持的政策，这也是秉持正义论之补偿原则的有力措施。但时过境迁，由于高等教育规模的不断扩大和高考竞争的加剧，北京的分数甚至比云南和青海的还要低，在中部湖北和山东等省的考生连专科都上不了，但在北京可以上重点大学，由此形成了"倾斜的高考分数线"的争论。在激烈的争论中，北京的论者一般认为北京的分数线低是因为基础教育分流较为成功；高考判卷严格；100分的差异不见得有100分的含金量，北京的学生分数低，但综合素质高②。而外省论者与其针锋相对，他们认为，基础教育分流成功并不影响高考分数的高低；没有证据表明北京的判卷就是全国最严的，并且宽严尺度的不同也不是造成如此大差距的

---

① 刘海峰：《高考改革中的两难问题》，《高等教育研究》2000年第3期，第36~38页。
② 臧铁军：《100分的差异不是100分的含金量》，《中国青年报》2000年3月7日，第5版。

主要原因;北京学生素质高是事实,但外地学生正因为分数线高带来了激烈的竞争,才缺少了发展综合素质的机会①。本来像北京这些经济、文教发达地区的分数线应该比中部地区的更高,但因充裕的高等教育资源和招生政策的倾斜,使得北京学生在高考竞争中成为最大的获益者,这既违背了考试公平的原则,也背离了照顾地区差异的政策初衷,带来了许多负面的影响。首先,"倾斜的高考分数线"侵害了中部省区学生平等享有高等教育的机会。只因地域身份的限制,同样的分数,在北京可以轻易地登入重点大学的殿堂,而在中部诸省则是名落孙山、无人问津。其次,因录取线的差异而导致各地教育回报率的不同,从而影响到地区教育投资的积极性和动力。再次,由于悬殊的分数线,形成了各省录取率的高低不一,导致教育资源配置的"马太效应"。最后,还带来许多社会问题,如高分地区应试教育愈演愈烈、高考移民屡禁不止,等等。为此,包括政府高层在内的许多人提出应该废除按地域录取新生的办法,而用 1 年至 3 年的时间在全国范围内逐步实行从高分到低分的录取方式②。

从表面看来,实行全国统一考试、统一录取的办法的确可以解决分数面前人人平等的问题,保证公民的平等受教育权。但深入分析,发现这样可能带来更大的社会问题。"京、津、沪等大城市高校很可能出现生源比例被少数几个高分大省所'瓜分'而本地生源却寥寥无几的局面;地区间经济发展的落差又必然使外省的生源毕业后滞留在这些发达城市。而一些落后的边远省份则很可能会重演录取'遗漏'的历史,这不但会造成与发达地区之间更大的不平衡,而且会留下祖国安定统一的严重隐患。"③ 客观而言,这是大规模统一考试必然会遇到的两难问题,科举时代"凭才取人"与"逐路取人"的争论已经为我们提供了历史的经验。如若对这些问题缺乏理性的认识和全局观念,很可能会在高考改革中出现重大失误,或者出现进两步退一步甚至进一步退两步的情况④。

---

① 罗新宇,等:《倾斜的高考分数线》,《中国青年报》2000 年 2 月 24 日,第 5 版。
② 郑琳:《全国政协委员建议高考应统一分数线》,《中国青年报》2000 年 3 月 15 日,第 5 版。
③ 郑若玲:《考试公平与区域公平:高考录取中的两难选择》,《高等教育研究》2001 年第 6 期,第 53~57 页。
④ 刘海峰:《高考改革中的全局观》,《教育研究》2002 年第 2 期,第 21~25 页。

由此观之，过于追求区域公平或考试公平都会给社会带来很大的危害，但毫无疑问，两者都代表了不同的公正观，且具有相当的合理性。先来看区域公平论所代表的公正观。从理论上讲，高等教育入学机会属于非基本权利，应按照比例平等原则来分配。但在实际的分配中，获利较多者应给获利较少者以相应的补偿，这便是罗尔斯正义原则中的补偿原则，"社会和经济的不平等（例如财富和权力的不平等）只要其结果能给每一个人，尤其是那些最少受惠的社会成员带来补偿利益，它们就是正义的"[①]。那为什么获利较多者应给获利较少者以权利补偿呢？因为获利多者比获利少者较多地利用了双方共享的资源——社会、社会合作；相应的，获利少者对共同资源"社会合作"的利用便也越少，因而所得的补偿便应该越多[②]。具体到高考而言，东部发达省市的学生是获利较多者，他们显然比西部边远省区的学生——获利较少者较多地使用了双方共同享有的教育资源，若没有这些教育资源，发达地区的学生便不会在高考中取得高分。而在这些发达地区的获利较多者的"考分"中，既包含着对共享教育资源的较多使用，也间接地包含着不发达地区或欠发达地区获利较少者的"贡献"。所以，他们因这些"高分"所取得的权利，便包含着获利较少者的权利。因此在罗尔斯看来，这便成为补偿弱势群体的合法性理由。补偿的对策是国家和社会加大对西部地区教育的财政资助，并辅以奖学金、助学金等形式，来补偿获利较少者的权利，这便是区域公平论的重要理论依据。但是，我国高考中出现的"倾斜的高考分数线"问题是经济最发达地区的获利较多者侵害了经济欠发达地区学生的入学权利。在高考录取向西部和东部直辖市倾斜的时候，中部高考大省的学生反而成了最大的受害者，显然违背了区域公平的政策初衷。

再来看考试公平论所代表的公正观。第一章已经分析到，"资格理论"的代表人物诺齐克坚决反对罗尔斯的补偿原则，并认为恰恰是补偿原则侵犯了个人的权利。在他看来，公正的社会无需刻意追求平等，因为不平等是人们不同的天赋、不同的技能、不同的能力和不同的资源导致的状态。如果政府的职权超出守夜人的范围而进入负责或监理分配的公正时，它一定会侵犯

[①] 罗尔斯：《正义论》，何怀宏，等译，中国社会科学出版社，1988年，第12页。
[②] 王海明：《公正、平等、人道：社会治理的道德原则体系》，北京大学出版社，2000年，第52~68页。

到个人所拥有的自然人权①。所以他反对中央政府机构对人们的劳动所得进行再分配。诺齐克相信，政府机构既不是不平等的起源，也没有能力消灭不平等，平等常常意味着权利的失去。这一理论反映在高等教育领域中，便是绝对的能力本位的原则，教育公正由考试成绩所体现，优胜劣汰就是公正，以才取人就是平等②。这就是考试公平论者所代表的公正观③。当然，考试公平论者不仅仅是追求能力本位的公正观，同时力图矫正目前"倾斜的高考分数线"的问题也是现实的考虑。要求"分数面前人人平等"的主张实际上是现代民主社会"公民身份平等"在高考入学竞争中的具体体现，青岛三考生状告教育部的案件便是个体权利意识增强的最好例证。但同时也应看到，诺齐克的理论主张明显具有很大的缺陷，如果是让发达地区的学生独享接受高等教育的机会，实际上就是使获利较多者侵害了获利较少者的权利。毋庸讳言，诺齐克的公正理论虽然存在过于强调个人权利的缺陷，但对于提醒人们避免走向平等的极端，误入绝对平均主义的歧途也具有相当的理论意义。

其实，考试公平与区域公平的论争，不仅包含了罗尔斯与诺齐克公正理论的对立，同时也渗透着规范伦理与美德伦理的矛盾，也就是自由主义所主张的个体公正和社群主义所追求的群体公正之间的矛盾。就这一意义而言，考试公平可看作个体的公正，区域考试可视为群体的公正。在高等教育入学这一问题上，不同地域的利益群体持有不同的公正观，从不同的价值追求出发也会产生不同的公正观。更值得注意的是，各种公正观相互对立的背后也隐含着利益的争夺和权力的控制。既然以上两种公正观都不足以解释和解决这一错综复杂的问题，那么在社会日益分化、利益主体多元的社会转型期，重建一种实质合理且具包容性的教育公正观便显得尤为重要。这便是本书提出的基于复合正义论的教育公正观。这一公正观吸收了各种正义理论的价值内核，因此能够较好地统摄相互冲突的各种价值主张。也正因为它是自由主义和社群主义相复合的一种正义实现方式，所以它在一定程度上也是考试公

---

① 石元康：《当代西方自由主义理论》，上海三联书店，2000年，第147页。
② 金生鈜：《高等教育入学体制与社会身份》，《高等师范教育研究》2001年第6期，第1~7页。
③ 需要说明的是，虽然诺齐克的理论是在西方自由主义传统盛行的土壤中产生的，与我国文化传统相去甚远，但是强调对个体权利的尊重和保护与我国社会变革所要求的个人权利意识的增强也有很大的契合之处。

平与区域公平某种比例的混合。那么，当代中国转型社会是否已经具备了建立复合教育公正观的宏观社会条件和背景呢？这是我们以下要分析的问题。

二、新的教育公正观建立的宏观社会背景

任何公正观都带有强烈的时代特征和场境性，其内涵都随着时空结构的转换而不断变迁。第一章已经分析了复合教育公正观的逻辑合理性和理论自给性，接下来继续分析这一教育公正观赖以存在的宏观社会背景和现实合理性。

（一）由计划经济向市场经济的转型促使社会政策的基本价值取向发生了重大变化

我国的社会转型特指由计划体制向市场体制的转变，它旨在寻找一种有效的经济增长方式，即实现合理的资源配置。伴随着高度集权和模式化的经济方式的转变、多元利益主体和多元生活方式的出现，我国社会伦理秩序出现了前所未有的变化。相对主义的伦理思潮和价值取向盛行，各种不同的公平观和价值诉求多元对立并互相激荡，这是社会变革中必然面临的问题。而现阶段，在实现公正的诸多项目中重建一种合理的公正观至关重要[1]。公正是一种价值观，是人们对以何种方式获得生活资料和获得多少生活资料的根本看法。在计划经济体制下，我们把公正理解为狭义的平均分配，实际上这是一种非常表层的公正观。在市场体制下，开始出现了社会分配的合理性差别。这种社会转型和市场经济的正常发育使得生产资料和生活资料的分配方式发生了重大转变，从而也影响到整个社会政策基本理念和基本取向的变化。在市场体制下，社会政策基本取向的重大变化就是由以往平均主义的基本取向转变为现代公正意义上的基本取向[2]。在这种社会政策理念的指导之下，高考制度也就被赋予了在更深层面上实现社会公正的历史使命。由于高考在发挥其教育功能的同时还发挥着巨大的社会功能，由此对其公正与否的价值判断也就存在一种合理性的差异，这在客观上需要一种新型的教育公正

---

[1] 晏辉：《公平与效率如何可能：社会哲学的分析》，《郑州大学学报》（哲学社会科学版）2002年第4期，第33～37页。

[2] 王思斌：《社会政策时代与政府社会政策能力建设》，《中国社会科学》2004年第6期，第8～11页。

观来统摄各种不同的利益分歧和价值主张。

（二）社会转型及伦理变革促使个人权利意识的增强

由计划体制向市场体制的转型不仅带来了社会政策取向的变化，也使个人意识不断增强。改革开放以来，个体人意识逐步确立，"个体人"逐渐从"整体人"当中剥离出来，中国社会正处于一个宪法激活的时期，公民也开始根据宪法争取个人的权益①。我国传统文化的基本价值观之一就是社会利益高于个人利益，长期以来，个体人的基本价值和其"独立"存在的意义被忽视，个体人几乎消失在"国家"和"集体"中。然而在经济体制正转向权利文化得以形成的重要基础——市场经济时，对个人权利的尊重和关怀就显得尤为迫切。托克维尔认为："没有任何东西能比权利的思想更能使人的精神得到升华和维护。权利的思想中存在有一种伟大而雄壮之物，它可以抹去任何请求中的哀怜乞求之状，并把那些提出要求者置于与给予者同样的地位。"② 正是在个人权利意识增强的前提下，我国法治建设由过去以政治国家为基础的管理形态模式逐步转向强调个人权利保护的现代法治形态模式，将市民社会作为立法的出发点和评判法律完善的标准，从个体权利来解释国家权力的运作③。对于公正而言，虽然在不同的文化语境中会有不同的含义，但是公正是立足于"人"的。无论是作为规则还是美德，公正都突出一个"我"，暗示着对每一个个人基本权利的认可和强调。个人权利是先于国家而存在的，是独立于社会制度和法律规范的。而公正恰恰是以这种一开始就属于每个人的平等权利为依托的④。相应的，在招生考试领域中，对平等受教育权的追求使得考生不断借助法律手段来保护自己的合法权益，最典型的事例便是青岛三考生状告教育部的案件。在现代社会中，公民对追求实质的入学机会平等和关注个体发展的潜能都有更强烈的诉求。在这样的背景下，对长期以来因实行分省定额录取所带来的分数线差距以及招生指标投放

---

① 张秀兰：《发展型社会政策：实现科学发展观的一个操作化模式》，《中国社会科学》2004年第6期，第19～24页。
② 转引自文森特：《人权与国际关系》，知识出版社，1998年，第19页。
③ 李建华：《中国市民社会的建立及其伦理变革》，转引自吴国盛主编：《社会转型中的应用伦理》，华夏出版社，2004年，第170～184页。
④ 褚松燕：《论社会正义的制度安排》，《理论学刊》2002年第4期，第42～43页。

的地域歧视等问题都需要用新的公正观来重新审视。

（三）高等教育大众化所带来的价值观、人才观和发展观的转变也需要建立一种新的教育公正观

马丁·特罗（Martin Trow）的高等教育发展阶段论认为从精英阶段到大众化阶段，不仅是量的增长，而且是质的变化，"包含教育观念的改变，教育功能的扩大，培养目标和教育模式的多样化，课程设置、教学方式与方法、入学条件、管理方式以及高等教育与社会的关系一系列的变化"[①]。这一系列的连锁反应必然对整个高等教育系统的价值观、人才观和发展观产生重要的影响。对价值观而言，在大众化阶段，更加注重个体发展潜能的提高以及综合素质和个性品德的培养，由原来过于重视社会本位的价值观开始向注重个人本位的价值观转化。这其实与上述个人权利意识的增强有很大的关联，对个体自由发展的教育内部公正观的关注必然影响到以教育选拔制度为主的教育外部公正观的变革；从人才观来说，特罗认为不同阶段入学选拔的原则应是多种多样的，如果精英阶段过于强调"英才成就"的标准的话，那么大众化阶段，"作为入学限制条件的英才标准虽然仍为人们所普遍接受，但被教育机会均等观念冲淡了，人们通过补偿性教育计划和引进其他非学术标准来减少丧失了受良好教育权利的社会群体和阶层的入学机会的'不平等'"[②]。这一转变的实质就是从能力本位的分数原则开始向入学机会的平等过渡，强调入学选拔的公正性、多样性和灵活性，关注非学术标准的使用和灵活多样的考试形式，这对我国过于倚重考试分数的录取制度和过于模式化的考试制度都提出了挑战。就此而言，对高等教育入学机会不公的抱怨在很大程度上也是由高考"分数至上"的人才观和单一的选拔模式不能很好地适应大众化阶段高等教育发展的需求所致。就发展观而言，现阶段存在多种相互对立的发展观，诸如适度超前（经济）发展观和滞后发展观，英才教育发展观和大众教育发展观。对高等教育发展的价值取向来说，是实行优先发展经济发达地区、以效率为主的功利主义发展观还是实施扶持落后地区、以公

[①] 马丁·特罗：《从精英向大众高等教育转变中的问题》，王香丽译，《外国高等教育资料》1999年第1期，第1～22页。

[②] 马丁·特罗：《从精英向大众高等教育转变中的问题》，王香丽译，《外国高等教育资料》1999年第1期，第1～22页。

平为主的公平主义发展观，也存在矛盾对立的主张。这两种不同取向的发展观对高等教育入学机会在地区之间的分配会有很大的影响。在整个高等教育体制改革的过程中，基于区域教育的非均衡发展和知识本身固有的集聚效应，高等教育资源配置已经出现了很大的失衡，这是造成各省区之间入学机会不平等的重大体制性原因。总之，由于高等教育大众化所带来的价值理念和政策倾向的变化导致众多的利益和价值分歧问题，这也是建立新的教育公正观的现实问题之一。

综上所述，由于社会转型所带来的社会政策取向的转变和个人权利意识的增强以及高等教育大众化所引发的一系列价值观的变革，使社会伦理的价值坐标体系发生了重大的转换，这便是建立复合教育公正观的宏观社会背景。

三、论争的实质：多重的利益和价值诉求

为什么在社会转型时期会出现对教育公正相去甚远的分歧呢？除了对教育公正本身价值认同的差异之外，由经济改革所产生的多元利益格局与此紧密相关。对此，石中英教授有精辟的论述。他认为对教育公正诉求的分歧主要源于两个方面：一是由于提出"公正"诉求的人群在期望获得的教育利益上的分歧；二是由于提出"公正"诉求的人群在"什么是公正"或"如何为公正辩护"问题上的分歧。前一种分歧主要体现在处境不利的人群期望通过"公正原则"改善自己的教育处境，获得或支配更多的教育资源，后一种分歧则主要通过不同人群所持的"公正"观念或"正义理论"体现出来，它们为不同人群对某一教育制度或政策进行公正与否的判断提供了认识论基础[1]。

对考试公平和区域公平的论争来说，同样如此。要求实行统一考试、统一录取的论者大多是高分省区的利益代言人，由于在高考竞争中处于相对不利的位置，他们往往提出有利于自身教育利益的改革主张。例如，在武汉大学万湘鄂教授提交《我国高等教育面临的问题与改革建议》的议案之前，湖北省省长第一个签名支持，这既是在公共政策中利益受损者要求改变自己不利处境的合理主张，也体现了不同的地域利益集团对公正诉求背后的强大利益动因。实际上，"任何观点总是必然的跟某种利益连接在一起，而且是在

---

[1] 石中英：《教育公正与正义理论》，《现代教育论丛》2001年第2期，第1~5页。

某种权力关系下述说,并且跟特定的权力知识关系连接在一起,绝对没有一种东西,是不受人类意识的中介支配的"①。另一方面,由于公正是被诸多学者称为"迷宫"的千古难题,它本身也蕴含着效率意义上的最大差别原则和利益再分配上的最小差别原则的二律背反,所以不同利益主体对公正的理解自然也就存在合理性差异。在各种不同的改革意见中,既有主张高考分数线统一论者,也有要求实行按地区人口均分入学机会者,更有呼吁兼顾分数平等与机会平等的统一论者,各自都有对"公正"观念或公正理论不同的价值体认。表面看来,考试公平与区域公平的争论源于地域之间的利益分歧,但从深层来看,还是源于不同人群所秉持的公正理论的分歧:公正究竟是集体本位的,还是个体本位的?是绝对的平均主义还是有差别的平等?是强调机会的平等还是结果的平等?是要鼓励强者还是要补偿弱者?如此等等②。正因为不同群体各自秉持了不同的公正理论,所以才对高考录取问题产生了不同的公正性评价,也就出现了重新分配高等教育入学机会的多种主张和方案。

由此看来,"倾斜的高考分数线"的问题,既是统一的大规模选拔性考试必然遇到的现实问题,也是高校招生名额分配不公导致的政策性产物。至于究竟是追求考试公平还是区域公平的争论,既是科举时代"凭才取人"与"逐路取人"的争论在现代社会的惊人再现,也是民主社会对平等入学权利的合法诉求;既是不同地域集团竞争教育资源的利益纷争,也是不同公正理论对分配入学机会的价值分歧;既是因人们理性自觉水平的提高而产生的更高水平的公正性期待,也是依凭有限理性建构的社会制度滞后于改革实践的客观存在。那么,向来为人们称颂为"至公"的高考制度在哪些方面滞后于高等教育改革的实践,在"公正"意涵上存在哪些缺失,这便是下一节要解决的问题。

第二节 高校招生录取制度公正意涵之检视

高考制度就其价值内涵来说,是一种保障人人平等享有受教育权的制度安排,是在教育权利保护和侵害之间寻求并达成平衡的一种制度设计。阿德

---

① 彼得·麦克拉伦:《校园生活——批判教育学导论》,萧昭君,等译,巨流图书公司,2003年,第4页。
② 石中英:《教育公正与正义理论》,《现代教育论丛》2001年第2期,第1~5页。

勒认为正义是制度的一种根本的价值观念,起着价值观念的"一般等价物"的作用。公正通过对制度包含的其他价值观念的不断调整和完善,使制度形成尽可能合理的社会关系结构或状态,从而为制度的合理性提供评价的标准和尺度①。众所周知,大学在促进社会公正方面承担着重要的任务,作为其入口的招生制度也必须发挥促进社会公正的职能。因此,对高考制度公正意涵的检视也就尤为必要。对高考的伦理审视主要分为两个层面:工具性价值和目的性价值。工具性价值主要表现为对高考选才的效率和秩序的追问,目的性价值主要表现为对学生发展的自由和平等的追问。实际上,两者并非完全分裂,而是内在地统一于目的性价值之中。下面分别从制度层面和个体发展层面来探讨这一问题。

一、制度层面的缺失

"制度是一个社会的游戏规则,更规范地说它们是为决定人们的相互关系而人为设定的一些制约。制度构造了人们在政治、社会或经济方面发生交换的激励结构,制度变迁则决定了社会演进的方式,因此,它是理解历史变迁的关键。"② 高考制度连同其他的教育制度一起构成了分配教育权利和义务的教育制度体系,制度本身公正与否,往往关系到教育公正的水平。要检视高考制度对各地入学机会的分配公正与否,就必须从招生制度和录取制度两个方面加以分析。

(一)招生制度

公正合理的高校招生制度,是要保障人人具有平等竞争高等教育的机会,且使每个个体享有符合其能力发展的高等教育。具有相同自然禀赋和能力的人,应该具有平等的机会,不应因阶级、地位、财富和地域等外部因素而受到限制,这里主要关注地域因素的影响。按照教育公正的基本原则,对接受高等教育这一非基本权利来说,各地区间应该执行基于能力基础上的比例平等的原则。唯其如此,才有可能达成分配正义和社会公正的目的。亚里士多德曾言:"比例就是公正,不公正就是违反了比例,出现了多或少,这

---

① 阿德勒:《六大观念》,郗庆华,等译,团结出版社,1989年,第141~143页。
② 道格拉斯·C. 诺斯:《制度、制度变迁与经济绩效》,上海三联书店,1994年,第3页。

在各种活动中是经常碰到的。"① 尽管亚氏抓住了公正的核心内容,但他并未看到公正意涵的全部。实际上,教育公正包含着比例的平等,但比例达到平等未必就是公正,比例的平等只是教育公正的必要条件,而不是充分条件。可以说,有此要素未必公正,但无此要素必不公正②。总之,根据教育公正的形式要素——比例平等来考察招生制度的公正性仍是必要的依据和路径。

目前,招生制度最大的不公正便是在招生计划的地域分配上存在很大的差异,集中体现在对人口较少的京津沪分配名额较多,而对中部的高考大省分配名额相对较少,违背了比例平等的原则,造成招生制度公正意涵的最大缺失。从教育公正本真的含义出发,各省区学生在高等教育入学方面应该享有平等的机会,但实际上并非如此。我国的招生体制有其特殊性,对各省区招生比例的划定是个十分复杂的问题。之所以如此,主要是我国高等教育系统中各种办学主体同时并存,既有中央财政支持的院校,也有地方财政支持的院校。在此情况下,人们基本认可根据办学主体和经费筹措渠道的不同来确定招生的比例。对于中央部属院校,原则上应按照比例平等的原则来分配招生指标。但在招生实际中严重偏离了比例平等的原则。以清华大学2000年的招生为例,河南、山东和四川的人口数高居前三位,分别达到9 256、9 079、8 329万人,但清华大学在这三个省的招生计划分别为62、70、70人,分别排在全国各省区的第八位、第七位和第七位(不含北京)。在全国31个省、市、自治区中,人口比例大于招生人数比例的有15个,约占一半③。从实证研究中也可以看出这一普遍性事实。对此,社会各界反应强烈,2005年的"两会"上,政协委员李志文提议,鉴于目前的高校招生指标存在地域歧视,应实行统一考试、统一录取以对各地考生一视同仁④。从高等教育的地理分布来看,中央部属院校大多集中在京津沪,仅以"211工程"院

---

① 亚里士多德:《尼各马科伦理学》(修订本),苗力田译,中国社会科学出版社,1999年,第101页。

② 李振玉、李江源:《教育公平的类别与教育公平中的比例》,《教育发展研究》2005年第1B期,第33~38页。

③ 安舟、王晓阳:《质量与平等——加州大学、清华大学招生的比较研究》,《清华大学教育研究》2001年第3期,第44~54页。

④ 申丽剑,等:《代表委员关注高考录取公平问题》,光明网,http://www.gmw.cn/content/2005-03-11/content_194506.html. 2005-03-11。

校为例，京津沪三市就占了总数的近1/3①。加上这些学校长期以来都存在招生地域化的倾向，若长此以往，中央财政资助的全国重点大学在某种意义上就可能蜕变为发达地区的地方院校，对其他省区来说极不公平。另外，地方院校的招生比例的划分应执行怎样的原则很难确定，从实际情况来看，大部分高校都将招生比例的绝大部分留给本地。按道理讲，即使这些高校全部在省内招生也无可厚非，因为像湖北和山东等人口大省，即使地方院校全部省内招生也难以缓解有限的入学机会与巨大的教育需求的矛盾。"在这种情况下，掌握资源价值最大的行动者拥有较多的利益，偏重此一方的权利分配是最优状态。"② 尽管如此，人们在公正的框架下还是能够接受这一录取比例。但从另一方面来看，因为高等教育存在着很大的正外部性，高校所在地事实上也是高等教育的受益型地域，再加上面向市场的就业制度改革使很多学生滞留当地，所以这类院校适当招收外地学生既有助于办学质量的提高，也有利于实现教育公正的目标。因此，教育管理部门可以对这类院校对外省的招生规定一个原则上的最低比例，供各省参考使用。

其实，招生制度公正意涵的缺失与现有招生体制的合法性与合理性有着很大的关系。缺少合法性和合理性的制度必定难以达成制度本身要求的价值性目的。至于"谁"拥有招生权力，必须从高校招生权力的性质来考虑。作为一种关涉个人利益和国家发展的公权力，高校招生自主权并不能由单一利益主体所独占，而应由政府、高校和社会在一种合理的权力结构中共同支配。目前招生体制下，"国家本位"的色彩浓重，高校缺乏实质性的招生自主权，社会方面因监督机制的缺位而难以有效介入。在这种以国家管理形态为主的招生体制下，招生计划自然无法反映出高校和市场的合理性价值需求，也就无法根据各地报考信息的变化而作出适时的调整。对此，改革的大致思路是：从现代权力运作的机制出发，合理重构高校、政府与社会的权力关系，将招生体制的改革融入教育及整个社会的体制改革。只有这样，才能彰显招生制度的公正性。就合理性而言，在制订招生计划时，应让代表各省利益的地域集团都有平等对话和参与的能力，通过充分交流和多元协商并引入社会监督的机制，最终达成一个相对科学的招生计划分配方案。

---

① "211工程"院校的地理分布情况，详见附录八。

② 科尔曼：《社会理论的基础》（上），邓方译，社会科学文献出版社，1999年，第411页。

（二）录取制度

高考录取制度与招生制度紧密相关，招生制度公正性的缺失也必然导致录取制度的不公。我国高考实行分省定额录取的办法，招生指标的划定在很大程度上决定了各省分数线的高低，这就使"分数面前人人平等"的录取形式公正的原则受到很大挑战，不仅如此，在实质公正方面也存在较大的缺失。

制度公正的标准可划分为形式公正原则和实质公正原则。形式公正是形式化和逻辑化了的现代制度合理性的基础之一，而实质公正是实现制度价值目标的不可或缺的重要指标[1]。由于各地经济文化和教育水平的差异以及招生政策的倾斜，使得高考制度既没有体现出形式公正的原则，也缺乏实质公正的原则。在目前高等教育仍是稀缺资源的情况下，公正与平等是分配教育机会最为重要的原则。国家所建构的用以保障高等教育机会公正的录取制度便成为体现其普遍主义价值观的重要指标，高等教育事实上就是以考试分数构成获得教育机会及其相关社会地位的普遍主义标准[2]。所以，"分数面前人人平等"就是录取的形式公正原则。然而，"倾斜的高考分数线"显然有悖于这一原则，这也是录取制度成为社会各界广为非议的根源所在。

公正的实质要求是"合理的差别对待"，也就是"相同情况，相同对待，不同情况，不同对待"。高考实行分省录取制度，也就是秉持这一公正实质内涵的必然选择，因为各省经济文化和教育发展水平参差不齐，各地考生参与竞争的起点也就不同，这就预设了实行分省录取制度的合理性与必要性。录取制度正是在能力本位的前提下实行差别对待的原则，这也是高考历经各种责难和抨击之后依然保持长远生命力的关键所在。高考分数线向西部边远省区倾斜，是维护制度公正性的重要体现，也为社会各界广泛称道和认可。但是向北京等发达地区倾斜便成为实质不公的最大问题。尽管这一现象由于经济和高等教育双重的非均衡发展而具有很大的合理性和现实性，但正如一名外地考生所说，我们本来已经输在起跑线上，但北京的学生比我们提前

---

[1] 施惠玲：《制度伦理研究论纲》，北京师范大学出版社，2003年，第196~197页。

[2] 金生鈜：《高等教育入学体制与社会身份》，《高等师范教育研究》2001年第6期，第1~7页。

20米先到①，如此看来，这是一种双重意义上的不平等，是录取制度实质公正的重大缺陷。从实际后果来看，不仅不利于选拔具有真才实学的学生，也不利于经济欠发达省市人才的涌现、培养以及地区教育水平的提高。对此，很多政府高层官员和有识之士都认为改革现行的高考录取制度势在必行，特别是对教育部所属高校更是如此。

总之，高考录取制度在形式公正和实质公正方面都存在某种程度的缺失，这不仅带来了各省入学机会不均的重大问题，也使社会和民众产生了强烈的教育不公的抱怨。

二、个体发展层面的缺失

高等教育入学机会的分配不仅要关注制度层面的公正，也要考虑制度的内在价值——学生的自由与平等的价值。高考选才的理想目标，根本上是要为高等学校选择适性、适所的人才，保证每一个学生身心自由和谐地发展，这也是对教育系统内部公正的观照。而高考录取制度的公正只有转化到教育系统内部公正的层面，才能赋予教育公正以实质性的内涵与意义。因此探讨招生制度所带来的学生个体发展层面的缺失也就非常必要。

从教育的内涵来看，它是一种"成人"的社会化活动，应尊重人的个性和尊严，促进学生身心的全面发展。高考制度不仅有其工具性目标，还内含着更为重要的价值性目的——促进人的自由与平等，如果违背了这一点便有失公正。在高等教育入学机会的分配中，至少应该考虑每一个人（包括最不利者）的自我价值（自尊）与价值追求，从而使机会平等能够保证每一个人平等的自尊与尊严②。我国台湾学者陈伯璋对与内地高考十分相似的联考制度的合理性与合法性作了探讨，他认为，无论从联考的科目、内容和录取来看，均没有达成"合认知性"、"合价值性"和"自愿性"所构成的合理性，特别是联考制度对学生主体性的漠视，更是反映了权威体系的权力运作；从合法性来说，联考制度也没有达成旨在促进社会公正的教育机会均等之理想，而是在客观上助长了"优胜劣汰、适者生存"的演化论之意识形态③。

---

① 申丽剑，等：《代表委员关注高考录取公平问题》，光明网，http://www.gmw.cn/content/2005-03-11/content_194506.html. 2005-03-11。

② 金生鈜：《高等教育机会与正义原则》，《高等师范教育研究》2000年第1期，第46~51页。

③ 陈伯璋：《知识与控制——联考制度合理性与合法性的省思》，转引自陈伯璋：《意识形态与教育》，师大书苑有限公司，1988年，第215~222页。

这些情况在内地的高考制度中也都有程度不同的存在，最为突出的便是有限的社会资源和激烈的社会竞争所带来的"学历社会"和"文凭至上"的观念使学生的主体性和尊严在严格的"程序选拔"中被忽视。

从基础教育方面来看，恢复高考之后的20世纪80年代便出现了片面追求升学率的问题，而随着高考竞争的加剧，"片追"、文理偏科、学生负担过重且近视率攀升、影响求异思维和个性发展等问题逐渐凸显出来，"考什么便学什么"这种片面应试的结果造成智育一枝独秀，出现了应试教育的现象，高考也因此被批评为"黑色的七月"、"异化的高考"、"考试地狱"[①]。这都从不同的方面反映出了高考制度对人的全面发展所造成的负面影响。其实，客观来讲，之所以出现应试教育和"考试地狱"等现象，并非是由高考制度本身所造成的，而是由激烈的社会竞争所带来的必然结果，完全归咎于高考并不妥当，因此，有学者指出：高考在某种意义上是"替人受过"[②]。但高考僵化的录取体制所形成的"唯分至上"的确有违教育活动的内涵。而且，在各地录取率较为悬殊的情况下，高考大省的应试教育愈演愈烈，不仅没有达成教育平等的理想，还在某种程度上摧毁了这些不利地区学生的尊严和价值，强化了他们"外地人不如北京人"的地域身份观念，对其将来的发展前途和人格培养都造成了不利的影响。

从高等教育方面来看，高考是为高校选拔优秀生源的选拔制度。在我国高等教育进入大众化阶段之后，高等教育系统更趋复杂，系统分化导致各种类型高等教育机构的不断出现。大众化高等教育需求的多元化、结构的多层次和办学形式的多样化与现行的高考模式之间产生了激烈的矛盾。由于高考实行侧重书本知识的一次性学术考试，难以考查学生的综合素质和能力，不利于创新型人才的培养；高考形式单一，在高校与学生的双向选择方面缺少更多的灵活性；没有学术性向测验，不利于考查求学者的个性特长[③]。这些都是高考不能适应大众化阶段多样化选才的具体表现。更为重要的是，用单

---

① 刘海峰：《以考促学：高等教育考试的功能与影响》，《厦门大学学报》（哲学社会科学版）2002年第2期，第5~7页。

② 郑若玲：《试析高考的指挥棒作用》，《厦门大学学报》（哲学社会科学版）2002年第2期，第7~10页。

③ 张亚群：《高校招生体制改革的契机与导向》，《教育发展研究》1999年第9期，第58~59页。

一的考试形式和录取标准来选拔从研究型大学到高职高专众多专业的学生，无疑存在很大的不合理性，也限制了学生个性特长的发挥和发展潜能的培养。对此，有学者提出高考应由精英阶段的选拔性考试向大众化阶段的适应性考试转变①。总之，现行的招考制度在制度设计上没有很好地适应大众化阶段高等教育的内在需求，把分数凌驾于一切教育活动之上，忽视了学生个性特长的发挥和人格的健全发展，也没有关注到不同类型人才的特点，这便是高考制度在个体发展层面上公正意涵的缺失。

实际上，制度层面和个体发展层面公正意涵的缺失是相互依存、互为因果的。无论是对制度层面还是个体发展层面的分析，其实都是从制度存在的价值性目的出发，是一种应然状态的分析，并非对高考制度的求全责备。因"人情社会"的文化传统、地域间非均衡发展的教育水平和各种配套改革的缺失，使得高考改革难以一蹴而就。制度本身固有的弊端和教育变革所带来的挑战以及各种体制性因素共同决定了高考制度难以达成公正的价值目标。

总之，"一个制度无论如何正义，在其实现形态上都有其局限性。这不仅指制度需要通过具体的人来执行，更指作为公意公正代表的实体性存在的制度，与个体对于正义期待之间可能存在着某种距离"②。以上对高考制度公正意涵的分析如果转换到各自的对立面，得出的结论可能并不尽然。另外，即使是"正义"的制度在履行其正义职责时，亦有一个时效相对滞后的问题，也就是制度改革与制度功效并非完全同步，所以也会引起人们对公正性的抱怨。此外，公正并非评价高考制度合理与否的唯一判断标准，我们还应结合现实的生产力发展标准和人的自由发展标准才能得出理性而全面的认识。

第三节 高等教育入学机会公正的理论分析

既然高考在制度和个体发展层面上都存在公正意涵的缺失，那么入学机会的分配如何才能趋近民主社会所要求的公正的机会平等？机会平等的实质

---

① 潘懋元、覃红霞：《高考：从选拔性考试到适应性考试》，《湖北招生考试》2003年第12期，第22～23页。
② 高兆明：《支撑现代政治正义制度的美德精神——西方现代政治伦理论争》，《南京师范大学学报》（社会科学版）2004年第7期，第5～10页。

内涵是什么？是要保证每个人具有前途的机会平等还是使其具有手段的机会平等？如何看待地域因素对机会平等的影响？从理论上说，机会平等的公平原则与效率原则是内在一致的，那么在分配入学机会的实践中如何才能避免绝对的机会平等所带来的平均主义，又能避免自由主义式的强调个人平等所导致的效率主义？本节结合第一章对高等教育选拔制度公正原则的探讨，进一步对高等教育入学机会平等的实质内涵进行分析。

一、高等教育入学机会平等的内涵分析

高等教育受教育权属于非基本教育权利，应使人人享有平等竞争的机会，这便是罗尔斯所谓的"地位和职务向所有人开放"、"作为向才能开放的前途的平等"。但仔细分析，这种按照个人"能力"或"考分"来分配入学机会的比例平等并非机会平等的全部，充其量只能算作表层的、形式的机会平等，那么深层的、实质的机会平等是什么呢？

在高校招生中，按每个人的"能力"和"考分"来分配入学机会意味着所有人都具有平等的机会。但进一步来看，那些能力较差、考分较低而享有较低的非基本权利者，往往是因为他们缺乏发展能力、缺乏取得高考分的机会；而另一些能力较强、考分较高的学生之所以享有较高的非基本权利，往往是因为他们充分享有了发展能力、取得高考分的机会。可见，机会平等可分为两类：一类是竞争非基本权利的机会平等，它是表层的、形式的机会平等；另一类是发展能力、取得高考分的机会平等，它是深层的、实质的机会平等。如上所述，高考制度实行"分数面前人人平等"的能力本位的原则便是一种表层的、形式的机会平等。在以城乡两元结构、高等教育非均衡发展的情况下，仅仅强调"分数面前人人平等"的形式的机会平等，无疑具有很大的不合理性。如何从表层的、形式的机会平等转向深层的、实质的机会平等，是高考制度必须面对的问题。

对机会平等内涵的认识，不同学者有各自不同的主张，道格拉斯·雷（Rae Douglas W）认为机会平等有两种不同的含义："第一，关于前途的机会平等：两个人，J和K，有竞争X的平等机会，如果他们有得到X的同样可能。第二，关于手段的机会平等：两个人，J和K，有竞争X的平等机会，如果他们有得到X的同样工具。"[①] 如果主张前途考虑的机会平等，那

---

① Rae Douglas W, Equalites, Cambridge, Mass, Harvard University Press, 1981, pp. 65-66.

么主要是考虑不给地位和职务围上封闭的外墙，认为任何地位和职务对每一个人都是不封闭的，都没有涉及种族和阶层以及地域的限制，所有人都有平等的权利去得到它们，但此时并没有考虑到它们实际上是否同等地拥有达到它们的手段和资源，只是做到了形式上的向所有人开放；如果主张手段的机会平等，就不仅要考虑人们对各种机会的平等权利，而且要考虑人们对拥有这些机会的平等手段，要努力保证每个人都拥有利用这些机会的手段、工具、资源或者能力。实际上，这两种机会平等是相互冲突的，如果坚持前一种机会平等，实际上就忽视了那些缺乏手段的人的平等要求；如果照顾到后一种机会平等，就可能因剥夺那些拥有较多手段的人而损害到另一种机会平等。因此这就存在一个平等的悖论，即不可能两者同时兼得，只能两者择一①。美国学者萨托利也提议把机会平等再分为"平等进入"和"平等起点"。"平等进入就是在进取和升迁方面没有歧视，为平等的能力提供平等的进入机会……平等起点的概念则提出了一个完全不同的基本问题，即如何平等地发展个人潜力。"② 总之，无论是道格拉斯·雷对"前途的机会平等"和"手段的机会平等"的划分，还是萨托利对"平等进入"与"平等起点"的划分，都不满足于竞争非基本权利的教育机会平等，而是更为注重对发展潜能的教育机会平等。这对我们认识教育机会平等的内涵和分类无疑具有重要的启发。

其实，对机会平等内涵作出更详细阐释的是罗尔斯，他在对正义第二原则的解释中，将机会平等划分为"机会的形式平等"和"公平机会的平等"。所谓机会的形式平等类似道格拉斯·雷的"前途考虑的平等"，这也是与他的正义第一原则相联系的。但罗尔斯并不满意对"机会平等"的这种解释，他认为这样的解释没有作出努力来保证一种平等或相近的社会条件，致使资源的分配和手段的使用仍然受到自然和社会偶然因素的影响。因此，他转向一种对"机会平等"的自由主义式的解释，即他所称的"公平机会的平等"。他说："假定有一种自然禀赋的分配，那些处在才干和能力的同一水平上，有着使用它们的同样愿望的人，应当有同样的成功前景，不管他们在社会体系中的最初地位是什么，亦即不管他们生来是属于什么样的收入阶层。在社

---

① 何怀宏：《公平的正义——解读罗尔斯〈正义论〉》，山东人民出版社，2002年，第110页。
② 萨托利：《民主新论》，冯克利，等译，东方出版社，1998年，第390页。

会的所有部分，对每个具有相似动机和禀赋的人来说，都应当有大致平等的教育和成就前景。那些具有同样能力和志向的人的期望，不应当受到他们的社会出身的影响。"① 这一原则对于"机会的形式平等"原则来说更进了一步，因为它排除了社会偶然因素的影响，使具有类似才能的人不再因社会出身而受到妨碍。但是，虽然罗尔斯在此对社会条件方面的偶然因素进行了限制，但对自然资质方面的偶然因素无所作为，没有采取任何有意义的补偿措施。在罗尔斯看来，以上两种解释都倾向于导致一个英才统治、等级分明甚至两极悬殊的社会，因此他将机会平等的两种解释与差别原则结合起来便产生了对第二原则的两种解释，第一种将形式的机会平等与差别原则结合就引出了"自然的贵族制"的观念，当然"贵族制"只是一种借用，也就是这种观念不作任何缩小社会差别、改变社会条件以达到机会的公平平等的努力。第二种将公平的机会平等与差别原则结合就产生了罗尔斯所赞成的"民主的解释"，这一解释也就构成了他的第二正义原则的内容："社会的和经济的不平等应这样安排，使它们：①适合于最少受惠者的最大利益；②依系于在机会公平平等的条件下职务和地位向所有人开放。"② 罗尔斯通过这一原则挑选出一种最少受惠者的特殊地位来消除"对所有人有利"的次序原则的不确定性。换言之，在社会允许差别存在时，必须优先考虑最弱势群体的利益。

尽管罗尔斯对机会平等的内涵作了严密的逻辑分析，从而构建了其正义的两个原则体系，但他的理论并不能很好地解释我国高校招生录取中的实际问题，其原因是：第一，他的理论是一种康德式的契约论的解释，是基于普遍的个体权利的正义原则，而没有考虑共同体（社群）的权利，也就是不适合用来分析我国传统集体主义伦理下的地域公平问题。第二，在对"公平机会的平等"的分析中，尽管区别了社会条件和自然资质方面的偶然因素，主张同时消除两种偶然因素的影响，但没有认识到家庭和地域等因素所提供的机会是个体应得的，正像哈耶克对他的批判"欲使所有的人都始于同样的机会，这既不可能也不可欲"③。正义或公平确实要求人们生活中由政府决定

---

① 罗尔斯：《正义论》，何怀宏，等译，中国社会科学出版社，1988年，第68～69页。
② 罗尔斯：《正义论》，何怀宏，等译，中国社会科学出版社，1988年，第79页。
③ 弗里德利希·冯·哈耶克：《自由秩序原理》（上），邓正来译，生活·读书·新知三联书店，1997年，第172页。

的那些状态,应该平等地提供给所有的人享有①。第三,虽然从弱势群体的利益出发分析了机会平等的深浅程度,但对机会平等的合理性分类没有作出很好的解释。

那么如何看待地域因素对高等教育入学机会的影响?以上对教育机会平等的分类只表明机会平等的深浅程度,却不能表明机会平等的合理性。教育机会平等的合理性,并不取决于教育机会平等本身的性质,而是取决于教育机会的来源②。从教育机会来源的角度可将教育机会分为两类:一是社会提供的教育机会;二是非社会提供的教育机会。其中,非社会提供的教育机会比较复杂,主要包括家庭提供的机会、天资提供的机会以及地理环境提供的机会。地域因素对高等教育入学的影响直接表现为地理环境对个人取得教育机会的影响。由于出身于不同的家庭,每个人所享有的竞争非基本权利的教育机会是不平等的。对此,萨缪尔森说:"到了一周岁时,出身富有家庭并经双亲精心照料的孩子在经济和事业地位的竞争中已经略占上风。到了小学一年级时,城市或近郊的六岁儿童比贫民窟或农村同龄儿童具有更大的领先地位。在以后的 12 到 20 年中,已经领先的人越来越走在前面。"③ 在奥肯看来,由家庭提供的教育机会不平等是不公平的,因为"当一些人面前障碍重重时,另一些竞争者已经率先起跑了"。但奥肯忽略了一个事实,人生的赛跑乃是一场世代相延的无休止的接力赛,每个人起点不在一条起跑线上并非不公,因为他们祖先的起点是在同一条起跑线上的。地理位置的因素与家庭的因素相似,不同地区的文化资本量也会给入学机会带来不同的影响,但这些区域优势所带来的机会不平等,无非是家庭成员之间的一种权利代际转让,这也符合诺齐克"转让正义原则",因而是公平的。从这个角度来看,家庭或地理位置所带来的教育机会是享有者应得的权利,即使造成了教育机会的不平等,这也是应得的、公平的。"文革"时期实行人为提高工农子弟入学比例而控制知识阶层入学比例的反向歧视政策所带来的高等教育质量的整体下滑已经揭示了这一道理。罗尔斯的主张是要消弭这种偶然因素所带来的机会不平等,实行最少受惠者的最大利益。如果根据这一原则就意味着教

---

① 弗里德利希·冯·哈耶克:《自由秩序原理》(上),邓正来译,生活·读书·新知三联书店,1997 年,第 111~112 页。
② 李江源:《教育平等新论》,《浙江社会科学》2001 年第 2 期,第 116~121 页。
③ 萨缪尔森:《经济学》(下),高鸿业译,商务印书馆,1982 年,第 232 页。

育资源要大量地用在弱势地区和弱势人群上，不仅没有体现公平，也无效率可言。所以这一主张不可避免地带有福利社会主义的色彩。因为说到底，社会不过是每个人相互利益的合作形式，每个人的天赋、能力以及努力等便是其入股社会的股本。总之，由家庭、地理位置等非社会所带来的教育机会是个体应得的权利，若使其平等就侵犯了他的权利，这是不公平和不应该的。

然而，地域因素对高等教育入学的影响不仅仅表现在地理位置的因素上，还表现在社会所提供的教育机会的巨大差异上。我国目前地域间入学机会不均除了地理位置的先天因素之外，还与整体的社会经济和教育发展政策有很大关系。改革开放以来，我国实行地区经济非均衡发展的政策，利用沿海地区的区位优势采取梯度发展的经济战略，客观上带来了各地区间经济的非均衡发展。各地高等教育在与地区经济形成良性互动的同时，又受到教育管理体制改革的影响（管理权下放），这便在很大程度上造成了教育水平日益依附于地方经济的发展[1]。实际上，"倾斜的高考分数线"在很大程度上是各地区得到政府提供的教育机会的严重不平等造成的。无论是偏向东南沿海的高等教育地理分布，还是部属大学对所在地的招生倾斜政策，都反映出政府和社会对各省区提供的教育机会的不平等。因此，由政府所提供的教育机会和由地理位置提供的教育机会相互交织、互为因果，共同导致了地域因素对高等教育入学的显著影响。这就是在我国区域经济、政治、文化和教育发展失衡的情况下，地域因素对高等教育入学机会带来的重大挑战。

实际上，由政府和社会所提供的教育机会与家庭、天赋和地理位置等非社会提供的教育机会在性质上存在着很大的不同。政府提供的教育机会属于公共权利，是全社会人人都应享有的机会；而由地理位置带来的教育机会则是个人的权利，是属于教育机会享有者的个人权利，任何社会和个人均无权侵犯。因此在考虑地域因素对高等教育入学的影响时应在性质上将两者区分开来，也就是一方面要采取有效措施调整由政府宏观教育政策导向造成的区域间入学机会的不平等，另一方面要尊重和保护由地理位置等非社会因素提供的教育机会不平等，而不是人为地消弭文化地理因素对高等教育入学的影响。但令人困惑的是，由地理位置带来的区位优势促进了经济和教育的发展，而教育的发展又通过服务于地方社会和经济，增强了政府对教育的财政

---

[1] 谢作栩：《高等教育大众化进程中的区域发展问题初探》，《广东工业大学学报》（社会科学版）2001年第2期，第11～16页。

投入，所以社会与非社会提供的教育机会在实践中又陷入了"鸡生蛋还是蛋生鸡"的逻辑悖论，很难将两者截然区分开来。另外，还应注意的是，对地理位置等非社会提供的教育机会的尊重和保护，在社会合作和区域协调发展的情况下，并不能无原则地放大，其基本前提是不损害其他地区最低限度的高等教育受教育权。

以上是对教育机会来源的一般性理论分析，下面结合第一章"地域意义上的公正原则"和我国的实际情况进一步展开分析。如前所言，按照辛格的权利理论，个体权利和集体权利在高等教育入学中都有合法的地位。对分区录取所带来的个体权利和集体权利的矛盾与冲突，无论是从高等教育入学公正实现的方式——群体正义还是从大多数学生的发展潜能来考虑，个体的权利让位于群体的权利，或者说少数人（地区）的权利让位于大多数人（地区）的权利便成为入学机会公正的基本实现形式[1]。既然个体的入学权利让位于群体的入学权利，那么高等教育入学机会在各地区应如何分配？

首先应明确不同省区之间的权利关系。对于地域之间的权利关系和文化格局，向来有多种不同的认识。有学者提出了"多元的地域社会"的概念，指出偏远地区的多元可能性和权利的平等性。"多元的地域社会是多元文化在地表空间上的投射。'多元'一词，指涉在结构上、价值上、功能上等有着相当差异性的不同体系，每一'元'和'元'之间，在权力上或有优势和弱势之别，在内容上或有朴素与繁复之分，在数量上或有多数和少数之异，但基本上彼此并无高下或优劣的判别。"[2] 因此，在合理的多元社会中，每一种存在都有其存在的理由，每一种存在都将其他存在真诚地视作与自己一样拥有平等自由权利的存在。因而都承认、尊重乃至维护其他存在的正当权利[3]。既然每个地区都具有平等、正当的入学权利，那么每个地区内的个体作为一个集体也便具有了竞争高等教育的平等机会。从这一意义而言，个体权利和集体权利在高等教育入学中各自得以体现，是辩证统一的。下面结合

---

[1] 激进的自由主义的公正观并不认可个体权利必然要让位于集体权利，他们认为个体权利具有神圣不可侵犯性，无论在何种情况下，个体权利不能也不应该受到群体的权利的侵犯。

[2] 夏黎明：《多元的地域社会与儿童的社会学习》，偏远地区的教育诊断理论与实务的探究研讨会，1996年1月。

[3] 高兆明：《存在与自由：伦理学引论》，南京师范大学出版社，2004年，第508页。

平等原则、贡献原则和补偿原则来具体分析。

首先,高等教育入学机会在地区之间的分配应遵循平等原则,这既是由多元地域社会的权利平等关系决定的,更是由社会所提供的教育机会应在各地区之间平等(比例的平等)分配内在决定的。上文分析到,由社会所提供的教育机会应由个体平等地享有。具体而言,也就是部属重点大学的招生应该对全国各省区一视同仁,使各省区学生都能够平等地享有竞争入学的机会,而不能倾向发达地区,歧视落后地区。

其次,高等教育入学机会对各地区的分配应遵循贡献原则。贡献原则主要是指由地方财政资助的高校,其入学机会倾向于本省是公平和应得的,政府无权干涉其招生的地域公平性。由于地区经济发展、教育政策和发展策略的差异形成了高等教育的地域非均衡发展,这在一定程度上也可以说是由地理位置所提供的教育机会的不平等,这是属于区域内的个体所集体共享的权利,也是一种代际转让的正义。如果通过国家政策强行将各地的入学比例削平,便会极大地损害各省举办高等教育事业的积极性,导致一种绝对的平均主义,这不仅违背公平而且无效率可言。但是,保护由地理位置带来的入学权利也不能滑向另一个极端,实际上,贡献原则并非抽象的、无条件的。艾德勒认为贡献原则必须有两个基本的限定条件:第一,必须以某种方式满足一切人的最低经济需求。在这个经济基础上,必须人人平等,也就是每个人生来都有权得到这些最基本的财富。第二,由于可分配的财物数量有限,所以谁也不能根据他的劳动贡献去赢得(而不论是偷或抢)很多财富,以致在某方面影响大家维持家庭最低的经济需求[①]。对应到高等教育领域来说,依贡献原则对各地区的入学机会的分配应该满足各地区对高等教育人才需求的最低水平,因为对一个地区的经济发展和社会进步来说,保持最低水平的人才数量是必要的。虽然对人才需求量很难精确计算,但至少要保证不能因人才极度匮乏而导致地区经济的停滞不前和社会的动荡不安。其次是某些强势地区无论何种理由都不应该剥夺弱势地区的最低数量的高等教育人才需求,这也是满足社会这一合作体系正常运行的基本条件。

总之,高等教育入学机会分配的平等原则和贡献原则在很大程度上可以

---

① 穆蒂莫·艾德勒:《六大观念》,郗庆华,等译,生活·读书·新知三联书店,1991年,第184页。

由教育机会平等的合理性即其两种不同的来源渠道得到更好的解释。对于效用原则是否符合机会平等的实质内涵,这是下面我们要讨论的问题。

二、高等教育入学机会平等:公平与效率的统一

高等教育入学机会平等除了具备实质平等的价值之外,还内含着效率的价值标准,也就是说,只有做到了公平与效率的统一,才可能实现高等教育机会的平等。公平与效率内在地统一于实质的机会平等之中,两者缺一都难以做到真正意义上的机会平等。

对于这一问题,奥肯指出:"如果平等和效率双方都有价值,那么在他们冲突的方面,就应该达成妥协,而这种妥协必须是公正的。尤其是,那些允许经济不平等的社会政策,必须是公正的,是促进经济效率的。"[1] 换言之,平等与效率的冲突必须以公正来调节,公正的理想状态是平等和效率二者兼得。对高等教育入学机会而言,没有规则正义保障的竞争是不可能产生效率的,效率寓于公正之中,更大的机会平等带来更高的效率和更大的结果平等。只有做到了真正意义上的机会平等,才可能带来选拔人才的效率。也只有做到了地域之间的机会平等,才可能最大限度地发挥高考制度潜在的社会功能,使其社会功能达到最佳状态。但在实际中,个体意义上的公平和群体意义上的公平,选才的效率和整体的社会效益都可能产生矛盾和冲突。

制度追求的效率,既有狭义上的效率,又有广义上的效率。广义上的效率是制度追求的社会效率,它主要表现为通过促进社会的经济发展而产生最大的社会效益,也可以把它称为制度的社会、经济效率。狭义上的效率是制度本身的设置与运作以最小的成本费用获取最大化的收益,这一层面的制度效率可称为制度的自身效率[2]。有关高考改革的效率也有两种:一种是人才选拔方面的效率,即如何提高考试的信度、效度和区分度,准确地检测出应试者的实际水平,将优秀者选拔出来供高等学校挑选;另一种是指如何使考试本身做到高效、经济,能够使考试简便易行,省时、省事、省力[3]。如果就后一种效率——规模效率而言,现行的高考制度在很大程度上是兼顾了公

---

[1] 奥肯:《平等与效率》,王奔洲译,华夏出版社,1987年,第80页。
[2] 施惠玲:《制度伦理研究论纲》,北京师范大学出版社,2003年,第176页。
[3] 刘海峰:《高考改革中的公平与效率问题》,《教育研究》2002年第12期,第80~84页。

平与效率,至少相对于各校单独招考来说,是很好地处理了资源效率和公平选才的关系。对于第一种效率,在保证试卷信度、效度和区分度的基础上,"以分取人"便是一致认同的高考效率。但是,这两种效率可能与高考制度所追求的社会效益产生矛盾冲突。高考的社会效益是通过对各地入学机会公正合理的分配,使得区域之间高等教育能够发挥出效用最大化的优势,这一优势的发挥必须通过高考潜在的社会功能来完成。总体来看,高考的社会功能主要是维护社会安定和促进社会合理有序地流动①,如果高考只注重自身的效率,即单纯强调以分取人原则的话,则很可能造成因地区教育水平低下而阻断落后地区人才向上流动的机制,从而影响到社会的安定团结。民国时期,由于长期实行单独招考制度使得云南、贵州等省连续几年没有学生考入北京大学,造成了对社会公平和稳定的极大危害,便是一个很好的反例。美国学者奥肯也认为,美国经济最严重的非效率就是没有充分开发穷人家庭子女的人才资源②。对高考来说,如果没有促进落后地区人才的选拔和人力资源的开发,同样也是一种社会效益的严重缺失。因此,个体意义上的选才效率和整体的社会效益存在难以调和的矛盾冲突。所以,在目前城乡差距和区域差距并存且逐渐扩大的情况下,高考仍然是农村及落后地区考生向上流动的重要甚至唯一的制度化途径。在这样的现实国情下,高考改革不仅要关注个体选才效率和规模效率,更要着眼于整体的社会效益。在这一意义上,高考制度自身的效率往往会让位于社会效益。

个体意义上的公平与群体意义上的公平之矛盾在上文已经作出了较详细的分析,此处无需赘述。问题的关键是高等教育入学机会对各地区的公正分配,不仅仅需要公平的维度,也要关注效率的维度。如果追求绝对的机会平等,必定会压抑和损害整个人才选拔的效率,不利于社会整体活力的释放。也就是说,如果只承认共享机会的平等,而否认差别机会的存在,将导致机会平等的绝对化。机会平等的实质是一种差别机会的平等,是包含不平等的平等。从高考改革的实践来看,在经过连续几年对高校"招生指标分配地域歧视"的讨论之后,中国政法大学校长徐显明宣称开始实行依照各省人口比例来分配入学机会的招生方案③。实际上,这便是一种绝对的机会平等,姑

---

① 刘海峰:《高考改革的教育与社会视角》,《高等教育研究》2002年第9期,第33~38页。

② 奥肯:《平等与效率》,王奔洲译,华夏出版社,1999年,第78页。

③ 《政法大学公布按人口比例招生计划北京下降13.5%》,新华网,http://news.xinhuanet.com/edu/2006-04-13/content_4417638.html. 2006-04-13。

且不论其能否实施，但可预计的后果则必定会带来选拔人才的非效率。从各省追求机会绝对平等的政策努力来看，就曾出现过西部某省份考生数学高考成绩为 0 分仍就读于大学数学专业的畸形现象①。因此，中国政法大学的招生政策必然会带来同一学校对各省录取分数线的更大差距，也必定会出现以高考大省生源为主而西部及京津沪等地学生甚少的局面，这无疑不利于大学人才的培养和教学质量的提高。从实际来看，该校也因对北京招生比例下降太大和各省教育水平的巨大差距而不得不对招生方案进行"微调"。但如果仅强调以效率崇拜为主旨的"分数面前人人平等"的做法，走向另一个极端，则又不可避免地产生各省录取人数严重不均的尴尬局面。由此可见，公平与效率这种既对立又统一的关系，决定了在两者之间必须保持必要的张力：没有公平的效率只会造成一个以强权为特征的非人世界；没有效率的公平只能是一个以平均分配为原则的原始共产主义社会②。总之，高等教育机会不均等的直接效果就是非效率，入学机会公正必须在公平和效率之间寻找一个合适的度，将两者内在地统一起来。

高等教育入学机会分配的效用原则便是遵照了入学机会公正的内在要求——公平与效率的统一。表面看来，效用原则是承袭了功利主义的内在理路，突出了效率的价值标准，但是统合主义的效用原则是将效用最大化和入学机会的最佳分配有机地结合起来，反对入学机会在各地区之间的绝对平等分配。对北京、上海等教育发达地区，其高等教育入学机会所产生的效用要小于中部及西部地区的效用，也就是说高校招生制度对京津沪招生指标的倾斜不仅不公平，也是一种非效率。相反，增加落后地区的入学机会，却会产生较发达地区更高的社会效用，使整个高等教育系统发挥出更大的功能。因此，在制订招生计划时，逐步减少京津沪等地的招生指标，将其适当地转移至中部和西部地区，有利于高等教育系统整体效率的提高。米红教授等的研究，通过聚类和相关分析，比较了 1990 年和 2000 年全国各省高等教育和经济发展的各项指标，结论表明：低水平省份对高等教育的经济投入往往能够产生相对于高水平省份更大的效益，也就是说低水平省份对高等教育的投入

---

① 陈平原：《中国教育平等初探》，广东教育出版社，2004 年，第 68 页。
② 晏辉：《公平与效率如何可能：社会哲学的分析》，《郑州大学学报》（哲学社会科学版）2002 年第 4 期，第 33～37 页。

具有更高的效率，而且这些省份的高等教育公平和效率结合得较好①。这一结论用事实进一步证明了效用原则的适用性和可行性。所以，效用原则体现了高等教育入学机会平等中公平与效率统一的实质内涵。

但是，在高校招生的实践中，公平和效率往往处于矛盾对立的状态。从西部省区的情况来看，在经过政府较长时期对西部的招生倾斜之后，其高考录取率有了很大提高。2001年，西部12个省、自治区、直辖市中，高校录取率超过全国平均水平（50%）的有9个，比1998年增加了4个，其中青海、西藏、甘肃、新疆2001年的录取率都比1998年翻了一番。1998年高考录取率排名落后的青海和新疆，到2001年则超过了上海和北京，位居全国第一和第二②。但由于西部的基础教育薄弱，辍学率高且优质生源较少，近来也出现了极少数西部省区自行减少招生计划的情况③。从理论上讲，对西部省区的招生倾斜是符合公平原则的，但因基础教育的薄弱所导致的效率低下也带来了不公平。从中部地区来看，大多数省份基础教育较为发达，生源质量较高，增加其招生比例是遵照效率的内在要求，但如果把握不好招生的比例，则很可能出现中部地区学生过多而损害到其他地区考生的入学权利，这便造成了另一种不公平，而且也会损害到整体的社会效益。因此，在高等教育入学机会的地区分配中，公平和效率在实践上难以做到内在统一，存在许多矛盾和冲突。

总之，高等教育入学机会平等从性质上来说可分为表层的、形式的机会平等和深层的、实质的机会平等；从社会来源来看，又可分为社会提供的教育机会和非社会提供的教育机会。高等教育入学机会的地区差异，既有社会因素——非均衡发展的社会及教育政策的影响，也有非社会因素——自然地理位置的影响，应在性质上对两者加以区分。对社会提供的教育机会应由各省区平等地享有，对非社会提供的教育机会则属于个人权利，应得到尊重和保护。高等教育入学制度公正的平等原则、贡献原则和效用原则符合机会平

---

① 米红、王德林：《1990—2000年我国区域高等教育公平与效率的实证研究》，转引自刘海峰主编：《公平与效率：21世纪高等教育改革与发展》，福建教育出版社，2003年，第522页。

② 《我国高考录取率地区间差距明显缩小》，新华网，http://news.xinhuanet.com/zhengfu/2002-04-18/content_348949.html. 2002-04-18。

③ 应书增、杨东平、姜刚，等：《高考改革——实践与探索》，《中小学教育》2004年第2期，第54～65页。

等的实质内涵。但在招生制度改革的实践中,不仅个体的效率和社会的效益会发生矛盾,而且对各省区招生计划的分配也存在公平和效率的矛盾冲突。

第四节 高等教育入学机会公正的理性思考

我国高等教育入学机会区域差异的问题与城乡入学差异和阶层入学差异等问题纠结在一起,深植于我国特定的经济和社会发展结构之中。正如马克思所言,公正是相对的、历史的,不能离开社会经济结构抽象地谈论公正和权利问题。入学机会区域不均的问题与我国整体的社会经济政策等紧密结合在一起,成因极为复杂,难以用单一的标准来衡量和评价。本节主要结合政治、经济、文化和教育等多种因素,对区域入学机会平等的现实和困境作一综合分析。在此基础上,探讨考试公平和区域公平孰重孰轻的问题,进而指出录取制度的改革方向。

一、高等教育入学机会区域不均的成因及现实合理性

探讨教育机会如何达成地域上的公正,不能无视我国复杂的现实社会背景和各地巨大的利益驱动。本部分结合上文,对形成这一问题的成因和现实合理性作一整体和综合的分析。

基于上文的分析,可以看到,高考录取制度从整体来看基本适合我国国情。录取制度从新中国成立初期的"统一考试、统一录取"到"中央统一规划、大区负责实施"再到后来的分省定额录取制度,体现出分区录取的演化趋势。然而,随着高等教育系统的扩张和区域经济非均衡发展的深入,各省区间"倾斜的高考分数线"日益凸显并导致了考试公平和区域公平的争论。事实上,如果对录取制度的演化历史和现实的社会经济状况进行综合理性的分析的话,那么以上两种观点都可视为一厢情愿的理想主张。主张"以分取人"的考试公平论者其实是追求一种完全自由竞争式的入学,认为区域间的入学机会平等是虚幻的海市蜃楼,完全没有必要关照地域间的入学公正问题,这与西方教育学界出现的对"教育机会均等"的迷思有某些相似之处;主张"按机会取人"的区域公平论者强调教育是促进社会流动和追求地位平等的有效机制,主张在地域间完全均等地分配,这其实也是一种乌托邦式的幻想,在实际中很可能损害到高校的办学活力和高等教育系统的整体功效。为此,我们必须从形成这一问题的复杂原因入手,以得出更为理性的

认识。

首先，对高考分数和"倾斜的高考分数线"的原因的认识不够理性和客观。实际上，高考分数线的差异并非是由各地入学机会的持续减少造成的，前面已经提供了具体的数据。如果说各地入学机会的绝对差异不断扩大的话，那么相对差异却是呈现整体缩小的趋势。为什么在各地入学机会差异缩小的情况下，高考分数线却出现了巨大的差距？一方面是持续扩张的报考者对考试系统形成的巨大压力使考试的区分度不断提高，高考科目和内容改革也使试卷总分升值，由此导致了各省录取分数线的差距不断扩大，这是大规模的统一考试制度必然会出现的问题；另一方面也与高考分数线的相对性和动态性有关，因为分数线具有契约的性质，它界定了择生范围，是受计划、成绩、志愿影响与社会自觉达成的协议①。也就是说，分数线的高低是由考生的整体考试成绩、选择志愿的偏好以及各种地域倾向等因素综合决定的。所以说，高考分数线的差异并非完全是由入学机会的分配不均所决定的，高考分数所体现的入学机会不是绝对的，而是带有很大的相对性。

从高校招生录取的标准来看，高考分数并不是唯一的依据，只是在传统的"东方文化圈"中，在注重关系和请托的"人情社会"下，分数作为保障公平的重要手段，成为一种被绝对化和神圣化的入学标准。并且随时代的发展，特别是在高等教育进入大众化阶段之后，单纯的"以分取人"已经不能很好地适应多样化和多层次的人才选拔需求。因此，在讨论"倾斜的高考分数线"时，对高考分数的过分重视在某种程度上也是导致形成各种激进主张的重要观念因素。对分数线的非理性认识集中体现为青岛考生状告教育部一案，当年山东的分数为标准分而北京则为原始分，两者并不可比。从另一方面来说，虽然高考分数具有相对性的特点，但是在高校招生选拔中仍然发挥着极为重要的作用。同一省份之内，在外界条件都大体相当的情况下，高考分数还是具有相当的信度和意义，即使在采行多元化入学标准的欧美发达国家的招生制度中，考试分数也占据了相当大的比重。总之，在探讨各地高考分数线的问题时，不能太过于迷信分数，而应以理性和客观的态度对待高考分数。

其次，从历史和现实因素来看，高等教育的区域发展战略与入学机会的地域公正分配问题也存在内在的张力。高等教育区域均衡发展的目标一直贯

---

① 刘文超、丁秀菊：《考务管理》，远方出版社，2000年，第147页。

穿于近现代高等教育的逻辑演进过程中。从新中国成立初到"文革"前，高等教育基本上走了一条典型的均衡发展的道路，但从实际效果来看，这种人为构建的政策并没有对西部省区缩小与全国平均水平的差距起到显著作用，收效甚微。究其原因，主要是过于强调人为的地域布局调整而没有通过高等教育与区域经济的良性互动来拓展高等教育为社会服务的重要职能[1]。"文革"后至20世纪90年代初奉行了非均衡发展的战略，地方高等教育的发展因地区经济的差距而呈现出非均衡发展的态势，这对高等教育入学机会的地域分配产生了重大的影响。从20世纪90年代至今，开始实行区域协调发展的战略，制定了促进东西部协调发展的系列政策和措施，在缩小我国高等教育区域发展差异上取得了一定的成效[2]。但从新中国成立以来的高等教育发展史来看，在对"平等"还是"卓越"的价值争论中，追求卓越的价值目标基本上占据了主导地位，突出表现为高等学校重点建设政策的实行并延续至今。自1981年恢复重点高校的政策后，20世纪90年代又开始实行"211工程"建设项目，1998年又启动了"985工程"建设项目，对重点大学资助的力度明显加强。而重点建设院校的地理分布呈现出东西部地区畸多畸少的态势。单从"211工程"院校的分布来看，仅京津沪三地就占了总数的三分之一强，整个东部地区的重点院校更是占据了绝大多数。总体而言，高等教育与区域互动的发展正是在合理利用高等教育产业属性的基础上，将高等教育作为区域经济的内生增长动力的正确选择。伴随着区域经济的加速非均衡发展，高等教育也呈现出更大的非均衡特征，再加上以追求卓越为目标的重点建设政策使得高等教育区域分布的非均衡性更为严重。所以，双重因素导致的高等教育非均衡发展制约着高等教育入学机会在地域间的公正分配。尽管公正内含着效率的标准，含摄了非均衡发展的意义，但是地域间入学机会的公正分配绝不意味着差异的无限扩大，巨大的分数差距在某种意义上已经突破了人们的伦理底线。从教育公正的角度来看，应使各地高等教育入学机会的差异控制在合理的区间范围之内。因此，高等教育的区域发展战略和入学机会的公正分配的内在要求实际上存在一种悖论，简单地诉诸行政手段和单

---

[1] 张振助：《高等教育与区域互动发展论》，广西师范大学出版社，2004年，第4~6页。

[2] 谢作栩：《高等教育大众化进程中的区域发展问题初探》，《广东工业大学学报》（社会科学版）2001年第2期，第11~16页。

纯地强调高等教育对区域经济的依附性都难以有效地解决这一问题。

　　再次，从高等教育系统的复杂构成和影响分数线的深层原因来看，解决这一问题具有相当的难度。20世纪末高等教育管理体制的改革，使中央和地方的高校经历了权力配置重组的过程，教育部逐步放权让利，地区高等教育在整个系统中的比重增大。客观而言，一个地区入学机会的多寡在相当程度上是由地方经济和教育的发展水平决定的，而中央政府对各地入学机会的调整和影响力则相对较小。以2004年为例，全国高校的招生规模为335万人，其中87.5%是地方高校的计划，只有12.5%是教育部和中央其他部门高校的计划，而在87.5%的地方计划中只有20%是地方高校向省外投放，其余绝大部分是在本地招生[①]。因此从招生比例的构成来看，各地入学机会的调整并非是中央政府简单的人为操作就可以一蹴而就，而是需要在促进高等教育功能发挥的基础上通过缩小地区经济的差异来渐进地改善。另外，在解决入学机会地域不均的问题时应对社会和非社会提供的教育机会作出合理的区分。从理论上讲，由社会提供的入学机会应做公平合理的分配，而对非社会（如地理位置的因素）提供的入学机会应尊重各地区发展高等教育的权利，不应人为地过多干预。在实际中，却因两种因素相互叠加、互为因果而难以区分开来，即使准确地作出区分，也很难成为划定招生计划的合理性标准。之所以如此，是因为即使承认由自然地理位置所造成的差异，也不能完全忽视偏远地区等弱势群体的正当权利。因此，对入学机会分配的公正与否主要是看地域间的差异是否符合社会自然演进的秩序，是否在一种合理的差序格局中。总之，地域间入学机会的差异既是自然差异动态演进的结果，也是社会及教育政策支配下社会差异扩大的产物。高校招生计划的重新分配因牵涉到各种因素而极为复杂，应从教育和社会改革的大局出发，以各省经济发展水平和高等教育规模的同步改善为长期目标，适度稳妥地渐进推行。

　　最后，高等教育入学机会地区分配的问题不仅因牵涉到诸多的现实因素而陷入两难困境，对考试公平和区域公平或者说对个体权利和集体权利的价值分歧也制约了入学机会的公正分配。考试公平从某种程度上代表一种个体主义的权利观，而区域公平则是一种集体主义的权利观。在中国当前权利意识高涨、社会急遽转型的时期，对"谁"应接受高等教育这一问题自然会有

[①] 应书增、杨东平、姜刚，等：《高考改革——实践与探索》，《中小学教育》2004年第2期，第54~65页。

各种价值分歧。考试公平论者从平等地享有个体权利以维护自己的尊严和价值的角度来认识教育权利和义务关系，这在被政治权威和儒家伦理遮蔽和漠视了个体权利的传统社会向以"公民身份平等"为特征的现代民主社会转型过程中具有重要而积极的意义。但是对某种资格、利益、力量或主张在观念上和规范上的肯定，并不能保障它们在事实上或社会实际生活中不会遭到否定[1]，如果实行统一分数的录取政策，必然会使西部省区的高等教育入学机会大为减少，因为"离开了特定的社会经济结构、政治结构和文化结构，权利话语就会像一本只有词汇和词组而没有语法和句法的书"。如果在实践中不能够适当地克制某些人的权利，社会弱势群体的状态就会江河日下，没有分配的正义，便没有有效的权利[2]。区域公平论者正是基于保护弱势群体的考虑，主张实行分区录取制度。然而分区录取的制度随着整个社会和高等教育体系的演化，造成了对中部人口大省学生受教育权利的损害。总之，两种公平观都各有其道理和合理性，关键是我们如何本着求真务实的态度，在权利发展与社会稳定之间、价值共识与文化差异之间、理想目标与现实步骤之间谋求一种恰当而有益的平衡。

在此，并非对影响高等教育区域入学机会的各种因素作面面俱到之分析，而是对认识误区和现实困境作一概观的描述。通过以上分析可见，"倾斜的高考分数线"的问题根植于整个社会、政治、人口、文化和教育的内在结构，有其内在的历史根源，是由各种社会因素型构出来的一种特殊的教育不公正现象。

二、高等教育入学机会公正：在考试公平和区域公平之间

在区域经济、文化和教育存在巨大落差的情况下，如何达成地区间高等教育入学机会公正呢？高考录取制度改革的理想方向是什么，现实道路为何？在考试公平和区域公平之间，两者孰重孰轻？

从高考制度的设计来看，平等性无疑是基本的前提假设，正是基于这一平等性的前提假设，才必然要求高考分数线的统一。高考制度正是以平等性作为理论基础和前提而建立，并被赋予了平等竞争的特质[3]。也就是说，高

---

[1] 夏勇：《中国民权哲学》，生活·读书·新知三联书店，2004年，第166页。
[2] 夏勇：《中国民权哲学》，生活·读书·新知三联书店，2004年，第11~12页。
[3] 李德禄：《高考改革的回顾与展望》，《殷都学刊》1998年第6期，第107~109页。

考制度平等性的前提假设是源于"公民身份平等"这一民主社会的重要特征,"分数面前人人平等"就是公民身份平等在高考竞争中的具体体现。如果不考虑地区间经济、文化和教育水平的巨大失衡,单纯从考试制度设计的层面出发,分数面前人人平等的考试公平无疑具有较大的正当性和合理性。

但任何制度的实行都有其赖以存在的制度背景,能否适应社会经济、文化教育的发展情况也在相当大程度上决定了制度本身的公正与否。高考制度绝不仅仅是为高校选拔人才的考试制度,更应视为在非均衡发展的宏观背景下促进社会流动最核心的制度性管道之一。中国近 20 年的快速发展,带来了社会的巨大失衡,地区和社会阶层之间的不平等日益加剧。如果说地区之间的不平等是整个社会发展的痼疾而引起人们的警醒的话,那么更值得关注的是社会流动的匮乏。只要底层精英还有向上流动的指望,还有某个比较公平的制度作为出人头地的保证,这个社会还不至于崩溃①。因此从这一意义上讲,高考制度实行分区录取以保证落后地区学生向上流动的制度空间具有很大的现实性和合理性。分省定额录取制度这种安排并不是自足性的,"而毋宁是中国当下政治经济安排的一种依附性的制度安排——它实际上是对中国当下政治经济安排的一种回应"②。正是在当前区域间政治经济不平等的制度安排下,高考录取制度才超越了程序公正的含义,而深入到实质的公正合理性。公正的差别原则要求"平等地对待平等的,不平等地对待不平等的",这便是高考实行分区录取的实质合理性。在各省区发展水平的巨大落差下,分省录取就成为现实的必然选择,如若无视这一地区间的差别实行统一录取必然带来极大的不公平。再从国外高校招生录取的实践来看,其入学标准也大多从原来的单一、刚性走向多元和柔性的指标,从形式公正走向实质公正,这正是从多元文化和多元地域的社会背景来关注弱势族群和地区的入学权利。可见,在权利理论盛行、自由主义传统深厚的欧美社会,尚且高度关注弱势族群和地区的入学权利,那么在传统中华文化重集体主义伦理的中国社会中,对地域平等和公正的观照更应成为高考制度中的题中应有之义。

---

① 许纪霖:《不合理的应试教育为什么被合理化了》,《回归公共空间》,江苏人民出版社,2006 年,第 51~52 页。

② 邓正来:《对"考研变高考"的制度性追问》,《反思与批判:体制中的体制外》,法律出版社,2006 年,第 16~17 页。

因此，高考实行分省录取的制度具备了实质合理性，对于促进底层社会精英的向上流动、保证落后地区正当的入学权利具有重大意义。录取分数线对京津沪等地的倾斜并不能完全归罪于录取制度本身，而是区域经济和教育水平的差异所导致的区域教育（基础教育和高等教育）失衡带来的必然结果。虽然"倾斜的高考分数线"问题造成了高等教育领域巨大的不公正，但若将分省录取改为全国统一录取，则无异于"将婴儿和洗澡水一起倒掉"了。

那么，在未来的改革方向上我们应对考试公平和区域公平作怎样的选择？对此，有学者认为考试公平是一种强式平等，是高考制度产生和存续的基石，如果离开了这一强式平等的基石，高考也就丧失了存在的正当性；而区域公平是一种弱式平等，只能作为强式平等的例外存在，但因为区域公平具备了形式和实质的正当性，所以其存在还具有相当的适应力和生命力[①]。就实质而言，考试公平是一种考试制度设计的理想方向，是一种公正伦理的长远利益；而区域公平则是考试制度对社会政治和经济制度安排的一种现实选择，是一种迫切需要的眼前利益。正如赵汀阳所言："问题在于，那些共同幸福都是遥不可及的长远利益，不是人们迫不及待的眼前利益，而且往往与眼前利益有比较大的矛盾；进一步说，伦理学想象的共同幸福往往与个人利益最大化有很大的冲突，因此，在现代的社会条件下，伦理的长远性敌不过政治的当前性。"[②]但是对考试公平这一长远利益或者强式平等的追求是我们必须明确的长远目标，只是在现实的制度安排下它必然成为难以企及和超越的理想追求，而区域公平是我们相当长时间内必然而又现实的选择。那么在理想和现实之间，如何确定高考改革的路径呢？对于这一问题，理论界向来有两种不同的改革思路：一种是从制度设计的本真意义出发，分步骤、分阶段地向考试公平的理想迈进；另一种是立足于区域公平这一现实选择，谨慎、稳妥地向考试公平的理想努力，简言之，就是"立足现实，追求理想"。虽然两种思路都是介于理想与现实之间，但两者的改革路径和方向策略大异其趣。前者是一种较为激进的改革主张，而后者可称为稳妥的渐进改

---

① 王怀章、朱晓燕：《平等视角下的高考制度改革》，《湖北社会科学》2005年第7期，第141~143页。

② 赵汀阳：《哲学的政治学转向》，《吉林大学学报》（社会科学版）2006年第2期，第5~11页。

革派。实际上，由于高考既是连接基础教育和高等教育的关节点，又是教育和社会领域的高度敏感区，所以任何微小的改革都可能会"一石激起千层浪"，关系到数百万考生的前途与命运，影响到社会生活的方方面面。故此，笔者主张选择后一种渐进、稳妥的"立足现实，追求理想"的改革策略。

从现实国情来看，在东中西部地区落差相当大的情况下，实行分区录取的制度能够给各地区相对均衡的入学机会。但强调地区间入学机会的均衡并非否定考试公平的理想方向，因为在以公民身份平等的民主社会中，竞争高等教育入学机会的平等原则必然是社会公正的主要原则。所以，高考录取与科举录取的发展方向和演化趋势并不相同。在科举时代，科举功名不仅仅是一种学位（文化资本）[①]，还是一种竞争社会地位和权力控制的政治资本。在科举制发挥初步的政治代议制的功能时，要求在地域之间达成某种政治平衡和利益均沾的内在要求决定了科举制的发展方向是区域公平必然代替考试公平，而且分区取人的趋势也越分越细。在现代高考制度下，区域公平只能作为调整各地入学机会的一种手段或策略，尽管各地区之间教育均衡发展的实现还有相当长的时间，但其努力的方向必然是考试公平，这一点是必须明确的。其实，由于协调东西部地区的发展是一项巨大的社会系统工程，而希望单纯通过教育领域特别是高考制度的改革来改善地区间的不平衡无异于缘木求鱼。所以我们必须从社会稳定和教育发展的大局出发，立足于区域间入学机会的相对平衡，通过逐步调整高等教育地区布局，综合协调就业、人口和户籍等众多体制的改革，来渐进地向考试公平的理想方面努力。

总之，考试公平和区域公平都各有其合理性，但考试公平是一种理想方向，而区域公平则是现实策略。改革的方向是立足现实，追求理想，在区域公平和考试公平之间寻找一个动态的、适度的平衡。

---

① 刘海峰：《"科举学位说"可以确立》，《学位与研究生教育》2002年第7～8期，第69～72页。

第六章 余 论

本研究从教育公正的视角出发，分析了高等教育入学制度公正的原则、标准和基础，通过对高等教育入学机会区域差异历史考察和国际（地区）比较的"视阈融合"，从时空发展形态来理解高等教育入学机会公正的含义，并对部属重点大学的分省招生和各省高考分数线的演变趋势作了实证研究，最后综合分析了地理位置对高等教育入学机会公正的影响和挑战，并指出了高考录取制度改革的理想方向和现实选择。本章在以上研究的基础上，进一步综合提炼主要的研究结论，并从宏观社会政策、高等教育地理布局以及高考录取制度等方面提出相应的改革对策，以期为政府决策提供理论支持和参照。

一、研究结论

通过前面的分析和研究，本书主要得出以下的研究结论：

（一）**高等教育入学制度公正的原则可分为个体意义上的公正原则和地域意义上的公正原则。个体意义的公正原则主要有能力原则、平等原则和补偿原则；地域意义的公正原则主要有平等原则、贡献原则和效用原则，衡量入学机会公正的标准是公民身份平等、区域均衡发展和个体发展自由**

在高校招生中，学生个体必然是竞争高等教育入学机会的权利主体，但是作为政治社群的省区也拥有入学的参与性竞争权利，而且高等教育入学机会公正的实现方式也是群体正义而非个体正义，所以也就必须探明地域意义的公正原则。个体意义的公正原则是能力原则、平等原则和补偿原则，具体而言，就是高考竞争必须建立在能力本位的原则之上，高等教育入学机会对每个公民平等地开放，任何人都不应因地区、种族和阶层等因素而失去平等竞争的机会。在此基础上，对经济、文化和教育落后地区提供某种形式的补偿和矫正，以使这些处境最不利者享有与其他群体基本相同的入学权利。地域意义的公正原则有平等原则、贡献原则和效用原则，具体而言，就是对高等教育入学机会的分配必须执行能力基础上的比例平等的原则，使各省区能力最好的考生上最好的大学，同时还应执行权利与义务对等的贡献原则，这对地方高校特别适用，即使对中央部属大学来说，在招生中也应执行潜在的贡献原则——能力原则。效用原则是指在分配高等教育入学机会时必须考虑到地区间效用大小的问题，使整个社会效用最大化的分配也就是公正的分配。但实际上，在分配高等教育入学机会时，个体公正与群体公正是融合在一起而难以有效区分的，并且两者也经常发生激烈的冲突。衡量高等教育入学制度公正的标准是公民身份平等、区域均衡发展和个体发展自由。除此之外，也要参照生产力标准，因为归根到底，教育公正的实现程度必然受到社会经济发展水平的制约。

（二）高等教育入学机会的区域差异是客观存在的，古今中外的高等教育发展史都说明了这一点。我国高等教育入学机会区域差异的问题根源于转型时期各省区政治、经济、人口、文化和教育发展不均衡的特殊国情。在此意义上，高考录取实行区域配额制就是一种依附性的制度安排，分省录取制度并非导致"倾斜的高考分数线"的根本原因

在科举时代，受政治、经济、文化和教育等因素的制约，科举人才（主要指进士）的地理分布呈现出极大的不平衡，由于科举配额制度的实行，提高了落后地区的文化教育水平，增强了区域间的文化交流和民族融合，科举配额制成为调节科举人才和各地政治、经济和文化发展的有效中介机制。民国时期，单独招考制度的长期实行，加剧了人才分布的区域失衡，在实施了短暂的统一招考制度之后，高等教育入学机会区域失衡的状况得以改善。从世界高校招生制度的改革趋势来看，配额制度和优待入学政策是改善弱势族群和地区高等教育入学机会的有效政策和手段。在我国高考制度下，高等教育入学机会的区域差异也是客观存在的，这根源于各地政治、经济、人口、文化以及教育发展的不平衡。表面看来，各校单独招考制度可以避免各省分数线之间的相互比较，但并不能从根本上解决高等教育入学机会区域差异的问题，建立在统考基础上的分省定额录取制仍是适应地区间非均衡发展的现实制度选择。因此，我们必须认识到分省定额录取制对解决入学机会区域差异的重大作用，绝不能因"倾斜的高考分数线"的问题而轻易将其废除。

（三）在实行大规模选拔性考试的制度安排下，"倾斜的高考分数线"的形成具有某种历史必然性。尽管京津沪等地高考分数线持续降低可由招生名额的扩充和适龄人口的减少得到部分合理的解释，但东中西部高考分数线的持续拉大并非完全是由各地入学机会不均造成的。作为大规模的选拔性竞争考试，在报考人数持续扩张的情况下，高考为保持合理的区分度，对考试科目和内容等方面进行改革（增大分值），这也是导致各省分数线不断拉大的重要原因

从恢复高考以来各省分数线的演变趋势可以看出，各省分数线的差距不断拉大，东部经济较发达省区的分数线一直较高，西部边远省区一直较低，而京津沪等直辖市的分数线由原来较高到持续降低，甚至在很多时候还低于某些西部省区。毋庸讳言，京津沪因高校云集而拥有较多的入学指标，这是造成其分数线持续降低的重要原因。但从另一方面来看，各省分数线之间的落差逐步加大并非完全是由入学机会分配的不公造成的。从第四章的研究结论来看，各省入学机会指数呈现出先扩大后缩小的趋势，这并不能很好地反映各省分数线不断拉大的事实。其实，"倾斜的高考分数线"是大规模选拔性考试必然会遇到的问题，在巨大的考试规模的压力下，高考为保持合理的区分度，必然通过科目和内容的改革来保证选拔人才的效度。实际上，由于各省高等教育和基础教育差距的不断扩大，客观上对连接基础教育和高等教育的高考制度产生了应力集中的效应，从而影响到各省分数线的起伏变化。此外，由于受招生计划、整体成绩、志愿偏好和社会自觉等多种因素的影响和制约，高考分数线也带有很大的相对性。因此，我们应该用理性和客观的态度来对待"倾斜的高考分数线"，既不能过于迷信分数，也不能无视分数线的差距。

（四）通过实证研究发现：中央部属重点大学的分省招生行为越来越趋向公平，分省招生的范围不断扩大，对所在地招生的比例逐渐降低，分省招生的差异程度在不断缩小；高等教育入学机会对各省区的分配也表现出先缩小、后扩大、再缩小的趋势

在实证研究中,以厦门大学和北京交通大学为个案,研究了两校自高考建制以来特别是恢复高考之后分省招生的发展趋势和差异,得出的结论是:两校分省招生的共同趋势是越来越趋向公平,无论是对全国的招生还是对不含所在地的招生。但因两校地理位置、学科特点及所在城市经济发展水平等诸多原因的限制,其招生行为趋向公平的程度也有所不同。1982年、1992年和2002年,厦门大学招收新生省际分布的基尼系数分别为0.774 0、0.775 3和0.644 7,而同期北京交通大学的基尼系数则为0.737 5、0.538 1和0.392 9,说明北京交通大学分省招生的公平性更高。从全国分省招生(本专科)的趋势来看,各省区之间的差异表现出先缩小、后扩大、再缩小的趋势。1980年全国各省入学机会指数的标准差为1.75,至1986年缩小为0.77,之后再扩大到1993年的0.94,此后一直缩小,到2001年达到最小值0.43。从研究结果来看,高校招生指标的分配并非想象的那样越来越不均衡,至少从恢复高考以来较长时段内是逐渐趋向均衡分配的。在这样的发展趋势下,却出现了高校招生指标分配公平性的热烈讨论,这在某种程度上说明了社会公众对公正的期待水平越来越高,同时也深刻反映了社会转型时期教育公正观的转变。

(五)考试公平与区域公平分别代表了不同的公正观,从某种程度来看,考试公平是一种自由主义的公正观,而区域公平是一种社群正义的公正观,两者都各有其道理和合理性。在高校招生录取中,不同的地域群体持有不同的公正观,不同的价值判断也会产生不同的公正观,而且在考试公平和区域公平论争的背后也隐含着对教育利益的争夺和控制。因此,这在客观上就需要超越考试公平和区域公平的对立,建立一种基于复合正义论的教育公正观

伴随着各省区非均衡发展的现实情况,在实行分省定额录取的制度下出现了"倾斜的高考分数线"的问题,这对中部地区考生的平等受教育权是一种很大的侵害。考试公平正是出于公民身份平等的原则,强调考试的自由竞争和程序公正,尊重个体的尊严和价值;区域公平的实质精神是"合理地差别对待",对处于社会最不利地位的弱势群体和地区提供某种补偿。但实行的结果与个体的入学权利发生了矛盾冲突。实际上,在考试公平和区域公平的争论中，不同地域的利益群体持有不同的公正观，而且各种公正观的对立背后也隐含着利益的争夺和权力的控制。对考试公平还是区域公平的争论，既是科举时代"凭才取人"与"逐路取人"的争论在现代社会的惊人再现，也是民主社会对平等入学权利的合法诉求；既是不同地域集团竞争教育资源的利益纷争，也是不同公正理论对分配入学机会的价值分歧；既是因人们理性自觉水平的提高而产生的更高水平的公正性期待，也是依凭有限理性建构的社会制度滞后于改革实践的客观存在。因此，我们必须超越考试公平和区域公平的对立，以一种复合正义论的观点来协调两者的冲突，使个体正义和群体正义在高等教育入学中能够找到一个相对适当的平衡点。

（六）高等教育入学机会平等从性质上可以分为表层的、形式的机会平等和深层的、实质的机会平等；从教育机会的来源看，又可分为社会提供的教育机会和非社会提供的教育机会。高等教育入学机会的地区差异既是由社会提供的教育机会不平等造成的，也体现了地理位置这一非社会提供的教育机会的不平等。对此，在改革中必须尽量降低社会因素对高等教育入学机会不公的影响，尊重和保护非社会因素带来的差异

从某种意义上说，"分数面前人人平等"是一种表层的、形式的机会平等，而分省定额录取有助于深层的、实质的机会平等的实现。然而，对教育机会性质的划分并不能表明教育机会来源的合理性。从教育机会的来源来看，又可分为社会提供的教育机会和非社会提供的教育机会，由社会提供的教育机会应该由社会个体平等地享有；而非社会提供的教育机会则是一种个体权利，应得到尊重和保护。我国高等教育入学机会区域差异的问题既是由社会提供的教育机会不平等造成的，也是由地理位置和文化水平等非社会因素的差异造成的。正因为如此，人们往往容易接受自然地理位置等非社会因素造成的不平等，而强烈反对不平等的教育投资和政策等社会因素导致的不平等。但令人困惑的是，社会因素和非社会因素在高校招生中紧密关联，纠结在一起而难以区分。由地理位置带来的区位优势促进了经济水平和高等教育的发展，而高等教育又通过为社会服务的职能增强了区域经济的发展，保障了教育财政的投入。因此在实际中就容易陷入"鸡生蛋还是蛋生鸡"的逻辑悖论。尽管因高等教育与区域经济的协调互动而很难将社会因素和非社因素区分开来，但是在调整"倾斜的高考分数线"时，必须尽量降低社会因素对教育机会不平等的影响，尊重和保护非社会因素提供的教育机会所带来的合理差异。

（七）对高考录取制度的改革而言，考试公平是理想目标，区域公平是现实选择。考试公平是一种考试制度设计的理想方向，是一种公正伦理的长远利益；区域公平是调整各地入学机会的一种手段或策略，是考试制度对社会政治和经济制度安排的一种现实选择。录取制度改革的基本策略是立足区域公平的现实，追求考试公平的理想

在公民身份平等的现代民主社会，平等原则是实现社会公正和教育公正的内在要求，在高考改革中，考试公平也就成为我们的理想目标。但在我国东中西部发展落差巨大的情况下，分省录取制度的确可以使各地区得到相对均衡的入学机会，从历史和国际的经验都说明了这一点。因此，区域公平是调整各地入学机会的一种手段和策略，是为落后和边远省区学生提供向上流动的制度性通道。实际上，东西部地区的协调发展是一项巨大的社会系统工程，在区域经济和教育水平没有得到较好改善的条件下，寄希望于考试公平的理想必然会造成严重的后果，付出惨重的代价。因此，我们必须从社会稳定和教育发展的大局出发，立足于区域公平的原则，通过逐步调整高等教育区域布局，综合协调教育、就业、人口和户籍等众多体制的改革，渐进地向考试公平的理想目标努力，在区域公平和考试公平之间寻找一个动态的、适度的平衡。

（八）"倾斜的高考分数线"根源于我国政治、经济、文化和教育非均衡发展的现实国情，在改革过程中也会受到地域利益集团和各种现实问题的干扰，而且考试公平和区域公平的矛盾对立也会影响到改革的策略和方向，因而要解决这一问题具有相当的难度

矫正"倾斜的高考分数线"的关键在于逐步改善高等教育不合理的地域布局，并使各地基础教育逐步走向均衡发展。然而，高等教育的区域发展战略和入学机会的公正分配客观上存在一种内在的紧张。高校重点建设政策的实行使高等教育在地理分布上表现出更强烈的非均衡特征，即使从高校自身发展的需求来说，选择边远和落后地区也不利于办学效率和水平的提高。从基础教育的发展来看，地方教育财政投入的较大差异也不是短期之内就可以改变的。因此各地入学机会的差异仍是长期存在的。而且，从长远来看，区域经济的协调发展才是解决这一问题的长远之计。对入学机会的调整实际上是一个教育资源重新分配的过程，这必然涉及多方利益的相互冲突和博弈，能否达到入学机会的公正从根本上取决于地区经济和教育的发展水平。总之，高考分数线的调整受经济、文化、教育、人口和就业等多种因素的制约，是一个非常棘手的两难问题，因而改革具有很大的难度。录取制度的改革必须辅以必要的行政手段，在兼顾考试公平和区域公平的基础上渐进而稳妥地推行。

二、政策建议

对于"倾斜的高考分数线"，我们如何从教育系统内外部通过渐进的制度变革和综合的协调改进来逐步缩小地域间的巨大差异，使高等教育入学机会趋向公正合理的均衡分配？要解决这一问题，关键在于逐步改变高等学校地理分布的不合理状态，促进基础教育的均衡发展，并重新调整高校招生指标的分配，逐步扩大中西部地区的招生规模。具体来说，主要有以下几点：

（一）逐步调整高等学校的地理布局，促进基础教育的均衡发展

1. 逐步调整高等学校的地理布局

实际上，只有大力发展中西部地区的高等教育，逐步扩大招生规模，才可能为分数线的调整提供基础条件。尽管高等学校地理布局的调整有着相当大的难度，但是通过促进高等教育与区域经济的协调发展，辅以必要的行政手段来逐步改变招生指标分配的不均衡状态是改革的关键所在。具体有以下几点：

（1）优先发展高等教育规模滞后于经济发展水平地区的高等教育。从现有的状况来看，山东、广东、海南和福建等省的高等教育规模均落后于经济发展的各项指标[①]，这不仅限制了招生规模的扩大，还可能会影响到区域经

---

① 张振助：《高等教育与区域互动发展论》，广西师范大学出版社，2004年，第183页。

济的可持续发展。考虑到这些地区具有较强的经济承受能力,应在这些地区实行优先发展的战略。具体的政策建议是,根据这些省份经济水平和产业结构的发展状况,大力发展地方高等教育,如增设地方一般本科院校和培养专门技术人才的高职院校;通过校企合作、银校合作等多种形式为高等学校多渠道筹集资金,等等。

(2) 以合理规划和统筹协调的方针鼓励西部边远省区发展高等教育。西部高等教育的落后在很大程度上制约了其经济和社会各方面的发展。从长远来看,必须在合理规划和统筹协调的方针下,鼓励西部教育走"外延式"的发展道路。具体而言,应促进区域教育与经济的协调发展,大力发展适合本地产业结构、应用性较强的本科院校和职业学院,如师范学院、农林和地质类院校等;积极发展资源耗费量较节省的办学形式,如高等教育自学考试和现代远程教育等;另外,通过各种倾斜政策鼓励各种社会团体和私人投资办学。

(3) 实施东部对口支援西部高等教育的政策促进高等教育的协调发展。在西部地区教育短期难以迅速改观的情况下,通过加强东中西部高等教育的协调发展,鼓励东部高校通过资金、师资和设备等多种形式对口支援中西部高校的政策,逐步扩大高等教育的规模,也是切实必要的政策。具体政策有:实行以东部地区大中城市高校对口支援西部高校的政策,由省市相关部门协调配合、制订规划并签订帮扶协议,以资金、师资和教学实验设备等多种形式促进西部高校提升教学质量并扩大招生规模。但实施这一政策也要考虑到高校办学自主权的问题,从东西部高校的学科及专业的互补优势出发,本着互惠互利的原则来加强校际之间的交流和合作,不能诉诸行政手段强力推行。

(4) 通过高等教育财政转移支付制度促进中西部高校的发展。在我国实行了分税制的改革之后,因地方财力发展失衡而导致的地区高等教育差异不断扩大。在此情况下,相当一部分省区的高等教育投入由于大学毕业生的就业已无偿转移到发达省份或地区[①]。这样就造成了落后地区高等教育资源使用率的低下,不利于这些地区高等教育的发展。据此情况,各省(市、自治区)有必要从地方财政能力和现状出发,合理设计高等教育的财政转移支付

---

① 陈上仁、李兵:《高等教育财政转移支付政策研究》,《教育发展研究》2002年第7~8期,第59~63页。

方案。通过财政转移支付制度，使中西部高校人才外流得到合理的补偿和回报，这对发展西部地区的高等教育具有较大的促进意义。但实施此一改革也应考虑到整体财政体制的改革和转移支付方案的科学合理性，以避免"劫富济贫"现象的发生。

2. 促进义务教育的均衡发展，大力提升边远省区的高中教育水平

"倾斜的高考分数线"不仅是由招生名额分配的不均造成的，也是由基础教育特别是高中教育水平的差距造成的。西部省区分数线长期偏低就是落后的基础教育水平所致。如果仅仅扩大高等教育规模而没有相应地提升基础教育的水平，也会出现高校生源质量和教学质量下滑的问题。因此，除了扩大西部高等教育的规模之外，还应大力发展基础教育，提升高中的教育教学质量。具体建议为：

（1）继续贯彻支援西部的政策，确保义务教育的均衡发展，从根本上解决高中教育的生源问题。政府在维护社会公平及教育公平中起着不可推卸的重要责任，所以各级政府必须在政策导向、财政资助等方面采取积极措施保障西部教育的快速发展，通过对口支援、师资交换等方式加强支持力度。同时，制定吸引民间资金举办教育的优惠政策，来缓和西部教育财政紧张的状况。

（2）以"分类指导、分类发展"的方针，鼓励各省区高中教育的发展，逐步提升教学质量。在基础教育滞后于经济发展水平的中东部省份，大力举办高中教育，为高等教育规模的扩张提供生源基础；在教育欠发达的西部省区，应着眼于高中教学质量的提高。具体措施是使各级地方政府通过增加财政投入、鼓励企业赞助等多种形式保障基础教育经费得到稳步提高。另外，还应继续加大对西部地区的支教力度，通过吸引优秀师资等方式满足西部学校对高质量师资的需求。

（3）更新教育观念，加强教育管理水平，提高教师的专业素质。改善西部地区基础教育的落后局面，要注重硬件、软件一起抓。在加强硬件投入的同时，注重更新教育观念，以适应时代发展的教育理念来规划和指导教育事业的发展。另外，还要加强校内管理水平，促进师资的合理流动，鼓励教师加强科研，等等。

总之，基础教育的均衡发展是社会和教育发展的内在需求，只有在义务教育均衡发展的基础上，切实提高边远省区高中教育的水平，才能使各地倾斜的录取分数线逐渐拉平。

(二) 高校招生录取制度的调整与完善是改革的现实对策

高校招生名额分配的地域不均是造成分数线倾斜的重要原因，在区域经济发展失衡、教育均衡发展一时难以实现的情况下，从制度设计上对高考录取制度进行必要的调整与完善就成为急迫而现实的改革对策。高校招生名额的重新分配要受到地区经济、文化、人口、教育和就业等诸多因素的制约，因而具有相当大的难度。在此仅从宏观层面对改革的整体思路和方向给出可行的建议。

1. 调整高校招生名额的分配，将原来投放于京津沪等地的部分招生指标渐进地转移至中西部地区

为使各地悬殊的录取分数线逐步得到调整，将投放于京津沪等发达地区的部分招生名额渐进地转移到中西部地区，这是当前必须实行的紧迫措施。根据高校经费来源的不同，分两类具体分析。

(1) 渐进地调整中央部属院校对各省区的招生比例。对这类高校来说，由于经费直接来源于中央财政，所以对各省区招生名额的分配应保持大致平衡的比例。按照比例平等的原则，这类高校应综合各方面的情况，使各省区招生比例的差异保持在合理的区间范围。对此，有反对者认为，从世界教育发展的经验来看，精英型和大众型教育分类发展，前者更重视考试公平，注重严格的学术标准，后者同时关注考试公平和区域公平，一般设有基本的入学标准[①]。的确，作为精英型的北京大学等无疑应该选择一流的生源，这是迈向世界一流大学的基础条件之一。但也应看到，欧美的精英型大学大多为私立高校，它们注重严格的学术标准和追求考试公平的精神在经费来源上有相当的内在合理性。而我国的重点大学则不同，其经费主要来自国家财政，这就为追求区域公平提供了合理性基础。可见，中国的精英大学承担着比国外精英大学更为艰巨的任务，既要选拔一流的学生以保持严格的学术标准，又要注重选拔人才的区域间相对均衡。

改革的整体方向是将原来过于集中在京津沪等地的招生名额部分地转移至中部山东、河南等高考大省。具体而言，可留出5%的名额用于全国统一录取（可将各地区的高考分数做等值处理），5%的名额用于自主招生[②]，

---

① 刘清华：《发达国家高校招生考试与学校教育关系的共同特征》，《考试研究》2004年第2期，第14～27页。

② 截至2006年，实行自主招生改革试点的高校已经达到53所。

20%的名额依照各地报考人数投放，剩下的70%按照往常的惯例投放。这样一来，既照顾到了公平选才的需要，又考虑到了特殊人才的选拔规律；既反映了地区间入学机会平等的要求，又尊重了历史因素及现存体制的合理之处。但对于这一改革，也可能有反对者认为，在教育部、省、市三级联合共建的情况下，重点大学将招生名额更多地投向所在地是合情合理的。诚然，在重点大学与地方联合共建以及实施"211工程"和"985工程"的过程中，在征地、拆迁、学校周边环境的整治、有关税费的减免方面，都得到当地政府资金和政策方面的大力支持，学校出于回报的心愿将名额向所在地倾斜有一定的合理性。但这并不能成为高校招生倾斜的正当性理由。因为高校在发展过程中，通过为本地培养各类人才、横向的校企合作、带动相关产业的发展以及提升城市文化水准，已经为所在地作出了相当大的贡献，而当地政府的资金投入和政策倾斜已经得到了上述方面的回报，所以当地政府对高校的资金投入并不能成为对其招生倾斜的完全正当理由。

(2) 原则上划定地方高校对外省招生的比例，供不同地区高校参考使用。对地方院校而言，可分为全国招生和省内招生两种，即便是全国招生的高校，外地生源数量也普遍较少。据以上的分析，此类高校招生计划的制定原则上不受教育部的限制，即使全部实行本省招生也无可厚非。但是从高校培养人才和教育教学的规律来看，单一地区的生源结构并不利于教学质量的提高和校园文化的建设。以首都师范大学为例，由于是北京市属高校，所以其生源的绝大部分来自北京，但随着北京高考录取率的极大提高①，在分批录取的体制下，该校的生源质量得不到有效保障。从提高生源质量及办学效率的目的出发，该校近年来开始较大幅度地招收外省学生。另外，这些高校的毕业生也大多倾向于在本地就业，因此在招生计划中划定对外省招生的基本比例，不仅有利于学校教学质量和办学效率的提高，也有利于达成社会公正的目标。对中部地区高校来说，可将这一招生比例的原则规定作为参考标准来使用，由于这些院校相对有限的高教规模难以吸纳本地众多的考生，所以可以在短期之内允许实行全部省内招生。但是，出于东西部协调发展和西部大开发的战略，可以对这类高校招收西部落后省区的比例作一较低限度的要求，这也是实行补偿原则，达成社会公正的必然要求。总之，教育管理部门应从分类指导的原则出发，划定地方院校招收外省学生的最低比例，供各

---

① 据北京市教育考试院公布，2006年北京市的高考录取率为69.8%。

省参考使用。在地方院校招生计划占整个招生计划的70%左右的情况下，规定这类院校招收外省学生的最低比例也会起到较为显著的效果，从而对高校招生地域公正的改进具有重大的意义。

2. 建立高校招生计划分配听证制度

从高校招生权力的实质和演变来看，这一权力应为高校、政府和社会所共同享有，因此制订招生计划也就不是单一的利益主体所能完成的。建立招生计划分配听证制度也就是从社会公正的角度出发，克服狭隘的校本利益的思想，确立招生的大社会和大教育的观念，以此保证高校招生的科学性和公正性。

目前我国已有高校实行了招生计划分配的听证制度[①]。但总体来看这一制度还不完善，主要表现为：听证会的职能与其目的不相符，也就是听证制度本来要解决招生计划分配的公正性与合理性等问题，但实际上成了维护与提高学校声誉的手段。因此，应从教育公正的角度对这一制度进行制度创新。首先，要打破封闭的校本利益的观念，提高招生计划分配的公正性和合理性。在制定招生比例时不仅要考虑到各专业的第一录取率、考生的志愿取向和平均成绩等，还要考虑到区域均衡发展的需要。其次，听证制度的人员构成也会影响到招生计划制订的公正程度。在确定听证制度的人员时应考虑到校内与校外人员的合理比例。校内人员除了校长、职能部门领导和教师代表之外，还应有学生代表，以保证每一个利益集团都有平等的话语权。校外的人员主要应包括政府官员、政策专家、用人单位代表以及考生家长代表。此外还应允许一定数量的校内外人士旁听。最后，听证制度还应确立科学合理的程序，如提前公布招生计划的方案、会议时间和议程等，以增加招生信息的公正性和透明度，有效地体现听证制度的公开性原则。

除此之外，还应考虑出台招生考试的相关法律法规，以进行合理的规范和必要的指导；建立强制性的信息披露制度，以发挥舆论和社会监督的功效，等等。

（三）区域经济的协调发展及社会宏观政策的调整是解决问题的长远之计

既然高等教育入学机会的区域差异是根植于我国巨大的地区差异，那么

---

① 北京师范大学首先实行，参加会议的人员主要有专家委员会委员、各个院系负责人、学校人事、科研、教务和研究生院以及就业指导中心等部门的代表。

在解决这一问题时就不能将眼光仅仅局限于教育系统的内部，寄希望于教育布局的调整和招生计划的重新分配这一权宜之计得以彻底解决。从长远来看，应从地区经济和教育水平的巨大差距这一客观情况出发，通过地区经济结构的调整，实行区域经济、社会和教育的协调发展，从教育系统外部的改革入手来渐进地达到地区发展的均衡。主要建议如下：

1. 加强区域经济的协调发展

高等学校地理布局的调整归根到底取决于区域经济的协调发展，如果不从根本上解决这一问题，对高校布局的调整也难以取得实质效果。区域经济的绝对差异不断扩大，不仅带来了区域教育发展水平和高等教育入学机会的差异，更不利于社会的长期稳定和市场经济体制的良性运转。对此，国务院制订的《国民经济和社会发展第十一个五年规划纲要》中明确规定"实施西部大开发，促进地区协调发展"，开始构建合理的区域经济和社会发展格局。从具体政策来看，应从西部大开发、东北振兴和东西互动拉动中部的战略高度出发，着眼于区域经济的协调、和谐、互补与循环，促进产业结构的合理布局，加强区域之间的互动，以逐步控制区域差距。东部地区要继续扩大经济改革的成果，通过产业转移和对西部地区的资金和技术支持来逐步实现协调发展；西部地区除了在国家对基础产业建设的信贷投入、吸引人才和发展科教等举措之外，也要积极利用资源丰富、劳动力价格低等诸多有利因素，加快自身的发展。

2. 灵活地实施户籍制度的改革

户籍改革的实质就是使城乡劳动者实现平等就业和公平地享受社会经济发展成果，让每个人在同一制度平台上，凭能力参与市场经济的公平竞争[①]。目前，我国已经有11个省市在推行户籍改革，但实际效果并不理想。当务之急是在合理规划、总体控制城市规模的基础上，各省市在住房、就业和社会福利等方面配合户籍制度的改革，出台灵活而有效的措施。户籍改革不仅能够促进人力资源的地区间合理配置，也能逐步消除高考竞争中的身份限制，在一定程度上消除高校招生录取的制度性障碍，从而促进高等教育入学机会的公正水平，同时也有助于"倾斜的高考分数线"所衍生出的高考移民等问题的解决。但是，户籍改革也是一个渐进的过程，它在很大程度上受

---

① 李智勇：《户籍改革是渐进的过程》，《人民日报》（海外版）2006年4月12日，第6版。

制于城市的规模或"容纳度",涉及就业、医疗、教育、福利等方面的利益调整和再分配,难度之大,可想而知。同时,户籍制度的改革并不能完全解决区域入学机会不均的问题,分数线的悬殊根源于地域经济和教育水平发展的巨大差距,仅仅放开户籍而忽视区域经济和教育的协调发展,在一定程度上也会造成用人口数量来稀释优势地区的资源优势,不利于整体教育水平的提高。因此,户籍制度的改革应在全面衡量地区经济协调发展的基础上,通过其他配套措施的相应跟进来渐进地实施。

3. 继续深化和完善就业制度的改革

调整高校招生计划的分配也要跟毕业生的流向问题结合起来。目前,市场改革和人才流动对区域均衡造成了极大的挑战,通过市场手段改革计划体制下的统一分配,无疑适应了人力资源合理流动的趋向,但也造成了中西部地区人才匮乏的窘况。在这一情况下,即使扩大西部地区的招生规模,依然存在人才是否回流的问题。因此必须从制度上完善就业制度的改革,制定有利于东西部人才合理流动的就业政策。首先,通过区域经济的协调发展,逐步提高中西部地区的工资水平,以吸引优秀毕业生;其次,建立多元化的就业利益补偿机制,促使大学生向西部流动;再次,改革企业和事业单位的用人制度,破除文凭主义所带来的用人偏见;最后,配合西部大开发和中部崛起的战略,给予毕业生以优惠的政策性倾斜,等等。

除此之外,人口政策也是一个重要的方面,各省应在综合经济、产业、地理、能源及教育等方面科学合理地制定适合区域发展的人口规划及政策,使适龄人口的数量基本保持在区域经济发展可承受的限度之内。总之,区域经济及社会的协调发展,要通过经济、户籍、就业和人口等多方面的制度综合协调改进,渐进实施,为区域经济的协调发展和人才的合理流动创造基础条件,也为高等教育区域入学机会的调整营造良好的外部环境。

综上所述,高等教育入学机会区域差异的问题是一个兼具理论性和现实操作性的重大问题,在我国这样一个人口众多、幅员辽阔的国家,面对日益强烈的接受高等教育的需求,如何在各省经济、文化、人口和教育等非均衡发展的情况下公正合理地分配入学机会,将会在很长时间内伴随于我国现代化和高等教育发展的历程。尽管因"3+X"和自主命题改革的推广致使各省分数线难以比较,"倾斜的高考分数线"也由此失去了存在和讨论的基础,但高等教育入学机会的区域差异问题不可能在短期内消失。所以,从教育公正及其他理论视角研究高等教育入学机会的区域差异问题仍然对我国区域经济及社会协调发展具有重大的理论和现实意义,依然具有很大的研究空间。

附　录

附录一：2004年部分重点大学的分省招生数及其比例

表7-1　2004年部分重点大学的分省招生数及其比例（单位：人、%）

	北京大学		清华大学		中国人民大学		复旦大学		上海财经大学	
	数量	比例	数量	比例	数量	比例	数量	比例	数量	比例
总计	2893	100	2541	100	2373	100	3177	100	1865	100
北京	**776**	**26.82**	373	14.68	336	14.16	94	2.96	40	2.14
天津	82	2.83	62	2.44	52	2.19	26	0.82	26	1.39
河北	72	2.49	86	3.38	78	3.29	24	0.76	11	0.59
山西	75	2.59	74	2.91	68	2.87	30	0.94	10	0.54
内蒙	45	1.56	62	2.44	61	2.57	4	0.13	34	1.82
辽宁	106	3.66	95	3.74	89	3.75	57	1.79	50	2.68
吉林	72	2.49	71	2.79	98	4.13	32	1.01	10	0.54
黑龙江	79	2.73	83	3.27	80	3.37	31	0.98	36	1.93
上海	62	2.14	71	2.79	42	1.77	**1650**	**51.94**	**890**	**47.72**
江苏	127	4.39	137	5.39	127	5.35	191	6.01	102	5.47
浙江	127	4.39	107	4.21	93	3.92	186	5.85	89	4.77
安徽	69	2.39	88	3.46	83	3.5	75	2.36	42	2.25
福建	79	2.73	114	4.49	75	3.16	80	2.52	45	2.41
江西	77	2.66	86	3.38	71	2.99	76	2.39	42	2.25
山东	126	4.36	103	4.05	108	4.55	67	2.11	29	1.55
河南	111	3.84	82	3.23	90	3.79	49	1.54	10	0.54
湖北	112	3.87	138	5.43	115	4.85	26	0.82	33	1.77
湖南	92	3.18	118	4.64	111	4.68	59	1.86	13	0.70
广东	80	2.77	65	2.56	82	3.46	67	2.11	20	1.07
广西	43	1.49	55	2.16	50	2.11	20	0.63	45	2.41
海南	20	0.69	19	0.75	36	1.52	22	0.69	20	1.07
重庆	74	2.56	48	1.89	66	2.78	41	1.29	28	1.50
四川	110	3.8	101	3.97	95	4.00	68	2.14	38	2.04
贵州	30	1.04	42	1.65	32	1.35	36	1.13	33	1.77
云南	49	1.69	40	1.57	53	2.23	42	1.32	34	1.82
西藏	5	0.17	4	0.16	5	0.21	0	0.00	1	0.05
陕西	89	3.08	98	3.86	58	2.44	50	1.57	34	1.82
甘肃	39	1.35	51	2.01	32	1.35	32	1.01	26	1.39
青海	16	0.55	19	0.75	22	0.93	5	0.16	23	1.23
宁夏	21	0.73	19	0.75	20	0.84	6	0.19	13	0.70
新疆	28	0.97	30	1.18	45	1.90	31	0.98	38	2.04

续表

	中山大学		山东大学		武汉大学		中南大学		四川大学	
	数量	比例	数量	比例	数量	比例	数量	比例	数量	比例
总计	6289	100	6535	100	7017	100	7539	100	8182	100
北京	42	0.67	61	0.93	112	1.60	124	1.64	125	1.53
天津	35	0.56	65	0.99	61	0.87	126	1.67	80	0.98
河北	52	0.83	163	2.49	76	1.08	274	3.63	225	2.75
山西	50	0.80	133	2.04	75	1.07	214	2.84	151	1.85
内蒙	33	0.52	45	0.69	66	0.94	188	2.49	48	0.59
辽宁	60	0.95	209	3.20	77	1.10	186	2.47	115	1.41
吉林	52	0.83	80	1.22	54	0.77	132	1.75	72	0.88
黑龙江	45	0.72	69	1.06	43	0.61	140	1.86	68	0.83
上海	25	0.40	30	0.46	50	0.71	61	0.81	36	0.44
江苏	91	1.45	200	3.06	161	2.29	258	3.42	234	2.86
浙江	94	1.49	122	1.87	121	1.72	258	3.42	230	2.81
安徽	96	1.53	168	2.57	150	2.14	234	3.1	106	1.30
福建	100	1.59	84	1.29	82	1.17	218	2.89	113	1.38
江西	125	1.99	68	1.04	282	4.02	335	4.44	97	1.19
山东	112	1.78	**3991**	**61.07**	133	1.90	334	4.43	186	2.27
河南	98	1.56	215	3.29	345	4.92	440	5.84	185	2.26
湖北	121	1.92	89	1.36	**3779**	**53.85**	382	5.07	224	2.74
湖南	154	2.45	50	0.77	351	5.00	**1569**	**20.81**	194	2.37
广东	**4232**	**67.29**	69	1.06	122	1.74	303	4.02	101	1.23
广西	123	1.96	61	0.93	132	1.88	313	4.15	190	2.32
海南	62	0.99	40	0.61	29	0.41	93	1.23	47	0.57
重庆	87	1.38	38	0.58	67	0.95	134	1.78	1027	12.55
四川	105	1.67	93	1.42	136	1.94	198	2.63	**3201**	**39.12**
贵州	60	0.95	47	0.72	94	1.34	168	2.23	232	2.84
云南	84	1.34	50	0.77	64	0.91	182	2.41	289	3.53
西藏	4	0.06	7	0.11	0	0.00	15	0.20	15	0.18
陕西	40	0.64	87	1.33	105	1.50	222	2.94	234	2.86
甘肃	31	0.49	54	0.83	83	1.18	178	2.36	129	1.58
青海	30	0.48	42	0.64	44	0.63	66	0.88	44	0.54
宁夏	20	0.32	41	0.63	53	0.76	66	0.88	52	0.64
新疆	26	0.41	64	0.98	70	1.0	128	1.7	132	1.61

资料来源：据田胜立主编：《中国高考年鉴》(2004)，中国大百科全书出版社，2005年，第390~423页整理和个人计算而得。

附录二：厦门大学和北京交通大学 1982 年、1992 年、2002 年新生省际分布的 Lorenz 曲线（不含所在地）

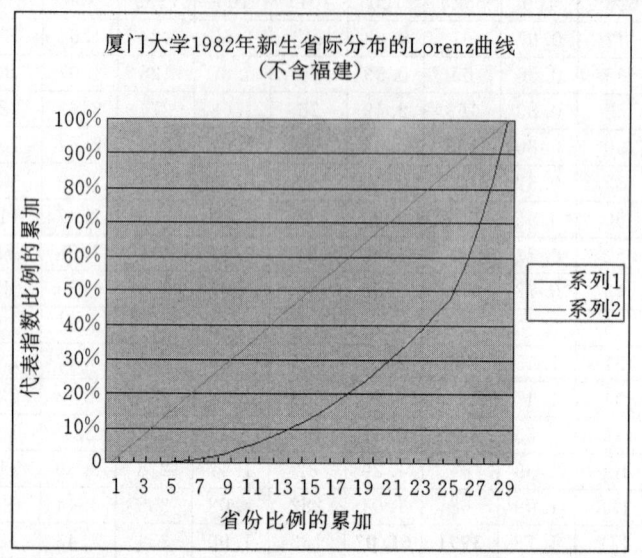

图 7-1　厦门大学 1982 年新生省际分布的 Lorenz 曲线（不含福建）

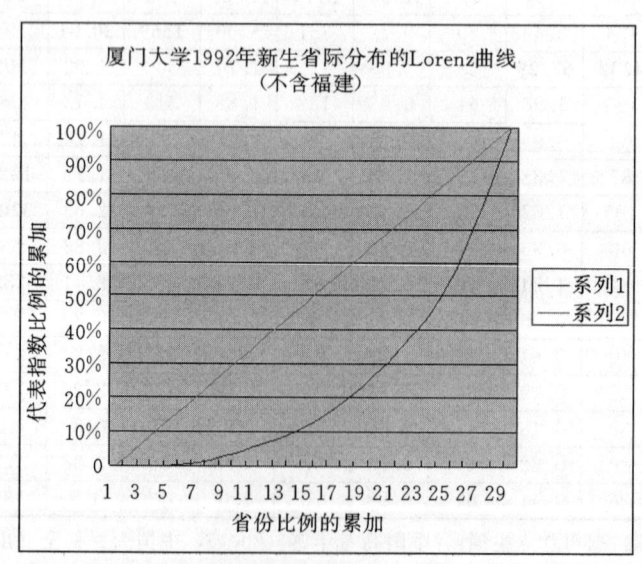

图 7-2　厦门大学 1992 年新生省际分布的 Lorenz 曲线（不含福建）

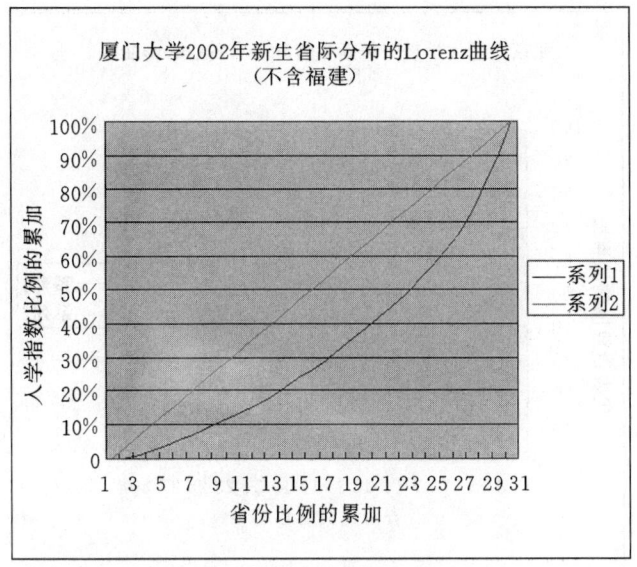

图 7-3　厦门大学 2002 年新生省际分布的 Lorenz 曲线（不含福建）

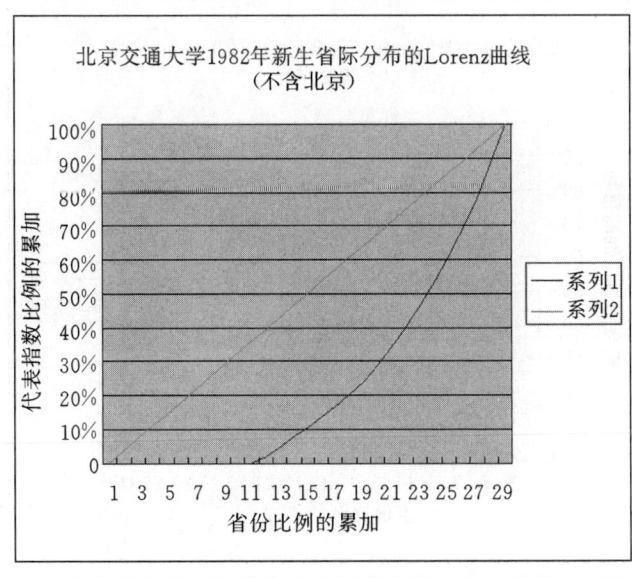

图 7-4　北京交通大学 1982 年新生省际分布的 Lorenz 曲线（不含北京）

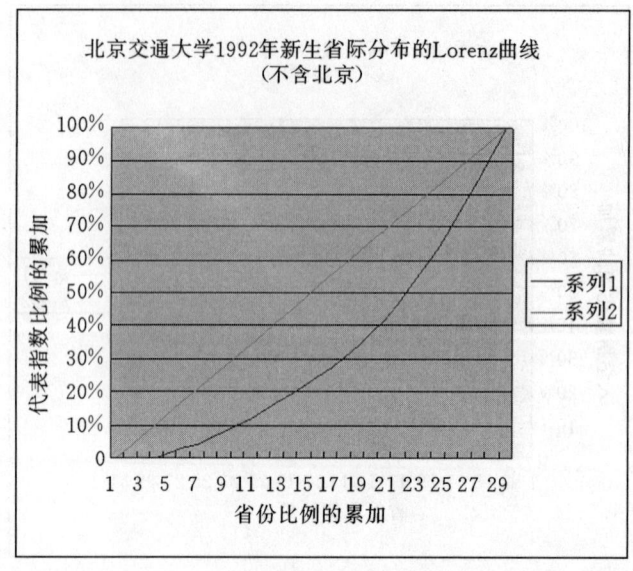

图 7-5　北京交通大学 1992 年新生省际分布的 Lorenz 曲线（不含北京）

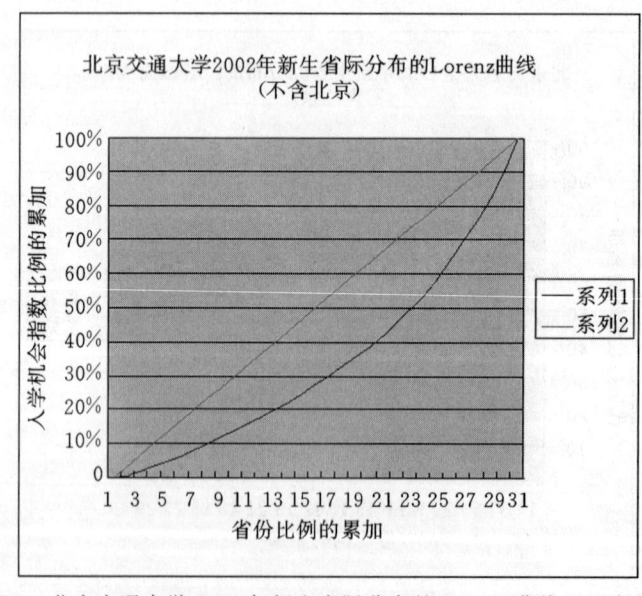

图 7-6　北京交通大学 2002 年新生省际分布的 Lorenz 曲线（不含北京）

附录三：1999年—2004年高考分省报名人数统计表

表 7-2　1999年—2004年高考分省报名人数统计表（单位：人）

	1999年	2000年	2001年	2002年	2003年	2004年
总计	3323818	3745735	4114551	5100353	5869886	7294560
北京	49205	56003	64051	87035	81266	100913
天津	33660	37028	58211	52313	57797	81521
河北	194804	229704	251231	300010	336814	394226
山西	101675	107899	135416	171227	212449	276159
内蒙	78223	106737	101091	137171	166457	186955
辽宁	118175	127917	144395	185699	176590	205125
吉林	82624	83040	96178	109224	118866	140390
黑龙江	105690	111630	122045	148029	147518	187532
上海	62660	82505		111853	91923	122940
江苏	213421	249500	290404	288819	341370	426090
浙江	131336	151111	179068	190248	229052	255377
安徽	165854	183096	201249	242526	292105	398655
福建	81699	98981	117275	167276	204588	218613
江西	121000	120785	133306	166033	205389	293240
山东	299966	332038	389800	451112	485204	622736
河南	235131	268816	291386	393132	430258	575091
湖北	166878	192620	209472	287509	331449	373227
湖南	165207	189886	198911	258007	299104	349392
广东	165488	185521	221034	285617	335409	388801
广西	90901	98880	117335	129890	183207	219471
海南	16604	17532	19233	26243	30078	35167
重庆	41839	56058	67657	82024	97772	131033
四川	130287	157542	180522	211658	258737	360046
贵州	64056	65955	67699	83084	110803	146773
云南	74051	79033	82781	92495	110055	147419
西藏	2818	3382		6534	9792	12565
陕西	128495	139588	151503	189395	231798	301430
甘肃	88626	96030	100560	115152	136140	162713
青海	21849	22357	22124	20859	23671	27239
宁夏	25020	27725	28866	30427	41244	45138
新疆	66576	66836	71748	79752	92981	108583

注释：2001年的报考人数缺少上海和西藏的数据。

资料来源：1.1999年和2000年的数据来自教育部考试中心编：《中国教育考试年鉴》(2000年、2001年)，第504～505、240～241页；2.2001年—2002年的数据来自《中国教育考试年鉴》(2002年、2003年)，北京广播学院出版社，第144～145、181～182页；3.2003年—2004年的数据来自《中国教育考试年鉴》(2004年、2005年)，中国传媒大学出版社，2005年、2006年，第233～234、203页。

附录四：北京大学 1999 年—2004 年各省（市、区）录取分数线一览表

表 7-3　北京大学 1999 年—2004 年各省（市、区）录取分数线一览表

	1999 年		2000 年		2001 年		2002 年		2003 年		2004 年	
	文科	理科	文科	理科	文科	理科	文科	理科	文科	理科	文科	理科
北京	528	562	528	587	540	572	551	593	571	615	577	622
天津	521	533	579	630	541	610	553	617	611	638	602	660
河北	523	569	560	642	590	630	586	631	619	660	621	669
山西	555	557	566	629	596	595	540	571	606	648	614	642
内蒙	506	549	542	605	561	542	568	601	578	638	620	633
辽宁	582	601	574	648	594	626	591	629	623	639	625	660
吉林	592	608	586	648	590	590	559	576	606	641	607	652
黑龙江	573	611	577	638	595	633	593	626	607	643	619	658
上海	494	494	482	505	502	520	510	514	509	524	541	556
江苏	548	614	586	646	577	609	552	593	615	652	637	637
浙江	565	607	579	641	587	646	581	610	620	668	637	673
安徽	544	591	564	638	583	604	587	594	610	640	608	640
福建	696	734	757	752	755	742	762	690	791	756	616	649
江西	541	590	582	621	577	632	584	613	615	660	607	664
山东	754	770	793	846	812	757	805	807	640	664	631	677
河南	753	789	804	784	804	789	818	790	517	517	641	641
湖北	591	613	586	645	592	636	599	629	603	663	605	660
湖南	564	603	585	640	589	616	567	619	640	645	646	665
广东	791	765	807	776	690	711	750	787	771	800	770	807
广西	763	709	784	772	794	787	795	741	819	769	805	779
海南	750	764	743	752	787	775	755	745	743	751	803	786
重庆	—	—	587	633	581	629	602	639	613	661	615	672
四川	560	599	586	624	579	612	566	615	602	649	616	664
贵州	561	565	559	610	559	599	562	610	611	636	611	630
云南	543	560	579	576	581	591	548	587	601	615	602	608
西藏	—	539	—	561	423	526	566	572	503	606	568	634
陕西	769	769	770	788	746	750	803	773	811	780	610	655
甘肃	496	578	529	605	546	590	556	609	598	628	587	611
青海	482	566	559	596	552	610	559	584	586	614	573	596
宁夏	507	577	530	589	538	606	537	583	577	616	583	637
新疆	538	567	521	612	572	608	542	542	569	600	592	635

资料来源：北京大学 1997 年—2002 年各省（区、市）录取分数线一览表，中国高校指南，http://www.9xue.com/html/2004-07-27/16371-1.html. 2004-07-27。

附录五：北京市 1977 年—2005 年高考录取分数线

表 7-4　北京市 1977 年—2005 年高考录取分数线

	第一批录取院校			第二批录取院校			专科录取院校		
	文史	理工	外语	文史	理工	外语	文史	理工	外语
1977					260				
1978				330	350	330			
1979				310	280	310			
1980				327	349	325			
1981				370	397	367			
1982				383	376	364			
1983				410	370	410			
1984	455	425	440	421	366	421			
1985	405	435	405	344	380	370	300	340	350
1986	460	520	480	415	487	445	370	460	370
1987	485	505	496	450	470	470	420	440	400
1988	495	505	512	477	492	492	462	445	462
1989	475	458	485	451	460	460	433	392	433
1990	460	510	460	441	441	441	421	451	421
1991	455	490	455	433	433	433	411	438	411
1992	441	502	441	412	472	412	394	450	394
1993	500	490	466	448	440	408			
1994	463	468	428	406	414	368	363	318	
1995	471	460	440	408	421	375	382	338	
1996	491	460	470	416	451	388	418	355	
1997	463	460	436	424	412	393	405	378	
1998	458	483	436	445	421	419	412	398	
1999	466	460	447	421	420	382	388	327	
2000	465	476	443	440	411	404	386	362	
2001	454	488	429	443	360	360			
2002	462	469	432	424	360	340			
2003	470	455	434	408	364	323			
2004	474	491	435	433	365	343			
2005	486	470	443	414	373	324			

资料来源：1977 年—2002 年的数据来自北京教育考试院编：《北京普通高等学校招生改革与发展（1977—2002）》，北京师范大学出版社，2005 年，第 882 页；2003 年的数据来自新华网，http://news.xinhuanet.com/edu/2003-06-24/content_934746.html. 2003-06-24；2004 年的数据来自田胜立主编：《中国高考年鉴》(2005)，中国大百科全书出版社，2005 年，第 383 页；2005 年的数据来自新华网，http://news.xinhuanet.com/edu/2005-06-24/content_3131225.html. 2005-06-24。

附录六：1977年—1988年各省高考录取分数线

表7-5 1977年—1988年各省高考录取分数线

	1977年		1978年		1979年		1980年		1981年		1982年	
	文科	理科	文科	理科	文科	理科	文科	理科	文科	理科	文科	理科
北京			330	350	310	280	327	349	370	397	383	376
天津					284	245	303	360	358	384	357	360
河北	330	330	300	285	290	265	310	340	350	380	386	389
山西	260	260	300	305	305	262	320	335	335	380	390	385
内蒙												
辽宁			280	290	285	260	325	350	362	402	387	407
吉林									395	395		390
黑龙江	250	230	320	310	290	265	330	345	360	390	385	380
上海	270	220	350	340	274	258	302	363	358	386	360	330
江苏	279	259	350	340	350	330	353	373	395	425	410	430
浙江	200	200	280	310	300	295	365	374	393	422	412	432
安徽	250	210	300	320	280	265	340	360	373	399	397	406
福建	210	230	340	365	310	300	332	335	369	399	395	400
江西	290	290	320	300	305	295	320	355	363	415	400	412
山东	220	200	300	290	300	270	330	350	360	400	400	400
河南			296	250	286	246	325	340	360	390	385	395
湖北	210	165	300	280	300	285	357	357	383	408	409	424
湖南			305	305	300	290	340	363	387	412	408	419
广东												
广西	240	275	255	255	270	240	312	317	337	358	377	367
海南			260	275	280	275	310	336	360	386	402	333
四川	210	200	275	290	265	255	315	335	345	370	380	370
贵州			200	220	230	210	270	280	310	245	334	322
云南	200	160	240	230	250	240	255	265	305	315	315	290
西藏							196	230				
陕西	232	220	295	300	275	250	327	343	351	380	389	392
甘肃	250	250	275	255	235	215	260	300	300	340	345	335
青海	200	180	200	200	240	190	240	240	270	300	315	280
宁夏	265	235	240	245	235	210	250	270	295	310	315	305
新疆			95	90	170	125	256	267	305	280	320	367
			261	250	256	232	277	300	305	315	349	336

续表

	1983年		1984年		1985年		1986年		1987年		1988年	
	文科	理科	文科	理科	文科	理科	文科	理科	文科	理科	文科	理科
北京	410	370	421	366	344	380	415	487	450	470	477	472
天津	370	376	387	375	373	367	411	426	427	419	449	432
河北	444	442	460	440	439	457	481	485	468	470	468	483
山西	430	415	465	430	441	450	467	467	462	462	478	480
内蒙												
辽宁	445	435	428	418	425	435	471	470	461	461	465	476
吉林	440	440	460	440	435	455	476	478	455	466	465	478
黑龙江	445	425	452	425	430	440	460	460	452	450	464	465
上海	376	339	380	370	410	430	430	472	438	472	394	374
江苏	473	475	482	481	477	500	506	518	497	510	493	515
浙江	481	481	476	464	479	496	501	529	490	508	496	510
安徽	464	454	477	452	468	477	496	506	488	491	492	509
福建	440	450	450	440	432	452	484	503	477	495	474	494
江西	455	450	477	470	484	510	498	515	488	493	484	493
山东	475	450	480	450	472	490	482	502	485	516	501	518
河南			468	458	469	489	495	504	487	483	480	497
湖北	486	474	496	485	481	507	505	528	486	522	487	527
湖南	475	478	489	476	483	506	505	525	493	513	487	517
广东												
广西	413	398	435	416	432	446	458	466	458	459	476	481
海南	440	433	456	443	450	473	451	492	492	506	509	518
四川	435	420	465	430	465	470	480	490	470	480	475	490
贵州	347	336	391	368	378	386	424	425	417	405	450	440
云南	340	320	360	350	360	385	410	410	415	400	420	405
西藏	200	200	270	240	260	240	230	190	250	280	240	270
							320	340	290	240	280	220
陕西	442	440	460	436	438	454	475	492	460	470	489	498
甘肃	360	360	380	360	382	380	410	415	410	420	420	430
青海	335	280	310	270	300	325	360	365	380	350	390	374
宁夏	336	304	372	342	370	390	410	411	405	389	418	407
新疆	400	460	295	300	297	260	245	300	262	282	304	385
	412	405	415	365	415	405	400	435	428	435	435	453

注释：1. 缺少广东省和内蒙古自治区的录取分数线；2. 新疆和西藏两区的分数线，前者为少数民族考生控制线，后者为汉族考生控制线。

资料来源：据孟明义、衣国华等主编：《中国高考大全》（上），吉林人民出版社，1988年，第518～519页整理而得。

附录七：1978年—2003年分省高校数统计表

表7-6　1978年—2003年分省高校数统计表

	1978年—1980年	1981年	1982年	1983年	1984年	1985年	1986年	1987年	1988年	1989年	1990年	1991年
总计	675	704	715	805	902	1016	1054	1063	1075	1075	1075	1075
北京	50	51	51	55	58	62	67	67	67	67	67	67
天津	17	17	19	21	21	21	21	21	22	22	22	22
河北	27	27	29	33	38	46	—	47	50	50	50	50
山西	16	16	17	17	21	22	23	24	25	26	26	26
内蒙	14	14	14	14	15	18	19	19	19	19	19	19
辽宁	36	38	39	50	57	62	64	64	63	62	62	62
吉林	25	28	27	32	36	44	—	42	42	42	42	42
黑龙江	28	31	31	36	37	40	41	41	42	42	42	42
上海	32	34	34	38	40	45	48	49	51	51	50	50
江苏	42	46	48	58	66	70	71	71	71	71	70	70
浙江	22	22	22	24	27	35	37	37	37	37	37	37
安徽	22	23	22	30	35	36	—	38	38	38	37	37
福建	16	18	18	21	27	36	35	35	35	36	36	36
江西	17	17	19	19	24	26	30	30	30	30	30	30
山东	34	37	37	41	47	49	50	49	50	50	49	49
河南	25	26	26	31	38	43	—	47	47	47	47	47
湖北	36	37	37	46	52	56	56	56	57	58	58	58
湖南	22	23	23	26	30	43	—	44	45	46	47	47
广东	30	31	33	36	37	44	48	48	45	41	45	45
广西	18	18	16	17	19	23	23	23	24	24	23	23
海南	—	—	—	—	—	—	—	—	4	4	4	4
重庆	—	—	—	—	—	—	—	—	—	—	—	—
四川	43	44	47	48	51	56	59	59	60	60	60	60
贵州	15	16	16	18	22	23	24	24	24	24	24	24
云南	17	18	19	20	24	26	26	26	26	26	26	26
西藏	4	4	3	3	3	3	3	3	3	3	3	3
陕西	33	33	33	34	42	44	48	49	48	48	47	47
甘肃	12	13	13	14	14	17	17	17	17	18	18	18
青海	6	6	6	6	6	6	6	7	7	7	7	7
宁夏	4	4	4	6	6	6	6	6	6	6	6	6
新疆	12	12	12	13	13	15	17	20	20	20	21	21

续表

	1992年	1993年	1994年	1995年	1996年	1997年	1998年	1999年	2000年	2001年	2002年	2003年
总计	1053	1065	1080	1054	1032	1020	1022	1071	1041	1225	1396	1552
北京	67	68	67	65	65	65	63	64	58	61	62	73
天津	22	22	22	21	20	20	20	21	21	33	37	37
河北	47	51	52	47	45	46	46	48	51	63	75	83
山西	25	26	26	26	25	24	23	23	24	33	39	45
内蒙	19	19	19	19	19	18	19	19	18	20	21	27
辽宁	61	61	61	61	61	62	61	64	64	66	67	70
吉林	42	42	43	43	40	40	41	40	34	35	40	40
黑龙江	42	42	43	38	38	37	38	39	35	41	47	54
上海	50	50	46	45	41	39	40	41	37	45	50	56
江苏	67	67	67	67	66	65	66	72	69	73	93	94
浙江	35	36	37	37	36	35	32	36	35	39	61	64
安徽	36	35	35	35	35	34	34	37	42	52	61	73
福建	33	33	33	30	30	30	29	30	28	32	33	39
江西	28	30	31	31	31	31	31	34	32	33	47	54
山东	51	51	49	48	48	48	49	52	47	65	75	85
河南	47	48	50	50	50	50	51	56	52	64	65	71
湖北	57	57	60	56	55	54	54	57	54	60	73	75
湖南	45	45	47	47	46	46	47	51	52	61	60	73
广东	43	43	46	42	41	42	43	50	52	62	71	77
广西	24	24	27	27	27	26	28	29	30	30	36	45
海南	4	5	5	5	5	5	5	5	5	9	9	11
重庆	—	—	—	—	—	21	22	23	22	29	29	34
四川	60	61	63	64	64	43	43	43	42	49	57	62
贵州	23	23	22	22	22	20	20	20	23	30	32	34
云南	26	26	26	26	26	26	26	24	24	28	31	34
西藏	3	4	4	4	4	4	4	4	4	3	3	4
陕西	45	45	47	47	43	43	42	43	39	47	52	57
甘肃	17	17	17	17	17	17	17	18	18	25	25	31
青海	7	7	7	7	7	6	6	6	7	8	11	12
宁夏	6	6	7	7	7	5	5	5	6	8	12	12
新疆	21	21	21	21	18	18	17	17	16	21	22	26

资料来源：1978年—1980年、1981年、1982年、1984年、1986年的数据来自教育部规划司编：《全国教育统计资料》；1983年和1985年的数据来自《中国教育成就》（1980—1985），人民出版社，1986年；1987年以后的数据来自历年的《中国教育事业统计年鉴》和《中国教育统计年鉴》，人民教育出版社。

附录八："211 工程"和"985 工程"院校名单（截至 2007 年）

表 7-7 "211 工程"院校名单

北京大学	中国人民大学	清华大学	北京交通大学
北京工业大学	北京航空航天大学	北京理工大学	北京科技大学
北京化工大学	北京邮电大学	中国农业大学	北京林业大学
北京中医药大学	北京师范大学	北京外国语大学	中国传媒大学
对外经济贸易大学	中央民族大学	中央音乐学院	南开大学
天津大学	天津医科大学	河北工业大学	太原理工大学
内蒙古大学	辽宁大学	大连理工大学	东北大学
大连海事大学	吉林大学	延边大学	东北师范大学
哈尔滨工业大学	哈尔滨工程大学	东北农业大学	复旦大学
同济大学	上海交通大学	华东理工大学	东华大学
上海第二医科大学	华东师范大学	上海外国语大学	上海财经大学
上海大学	南京大学	苏州大学	东南大学
南京航空航天大学	南京理工大学	中国矿业大学	河海大学
江南大学	南京农业大学	中国药科大学	南京师范大学
浙江大学	安徽大学	中国科学技术大学	厦门大学
福州大学	南昌大学	山东大学	中国海洋大学
中国石油大学	郑州大学	武汉大学	华中科技大学
中国地质大学	武汉理工大学	湖南大学	中南大学
湖南师范大学	中山大学	暨南大学	华南理工大学
华南师范大学	广西大学	四川大学	重庆大学
西南交通大学	电子科技大学	四川农业大学	西南财经大学
云南大学	西北大学	西安交通大学	西北工业大学
西安电子科技大学	长安大学	兰州大学	新疆大学
第二军医大学	第四军医大学	国防科学技术大学	

资料来源：华禹教育网，http://www.huaue.com/211.htm。

表 7-8 "985 工程"院校名单

"985 工程"高校一期名单（34 所）			
清华大学	北京大学	中国科学大学	南京大学
复旦大学	上海交通大学	西安交通大学	浙江大学
哈尔滨工业大学	南开大学	天津大学	东南大学
华中科技大学	武汉大学	厦门大学	山东大学
湖南大学	中国海洋大学	中南大学	吉林大学
北京理工大学	大连理工大学	北京航空航天大学	重庆大学
电子科技大学	四川大学	华南理工大学	中山大学
兰州大学	东北大学	西北工业大学	同济大学
北京师范大学	中国人民大学		
"985 工程"高校二期名单（4 所）			
中国农业大学	国防科技大学	中央民族大学	西北农林科技大学

资料来源：华禹教育网，http://www.huaue.com/985.htm。

附录九：1978年—2003年分省本专科招生数统计表

表7-9 1978年—2003年分省本专科招生数统计表（单位：人）

	1978年—1980年	1981年	1982年	1984年	1986年	1987年	1988年	1989年	1990年	1991年	1992年
总	281230	278777	311820	475171	572055	616822	669731	597113	608850	619874	754192
京	17972	17921	21936	31805	35393	40970	41318	33557	36313	37700	41517
津	7159	7245	8031	12862	13997	14927	15895	14076	13856	14523	17320
冀	10661	10586	11319	17601	21139	22749	24134	23305	23803	23701	32956
晋	8287	7836	9011	11677	13517	14735	17474	15662	15710	16103	18471
蒙	5122	5271	5763	7192	8549	9982	11325	9597	9789	9687	10012
辽	16698	15255	17387	27402	32827	35531	38398	35149	35102	36094	45129
吉	10515	10145	11105	16229	20424	21183	22318	20658	21077	21584	24912
黑	11440	10258	12253	18956	22383	24446	25023	23984	24289	23949	28810
沪	17249	18042	19473	29818	34326	36974	37572	31777	32352	32609	37458
苏	17668	17389	19281	34100	41253	44194	47780	42619	43251	44099	51688
浙	9164	9208	10162	15030	17877	18190	19364	18270	18264	18651	21217
皖	9957	9965	11018	16215	17743	19375	20978	19159	19836	19734	23824
闽	7821	7516	8004	12235	16486	17582	20135	17560	17166	17310	20693
赣	9940	9559	9485	12422	16023	16238	18928	16932	17103	17267	20152
鲁	14402	14160	15765	24862	30211	32972	35714	34308	35023	36067	57878
豫	11571	11905	13218	18952	24201	26357	27165	26092	26633	27584	33792
鄂	15603	16597	18389	30640	36062	39541	42460	37423	38024	38611	43355
湘	12319	12669	13926	20311	23851	27065	28722	26287	26716	27454	32939
粤	10468	10573	12584	21401	27945	30711	36878	29317	29613	30541	35519
桂	4998	5021	5207	7873	9887	10682	12179	10757	10793	11002	16177
琼	—	—	—	—	—	—	4630	2406	2460	2296	3125
蜀	17710	18409	20253	32198	39942	40808	43569	39362	41633	41694	52055
黔	4819	4232	5129	6586	7852	7892	8373	8067	8033	7590	8339
滇	5012	5407	6306	8901	12191	13245	14476	12715	13039	13423	15622
藏	233	284	245	266	579	404	568	670	645	552	683
陕	13727	13586	15118	21969	25726	27843	30713	25894	26164	27169	32923
甘	4478	4102	5043	7708	9444	9729	10838	9566	10153	10483	12065
青	1208	1227	1328	1669	2112	1936	1931	1596	1725	1739	1947
宁	1277	1353	1286	1796	2306	2334	2434	2295	2324	2326	2722
新	3752	3056	3795	6495	7809	8227	8439	8053	7961	8103	10892

续表

	1993年	1994年	1995年	1996年	1997年	1998年	1999年	2000年	2001年	2002年	2003年
总	923952	899846	925940	965812	1000393	1083627	1548554	2206072	2682790	3204976	3821701
京	52205	51884	52868	55349	57124	62264	78429	97736	115379	127597	141790
津	21678	21422	22055	22664	22216	23678	31670	45468	56066	69453	86115
冀	41789	42141	43027	42796	46357	49578	72856	111033	148260	170792	203826
晋	20563	19932	20926	21249	21834	24090	37897	49428	59975	75594	91283
蒙	13807	10901	11879	12180	12811	13805	18253	33456	40511	44624	59450
辽	55071	52183	53310	55048	56373	60302	87851	113319	127577	151116	163802
吉	30637	30916	32161	33531	33259	37109	52553	67807	73646	87968	107125
黑	33044	34250	35270	36448	36288	39881	62480	79970	98162	115702	121984
沪	43643	41830	44341	43841	45371	48845	63244	81328	98579	109184	120369
苏	68502	66131	67480	74274	78424	84946	127013	172491	215734	222880	256595
浙	27716	30482	28094	30541	33145	36668	52657	77608	120915	152470	168167
皖	32307	27703	28619	29794	31124	35382	51726	80204	97859	122480	142361
闽	23885	22612	23590	24711	26670	29114	38710	53267	59459	68949	106715
赣	26301	25272	26323	27301	27722	28736	43586	57921	76037	104618	141571
鲁	57918	55276	55611	56544	57124	61284	82410	135185	183553	218719	273894
豫	40492	41671	43229	44920	46743	50186	78805	122896	140130	166084	190214
鄂	54469	52859	54226	56837	58168	65002	96375	142237	158916	207023	250198
湘	40115	39081	40612	42139	45111	50479	77237	105237	117299	156946	193830
粤	47360	47573	49419	55680	57059	60976	85341	123338	139050	172135	225837
桂	19514	19303	20416	21305	22953	25455	32596	49432	58455	64516	82537
琼	3413	3633	3739	3953	4038	4324	4903	8181	10851	14648	17006
渝	—	—	—	—	22701	25781	34374	49951	61033	70942	85474
蜀	66091	64288	66375	68685	48656	49035	65481	100965	119470	152754	180308
黔	10113	10992	11438	11962	13111	14486	24810	33718	44597	41565	53318
滇	16389	15756	16546	17222	19330	20350	27502	33879	42455	50421	62176
藏	1193	1070	1175	909	717	1385	1657	2320	2420	3414	4279
陕	41556	38711	40716	42607	42349	44835	68034	97209	114391	147042	168127
甘	15391	14740	15119	15567	16313	16813	23010	33825	45382	53079	60069
青	2180	2194	2339	2460	2619	2787	3172	6176	7032	7123	9075
宁	3378	3107	2910	3090	3244	3447	4487	7207	8891	9434	11237
新	13232	11933	12127	12204	12439	12604	19435	33280	41426	41704	43069

资料来源：1978年—1980年、1981年、1982年、1984年、1986年的数据来自教育部规划司编：《全国教育统计资料》；缺少1983年和1985年的数据；1987年以后的数据来自历年的《中国教育事业统计年鉴》和《中国教育统计年鉴》，人民教育出版社。

附录十：1978年—2003年分省高中毕业生数统计表

表 7-10　1978年—2003年分省高中毕业生数统计表（单位：万人）

	1978年—1980年	1981年	1982年	1984年	1986年	1987年	1988年	1989年	1990年	1991年	1992年
总	726.54	486.12	310.57	189.84	224.04	246.78	250.56	243.17	232.96	222.95	226.13
京	24.00	17.11	11.12	2.45	3.69	4.36	3.61	2.93	4.04	3.44	3.25
津	8.76	9.11	4.68	2.17	2.75	2.86	2.53	2.18	1.98	2.14	2.15
冀	52.60	28.70	19.41	8.51	9.95	10.95	11.11	10.76	10.54	9.78	10.05
晋	28.52	21.43	7.57	4.59	6.84	7.79	7.67	7.40	7.27	7.10	7.24
蒙	12.88	11.23	8.82	5.65	5.88	6.09	6.21	6.36	6.20	6.34	6.31
辽	40.90	13.78	12.25	6.80	9.64	10.68	9.73	8.50	8.06	8.16	8.55
吉	28.52	16.73	15.24	7.20	6.01	7.32	7.53	7.34	6.60	5.68	5.76
黑	22.60	19.93	13.88	6.94	10.57	10.30	10.63	10.15	8.93	8.15	8.49
沪	12.92	14.32	3.36	3.66	3.99	4.06	3.81	3.22	3.66	3.02	3.08
苏	46.98	22.08	14.12	8.93	13.65	14.28	15.20	15.09	13.77	12.67	12.71
浙	28.90	10.37	8.75	5.90	8.06	8.37	8.20	8.91	8.23	7.90	8.13
皖	18.02	15.03	11.70	6.45	6.62	7.12	8.36	8.75	8.82	8.57	5.58
闽	17.90	14.29	5.55	4.55	5.45	6.47	6.51	6.22	5.45	4.60	4.78
赣	18.00	14.99	10.53	7.91	7.84	8.41	8.34	8.35	8.39	8.46	8.39
鲁	50.96	34.03	21.09	9.76	15.41	17.13	17.51	16.83	16.19	15.40	15.45
豫	50.44	43.45	27.36	14.74	16.70	17.79	18.03	17.27	16.70	15.96	15.01
鄂	43.80	31.15	19.08	11.22	11.34	12.67	12.69	12.77	12.28	11.23	10.90
湘	43.05	23.26	16.05	12.59	14.19	17.00	17.21	15.44	14.49	12.96	12.69
粤	40.29	22.05	17.70	10.20	11.51	12.87	11.18	10.83	11.03	11.33	11.41
桂	25.38	12.99	6.18	5.09	6.25	6.15	6.22	5.83	5.75	5.95	6.76
琼	—	—	—	—	—	—	1.91	1.71	1.51	1.69	1.69
渝	—	—	—	—	—	—	—	—	—	—	—
蜀	48.47	31.96	24.94	14.37	14.82	16.24	15.84	16.46	16.13	15.40	16.65
黔	8.46	6.92	5.91	2.92	3.78	4.22	4.51	4.24	3.98	4.10	3.99
滇	9.84	6.67	5.09	3.60	5.00	5.58	5.92	5.81	5.57	5.56	5.47
藏	0.06	0.09	0.11	0.1	0.11	0.13	0.13	0.15	0.15	0.13	0.16
陕	20.80	22.81	6.95	9.48	9.51	10.43	10.63	9.81	9.24	8.90	9.48
甘	13.96	11.63	3.63	4.72	5.57	6.60	6.93	7.10	6.62	6.55	6.67
青	1.69	1.54	1.41	1.04	1.43	1.64	1.80	2.05	1.84	1.77	1.79
宁	2.34	1.76	1.14	1.08	1.63	1.90	2.01	2.05	2.03	2.07	2.07
新	5.50	6.71	6.95	7.22	5.85	7.40	8.57	8.65	8.11	7.97	8.45

续表

	1993年	1994年	1995年	1996年	1997年	1998年	1999年	2000年	2001年	2002年	2003年
总	231.71	209.30	201.64	204.93	221.66	251.78	262.91	301.51	340.46	383.76	458.12
京	2.74	2.41	2.34	2.52	3.30	3.97	4.07	4.76	5.13	5.12	5.66
津	2.14	1.93	1.86	1.83	2.27	2.54	2.79	3.36	3.68	4.15	4.50
冀	10.53	9.26	8.84	9.34	11.33	14.06	15.82	18.16	21.28	23.48	26.49
晋	8.11	7.09	7.09	6.34	5.60	6.64	6.86	7.86	9.02	11.09	13.84
蒙	6.38	5.36	5.02	5.36	5.58	5.90	5.90	6.75	6.96	8.47	10.25
辽	8.31	8.29	8.18	8.11	9.51	10.82	10.70	11.89	13.37	14.34	14.85
吉	5.72	5.04	5.10	5.22	6.05	6.94	6.35	7.02	8.26	8.37	9.29
黑	8.83	7.66	7.33	7.40	7.97	8.61	8.29	9.14	10.28	10.56	11.58
沪	3.22	3.33	3.66	3.74	4.20	4.64	5.37	7.25	7.99	7.94	7.83
苏	13.71	13.36	13.65	13.59	15.18	17.68	19.58	22.99	24.93	24.94	29.16
浙	7.77	6.95	7.09	7.92	9.11	10.71	11.27	13.95	16.44	17.44	19.61
皖	9.22	7.97	7.37	8.00	8.97	10.79	11.15	13.15	14.92	17.00	20.96
闽	5.37	5.68	5.57	4.94	4.95	5.60	6.40	7.84	9.37	11.58	13.95
赣	8.90	7.84	7.75	7.94	7.83	8.57	8.65	9.19	9.74	12.59	15.55
鲁	15.96	15.78	16.28	18.61	20.96	22.81	23.66	27.64	31.80	34.42	41.37
豫	14.45	13.98	13.51	13.82	13.78	14.93	15.50	17.47	19.84	25.78	36.38
鄂	11.04	10.06	9.88	9.89	11.53	14.04	14.67	16.58	19.07	23.78	27.27
湘	12.63	11.41	10.70	10.79	11.33	12.20	13.30	14.56	16.82	18.78	23.39
粤	11.90	10.34	10.26	10.88	11.91	14.29	16.53	18.24	20.68	22.81	27.50
桂	7.48	7.09	6.60	6.42	6.40	7.10	7.40	8.19	9.64	11.54	14.10
琼	1.67	1.46	1.26	1.16	1.21	1.36	1.32	1.40	1.61	2.01	2.23
渝	—	—	—	—	2.87	3.50	3.68	5.18	6.08	6.30	7.49
蜀	17.65	15.39	14.17	12.42	9.85	11.05	11.48	14.30	15.88	17.35	20.13
黔	4.03	3.92	3.78	3.78	4.03	4.33	4.12	4.58	4.71	5.55	7.51
滇	5.80	5.73	5.55	5.25	5.48	5.82	5.15	5.65	5.93	7.11	8.45
藏	0.16	0.15	0.14	0.13	0.15	0.19	0.24	0.25	0.30	0.45	0.60
陕	9.69	8.12	6.86	7.64	8.33	9.03	8.93	9.81	11.10	13.91	17.83
甘	6.45	5.02	4.69	4.81	5.29	5.48	5.39	5.65	6.28	7.23	8.90
青	1.71	1.28	1.08	1.34	1.30	1.47	1.40	1.42	1.39	1.55	1.76
宁	2.07	1.71	1.56	1.59	1.61	1.76	1.70	1.77	2.02	1.90	2.61
新	7.87	5.71	4.46	4.35	3.80	4.97	5.24	5.50	5.93	6.19	7.08

资料来源：1978年—1980年、1981年、1982年、1984年、1986年的数据来自教育部规划司编：《全国教育统计资料》；缺少1983年和1985年的数据；1987年以后的数据来自历年的《中国教育事业统计年鉴》和《中国教育统计年鉴》，人民教育出版社。

附录十一：1977年—2002年全国分省人口数统计表

表7-11 1977年—2002年全国分省人口数统计表（单位：万人）

	1977年	1978年	1979年	1980年	1981年	1982年	1983年	1984年	1985年
总	93578.8	95164.7	96436.5	98255.6	99622.2	101117.0	102071.4	103051.6	104108.4
京	102.7	205.5	214.6	886.0	901.9	919.0	933.5	947.1	960.3
津	710.2	721.1	741.4	751.4	762.8	777.9	788.6	798.9	808.4
冀	4998.2	5057.5	5104.6	5167.6	5256.3	5356.3	5420.2	5487.5	5547.5
晋	2398.4	2423.6	2447.2	2476.4	2508.8	2546.0	2572.3	2600.4	2626.5
蒙	879.3	890.0	1851.8	1876.5	1902.9	1937.3	1955.5	1985.3	2006.7
辽	3691.4	3743.5	3442.6	3486.9	3534.8	3592.1	3629.1	3654.7	3686.2
吉	2437.0	2473.5	2184.6	2210.7	2230.9	2257.6	2269.5	2284.5	2298.0
黑	3312.2	3376.0	3168.7	3203.6	3239.6	3281.1	3305.7	3295.4	3311.4
沪	1086.5	1098.3	1132.1	1146.5	1162.8	1180.5	1194.0	1204.0	1216.7
苏	5765.3	5834.3	5892.6	5938.2	6010.2	6088.9	6135.0	6171.4	6213.5
浙	3707.1	3751.8	3792.3	3826.6	3871.5	3924.9	3963.1	3993.1	4029.6
皖	4627.6	4713.0	4803.2	4892.8	4956.6	5015.9	5056.4	5102.9	5155.8
闽	2411.2	2452.8	2487.9	2517.8	2556.9	2604.0	2639.8	2676.8	2713.1
赣	3118.0	3182.8	3229.0	3270.2	3303.9	3348.3	3384.3	3420.6	3460.3
鲁	7089.7	7159.6	7231.6	7296.4	7394.8	7494.3	7563.6	7637.1	7694.7
豫	6757.1	7066.6	7189.4	7285.0	7397.3	7519.4	7591.4	7646.1	7712.9
鄂	4520.7	4574.9	4632.8	4684.4	4740.3	4800.9	4835.3	4876.1	4930.9
湘	5111.8	5165.9	5223.1	5281.0	5360.1	5452.1	5509.4	5561.3	5622.7
粤	5501.9	5592.6	5680.8	5780.2	5884.1	5986.7	6074.8	6165.9	6253.1
桂	3328.9	3401.6	3470.3	3538.4	3612.8	3684.1	3732.9	3805.8	3872.9
蜀	9659.4	9707.5	9774.2	9819.6	9924.0	10022.1	10075.5	10111.8	10187.5
黔	2640.1	2686.4	2731.0	2776.7	2826.8	2875.2	2901.5	2931.5	2967.9
滇	3024.6	3091.5	3134.8	3173.4	3222.8	3283.1	3319.1	3362.3	3406.2
藏	175.4	178.8	182.9	185.3	186.0	189.2	193.1	196.7	199.5
陕	2751.1	2779.5	2807.1	2831.4	2864.5	2904.3	2930.9	2965.7	3001.7
甘	1850.2	1872.9	1893.8	1918.4	1941.9	1974.9	1987.5	2015.6	2041.3
青	356.8	364.9	372.0	376.9	381.5	392.2	392.6	401.6	407.4
宁	357.0	366.1	364.1	373.7	383.4	393.3	398.3	406.1	414.6
新	1209.0	1233.0	1256.0	1283.2	1303.0	1315.9	1318.5	1344.1	1361.1

续表

	1986年	1987年	1988年	1989年	1990年	1991年	1992年	1993年	1994年
总	105397.2	106916.4	108652.2	110356.1	112954.3	114190.8	115242.8	116296.6	117353.7
京	975.1	992.6	1003.9	1024.7	1035.7	1042.9	1048.7	1056.9	1068.2
津	818.8	832.4	843.4	856.9	870.5	876.6	882.7	889.6	894.5
冀	5617.0	5695.8	5791.9	5888.4	6116.8	6183.2	6249.3	6309.6	6366.0
晋	2655.1	2690.8	2731.4	2774.4	2845.2	2883.4	2919.1	2955.5	2990.9
蒙	2029.3	2053.6	2081.3	2112.5	2149.4	2164.8	2178.5	2198.0	2217.4
辽	3726.0	3777.4	3825.5	3876.1	3917.4	3938.5	3957.9	3982.9	4007.2
吉	2315.3	2336.4	2357.4	2395.4	2440.2	2459.7	2474.0	2496.1	2515.6
黑	3331.6	3364.0	3401.5	3442.4	3488.9	3510.7	3526.2	3538.7	3557.6
沪	1232.3	1249.5	1262.4	1276.4	1283.4	1287.2	1289.4	1294.7	1298.8
苏	6269.9	63480	6438.3	6535.9	6671.7	6733.9	6767.5	6800.7	6831.3
浙	4070.1	4121.2	4169.9	4208.9	4234.9	4261.4	4285.9	4313.3	4341.2
皖	5217.2	5286.6	5377.1	5469.2	5660.7	5744.0	5817.5	5870.0	5937.9
闽	2749.3	2800.5	2845.3	2889.0	2999.8	3039.0	3066.9	3099.2	3126.9
赣	3509.4	3559.0	3633.4	3695.2	3761.0	3801.9	3827.0	3857.2	3893.7
鲁	7776.4	7889.5	8009.2	8180.9	8423.6	8534.5	8579.8	8620.4	8652.6
豫	7807.8	7933.5	8079.8	8231.1	8564.4	8687.0	8811.5	8914.6	9005.0
鄂	4989.0	5058.1	5144.3	5223.9	5373.5	5446.8	5513.6	5590.5	5656.8
湘	5695.7	5782.6	5915.7	6013.6	6110.6	6167.0	6209.2	6248.0	6305.9
粤	6346.3	6447.2	5928.3	6025.0	6246.3	6349.0	6463.2	6581.6	6691.5
桂	3945.9	4016.4	4088.1	4150.0	4241.6	4294.5	4359.4	4408.8	4455.1
琼	—	—	627.5	638.8	651.2	661.5	671.3	681.8	691.4
蜀	10319.5	10458.4	10589.7	10700.3	10813.4	10886.8	10942.9	11022.4	11084.3
黔	3008.0	3051.4	3143.9	3184.0	3237.0	3271.4	3301.0	3332.3	3380.6
滇	3455.6	3513	3582.6	3642.2	3694.5	3734.7	3767.1	3802.1	3837.1
藏	202.5	207.9	212.3	215.9	218.1	221.8	225.3	228.9	232.0
陕	3042.6	3088.2	3140.0	3198.0	3275.0	3309.9	3340.3	3369.7	3401.6
甘	2071.1	2103.4	2135.7	2170.8	2229.9	2258.0	2288.1	2318.6	2352.4
青	412.5	417.5	421.5	427.3	434.8	439.4	443.1	446.3	451.0
宁	424.3	435.2	444.5	454.8	465.7	473.8	482.3	490.9	503.9
新	1383.6	1406.3	1426.4	1454.2	1498.7	1528.0	1554.1	1577.1	1605.3

续表

	1995年	1996年	1997年	1998年	1999年	2000年	2001年	2002年
总	112071	121295	122322	123282	124219	126058	126783	127519
京	1251	1259	1240	1246	1257	1357	1383	1423
津	942	948	953	957	959	1001	1004	1007
冀	6436	6484	6525	6569	6614	6674	6699	6735
晋	3077	3109	3141	3172	3204	3248	3272	3294
蒙	2284	2307	2326	2345	2362	2372	2377	2379
辽	4092	4116	4138	4157	4171	4184	4194	4203
吉	2592	2610	2628	2644	2658	2682	2691	2699
黑	3701	3728	3751	3773	3792	3807	3811	3813
沪	1415	1419	1457	1464	1474	1641	1614	1625
苏	7066	7110	7148	7182	7213	7327	7355	7381
浙	4319	4343	4435	4456	4475	4596	4613	4647
皖	6013	6070	6127	6184	6237	6286	6328	6338
闽	3237	3261	3282	3299	3316	3410	3440	3466
赣	4063	4105	4150	4191	4231	4149	4186	4222
鲁	8705	8738	8785	8838	8883	8998	9041	9082
豫	910	9172	9243	9315	9387	9488	9555	9613
鄂	5772	5825	5873	5907	5938	5960	5975	5988
湘	6392	6428	6465	6502	6532	6562	6596	6629
粤	6868	6961	7051	7143	7270	7707	7783	7859
桂	4543	4589	4633	4675	4713	4750	4788	4822
琼	724	734	743	753	762	789	796	803
渝	—	—	3042	3060	3075	3092	3097	3107
蜀	11325	11430	8430	8493	8550	8602	8640	8673
黔	3508	3555	3606	3658	3710	3756	3799	3837
滇	3990	4042	4094	4144	4192	4241	4287	4333
藏	240	244	248	252	256	258	263	267
陕	3513	3543	3570	3596	3618	3644	3659	3675
甘	2438	2467	2494	2519	2543	2557	2575	2593
青	481	488	496	503	510	517	523	529
宁	513	521	530	538	543	554	563	572
新	1661	1689	1718	1747	1774	1849	1876	1905

注释：1995年以后的数据只精确到万人。

资料来源：1977年—1994年的数据来自《中国人口统计年鉴》(1995)，中国统计出版社，1995年，第367~373页；1995年—1996年的数据来自《中国人口统计年鉴》(1997)，中国统计出版社，1997年，第372页；1997年—2002年的数据来自《中国人口统计年鉴》(2003)，中国统计出版社，2003年，第197页。

附录十二：1978年—2002年以各省总人口为基准的入学机会指数

表 7-12　1978年—2002年以各省总人口为基准的入学机会指数

	1978年—1980年	1981年	1982年	1984年	1986年	1987年	1988年	1989年	1990年	1991年
北京	7.09	7.10	7.74	7.28	6.69	7.15	6.68	6.05	6.50	6.66
天津	3.33	3.39	3.35	3.49	3.15	3.11	3.06	3.04	2.95	3.05
河北	0.72	0.72	0.69	0.70	0.69	0.69	0.68	0.73	0.72	0.71
山西	1.17	1.12	1.15	0.97	0.94	0.95	1.04	1.04	1.02	1.03
内蒙	0.95	0.99	0.96	0.79	0.78	0.84	0.88	0.84	0.84	0.82
辽宁	1.67	1.54	1.57	1.63	1.62	1.63	1.63	1.68	1.66	1.69
吉林	1.66	1.63	1.60	1.54	1.63	1.57	1.54	1.59	1.60	1.62
黑龙江	1.25	1.13	1.21	1.25	1.24	1.26	1.19	1.29	1.29	1.26
上海	5.26	5.54	5.35	5.37	5.13	5.13	4.83	4.60	4.68	4.67
江苏	1.04	1.03	1.03	1.20	1.21	1.21	1.2	1.21	1.20	1.21
浙江	0.84	0.85	0.84	0.82	0.81	0.77	0.75	0.80	0.80	0.81
安徽	0.71	0.72	0.71	0.69	0.63	0.64	0.63	0.65	0.65	0.63
福建	1.09	1.05	1.00	0.99	1.10	1.09	1.15	1.12	1.06	1.05
江西	1.06	1.03	0.92	0.79	0.84	0.79	0.85	0.85	0.84	0.84
山东	0.69	0.68	0.68	0.71	0.72	0.72	0.72	0.78	0.77	0.78
河南	0.55	0.58	0.57	0.54	0.57	0.58	0.55	0.59	0.58	0.59
湖北	1.16	1.25	1.24	1.36	1.33	1.36	1.34	1.32	1.31	1.31
湖南	0.81	0.84	0.83	0.79	0.77	0.81	0.79	0.81	0.81	0.82
广东	0.63	0.64	0.68	0.75	0.81	0.83	1.01	0.90	0.88	0.89
广西	0.49	0.50	0.46	0.45	0.46	0.46	0.48	0.48	0.47	0.47
海南	—	—	—	—	—	—	1.20	0.70	0.70	0.64
重庆	—	—	—	—	—	—	—	—	—	—
四川	0.63	0.66	0.66	0.69	0.71	0.68	0.67	0.68	0.71	0.71
贵州	0.61	0.53	0.58	0.49	0.48	0.45	0.43	0.47	0.46	0.43
云南	0.55	0.60	0.62	0.57	0.65	0.65	0.66	0.65	0.65	0.66
西藏	0.44	0.55	0.42	0.29	0.53	0.34	0.43	0.57	0.55	0.46
陕西	1.69	1.69	1.69	1.61	1.56	1.56	1.59	1.50	1.48	1.51
甘肃	0.82	0.76	0.803	0.83	0.84	0.80	0.82	0.81	0.84	0.86
青海	1.12	1.15	1.10	0.90	0.94	0.80	0.74	0.69	0.74	0.73
宁夏	1.19	1.26	1.06	0.96	1.00	0.93	0.89	0.93	0.93	0.90
新疆	1.02	0.84	0.94	1.05	1.04	1.01	0.96	1.02	0.99	0.98

续表

	1992年	1993年	1994年	1995年	1996年	1997年	1998年	1999年	2000年	2001年	2002年
北京	6.05	6.22	6.33	5.49	5.52	5.63	5.69	5.00	4.12	3.94	3.57
天津	3.00	3.07	3.12	3.04	3.00	2.85	2.81	2.65	2.60	2.64	2.75
河北	0.81	0.83	0.86	0.87	0.83	0.87	0.86	0.88	0.95	1.05	1.01
山西	0.97	0.88	0.87	0.88	0.86	0.85	0.86	0.95	0.87	0.87	0.91
内蒙	0.70	0.79	0.64	0.68	0.66	0.67	0.67	0.62	0.81	0.81	0.75
辽宁	1.74	1.74	1.70	1.69	1.68	1.66	1.65	1.69	1.55	1.44	1.43
吉林	1.54	1.54	1.60	1.61	1.61	1.55	1.60	1.59	1.44	1.29	1.30
黑龙江	1.25	1.18	1.26	1.24	1.23	1.18	1.20	1.32	1.20	1.22	1.21
上海	4.44	4.24	4.2	4.07	3.88	3.80	3.80	3.44	2.83	2.89	2.68
江苏	1.17	1.27	1.26	1.24	1.31	1.34	1.35	1.41	1.35	1.39	1.20
浙江	0.76	0.81	0.92	0.84	0.88	0.91	0.94	0.94	0.96	1.24	1.31
安徽	0.63	0.69	0.61	0.62	0.62	0.62	0.65	0.67	0.73	0.73	0.77
福建	1.03	0.97	0.94	0.95	0.95	0.99	1.00	0.94	0.89	0.82	0.79
江西	0.80	0.86	0.85	0.84	0.84	0.82	0.78	0.83	0.80	0.86	0.99
山东	1.03	0.85	0.83	0.83	0.81	0.79	0.79	0.74	0.86	0.96	0.96
河南	0.59	0.57	0.60	0.62	0.62	0.62	0.61	0.67	0.74	0.69	0.69
湖北	1.20	1.23	1.22	1.22	1.23	1.21	1.25	1.30	1.36	1.26	1.38
湖南	0.81	0.81	0.81	0.83	0.82	0.85	0.88	0.95	0.92	0.84	0.94
广东	0.84	0.91	0.93	0.93	1.00	0.99	0.97	0.94	0.91	0.84	0.87
广西	0.57	0.56	0.57	0.58	0.58	0.61	0.62	0.55	0.59	0.58	0.53
海南	0.71	0.63	0.69	0.67	0.68	0.66	0.65	0.52	0.59	0.64	0.73
重庆	—	—	—	—	—	0.91	0.96	0.90	0.92	0.93	0.91
四川	0.73	0.75	0.76	0.76	0.75	0.71	0.66	0.61	0.67	0.65	0.70
贵州	0.39	0.38	0.42	0.42	0.42	0.44	0.45	0.54	0.51	0.55	0.43
云南	0.63	0.54	0.54	0.54	0.54	0.58	0.56	0.53	0.46	0.47	0.46
西藏	0.46	0.66	0.60	0.64	0.47	0.35	0.63	0.52	0.51	0.43	0.51
陕西	1.51	1.55	1.48	1.51	1.51	1.45	1.42	1.51	1.52	1.48	1.59
甘肃	0.81	0.84	0.82	0.81	0.79	0.80	0.76	0.73	0.76	0.83	0.82
青海	0.67	0.61	0.63	0.63	0.63	0.64	0.63	0.50	0.68	0.64	0.54
宁夏	0.86	0.87	0.80	0.74	0.74	0.75	0.73	0.66	0.74	0.75	0.66
新疆	1.07	1.06	0.97	0.95	0.91	0.88	0.82	0.88	1.03	1.04	0.87

资料来源：据前表相关数据和个人计算而得。

参考文献

A.1 普通图书

[1] 刘海峰. 科举学导论 [M]. 武汉：华中师范大学出版社，2005.

[2] 刘海峰. 科举考试的教育视角 [M]. 武汉：湖北教育出版社，1996.

[3] 刘海峰，李兵. 中国科举史 [M]. 上海：东方出版中心，2004.

[4] 刘海峰，等. 中国考试发展史 [M]. 武汉：华中师范大学出版社，2002.

[5] 劳凯声. 教育法学 [M]. 沈阳：辽宁大学出版社，2000.

[6] 高兆明. 存在与自由：伦理学引论 [M]. 南京：南京师范大学出版社，2004.

[7] 罗尔斯. 正义论 [M]. 何怀宏，等译. 北京：中国社会科学出版社，1988.

[8] 俞可平. 社群主义 [M]. 2版. 北京：中国社会科学出版社，2005.

[9] 何怀宏. 伦理学是什么 [M]. 北京：北京大学出版社，2002.

[10] 袁贵仁. 马克思的人学思想 [M]. 北京：北京师范大学出版社，1996.

[11] 鲍里斯，季亭士. 资本主义美国的学校教育 [M]. 李锦旭，译. 台北：桂冠图书公司，1989.

[12] 布尔迪厄. 国家精英——名牌大学与群体精神 [M]. 杨亚平，译. 北京：商务印书馆，2004.

[13] 布尔迪厄，帕斯隆. 继承人——大学生与文化 [M]. 邢克超，译. 北京：商务印书馆，2002.

[14] 布尔迪厄，帕斯隆. 再生产——一种教育系统理论的观点 [M]. 邢克

超,译.北京:商务印书馆,2002.

[15] 邱天助. 布尔迪厄文化再制理论 [M]. 台北:桂冠图书公司,2002.

[16] 陈中原. 中国教育平等初探 [M]. 广州:广东教育出版社,2004.

[17] 张建成. 批判的教育社会学研究 [M]. 台北:学富文化事业有限公司,2002.

[18] 罗明东. 教育地理学 [M]. 昆明:云南大学出版社,2003.

[19] 朱家存. 教育均衡发展政策研究 [M]. 北京:中国社会科学出版社,2003.

[20] 袁振国. 论中国教育政策的转变——对我国重点中学平等与效益的个案分析 [M]. 广州:广东教育出版社,1999.

[21] 杨东平. 中国教育公平的理想与现实 [M]. 北京:北京大学出版社,2006.

[22] 何怀宏. 选举社会及其终结:秦汉至晚清历史的一种社会学阐释 [M]. 上海:上海三联书店,1998.

[23] 张亚群. 科举革废与近代中国高等教育的转型 [M]. 武汉:华中师范大学出版社,2005.

[24] 戴维·米勒. 社会正义原则 [M]. 应奇,译. 南京:江苏人民出版社,2001.

[25] 常健. 当代中国权利规范的转型 [M]. 天津:天津人民出版社,2000.

[26] 麦考密克,奥塔·魏因贝格尔. 制度法论 [M]. 北京:中国政法大学出版社,1994.

[27] 汉斯-格奥尔格·伽达默尔. 真理与方法——哲学诠释学的基本特征 [M]. 洪汉鼎,译. 上海:上海译文出版社,2004.

[28] 马克·布洛赫. 历史学家的技艺 [M]. 张和声,等译. 上海:上海社会科学院出版社,1992.

[29] 王楠湜. 社会哲学——现代实践哲学视野中的社会生活 [M]. 昆明:云南人民出版社,2001.

[30] 李弘祺. 宋代官学教育与科举 [M]. 台北:联经出版事业公司,1994.

[31] 波斯义信. 宋代江南经济史研究 [M]. 南京:江苏人民出版社,2001.

[32] 贾志扬. 宋代科举 [M]. 台北：东大图书股份有限公司，1995.

[33] 钱茂伟. 国家、科举与社会 [M]. 北京：北京图书馆出版社，2004.

[34] 钱穆. 中国历史精神 [M]. 台北：东大图书股份有限公司，1984.

[35] 韦伯. 韦伯文集 [M]. 韩水法，译. 北京：中国广播电视出版社，2000.

[36] 托克维尔. 论美国的民主 [M]. 董果良，译. 北京：商务印书馆，1988.

[37] 任剑涛. 伦理王国的构造：现代性视野中的儒家伦理政治 [M]. 北京：中国社会科学出版社，2005.

[38] 许美德. 中国大学（1895—1995）——一个文化冲突的世纪 [M]. 许洁英，译. 北京：教育科学出版社，2000.

[39] 舒新城. 近代中国教育思想史 [M]. 北京：中华书局，1929.

[40] 陈青之. 中国教育史 [M]. 上海：上海书店，1989.

[41] 胡春惠. 民初的地方主义与联省自治 [M]. 北京：中国社会科学出版社，2000.

[42] 桑兵. 晚清学堂学生与社会变迁 [M]. 上海：学林出版社，1995.

[43] 李华兴. 民国教育史 [M]. 上海：上海教育出版社，1997.

[44] 毛礼锐，沈灌群. 中国教育通史：第五卷 [M]. 济南：山东教育出版社，1988.

[45] 钱穆. 国史新论 [M]. 北京：生活·读书·新知三联书店，2001.

[46] 王东杰. 国家与学术的地方互动——四川大学的国立化进程 [M]. 北京：生活·读书·新知三联书店，2005.

[47] 苏云峰. 从清华学堂到清华大学（1928—1937）[M]. 北京：生活·读书·新知三联书店，2001.

[48] 黄福庆. 近代中国高等教育研究——国立中山大学（1924—1937）[M]. 台北：台湾近代史研究所，1988.

[49] 金以林. 近代中国大学研究 [M]. 北京：中央文献出版社，2000.

[50] 大塚丰. 现代中国高等教育的形成 [M]. 黄福涛，译. 北京：北京师范大学出版社，1998.

[51] 谢作栩. 中国高等教育大众化发展道路的研究 [M]. 福州：福建教育出版社，2001.

[52] 杨学为. 中国考试改革研究 [M]. 北京：北京大学出版社，2001.

[53] 郝维谦, 龙正中. 高等教育史 [M]. 海口: 海南出版社, 2000.

[54] 温辉. 受教育权入宪研究 [M]. 北京: 北京大学出版社, 2003.

[55] 万俊人. 比照与透析: 中西伦理学的现代视野 [M]. 广州: 广东人民出版社, 1998.

[56] 罗纳德·德沃金. 至上的美德——平等的理论与实践 [M]. 冯克利, 译. 南京: 江苏人民出版社, 2003.

[57] 罗纳德·德沃金. 原则问题 [M]. 张国清, 译. 南京: 江苏人民出版社, 2005.

[58] 威尔·金里卡. 少数的权利: 民族主义、多元文化主义和公民 [M]. 邓红风, 译. 上海: 上海世纪出版集团, 2005.

[59] 杨莹. 转型社会中的教育 [M]. 台北: 民主文教基金会, 1991.

[60] 杨莹. 教育机会均等——教育社会学的探讨 [M]. 台北: 师大书苑有限公司, 1995.

[61] 李惠宗. 宪法要义 [M]. 2版. 台北: 敦煌书局, 1999.

[62] 博登海墨 E. 法理学——法哲学及其方法 [M]. 邓正来, 等译. 北京: 华夏出版社, 1987.

[63] 赵敦华. 劳斯的《正义论》解说 [M]. 香港: 三联书店有限公司, 1988.

[64] 万俊人. 现代西方伦理学史: 下卷 [M]. 北京: 北京大学出版社, 1992.

[65] 石元康. 罗尔斯 [M]. 桂林: 广西师范大学出版社, 2004.

[66] 罗尔斯. 政治自由主义 [M]. 万俊人译. 南京: 译林出版社, 2000.

[67] 迈克尔·斯莱诺夫. 二十世纪的政治哲学家 [M]. 冯克利, 译. 北京: 商务印书馆, 2001.

[68] 诺齐克. 无政府、国家和乌托邦 [M]. 何怀宏, 等译. 北京: 中国社会科学出版社, 1991.

[69] 麦金太尔. 谁之正义？何种合理性？ [M]. 万俊人, 等译. 北京: 当代中国出版社, 1996.

[70] 弗里德利希·冯·哈耶克. 自由秩序原理: 上 [M]. 邓正来, 译. 北京: 生活·读书·新知三联书店, 1997.

[71] 乔·萨托利. 民主新论 [M]. 冯克利, 译. 北京: 东方出版社, 1998.

[72] 王海明. 公正、平等、人道: 社会治理的道德原则体系 [M]. 北京:

北京大学出版社，2000.

[73] 慈继伟. 正义的两面 [M]. 北京：生活·读书·新知三联书店，2001.

[74] 迈克尔·沃尔泽. 正义诸领域：为多元主义与平等一辩 [M]. 褚松燕译. 南京：译林出版社，2002.

[75] 袁振国. 当代教育学 [M]. 北京：教育科学出版社，1998.

[76] 范伯格 L. 自由、权利和社会正义——现代社会哲学 [M]. 王守昌，等译. 贵阳：贵州人民出版社，1998.

[77] 亚里士多德. 尼各马科伦理学 [M]. 苗力田，译，北京：中国社会科学出版社，1999.

[78] 约翰 S 布鲁贝克. 高等教育哲学 [M]. 王承绪，等译. 杭州：浙江教育出版社，1987.

[79] 夏勇. 人权概念起源 [M]. 北京：中国政法大学出版社，1992.

[80] 罗纳德·德沃金. 认真对待权利 [M]. 信春鹰，等译. 北京：中国大百科全书出版社，1998.

[81] 贝斯 J 辛格. 实用主义、权利和民主 [M]. 王守昌，等译. 上海：上海译文出版社，2001.

[82] 贝斯 J 辛格. 可操作的权利 [M]. 邵强进，等译. 上海：上海人民出版社，2005.

[83] 高兆明. 社会变革中的伦理秩序——当代中国伦理剖视 [M]. 徐州：中国矿业大学出版社，1994.

[84] 圣西门. 圣西门选集 [M]. 王燕生，等译. 北京：商务印书馆，1982.

[85] 阿瑟·奥肯. 平等与效率 [M]. 王奔洲，译. 北京：华夏出版社，1987.

[86] 万俊人. 思想前沿与文化后方 [M]. 北京：东方出版社，2002.

[87] 盛庆琜. 功利主义新论——统合效用主义理论及其在公平分配上的应用 [M]. 上海：上海交通大学出版社，1996.

[88] 杜育红. 教育发展不平衡研究 [M]. 北京：北京师范大学出版社，2000.

[89] 乔尔·斯普林格. 脑中之轮——教育哲学导论 [M]. 贾晨阳，译. 北京：北京大学出版社，2005.

[90] 约翰·凯克斯. 反对自由主义 [M]. 应奇，译. 南京：江苏人民出版

社，2003.

[91] 奥特弗利德·赫费. 政治的正义性——法和国家的批判哲学之基础 [M]. 庞学铨，等译. 上海：上海译文出版社，1998.

[92] 威廉·葛德文. 政治正义论：第二、三卷 [M]. 何慕李，译. 北京：商务印书馆，1982.

[93] 黄济，王策三. 现代教育论 [M]. 北京：人民教育出版社，1996.

[94] 弗里德曼. 自由选择——个人声明 [M]. 胡骑，等译. 北京：商务印书馆，1982.

[95] 马克思. 哥达纲领批判 [M]. 中共中央马克思恩格斯列宁斯大林著作编译局，译. 北京：人民出版社，1965.

[96] 丹尼尔·贝尔. 资本主义文化矛盾 [M]. 赵一凡，等译. 北京：生活·读书·新知三联书店，1989.

[97] 文森特. 人权与国际关系 [M]. 北京：知识出版社，1998.

[98] 吴国盛. 社会转型中的应用伦理 [M]. 北京：华夏出版社，2004.

[99] 曾满超. 教育政策的经济分析 [M]. 北京：人民教育出版社，2000.

[100] 彼得·麦克拉伦. 校园生活——批判教育学导论 [M]. 萧昭君，等译. 台北：巨流图书公司，2003.

[101] 阿德勒. 六大观念 [M]. 郗庆华，等译. 北京：团结出版社，1989.

[102] 道格拉斯 C 诺斯. 制度、制度变迁与经济绩效 [M]. 上海：上海三联书店，1994.

[103] 科尔曼. 社会理论的基础 [M]. 邓方，译. 北京：社会科学文献出版社，1999.

[104] 施惠玲. 制度伦理研究论纲 [M]. 北京：北京师范大学出版社，2003.

[105] 陈伯璋. 意识形态与教育 [M]. 台北：师大书苑有限公司，1988.

[106] 何怀宏. 公平的正义——解读罗尔斯《正义论》 [M]. 济南：山东人民出版社，2002.

[107] 刘文超，丁秀菊. 考务管理 [M]. 呼和浩特：远方出版社，2000.

[108] 夏勇. 中国民权哲学 [M]. 北京：生活·读书·新知三联书店，2004.

[109] 许纪霖. 回归公共空间 [M]. 南京：江苏人民出版社，2006.

[110] 邓正来. 反思与批判：体制中的体制外 [M]. 北京：法律出版社，

2006.

[111] 萨缪尔森. 经济学：下 [M]. 北京：商务印书馆，1982.

[112] 王绍光，胡鞍钢，等. 中国：不平等发展的政治经济学 [M]. 北京：中国计划出版社，1999.

[113] 班固. 汉书·武帝纪 [M]. 颜师古，注. 北京：中华书局，1962.

[114] 范晔. 后汉书 [M]. 李贤，等注. 北京：中华书局，1965.

[115] 马端临. 文献通考 [M]. 杭州：浙江古籍出版社，2000.

[116] 杜佑. 通典 [M]. 北京：中华书局，1984.

[117] 王定保. 唐摭言 [M]. 上海：上海古籍出版社，1978.

[118] 陆游. 渭南文集 [M]. 上海：上海书店，1989.

[119] 徐松. 宋会要辑稿 [M]. 上海：中华书局，1957.

[120] 李焘. 续资治通鉴长编 [M]. 黄以周，等注. 上海：上海古籍出版社，1985.

[121] 李心传. 建炎以来系年要录 [M]. 北京：商务印书馆，1937.

[122] 李心传. 建炎以来朝野杂记 [M]. 北京：商务印书馆，1937.

[123] 宋濂. 元史 [M]. 北京：中华书局，1976.

[124] 张廷玉. 明史 [M]. 北京：中华书局，1974.

[125] 李东阳，等. 大明会典 [M]. 申时行重修. 台北：新文丰出版社，1976.

[126] 何良俊. 四友斋丛说 [M]. 上海：上海古籍出版社，2003.

[127] PING-TIHO. The Ladder of Success in Imperial China: Aspect of Social Mobility[M]. Columbia: Columbia University Press, 1962.

[128] BENJAMIN AELMAN. A Cultural History of Civil Examinations in Late Imperial China[M]. 台北：南天书局有限公司，2001.

[129] THOMAS H C LEE. Government Education and Examinations in Sung China[M]. Hong Kong: The Chinese University Press, 1985.

[130] HAYEK F A. The Constitution of Liberty[M]. London: Lowe and Brydave Ltd, 1960.

[131] JEROME KARABEL. The Chosen: The Hidden History of Admission and Exclusion at Harvard, Yale, and Princeton [M]. Houghton: Houghton Mifflin Press, 2005.

[132] WILLIAM G BOWEN, DEREK BOK. The Shape of the River[M].

Princeton:Princeton University Press,1998.

[133] ALASDAIR MACLTYRE. After Virtue[M]. Notre Dame:University of Notre Dame Press,1982.

[134] SHENG G L. A New Approach to Utilitarianism — An Unified, Utilitarian Theory and Its Application to Distributive Justice[M]. The Netherlands:Kluwer Academic Publishers,1911.

[135] HENRY A GIROUX. Schooling and Struggle for Public Life:Critical Pedagogy in the Modern Age[M]. Minneapolis: The University of Minnesota Press,1988.

[136] RAE DOUGLAS W. Equalites, Cambridge, Mass[M]. Cambridge: Harvard University Press,1981.

A.2 论文集、会议录

[137] 缪进鸿. 中国东南地区人才问题国际研讨会论文集[C]. 杭州：浙江大学出版社，1993.

[138] 汪晖，陈燕谷. 文化与公共性[G]. 北京：生活·读书·新知三联书店，2005.

[139] 刘海峰. 公平与效率：21世纪高等教育改革与发展[G]. 福州：福建教育出版社，2003.

[140] 刘军宁，王焱. 自由与社群[G]. 北京：生活·读书·新知三联书店，1998.

[141] 堀尾辉久. 当代日本教育思想[G]. 王智新，等译. 太原：山西教育出版社，1994.

[142] 张人杰. 国外教育社会学基本文选[G]. 上海：华东师范大学出版社，1989.

[143] 施坚雅. 中华帝国晚期的城市[G]. 叶光庭，等译. 北京：中华书局，2000.

[144] 邢义田，林丽月. 社会变迁[G]. 北京：中国大百科全书出版社，2005.

[145] 杜成宪，丁钢. 20世纪中国教育的现代化研究[G]. 上海：上海教育出版社，2004.

[146] 台湾比较教育学会. 社会变迁中的教育机会均等［G］. 台北：扬智文化事业股份有限公司，1998.

[147] 台湾中正大学教育学院. 新世纪教育的理论与实践［G］. 高雄：丽文图书公司，2000.

[148] 南华大学教育社会学院研究所. 意识、权力与教育——社会不平等、教育机会均等与社会正义研讨会［C］. 嘉义：南华大学出版社，2004.

[149] 台湾师范大学教育研究中心. 教育优先区的理念与规划研讨会手册［C］. 台北：台湾师范大学出版社，1999.

[150] 台东师范学院. 偏远地区的教育诊断理论与实务的探究研讨会［C］. 台东：台东师范学院出版社，1996.

A.3　学位论文

[151] 苏君阳. 变迁社会中的教育公正——关于制度、功能与活动的观点［D］. 北京：北京师范大学教育学院，2003.

[152] 李文胜. 中国高等教育入学机会的公平性研究［D］. 北京：北京大学中国经济研究中心，2002.

[153] 薛成龙. 近代中国高校招生考试研究［D］. 厦门：厦门大学高等教育科学研究所，1999.

[154] 唐滢. 美国高等院校招生考试制度研究［D］. 厦门：厦门大学教育研究院，2005.

[155] 覃红霞. 普通高等教育学校招生考试法治研究［D］. 厦门：厦门大学教育研究院，2005.

[156] 樊本富. "高考移民"问题研究［D］. 厦门：厦门大学教育研究院，2005.

[157] 蒋嘉媛. 原住民学生升学优待政策之评估研究［D］. 台北：台湾师范大学教育学院，1998.

[158] 李文富. 台湾原住民教育改革的分析——一个批判教育学的观点［D］. 花莲：东华大学教育研究所，1999.

[159] 简杏蓉. 台湾原住民教育机会均等之探讨——社会安全制度取向［D］. 台北：东吴大学教育研究所，1993.

[160] 张源泉. 多元文化教育之合理性探讨 [D]. 台北：台湾师范大学教育学院，2001.

[161] 庄焜明. 抗战时期中国高等教育 [D]. 台北：台湾私立文化学院，1979.

A.4 专著中析出的文献

[162] 周洪宇，申国昌. 我国考选历史的回顾与反思——兼谈我国重点高校招生名额投放问题的政策建议 [G] //刘海峰. 科举制的终结与科举学的兴起. 武汉：华中师范大学出版社，2006：300-307.

[163] 何炳棣. 明清进士与东南人文 [C] //缪进鸿. 中国东南地区人才问题国际研讨会论文集. 杭州：浙江大学出版社，1993：218-219.

[164] KRACKE E A. Region, Family and Individual in the Chinese Examination System [C] // JOHN K, FAIRBANK E D. Chinese Thought & Institution. Chicago: University of Chicago Press, 1957.

[165] JURGEN HABERMSA. Struggles for Recognition in the Democratic Constitutional State [C] // AMY GUTMANN. Multiculturalism: Examining the Politics of Recognition. Princeton: Princeton University Press, 1994.

A.5 期刊中析出的文献

[166] 肖雪慧. 最刺眼的不公正 [J]. 社会科学论坛，2001 (11)：43-45.

[167] 刘健. 倾斜的高考分数线 [J]. 教师博览，2001 (10)：8-10.

[168] 郑若玲. 考试公平与区域公平：高考录取中的两难选择 [J]. 高等教育研究，2001 (6)：53-57.

[169] 李政涛. 从教育公平到教育正义 [J]. 教育发展研究，2005 (1B)：27-31.

[170] 洋龙. 平等与公平、正义、公正之比较 [J]. 文史哲，2004 (4)：145-151.

[171] 石中英. 教育公正与正义理论. 现代教育论丛 [J]，2001 (2)：1-5.

[172] 罗伯特 W 康奈尔. 教育、社会公正与知识 [J]. 华东师范大学学报

（教育科学版），1997（2）：62-71.

[173] 刘健儿. 教育公正刍议[J]. 北京大学教育评论，2005（1）：102-106.

[174] 刘海峰. 高考改革中的两难问题[J]. 高等教育研究，2000（3）：36-38.

[175] 陈廷柱. 在公平与不公平之间——论高等教育的地区差异[J]. 教育发展研究，2004（9）：84-86.

[176] 杜育红. 我国地区间高等教育发展差异的实证研究[J]. 高等教育研究，2000（3）：44-48.

[177] 王怀章，朱晓燕. 平等视角下的高考制度改革[J]. 湖北社会科学，2005（7）：141-143.

[178] 杨东平. 分数线的倾斜和矫正[J]. 中国改革，2001（10）：19-20.

[179] 乔学杰. 教育公平：失衡与重建——以高考录取为例[J]. 郑州大学学报（哲学社会科学版），2002（11）：68-71.

[180] 王明镇，姚伟明. 高考录取"分数线"辨析[J]. 高等工程教育研究，2002（4）：51-52.

[181] 王明高. 教育公平：就高考分数线的地区差异而论[J]. 枣庄师范专科学校学报，2003（6）：76-78.

[182] 张尚武，封建伟. 对倾斜的高考分数线的反思[J]. 交通高教研究，2003（4）：21-26.

[183] 吴宏超. 我国目前的教育机会分配与教育公平[J]. 教育与经济，2003（3）：25-28.

[184] 张玉林. 分级办学制度下的教育资源分配与城乡教育差距——关于教育机会均等的政治经济学探讨[J]. 中国农村观察，2003（1）：10-22.

[185] 叶忠. 试论教育制度公平[J]. 教育与经济，2003（2）：13-16.

[186] 周志平. 优先政策与教育公平[J]. 河北师范大学学报（教育科学版），2004（4）：5-11.

[187] 刘少雪. 对高等教育公平与效率问题的几点思考[J]. 上海交通大学学报（哲学社会科学版），1999（3）：25-54.

[188] 许庆豫. 试论教育平等与教育分流的关系[J]. 华东师范大学学报（教育科学版），2000（3）：23-31.

[189] 马陆亭. 论高等教育的均衡发展 [J]. 教育研究, 2005 (10): 71-75.

[190] 罗明东. 中国教育发展地域性不平衡的地理学分析 [J]. 云南师范大学学报（自然科学版）, 1999 (4): 47-53.

[191] 刘海峰. 科举取才中的南北地域之争 [J]. 中国历史地理论丛, 1993 (3): 153-168.

[192] 刘海峰, 樊本富. 论西部地区的"高考移民"问题 [J]. 教育研究, 2004 (10): 76-80.

[193] 郑若玲. 科举学：考试历史的现实观照 [J]. 厦门大学学报（哲学社会科学版）, 2000 (4): 90-95.

[194] 沈登苗. 南宋已形成苏—杭人才轴线了吗？[J]. 浙江社会科学, 2004 (9): 177-182.

[195] 吴建华. 明清苏州、徽州进士数量和分布的比较 [J]. 江海学刊, 2004 (3): 155-162.

[196] 刘海峰. 科举制的起源与进士科的起始 [J]. 历史研究, 2000 (6): 3-15.

[197] 华林甫. 论唐代宰相籍贯的地理分布 [J]. 史学月刊, 1995 (3): 30-35.

[198] 傅衣凌. 唐代宰相地域分布与进士制之"相关"的研究 [J]. 社会科学, 1935, 1 (4).

[199] 金中枢. 北宋科举制度研究（上）[J]. 香港新亚学报, 1964, 6 (1): 205-281.

[200] 裴淑姬. 论宋代科举解额的实施与地区分配 [J]. 浙江学刊, 2000 (3): 121-127.

[201] 林天蔚. 南宋时四川特殊化之分析 [J]. 东方文化, 1980, 18: 225-242.

[202] 萧显庆. 至正十一年进士题名记校补——元朝科举史料校注之二 [J]. 台北: 食货月刊, 1987, 16 (7/8): 325-340.

[203] 檀上宽. 明代南北卷的思想背景——克服地域性的理论 [J]. 王霜媚, 译. 思与言, 1989, 27 (1): 55-68.

[204] 张耀翔. 清代进士之地理的分布 [J]. 心理, 1926, 4 (1): 1-12.

[205] 余英时. 试说科举在中国史上的功能与意义 [J]. 二十一世纪, 2005

(6)：4-18.

[206] 秦晖. 科举官僚制的技术、制度与政治哲学涵义——兼论科举制与现代文官制度的根本差异 [J]. 战略与管理，1996 (6)：60-65.

[207] 张亚群. 从考"官"到考"学"——废科举后考试文化的变革与传承 [J]. 书屋，2005 (1)：16-20.

[208] 张亚群. 清末奖励科名考试的实施与变革 [J]. 高等教育研究，2003 (2)：90-95.

[209] 伧父. 中华民国之前途 [J]. 东方杂志，1912，8 (10)：1-6.

[210] 李立峰. 民国时期大学院制失败原因之分析 [J]. 煤炭高等教育，2003 (1)：49-52.

[211] 徐国利. 关于"抗战时期高校内迁"的几个问题 [J]. 抗日战争研究，1998 (2)：119~133.

[212] 余子侠. 抗战时期高校内迁及其历史意义 [J]. 近代史研究，1995 (6)：167-200.

[213] 黄龙先. 大学统一招生考试的检讨（上）[J]. 教育通讯，1939，2 (46)：1-6.

[214] 阿尔辛捷也夫. 从苏联高等教育看中国高等教育的改革 [J]. 新华月报，1950，2 (3)：657.

[215] 马叙伦. 关于全国工学院调整方案的报告 [J]. 新华月报，1952 (5)：158.

[216] 广州区院系调整委员会. 广州区高等学校院系调整工作初步总结 [J]. 人民教育，1953 (3)：10.

[217] 赵亮宏，潘阳. 高等学校招生并轨改革探析 [J]. 中国高教研究，1995 (3)：29-33.

[218] 周大平. "第二次院系调整"：加快高教管理体制改革 [J]. 瞭望新闻周刊，1997 (42)：12.

[219] 周大平. 重点大学共建合并对招生有多大影响 [J]. 瞭望新闻周刊，1998 (23)：28-29.

[220] 杨海坤. 从行政诉讼走向宪法诉讼——中国实现宪政的必由之路 [J]. 法制与社会发展，2002 (1)：54-61.

[221] 刘宝存. 美国少数民族高等教育——进展·问题·前瞻 [J]. 比较教育研究，2001 (7)：24-27.

[222] 刘宝存. 肯定性行动计划与美国少数民族高等教育的发展 [J]. 黑龙江民族丛刊, 2002 (3): 68-72.

[223] 万明钢. "积极差别待遇"与"教育优先区"的理论构想——西北少数民族贫困地区教育发展途径探索 [J]. 教育研究, 2002 (5): 21-25.

[224] 陈丽珠. 以德怀术 (Delphi Method) 评估台湾省教育优先区补助政策实施成效之研究 [J]. 教育学刊, 1999 (15): 35-64.

[225] 林永丰. 巨额专款补助 鼓励大学招收不同背景学生 [J]. 英国文教辑要, 2003, 4 (45): 3.

[226] 詹盛如. 改善大学入学 [J]. 英国文教辑要, 2003, 6 (47): 3.

[227] 刘阿荣. 教育优惠与阶层流动——台湾原住民教育优惠政策析论 [J]. 原住民教育季刊, 1996 (4): 1-21.

[228] 雅柏甦泳. 原住民升学优惠公平吗？[J]. 原住民教育季刊, 2003 (30): 117-132.

[229] 厉以宁. 关于教育产业的几个问题 [J]. 高教探索, 2000 (4): 14-19.

[230] 刘海峰. 高考改革中的全局观 [J]. 教育研究, 2002 (2): 21-25.

[231] 晏辉. 公平与效率如何可能：社会哲学的分析 [J]. 郑州大学学报（哲学社会科学版）, 2002 (4): 33-37.

[232] 王思斌. 社会政策时代与政府社会政策能力建设 [J]. 中国社会科学, 2004 (6): 8-11.

[233] 张秀兰. 发展型社会政策：实现科学发展观的一个操作化模式 [J]. 中国社会科学, 2004 (6): 19-24.

[234] 褚松燕. 论社会正义的制度安排 [J]. 理论学刊, 2002 (4): 42-43.

[235] 马丁·特罗. 从精英向大众高等教育转变中的问题 [J]. 王香丽, 译. 外国高等教育资料, 1999 (1): 1-22.

[236] 李振玉, 李江源. 教育公平的类别与教育公平中的比例 [J]. 教育发展研究, 2005 (1B): 33-38.

[237] 安舟, 王晓阳. 质量与平等——加州大学、清华大学招生的比较研究 [J]. 清华大学教育研究, 2001 (3): 44-54.

[238] 金生鈜. 高等教育入学体制与社会身份 [J]. 高等师范教育研究, 2001 (6): 1-7.

[239] 刘海峰. 以考促学: 高等教育考试的功能与影响 [J]. 厦门大学学报 (哲学社会科学版), 2002 (2): 5-7.

[240] 郑若玲. 试析高考的指挥棒作用 [J]. 厦门大学学报 (哲学社会科学版), 2002 (2): 7-10.

[241] 张亚群. 高校招生体制改革的契机与导向 [J]. 教育发展研究, 1999 (9): 58-59.

[242] 潘懋元, 覃红霞. 高考: 从选拔性考试到适应性考试 [J]. 湖北招生考试, 2003 (12): 22-23.

[243] 高兆明. 支撑现代政治正义制度的美德精神 [J]. 南京师范大学学报 (社会科学版), 2004 (7): 5-10.

[244] 李江源. 教育平等新论 [J]. 浙江社会科学, 2001 (2): 116-121.

[245] 谢作栩. 高等教育大众化进程中的区域发展问题初探 [J]. 广东工业大学学报 (社会科学版), 2001 (2): 11-16.

[246] 刘海峰. 高考改革中的公平与效率问题 [J]. 教育研究, 2002 (12): 80-84.

[247] 刘海峰. 高考改革的教育与社会视角 [J]. 高等教育研究, 2002 (9): 33-38.

[248] 应书增, 杨东平, 姜刚, 等. 高考改革——实践与探索 [J]. 中小学教育, 2004 (2): 54-65.

[249] 李德禄. 高考改革的回顾与展望 [J]. 殷都学刊, 1998 (6): 107-109.

[250] 赵汀阳. 哲学的政治学转向 [J]. 吉林大学学报 (社会科学版), 2006 (2): 5-11.

[251] 刘海峰. "科举学位说"可以确立 [J]. 学位与研究生教育, 2002 (7/8): 69-72.

[252] 陈上仁, 李兵. 高等教育财政转移支付政策研究 [J]. 教育发展研究, 2002 (7/8): 59-63.

[253] 刘清华. 发达国家高校招生考试与学校教育关系的共同特征 [J]. 考试研究, 2004 (2): 14-27.

[254] 汪丞. 2006年"两会"代表热议高考及其改革 [J]. 湖北招生考试, 2006 (4): 36-40.

[255] GEORGE. SMITH. Positive Discrimination by Area in Education:

The EPA Idea Re-examined [J]. Oxford Review of Education, 1977 (3): 269-281.

[256] 檀上宽. 明代科舉改革の政治背景——南北卷の創設をめぐつて [J]. 《东方学报》第 58 册, 京都大学人文科学研究所, 1986 (3): 499-524.

A.6 报纸中析出的文献

[257] 川大五届毕业典礼昨午隆重举行 [N]. 华西日报, 1936-06-25.
[258] 关于高等学校 1950 年暑期招考新生的规定 [N]. 人民日报, 1950-05-29.
[259] 中共中央关于教育体制改革的决定 [N]. 人民日报, 1985-05-29 (1、3).
[260] 当前财政有四个主要问题 [N]. 人民日报, 1989-09-02 (2).
[261] 罗新宇、陈志文. 倾斜的高考分数线 [N]. 中国青年报, 2000-02-24 (5).
[262] 志文. 中国教育最大的不公 [N]. 中国青年报, 2000-02-24 (5).
[263] 臧铁军. 100 分的差异不是 100 分的含金量 [N]. 中国青年报, 2000-03-07 (5).
[264] 郑琳. 全国政协委员建议高考应统一分数线 [N]. 中国青年报, 2000-03-15 (5).
[265] 郭国松. 宪法司法化四人谈 [N]. 南方周末, 2001-09-13 (6).
[266] 朱振国. 加快高考制度实质性改革——访全国政协常委、苏州市副市长朱永新 [N]. 光明日报, 2004-08-12 (B3).
[267] 李智勇. 户籍改革是渐进的过程 [N]. 人民日报（海外版）, 2006-04-12 (6).

A.7 电子文献

[268] 任剑涛. 国家、机构与生产者: 三边关系与知识生产 [J/OL]. [2006-10-06]. http://info.feno.cn/2006-10-06/coooo08190.shtml.
[269] 张卉. 高考试卷统一了, 高考分数线为何难统一 [J/OL]. [2002-04-

26]. http://news.xinhuanet.com/edu/2002-04-26/content_373129.htm.

[270] 北大清华等九大高校负责人热议高考招生公平 [J/OL]. [2005-03-13]. http://news.xinhuanet.com/edu/2005-03-13/content_2690918.htm.

[271] 李扬. 50年代的院系调整与社会变迁——院系调整研究之一 [J/OL]. [2004-11-19]. http://www.xschina.org/show.php?id=2392.

[272] 亚当·克斯奇. 吴万伟, 译. 大学录取的猫腻 [J/OL]. [2005-11-11]. http://www.cc.org.cn/newcc/browwenzhang.php?articleid=5356.

[273] 政协委员. 高招指标分配不能地域歧视 [J/OL]. [2005-03-11]. http://news.sina.com.cn/c/2005-03-11/04446054687.shtml.

[274] 申丽剑, 等. 代表委员关注高考录取公平问题 [J/OL]. [2005-03-11]. http://www.gmw.cn/content/2005-03-11/content_194506.htm.

[275] 我国高考录取率地区间差距明显缩小 [J/OL]. [2002-04-18]. http://news.xinhuanet.com/zhengfu/2002-04-08/content_348949.htm.

A.8 文献汇编

[276] 杨学为. 高考文献: 上 (1949—1976) [G]. 北京: 高等教育出版社, 2003.

[277] 杨学为. 高考文献: 下 (1977—1999) [G]. 北京: 高等教育出版社, 2003.

[278] 杨学为. 中国考试史文献集成: 第七卷 (民国) [G]. 北京: 高等教育出版社, 2003.

[279] 杨学为, 等. 中国考试制度史资料选编 [G]. 合肥: 黄山书社, 1992.

[280] 谢青, 汤德用, 等. 中国考试制度史 [G]. 合肥: 黄山书社, 1995.

[281] 王聿均, 孙斌. 朱家骅先生言论集 [G]. 台北: 台湾近代史研究所, 1979.

[282] 中央教育科学研究所. 中华人民共和国教育大事记 (1949—1982) [G]. 北京: 教育科学出版社, 1994.

[283] 北京市第五次人口普查办公室、北京市统计局. 北京市2000年人口普查资料 [G]. 北京: 中国统计出版社, 2002.

[284] 福建省人口普查办公室. 福建2000年人口普查资料: 上册 [G]. 北

京：中国统计出版社，2002.

［285］厦门大学校史编委会. 厦门大学校史资料（第六辑）：学生毕业生名录［G］. 厦门：厦门大学出版社，1990.

［286］陈国凤. 南强之星——厦门大学学生毕业生名录（1988—1999）［G］. 厦门：厦门大学出版社，2001.

［287］北京教育考试院. 北京普通高等学校招生改革与发展（1977—2002）［G］. 北京：北京师范大学出版社，2005.

［288］西北师范大学校史编写组. 西北师范大学校史（1939—1989）［G］. 西宁：青海人民出版社，1989.

［289］北京大学史料：第一卷（1898—1911）［G］. 北京：北京大学出版社，1993.

后　记

　　拙著是在原博士论文的基础上修改而成的，也是教育部哲学社会科学研究重大课题攻关项目——"高校招生考试制度改革的理论与实践研究"的成果之一。从论文的选题、调研、写作、修改、答辩，直至付梓，其间得到了诸多专家的指导、鼓励和关心，特作后记，以表感激之情！

　　七年前，我从家乡山东考入厦门大学高教所，开始了研究生的学习。作为一名山东考生，我有过两次高考的经历，既是高考录取制度的受害者，也是受益者。若不是山东的录取分数线"遥遥领先"于其他省市，我也不会有二进考场的经历，但第二次高考的成功也部分受惠于省内"分市录取"的政策，同寝室的临沂籍同学（专科生），虽然成绩比我还高出 2 分，但也只能望"本"兴叹。对这一题目最朴素的研究动机便源于此"大悲大喜"的高考经历。论文的写作，始于困惑，也终于困惑，最初的困惑是为何会出现"倾斜的高考分数线"的问题，为何地域身份的不同会带来竞争高等教育入学机会的巨大差异？最终的困惑是作为教育公正乃至社会公正基石的高考制度如何协调个体权利和群体权利的冲突？高等教育入学机会公正如何在区域社会非均衡发展的现实和公正的本真内涵之两维向度中寻找到适当的价值平衡？这或许就是对被称为"戈尔地雅斯"三大难结之一的公正的不断追问。从初始困惑到最终困惑的不断跃升、反复、断裂和交织的过程既充满着焦虑、痛苦和不安，也带给我思考和追问的快乐，更是我三年博士学习生活的最大收获和体验。

　　我有幸忝列刘海峰教授门下，更有幸成为刘老师指导的硕博连读的第一名学生。六年来，导师言传身教、耳提面命，将我引入学术研究的殿堂，成为高等教育研究的新兵。在此，衷心感谢刘老师的谆谆教导和无私关爱。论文从构思、开题、调研、写作到修改成稿，导师都给予了细心的指导，同时也留给我很大自由探索的空间。刘老师严谨求真的治学态度、儒雅有致的学者风度和谦逊温和的处世风格，都永远值得我学习和效仿……

感谢尊敬的潘懋元先生，先生高尚质朴的师德、严谨求真的治学风范时时激励和鞭策着我。赴西安考察学习期间，我更是从先生身上感悟到了大师的风范、处世的学问和对后学的关爱。

特别感谢我的硕士导师郑若玲副教授，除了对硕士论文的倾心指导和字斟句酌的修改之外，还对博士论文的研究计划、研究方法和资料收集提供了宝贵的建议和无私的帮助，同时，郑老师在生活中也给予了很多关心。

感谢厦门大学教育研究院的博士生导师邬大光教授、谢作栩教授、史秋衡教授、李泽彧教授、张亚群教授和王洪才教授的指导和帮助。特别是张亚群教授，在论文答辩后给予许多中肯的修改意见和建议。感谢杨广云副教授、武毅英教授、张彤老师、乔连全老师、覃红霞老师等在学习和生活中给予的关心。

论文调研期间，得到了教育部考试中心原主任杨学为先生，教育部高校学生司林蕙青司长和苟人民处长，国家教育发展研究中心叶之红处长和刘承波老师，天津市教育招生考试院乔丽娟院长、李占伦处长和古光启副处长，山东省高招办刘文超处长等的大力帮助，特此致谢！同时，感谢淡江大学杨莹教授和暨南大学黄韵如小姐。

感谢上海师范大学原校长、高等教育学会副会长杨德广先生前往厦门大学教育研究院主持我的论文答辩，并提出了很好的修改意见，在沪工作期间，杨校长也给予了很多帮助。感谢上海市教育考试院的领导，特别是李瑞阳院长对我的关心与支持。

感谢王伟宜博士、罗立祝博士、顾自安博士和唐星龄博士，也感谢陈萦、陈慧娟和李云娥女士，特别感谢台湾同胞张瑞菁同学的帮助，感谢邹小平、余晓波、林莉、陈兴德、刘志文、高见、饶爱京、赖铮、刘清华、杨李娜、张耀萍、吴根洲、樊本富、韩娟、赵娜、杨炳铎、刘希伟、王海燕等同学。

最后感谢远在家乡、辛勤劳作的父母，是他们给了我默默的支持和精神鼓励，谨以拙著献给他们，祝他们长寿安康！

李立峰
于上海市教育考试院
2007.3.20

再 版 后 记

　　时光荏苒，白驹过隙，转眼从厦门大学博士毕业已有十年了，拙著出版也有9年的时间了。从天马行空、自由挥洒的学生时代步入"尚德慎行、至公至正"的考试机构工作，其间经历了许多困顿、焦灼与磨练，也收获了许多宝贵的经验。以现在的眼光来看这本10年前的作品，自然感到不足与稚嫩。特别是在实证研究部分，确实存在许多不足之处。本应借此再版之机，充实相关数据，修订研究结论。但一旦补充修订，不仅工作量巨大，而且会影响到拙著的整体框架与研究结论，且上海作为新一轮高考改革试点之际，确实难有心力做大面积的修订，故依然保持旧貌，只对域外比较部分做了补充修订，并修改了部分的文字错误。忐忑之余，只能希冀后续的研究工作以论文的形式呈现。

　　感谢妻子凤媛博士一路的陪伴与鼓励，更感谢儿子李凤祎带给我成长的体验与快乐，感谢父母给予的无私支持和精神鼓励！

李立峰
沪上钦州南路500号
2016.4.29